哥伦比亚大学"毅荻书斋"存藏

张学良口述历史

（访谈实录）

4

张学良 / 口述
张之丙　张之宇 / 访谈
《张学良口述历史》编辑委员会 / 整理

当代中国出版社
Contemporary China Publishing House

本 卷 目 录

第二十九次访谈　信奉基督教　如何研究历史 …………… 977
　1. 告别政治和尚 …………………………………………… 977
　2. 走向神学之路 …………………………………………… 981
　3. 蒋先生要我研究《明儒学案》 ………………………… 988
　4. 教会等于我们基督徒的家 ……………………………… 989
　5. 蒋夫人说我又走错路了 ………………………………… 995
　6. 我年轻时就多少受基督教影响 ………………………… 998
　7. 外面传我不是我爸亲儿子 ……………………………… 1000
　8. 我研究明史，反对明朝 ………………………………… 1003
　9. 我是受洗后结的婚 ……………………………………… 1007
　10. 我讲话从来没有稿子 …………………………………… 1010
　11. 本想抗日之后中国可以强大 …………………………… 1014
　12. 品格的培养比学问要紧得多 …………………………… 1018
　13. 历史不是写出来就算的 ………………………………… 1022
　14. 我是三朝元老，正好是最热闹时代 …………………… 1028

第三十次访谈　漫忆旧事　杂谈人生 …………………… 1033
　1. 江海潮可能是我的学生 ………………………………… 1033
　2. 是不是我的字，我一看就知道 ………………………… 1039
　3. 我真佩服王必成 ………………………………………… 1043
　4. 坏人台上唱戏，好人坐屋叹气 ………………………… 1045
　5. 张群是蒋介石的谋士 …………………………………… 1049
　6. 九秩寿庆有很多意义 …………………………………… 1051
　7. 六十大寿时蒋经国来了 ………………………………… 1053
　8. 我养兰花不是看花是看叶 ……………………………… 1058

9. 钓小鱼走，钓大鱼守 ……………………………………… 1061
　10. 我预言将来美国一定是罗马，快完了 ……………………… 1064
　11. 丢了东北，一言难尽 ……………………………………… 1067
　12. 要紧的是奋发图强 ………………………………………… 1070
　13. 东北不丢不会信上帝 ……………………………………… 1071

第三十一次访谈　我的父亲　婚姻家庭　求学经历 ………… 1077
　1. 我父亲做事跟我一样 ……………………………………… 1077
　2. 那时中国的势力是三巡阅使 ……………………………… 1081
　3. 我父亲和冯麟阁是敌对的 ………………………………… 1084
　4. 吴佩孚的军队都叫我给解决了 …………………………… 1085
　5. 杀李大钊是法院处置的 …………………………………… 1090
　6. 我父亲这人很宽厚 ………………………………………… 1092
　7. 老帅跟日本的冲突 ………………………………………… 1096
　8. 我母亲这个人好厉害 ……………………………………… 1106
　9. 我不愿人家管我叫少帅 …………………………………… 1113
　10. 我曾曾祖父原来姓李 ……………………………………… 1115
　11. 老帅的六个夫人 …………………………………………… 1116
　12. 鸦片有瘾就不提神了 ……………………………………… 1124
　13. 我就不是个念书的料儿 …………………………………… 1125
　14. 我打过我弟弟 ……………………………………………… 1130
　15. 我的婚事不是政治交易 …………………………………… 1132
　16. 六个妹妹 …………………………………………………… 1135
　17. 我爸爸信风水，我才不信那套 …………………………… 1138

第三十二次访谈　内战之苦　郭松龄事件的影响
　　　　　　　　　孟禄访谈 ………………………………… 1143
　1. 我不能一礼二宾 …………………………………………… 1143
　2. 我不愿打内战 ……………………………………………… 1145
　3. 我头一回去听演讲 ………………………………………… 1148
　4. 五卅惨案发生后到的上海 ………………………………… 1151
　5. 郭松龄事件有正面和反面两种影响 ……………………… 1154
　6. 我不自作主张了 …………………………………………… 1157
　7. 溥仪这个人没有思想 ……………………………………… 1159

8. 我从来都是言行一致的 1163
9. 我跟饶汉祥没有通过信 1166
10. 尸谏说得太厉害了 1168
11. 王锡昌不是出名的人 1172
12. 我家的财产都归钟三爷管 1176
13. 冯玉祥进故宫并没有拿东西 1179
14. 老帅与日本的关系 1183
15. 邵飘萍是我给枪毙的 1188
16. 老帅是这么起来的 1190
17. 那时孟禄很受重用 1194
18. 张作霖、杨宇霆之死是有因果关系的 1199

第三十三次访谈　新旧两派　郭松龄之死　三角同盟 1205

1. 那时候奉天分新旧两派 1205
2. 郭松龄之死与杨宇霆有关 1214
3. 我母亲信那些跳神的 1224
4. 杨宇霆和我父亲闹过别扭 1224
5. 徐树铮是个奇才 1227
6. 杨宇霆是老帅的参谋 1229
7. 在我手底下杀人很少 1230
8. 杨宇霆外号叫小诸葛 1232
9. 张宗昌这个人很奇怪 1232
10. 我父亲真是钦佩袁世凯 1239
11. 老帅打死两个日本兵 1241
12. 三角同盟完全是对曹锟的 1242
13. 搜查苏联大使馆是英国使馆给的消息 1244
14. 我毕业考第一，父亲送我一把刀 1246
15. 王永江对东北贡献很大 1249
16. 宋子文是当外交部长的料 1252
17. 一定要请两个日本顾问 1253
18. 我的飞机是美国的 1255
19. 老帅最得力的助手是王永江 1256
20. 本庄繁把我的家产送到北京 1259

21. 大家怀疑郭松龄的叛变与我有关系 …………………… 1263

第三十四次访谈　共产党太厉害　贵阳治病　统一问题 ……… 1267

1. 最喜欢四弟张学思 …………………………………………… 1267
2. 共产党太厉害了 ……………………………………………… 1271
3. 蒋先生愿意听小话 …………………………………………… 1272
4. 我善于在不同人之间调和 …………………………………… 1277
5. 我是靠我父亲起来的 ………………………………………… 1282
6. 保险箱里的收据 ……………………………………………… 1286
7. 国民党投过炸弹 ……………………………………………… 1288
8. 我父亲生活很简朴 …………………………………………… 1289
9. 卢永祥根本没到过东北 ……………………………………… 1290
10. 陈布雷与《西安半月记》 …………………………………… 1291
11. 陶克陶胡是老帅讨平的 ……………………………………… 1292
12. 我们睡觉根本不关门 ………………………………………… 1294
13. 没有蒋夫人，戴笠就把我弄死了 …………………………… 1299
14. 曾约农和曾宝荪都是了不起的人 …………………………… 1305
15. 一时不能统一，各人干各人的 ……………………………… 1306
16. 我从来不题名张汉卿 ………………………………………… 1309
17. 厉害的仗都是我去 …………………………………………… 1309
18. 我救的不是汪精卫 …………………………………………… 1313

第二十九次访谈
信奉基督教　如何研究历史

访谈者：张之丙（简称"访者"）
被访者：张学良
同座者：赵一荻
访问日期：1992年7月9日

访　者： 今天是7月9日，星期四，我们在张府继续做录音访问，现在开始。

1. 告别政治和尚

张学良： 因为那时陪着我们的人叫刘乙光，他就是研究佛学的。台湾的几个大和尚，有名的和尚我差不多，我都谈过。我本来在溪口时，我就跟雪窦寺的主事叫……跟他很好，也谈过，也谈××（两个字听不清），那个人是个政治和尚，我们两人谈得很好，所以我对佛教，相当地知道。也有用处。

赵一荻： 要不后来他就沉沦在佛教之中了。

张学良： 所以他跟我说，他开玩笑说我是三教九流。

赵一荻： 那时候你就沉沦在佛教之中了。夫人来了，把你从佛教中给……

张学良： 夫人来了，她不赞成。她问我，我就给他讲佛，她待了半天，她说，汉卿，你又走错路了。那我说……她说，你研究研究基督教好不好。那我说，基督教我年轻时也知道，但是我怎么研究，我一个人。那么她就想起，她就说曾老先生，曾……

赵一荻： 曾约农。

张学良： 后来她说，哎呀！曾约农现在，他有血压高、心脏病。后来她就再想，她说好啊，她说那谁在这儿，董显光在这儿。

赵一荻： 那时董显光正式辞去了政府，从美国大使调回来了。原来董显光在美国当联合国驻美大使。

张学良： 那董显光，我们在北大我们都很熟，我们很熟很熟。她说好了我给他打个电话。她就给董显光打一个长途电话。她问董，董显光说，我很赞成，我愿意来。董显光来了。我们讲英文呢。董显光对基督教也不是顶深的。我就在这里加一段。那时候跟我在一起有个叫刘乙光。刘乙光有一个小姐，她是淡江①的学生，她也是基督教的学员。我跟董显光两人辩论基督教，她听见了说，比我们讲课都热闹。

访　者： 刘乙光的女儿也是……

赵一荻： 不是什么有学问，在中学念的书，是在教会学校念书。她也没有对基督教有什么研究。就是热闹点。

访　者： 说实话，我可以想象得到，您和董显光两位能有各个不同的政治和军事的背景来谈基督教，可以说是这样的一个讨论是非常难得的。不只比听课要热闹，而且我觉得谈得也深。但是后来曾约农先生一直就没有跟您联系吗？

赵一荻： 后来我们一直有来往啊！跟曾先生，跟老曾啊。我们到了这儿，我们搬到这儿后，我们常常来往啊。跟曾宝荪②啊，曾约农，他们两个人可真是了不得，那真是。

张学良： 有一句话，谈一席话，胜读三年书，哪可是［有学问］。

赵一荻： 我们研究神学，也是受到她，曾宝荪的鼓励。曾宝荪每个礼拜看一本书，不管中文、英文。

张学良： 她的眼睛很坏。

赵一荻： 她的眼睛啊，近视得，这么看。完了我们俩就说，你看人家，人家这样的眼睛，人家每个礼拜看一本书。我们还有这两个眼睛，我们也不看书，什么也不研究。这才开始，还有夫人就介绍周联华了，就派周联华来，他就问夫人，找谁？夫人说我让周联华来帮你忙！念神学。完了周联华来了。

张学良： 这有很大的关系。

---

① 即台湾淡江大学。成立于1950年，当时名为淡江英语专科学校，1958年，改为文理学院，1980年升格为大学。

② 曾宝荪，字平芳，号浩如。湖南湘乡人。清末重臣曾国藩曾孙女。早年加入基督教。先后入读伦敦大学、剑桥大学、牛津大学。

赵一荻：完了你就问夫人，我找谁来帮我的忙呢？我研究这基督教，谁帮我忙呢？

张学良：想一想。

赵一荻：夫人就推荐周联华，周联华就来了。来了没几天就念中文本的神学，总是买不到资料，好的课本资料都没有。中国根本翻译的都是很旧的书了。

张学良：而且翻译得乱七八糟。

赵一荻：后来周联华就建议，你们申请，我跟你们去申请。他叫 exchanging 什么……就介绍跟我们申请入学。

访　者：以后等于周联华牧师要紧的了，往前错一错，董显光先生等于说是，起了个头。

赵一荻：不不不，董显光来的时候，他要，先是研究英文。他看不见字，要读英文，拿什么当课本呢？这也要紧的了，拿什么当课本呢？我给她讲这个。

张学良：你讲吧。

赵一荻：在这个周牧师来以前，董显光呢，是来跟他研究英文，教他念英文。课本是什么呢，就是夫人送了他一本书。××××× （录音不清）这本书，就这本书，翻译这本书，两个人就是……

张学良：我把那本书翻了。

访　者：您上次给我的，就是那本……

张学良：就是那本。

赵一荻：就是这本书，后来董显光中风了，完了跟他太太到美国去了，这才派了周牧师来。

张学良：大概是这个样子，不过，董显光啊，那个书啊…… 董显光啊，周牧师和董显光早就认识。他们有关系。董显光讲不了这些个事，所以他就打电话问，这玩意儿怎么讲？这句话怎么讲？

赵一荻：后来董显光走了吗，夫人就介绍了周牧师来。他在幽雅路招待所……（录音不清）他就住在荣总医院①。那时候政府就给他一个，荣总医院有个大夫的房子给他们老夫妇住，他们就住在那儿。

---

① 荣总医院，全名为荣民总医院。位于台北市，是台湾地区最早成立医学研究部门的医院。1959年开始门诊、急诊作业。最初服务对象仅限于在台退役官兵，后逐渐开放至一般民众。

访　　者：不是上一次在纽约您没去，您九十一大寿的时候，他还来了呢？

赵一荻：谁啊？

访　　者：董显光。

赵一荻：没有。

访　　者：那是董谁？还有一个姓董的。

赵一荻：她说，你在纽约做生日的时候，董显光的儿子来给你拜寿。没有，他的儿子死掉了。

访　　者：那是谁啊？有一个姓董的，说以前也做过大使。

张学良：那是另外一个人。你说错了。

访　　者：那这董显光也有很大关系，要不是董显光，开始跟张先生研究这神学……

张学良：那这里我要插句话。这个董显光和我这一段有很大的关系。你知道董显光是谁呀？董显光是蒋先生的老师。

赵一荻：蒋总统的老师。

张学良：蒋先生当年在中学念书的时候，董显光在中学教英文。那么所以他跟蒋先生很接近，很密切。这段事情蒋先生也就问董显光我这儿到底怎么样？

赵一荻：也是让董显光到这儿来考查他的思想什么，跟他接近，有这个意思在里头。不是故意派来，但是董显光这儿看你思想，一切怎么样。

访　　者：一开始董显光和您不是在这儿（指北投张宅），是在高雄，是不是？

张学良：是在高雄。

访　　者：老夫妇在高雄陪您一块念书什么的，然后……我们搬过来，他们也搬过来。住在荣总。

赵一荻：他们中风是在什么地方，是在那儿还是幽雅路？

张学良：董显光摔倒了，没中风，是在幽雅路。

访　　者：也就是说蒋总统对他的老师，给他一个有意义的事情做，照顾他在荣总。同时又可以招呼你们。

赵一荻：有这个意思。

访　　者：所以您说这很要紧，因为他是老总统的老师，他跟蒋夫人关系很密切。

张学良：董显光的英文很好，蒋夫人那时有时文章给他改。

2. 走向神学之路

访　者：那时曾约农没有能来，可是经常到这儿来。

赵一荻：曾约农，等我们搬到这儿，才来的。我们在幽雅路没有来，我们搬好了以后才来的。

访　者：您稍微给我们说一点，关于曾约农和曾宝荪。我们只知道，在外边只知道两位是学者。

赵一荻：是学者。

访　者：我们没有亲身体会，您刚才说，与君一席谈，胜读十年书。

赵一荻：他是百科全书。

张学良：曾约农是百科全书。

赵一荻：他是学矿冶的。

张学良：因为他家庭的关系，中文英文都好，他是学矿冶的。比方说，我们就问他一件事情。我跟你说，简单随便说，我们那里半夜三点多钟发热，你晓得不晓得，有时候好像中午一样。台北的天气，他会解释这是为什么。

访　者：您还记得是为什么？

张学良：他就给你解释为什么？什么原因，什么原因，我现在也说不出来了。我们就说他百科全书。

赵一荻：人家可说是精通。

访　者：那可真是念书的人。

赵一荻：夫人有个秘书，还有曾宝荪。无论什么有价值的书来了，都让他们俩先看一遍。

张学良：曾宝荪比曾约农还厉害。那看书太厉害。

赵一荻：曾宝荪她自己耳朵响，去看大夫。大夫说你知道的比我还多，她说有关生理上的、医药上的书都看。

访　者：学术上也是宝贝。

赵一荻：所以我们也受到她……人家真是鼓励我们，她看书这么看。

张学良：曾宝荪很喜欢她（指赵一荻）说话。

访　者：喜欢您。

赵一荻：我就奇怪，人家这么有学问，跟我有什么好谈的。

访　者：噢，谈话是吧？

赵一荻：她说，我喜欢跟你谈话。我问为什么呢？她说跟我谈话不用带助听器，我这才明白（笑声）……我跟他（指张学良）喊惯了嘛。

访　者：噢！她也有点耳背。

赵一荻：背得厉害，非常幽默。我们很喜欢他们两个人，每回跟他们在一起，都能学会一点知识。

张学良：谈一席话，胜读几年书。

访　者：比如半夜三更温度上升这些事。

张学良：尤其是曾约农，他不但是外国的学问，中国的学问也很好。

赵一荻：不是曾约农，曾宝荪自己写一本自传很有意思，她喜欢看书到什么程度呢？她家里的家传就是曾家吗，她有一个藏书楼。小时候家人不让她到藏书楼去翻。她能自己爬上去看书。你说她多爱书。

访　者：这是家学渊源。

张学良：她没出嫁，为什么没出嫁？

赵一荻：她的意思是这样，在我那个年代，也就是她那个年代，要是嫁人了就得听夫家的，就是丈夫家里的。我给人当媳妇，我就要三从四德。那她就说，我要做我自个的事情就不能有家，有孩子就不能……她自己在湖南办教育，办益方中学。她拿她的学生当女儿一样，每个学生什么性情、什么秉性她都清清楚楚。她实在是爱这些孩子啊。

访　者：可以说百分之百的奉身于教育，你们也可以跟她谈谈办同泽中学时的情形。

赵一荻：我们也不办学校了，还谈那个干什么。我们从她那儿得到许多知识，成为益友。

访　者：说实话，从高雄到台北这一段，董显光先生和曾氏兄妹对您有很大的影响。

赵一荻：当然有很大的影响。

访　者：他们两位也是基督教徒吗？

张学良：很好的基督徒。

访　者：那时候做礼拜①您去吗？

赵一荻：去，一开始他去，我们结婚以后，我才能去，因为我们没有结婚，

---

① 做礼拜，基督教的主要崇拜活动，意思是对神顶礼膜拜。通常在教堂举行，也可在家庭中举行。

我不能和他去。

访 者：曾约农也是到那儿去，董显光也是……

赵一荻：曾宝荪是凯歌堂里的什么……

张学良：执事①吧。

赵一荻：他们有个祈祷会。

张学良：他那时是在荣民院。

赵一荻：我跟董太太②到荣民院做礼拜。

张学良：我们俩结婚是因为到凯歌堂。因为凯歌堂规矩很大，没有结婚，她不能去。

赵一荻：不是正式结婚的不能去，乱七八糟的人都不能去。总统也在那边做礼拜。

访 者：这凯歌堂是怎么发起的吗？

张学良：凯歌堂就是总统的私人礼拜堂，我们可以进去，很多人不能去。

访 者：现在老总统不在了，经国总统在生前是不是也常去啊？

赵一荻：也去。不常去。

张学良：从前去，老总统过去了，他就不常去了。

访 者：现在凯歌堂……夫人也回美国了。

赵一荻：凯歌堂现在还有这个组织。

访 者：噢，这个组织还在。

赵一荻：现在好一点，因为夫人总统不去，过去你有执照才能进。

张学良：从前警戒很森严。

访 者：您从前到凯歌堂去做礼拜，经常见到他了，虽然不是面对面谈话，可实际上您和总统还是能见到的？

张学良：不是面对面，做礼拜时，他在前头做礼拜，我们在后头做礼拜。

赵一荻：他来了，我们就看到了，要看他来不来。

访 者：他也看到您，那夫人是经常去的？

张学良：也不一定，不过还是夫人去的时候多。

访 者：再跟您请教一下，凯歌堂完全为了总统的关系，谁能去啊……警备都很严的。其他的教会比如说，宗理会除了聚会，每个礼拜天会有

---

① 执事，源自《新约·使徒行传》，原意为"仆役"，是由信徒推选出来帮助办理教会事务的信徒。

② 董太太，指董显光的夫人赵荫芳。

聚会，您这儿有吗？

张学良：没有，只是做礼拜。

赵一荻：什么茶经呀，传技啊，都没有。

张学良：本来茶经，传技都有，这里都没有。

访　者：您要到荣总去……

赵一荻：董氏夫妇专门对荣民讲的。那就拿大礼堂在那儿讲，本来他们老夫妇两个准备在台南盖养老院，后来没盖，就到处传道。

访　者：董氏夫妇到处传道。凯歌堂第一任牧师就是周联华吗？

张学良：就是他，此外，还有一个陈老牧师①，另外还有一个卢其沃②。有时也从外边请牧师来，请外国人。

访　者：周联华能够到凯歌堂，当然是与蒋夫人的关系。

张学良：那我们就不知道了。

访　者：他是陈老牧师和卢老牧师的学生吗？

张学良：陈老牧师是中华基督教会的，那个教会是有名无实的教会，是老总统的教会，实在是没那么个教会，我们都算中华基督教会的。

访　者：中华基督教会聚会的地方叫凯歌教堂。

赵一荻：那不是中华基督教会的教堂，是老总统的私人礼拜堂。周牧师介绍这本书，介绍这个地方……田纳西③，可以让之宇的姐姐去，她姐姐住这个州。现在他（张学良）念这个可不容易，怎么个念法呢？每回来了，周牧师念，念了把录音录上。他（指张学良）念英文不成，周牧师把它翻成中文，用录音带录上。等到周牧师下礼拜来，他就听这个录音带。张先生不是看不懂英文吗？他就听这个录音带。听完之后，他就回答这些问题。每一课都有问题，答了之后用中文写，周牧师来了给翻成英文，翻了以后寄到海乐学校去，每一课都是这样。

张学良：我念十几年才毕业。

赵一荻：你想想念起来多费劲呀！

访　者：一共念多少本呢？

---

① 指陈维屏，北京人。曾任南京凯歌堂主持。蒋介石迁台后，在士林官邸建造凯歌堂，陈仍为主持。1964 年张学良与赵一荻结婚典礼，陈为证婚人。
② 卢其沃，早年留学美国。曾在台北士林官邸凯歌堂任牧师。
③ 田纳西，美国南部的一个州。1796 年被接纳为美国第 16 个州。

赵一荻：Sixteen courses，现在不止 Sixteen courses，本来是 16 个 Courses，后来我们又念了别的，我都忘了念了什么了。

访　者：您念完了他发给您文凭？

赵一荻：结业文凭。要求的课程都做好了，就发给你这个。

访　者：我可以用英文跟您谈这个。

赵一荻：他根本不看英文，周牧师翻成中文给他，他拿中文写了，周牧师又翻了英文拿回去。

访　者：您的那个文凭应该包括周联华先生，你们两个人共同努力的。不过您就是自己念的。

赵一荻：我直接念也有好处啊！我英文就进步了，从前一开始，他还有这个功课本，我每一页都要查几回字典，大概要查六七回字典。

访　者：一开始要查，慢慢地就不需要查了。

赵一荻：这好多恐怕你都不认得，它有很多术语啊！还有过去的，将来的一些东西你都要查，不查不行。

张学良：我跟你说外国的课本写得真好，另外还有一个功课本，有个 guide。

赵一荻：每一课都有了。

访　者：您刚才说课本写得特别好，您认为……

张学良：简明，不像中国课本那么啰唆，人家写得真好，你一看就明白。中国的写得啰唆。你懂得英文，一看就明白，我认为美国写这课本写得真好，不像中国人整得那么罗罗嗦嗦的，人家不说斩钉截铁，但差不多把东西都包括到里边了。

访　者：您有没有这种感觉，就是课本的安排，正课参考的东西的答题……配合得很好。

张学良：由浅入深，第一课，第二课，人家解释东西，解释得很清楚。我很佩服美国的教育，要看这个课本，念这个书，假如你还不明白，那简直是笨蛋透了。

访　者：这是很宝贵的，（赵一荻：多少年的工夫）您一下子就是十九年。您两位一块儿念。

张学良：容易得很。

赵一荻：我也不容易，我起头后，每一篇都得查字典。

张学良：人家去给你查，都得弄清楚。

赵一荻：字典也得去查，好多都不懂。

访　　者：周联华牧师经常来？

赵一荻：每个礼拜一次，每礼拜四来。

访　　者：现在当然不来了，来了之后陪……

赵一荻：帮他翻书，他看了，看了以后用中文给他讲啊！我们不懂的好问他呀！

访　　者：您呢？也是，也跟张先生一块儿念。

赵一荻：我就自己用英文，简单地答了。

访　　者：您这里收了十六本的课程，也不老少呢。

赵一荻：现在不止十六本，后来我们又念了很多。

访　　者：但不是一门一本吧？也有两三本的？

张学良：不一定的（录音不清）。

赵一荻：我们一开始讲希伯来吗，希伯来的历史。你得念希伯来历史，还有地理，是巴勒斯坦的地理。

张学良：研究基督教啊，不只是研究《圣经》，比如希伯来历史，基督教怎么来的，为什么基督教研究历史、地理。我很喜欢研究，现在希伯来的历史和地理也都忘了。人家外国人研究学问，要会英文、日文，我们买中国人翻译的东西，翻译得乱七八糟。不会外文不行，假使你会日文也行。

赵一荻：现在美国学工的人，还要会德文。

访　　者：我们学校至少要有两种外文。

张学良：你现在中国人想要研究点学问，非会外文不成，假使你会日文也成。

赵一荻：买书都买不到，我们俩去书店，想买点音乐的书，到书店一看，是二十五年前翻的书，你买不到书。

张学良：参考书也找不到，比较说，基督教的书多少还要多一点。

访　　者：基督在美国有一个最大的大本营叫 American Bible Society（即美国圣经会），是专门翻译……

赵一荻：周牧师就是那儿的。

张学良：《圣经》有很多的白话本。

赵一荻：现在版本多了。

访　　者：一开始的时候，我对《圣经》很有反感，我说它说的是什么话。

赵一荻：还有他中文不好。我们不是学文学的，当年翻译《圣经》的是外国传教士①在广东，一开始是他翻译的，外国人翻译中文。有一本基督教参考书是中文的，是人家外国人写的，当年的传道士真了不起，所以他这上边用的话也不对，比如总督啊。但是当年是这样，不是现在，所以现在又出了许多白话的、Modern Chinese（即白话文）。但是就不同了，虽然是文章，用的词句都是过去的了。但是精华还在，你要看这个书，你是要得到这里边的意义，你不是看文章的好坏。你要看文章的好坏，你去看文学。好多人就是批评《圣经》，这不好，那不好。好不好，我们要讲真理。我们是讲真理，不是去找它的文章好不好。

张学良：《圣经》的文章不能算好。

赵一荻：好多人说那个词都是过去的了，现代人不懂啊！比如方伯②是什么？当年方伯是什么啊？

张学良：方伯是地方官。

赵一荻：方伯是地方官，现代人不懂了吗，所以有白话的嘛！

张学良：比方叫作什么？比如连战，他就应该叫方伯，就是一方的伯，一方的首长。

访　者：那就是咱们的巡阅使。

张学良：方伯不能指定是什么样的官，就是那个地方的首长，方是地方，伯就是首长。

访　者：要说是不容易，那都是当年的传教士翻的。

张学良：这个方伯呀，我给你解释，一个县长也可以叫方伯，一个省长也可以讲方伯，这个地方的一个长。

访　者：那就是地方首长。

张学良：首长。

访　者：您十九年下来，可以说学习的过程，不要说您学什么，这个学习过程和这个Insistence conception（即坚持观念）。

赵一荻：他有兴趣吗？没有兴趣就不念了。

张学良：我有兴趣，我这个人最喜欢研究。

---

① 传教士，基督教传播者，亦称宣教师或宣教士，是坚定地信仰宗教，并且远行向不信仰宗教的人们传播宗教的修道者。

② 方伯，殷周时代一方诸侯之长。后泛称地方长官。汉以来之刺史，唐之采访使、观察使，明清之布政使均称"方伯"。

赵一荻：拿到文凭以后就差点了。

3. 蒋先生要我研究《明儒学案》

张学良：什么叫神学这很有意思，研究一门学问，我这个人可惜啊〔没有走上研究学问之路而是当了军人〕。

赵一荻：也感谢上帝给我们这么多的时间，谁有那么多十几年的时间去研究它，你想研究明白，可是没有那么多的时间。

访　者：您说到这儿，我分两个岔儿，一个是您这十九年的研究，而且一直继续到现在，那我们再问，关于您当初研究明史的时候，因为您说您对它有兴趣，是吧？

张学良：不是。我研究明史啊，我并不是要研究明史。我是因为蒋先生要我研究《明儒学案》①。这个《明儒学案》就是讲明朝的儒学，很容易啊，就是讲明朝的读书人的，他们都是哪一派的人，怎么回事。可是我根本就对这个事不明白，蒋先生指定，让我研究《明儒学案》。历史书中还有一个叫《宋儒学案》②，这《明儒学案》和《宋儒学案》，可以说都是理学方面的玩意儿。理学家，蒋先生本人哪，就是蒋总统他就是理学家，所以他有很多思想是理学家的。那么因为研究《明儒学案》，就非得研究明史。他是谁？他的背景是什么？所以我研究明史，但是在我研究明史之前，那时我在大陆，我想要研究清史，为什么研究清史呢？那个时候，我想咱们中国当年那么样厉害的一个国家，为什么现在的国家弱下来了。那么你必须在历史上去找原因，是这样子，我要研究清史，可结果也没研究，清史也没看多少。那么，清朝怎么起来的，研究这些玩意儿，我是很喜欢研究历史的。

访　者：因为您喜欢研究历史，所以那时候如果有个研究清史的机会，您一定也研究清史。后来因为蒋先生的关系，所以您研究了明史。那也就是说，我要倒回来说，就是我们现在看到了，也听到了您研究神

---

① 《明儒学案》，明末清初思想家黄宗羲的代表作之一。1676年成书。全书共62卷，以王守仁心学发展脉络为主线，以17个学案为重点，系统记载、总结论述了明代各学派的主要学术观点，187位代表人物及与其他学派的关系等，是明代思想史、哲学史、学术史专著。

② 《宋儒学案》，亦称《宋元学案》。自黄宗羲草创至最后编定刊刻出版，历时近两个世纪。全书100卷，共分87个学案和两个学略、两个党案，约列人物2700余名。是一部比较全面地综合了宋元时期各学术派别的思想资料，并以学案体的形式加以编纂的学术史专著。

学的精神和研究神学的这个方式。那么也就是说，我在想，是不是您当初研究明史的时候，也是以这样的精神。因为您跟我们说，您在书上做注释什么的，也是一样治学的精神。

张学良：我现在也不能随便找出来了。我研究明史，这些人的历史我都给他摘出来了。我写了一本简史，不是摘要，简明的。比如就是这个人，他是谁？干什么的？我写了一本东西。

访　者：这个笔记在哪儿啊？

张学良：扔在哪儿，我也不知道，我这个人［随便放东西］。

赵一荻：反正在这个房子里。

张学良：反正在这里。我写的楷书呢！我就写错了一个字，我自己都很难过。

访　者：为什么难过，你不能改是吗？

张学良：改是能改，当然可以改，但是写那么好的书，我不愿意。为什么写错字？在高雄那儿写着，外面突然爆炸了。

访　者：哦，在高雄，那是在您没有接触神学之前。

张学良：我一个人在那儿写。我这个人当年有个志愿，所以我后来很得意。我想谁把我关起来，让我好好研究研究学问吧！

赵一荻：感谢上帝，给你这个机会，让你研究研究。

访　者：一个是您过去研究明史，后来您研究神学。

张学良：那时候我并没怎么研究明史。

访　者：不管怎样研究，您有一段时间，您的治学方式和治学精神……当初您的研究资料是明史，后来您以同样的治学方式和治学精神，研究基督这个资料，也就是神学。那么您给我们说说，因为在这等于说，您不管是在一种什么样的情况下，您的确是一个治学的人。您把学问研究好了，研究了明史，研究了……

张学良：也不能说是学问，你这话说错了。我就是要知道一件事，就要知道的彻底，也不是研究那个学问，我要研究那件事。

访　者：好，好，可以。您当初研究的是明史，后来研究的是神学。您研究完了，第二步是什么？

4. 教会等于我们基督徒的家

张学良：第二步怎的？

赵一荻：研究完了，你要做什么？

访　者：您的确不是普通人，我记得您九十一岁大寿时，张先生说愿意做一个普通人。大家都说，那您绝对没希望做普通人。我们是以普通人的眼光、经验来慢慢想办法体会您。所以我们发出的问题，可能很幼稚，很可笑。您有这样足以令人做模范的治学精神和治学方式，一个是关于神学，一个是关于明史。固然您很谦虚，您说没学怎么样。那第二步以普通人的眼光，您要把它发挥，给它……

张学良：我研究明史没有研究神学厉害。我念这个神学书，我决心的一件事，那是谁跟我说来的，谁跟我开玩笑，我要干什么，你知道吗？

访　者：你要干什么？

张学良：我要传教当牧师去，你想我的目的是要干这个事儿。谁跟我开玩笑说，你要当牧师，我反对。

访　者：为什么反对您呢？

张学良：谁呀？我的亲戚朋友，说笑话。他说，我不赞成你当牧师。我跟李总统说，就是李登辉，他也有这个想法。

访　者：李登辉也要当牧师？

张学良：他也要当牧师。

赵一荻：那是基督徒的责任，那很简单呀！你不用问了，基督徒的责任是什么？你不用问了！

张学良：就是传道。

赵一荻：传福音吗！《圣经》上说得明明白白，耶稣说你要到万国去传我的福音。

访　者：也就是说，您所谓的做牧师，就好像是一个职务似的，实际上就是传福音了。

赵一荻：牧师跟传道人不一样。也许我们做不到牧师，为什么呢？牧师是教长，你有好听众，你有教众。你要和他们像对待自己养的牛、羊一样，你要照顾他们生活的一切，你是教长，你要把人组织起来。教会的头叫牧师。

张学良：粗着说，所谓教会，就等于是我们基督徒的一个家。当牧师的不是光是讲完道就完了，你要照管这些信徒。

赵一荻：你要给他们查经。

张学良：要查经，不单那个，本来我们早期的基督徒没有饭吃、没有穿的……

赵一荻：聚会所，虽然有的人不赞成。但他们一部分做到了，一个人管几个家，谁家出了事，有什么事你都要管。

张学良：家里有问题呀，什么的……

赵一荻：当牧师还有一种形式。你要接受长老①给你抹油，给你按礼，才能当牧师，你有没有这资格去当牧师。传福音是任何人都有这个责任。你一定要传，你是基督徒，你就应该要传福音。

张学良：我们现在谈话，就跟传福音一样，当牧师就不同一点，牧师就……

赵一荻：牧羊，我的羊，什么叫羊呢，就是你要牧……

赵一荻：他母亲就是张群的夫人（马育英）②，是很好的基督徒。他母亲也是基督徒，当年张群要娶的这个太太，就是你非要做基督徒。后来他们就结婚了，生了一个女儿和两个儿子。这个大儿子（指张继正③）呐，什么部长都当过了。交通部长、经济部长、银行总裁，什么都做过了。而这二儿子（指张继忠④）呢，这是多少年前了，他也是哪个大学毕业的。

张学良：不是这样的！我跟你说，他毕业以后跟他哥哥一样在电力公司做事，后来就传道了。

赵一荻：有一天，他去找他的爸爸张群和他的母亲，就说我要传道，我要去再念书。他们也是很严格的，他们就说，"你要去念书，老婆和孩子谁给你养啊？"他们说我们做父母的不能给你决定这个事，你去跟你太太商量，人家是非常开明的，你太太愿意，你就去，这不是说嘴巴讲讲呀！这是往后所有年呀！不容易啊！当牧师的太太不是容易的事啊！起初他的太太不肯，前途似锦啊！将来能做部长什么的……那是一定的。张夫人的朋友也说，哎呀，真是可惜，你这么好的儿子当牧师。结果呢？他太太也是基督徒了，他们两个人就说我们祷告，于是两人就祷告，如果上帝让我们当牧师，那么我们就去。他们俩祷告了很久，有一天他太太明白了，他太太说什么，他太太是澳洲音乐学院毕业的。

---

① 长老，由本教堂信徒推选负责管理教会事务的代表。长老有两种：一种是行政长老，专管教会行政事务；另一种是"按手"长老，专事辅佐牧师牧养信徒。长老一般是从执事中推选。

② 张群夫人马育英，江苏昆山县人（今属上海市）。11岁入上海浸信会主办的圣玛利亚女校学习，13岁受洗。22岁回母校工作。一生笃信基督教。

③ 张继正，国民党元老张群长子。曾任台湾经济部常务次长、交通部部长、行政院秘书长、财政部部长、"总统府"国策顾问、中央信托局理事会主席、中央银行总裁等职。

④ 张继忠，张群次子。浸信会牧师。

访　者：那不得了啊？

赵一荻：她就跟她丈夫讲，她说，上帝给我安排的，让我学这个音乐呀！就是预备现在你给我做这事，因为什么呢？你要去念书没有钱，我家里四个孩子怎么办？谁养这个孩子，我现在想通了。他让我学这个音乐就是让我在家里教琴。那时候教琴有很好的收入。我一方面看孩子，一方面教人家弹琴。所以他们俩就下了决心。之后，她丈夫就到神学院去，再重新念书。念了好几年，后来出来以后就在怀英堂当牧师，后来就到美国去了。他在怀英堂当牧师，他就不能当。为什么呢？我们中国这环境当不了，因为他爸爸有势力啊！

张学良：谁都找他。

赵一荻：大家都托他找人情啊！什么麻烦啊！你当牧师，又不能不管，他实在太受不了这个事。你如果不答应哪，你是牧师却不帮忙，可是你答应呐，你也做不到，因为他爸爸也不听他的。所以他就上美国去了，他干得很好，现在他们在加利福尼亚，自己有一个教堂，都是教友捐的钱。他的儿子也很好，他儿子跟我们也很好，他的儿子小的时候……他儿子现在做事了，做 Computer（电脑）一个月挣不少的钱。我说你的钱怎么样？他说，我这个钱呢，80% 都交给教会。那我说你要娶媳妇怎么办呢？他说，The lord will supply，就是上帝会给我准备的，用不着我自己准备钱。

张学良：那孩子很好。

赵一荻：他一家都很好。还有，这也很感动人，他妈妈要死了，病得很厉害，她就等着这个儿子回来。

访　者：您说的是张群的夫人。

张学良：他很喜欢他这个小儿子。

赵一荻：她就说一句话，临死她就要跟他儿子说一句话，她说你可要当牧师啊，守住自己的誓言。上帝，你有什么才能，他用你，比如你是教课的，他就利用你的教课传播福音，也一样呢，不一定你非要去念神学院啊！你只要信了，自己有研究了，不要胡讲乱讲，你也一样可以到处传道，你并不需要一个文凭啊！那不是一样的吗？

访　者：还有一个就是刚才您说本来想学当牧师，现在您神学都已经毕业了，您没有做这个牧师，就是没有接受那个职务，但是依然可以传福音。所以，也就是现在，我们所知道的，去年十月，您曾经去监狱里边证道①。

赵一荻：很简单地说，现在我们就是给上帝工作，这么一句话，不一定说要去证道，不一定说要写书，也不一定要干什么，上帝要怎么用我们，我们就去做。

访　者：这句话很要紧，所以我想您是不是多给我们分析一下，不一定去证道，我们的想法就是您要去就去证道了。

张学良：我们的基督徒是什么？我们不过实在就是上帝的一个工具，他怎样使用我们，我们不知道。我们要进行什么呢？我们就是要把这工具弄得很干干净净，等着你使用，关于你怎么使用，我不知道。那么我们《圣经》和耶稣，窑匠怎么做泥巴，我们不知道。

赵一荻：我们就好像泥巴，上帝就是窑匠。他要把我们做成个杯子，我们就是个杯子。

张学良：他要把我们做成尿盆，我们就是尿盆。

赵一荻：你自己有什么材料，上帝会怎么用你。

张学良：上帝怎么用，我们不知道。我们有一句话，谁给上帝当参谋，那是他的责任。

赵一荻：我给你说个理。就好比，我们想上帝让我们活这么大年纪，干嘛呢？不是一天吃吃喝喝，走走就算了，混日子混到死拉倒。不是，有机会我们就要传福音，我跟你也传，人请我吃饭我也传，为什么要用我们呢？因为有很多的人呢……

张学良：这个传福音，我再加上一句，不是因为形式就来传福音。

赵一荻：有很多高官，做大官的人，普通的牧师跟他接近不了啊！我们在一起吃饭，我们有机会就传呐！顶多你讨厌我，你下次不请我吃饭，（笑声）对不对呀！

访　者：不会有人讨厌。

赵一荻：不是那么讲啊！比如信佛的人就不要听啊！像你们这样，我们就有机会就讲呀！不一定说呀《圣经》里哪一章哪一节哪一条怎么说的，不一定呀！比如说，讲个故事吧，刚才我给你讲的张群他一家

---

① 证道，也称"讲道"。礼拜仪式中的一个重要程序。由教牧人员挑选一段《圣经》经文对信徒讲解。讲道的文稿称为"讲章"。

的故事，你讲这个也可以啊！

访　者：不拘于形式。

赵一荻：我也不知道什么，《圣经》上告诉你，你不要自己准备什么，上帝会教你说什么，你应该说什么，他会教你的。

张学良：我不准备，他要你说什么，到时候他要你说，我们很信这个的。顶多要做这件事，事前要么让我去演讲啊，或者人家请我干什么，我自己祷告。就是上帝的指示……就连周牧师……我说我从来没有稿子，给你什么啊……

赵一荻：我是得要稿子，我记不住啊，在路上还好好的，到了就忘记了。

访　者：我还是三句话不离本行，您是传福音，我这是也有工作。那也就是说，我的想法就是，我不是信教啊，我只是给哥伦比亚大学做点事。那么，可不可以说，因为我上次忽然间看到了张先生历史的时候，我有一种感觉，就好像是……我还是不能说完全懂了，张先生经过了那么多事情，同时您从1940年以后，跟张先生一起也经过那么多事情。这完全就是为了一个国家的统一，停止内战和抗战。结果到时候，反而我们的想法是做了那么多事，牺牲了那么多事情，为了……

赵一荻：这是上帝要我们来为他工作的，我们要不是经过这么多的事情，我们也不会念神学，今天也不能给大家……

访　者：再延伸一个，那么今天，从去年七月，我是四五月我碰到了少帅，七月第一次跟您见到面。也就是从那，您也是想到了，这是不是也是传福音的一部分啊？把口述历史留下来，能够在我们地球上……传播。

赵一荻：你看他，一百万军队在手里的人，今天要替上帝工作，对不对？我今天要替上帝工作，我无所求……

张学良：不能那么讲，我们一个人啊，我们每天都是给上帝工作。无论哪个工作都是给上帝工作，不一定传福音就是给上帝工作。你做政治上的事情，你做什么事情，就像你来跟我们说话，如果你是真正的一个基督徒，你心里也明白那是上帝让你做的。那你自己所做的工作，那是你自己私心。但是你自己不知道忽然有这种工作，那是上帝指示的，我们都没有这个能力，你怎么会碰见这种事情呢？

访　者：我今天，就有一种莫名其妙的感觉，为什么我就碰到这事而且为什么……

张学良：如果你是基督徒，那你就会明白，这是上帝派你来的。

访　　者：但是我不是基督徒。

赵一荻：我们讲的多好，也不能让你信。这上帝的恩典到你心里，你慢慢地会明白。

5. 蒋夫人说我又走错路了

张学良：你当了基督徒，不是当了基督徒，我们讲，你得救啊！得救这两个字，一般人不明白这句话，就是你真正信了上帝，你能认识上帝。认识上帝，你能走到这条路上，我们就叫得救。你得救啊！是本福恩，怎么讲呢？上帝对你有恩典，底下有一句话，也因为相信，你要不信没有办法。（录音不清）这句话，火车在那儿摆着，火车站有，那你不上车，谁有……（笑声）上帝也不能拉你上车。得救是本福恩，应该信。本福恩是他那方面发出的，而信是你这方面发出的。他那方面来的本福恩来的，但是你反应不反应……

赵一荻：你没有反应，上帝也没办法。

张学良：上帝不能拉着你耳朵，让你上火车。我就说这话，很容易叫人明白（笑声），信不信由你。所谓信，不是口头的信，真是发自内心的我真承认。我跟你说一件小事。冯庸啊，这是我最好的一个小朋友，他快死的时候。他病死的时候，我就问他，我说你对基督教怎么样子，他说我知道有个上帝，我说我给你做个祷告你愿意不？我给他做个祷告，他快死了。我说你肯不肯受洗做基督徒。他说大哥，你让不让我受洗。我立刻找牧师给他施洗，他快死了，施洗之后第二天就死了。所以我为什么解释，他也是有福气，他死了以后一个礼拜，开追思礼拜。基督教的牧师给他开追思礼拜都是用基督教的仪式。所以，这个人到临死的话如果他承认，那么他就一样得救。

赵一荻：Never too late。只要悔改，永远不会太晚。

访　　者：我现在说实话，没有那个信心。

赵一荻：您先生是犹太人，这点你要了解。犹太人不承认耶稣，不晓得美国的犹太人怎么样？

访　　者：不知道，我们是在教堂里结婚。

赵一荻：他们不承认是上帝的儿子，他们不承认。

访　者：我现在是这么说，跟您接触这一年，尤其是最近，接触得更近一点。我有两个体会，我不能说我信，因为我也没念过神学、《圣经》什么的。我的体会一个就是我们都知道，基督教是耶稣背着十字架。他好像是为了解救别人的困难，他自己背着十字架，我不信这个。所以我就想为什么有十字架，我就不懂，但是我想到张少帅这一生的事情，就是为了免得那么多的中国人在水深火热中，遭到战争的惩罚或者灾难，也是为了这多么人不再互相残杀。为了做这些事情，张少帅做了一个决定、两个决定、三个决定……到后来张先生被一个莫名其妙的，我就不懂了，那就是十年徒刑什么……倒反而把您所有的这些，您本来应该有的结束了，那么，后来又有人说您不抵抗怎么的，我就在想那还不是为了他们。以外边国民党的国史馆来说，是不是有一点像那个……

赵一荻：所以说是上帝给他的路，让他走这条路。他能走到他那儿去，否则他就不会走到他那儿去。

张学良：我跟你讲，我信基督教，话还得反过来说，不能单纯这么说，当然我过去跟基督教的人接触很多，也受到影响。但是我最后信[基督教]，还是蒋夫人的关系。

访　者：那您给我们说说。

张学良：蒋夫人到高雄看我的时候，她问我，我就随便给她讲佛。她待了半天，蒋夫人这人也很沉默的，她待了会儿说，"汉卿，你又走错路了。"我就说这蒋夫人的话，她说走错路了，因为我信佛了。

访　者：她为什么说您又走错路了？

张学良：过去，是我走错路了。

访　者：过去哪点走错路了。

张学良：就是……

赵一荻：西安事变就是走错路了。

张学良：她这个话很有意思，她说你好不好研究基督教。她就跟我解释说，你大概想我是混蛋，蒋夫人就是说他自己啊，为什么要信基督教呢？

赵一荻：不是混蛋，是傻瓜。蒋夫人说，你可能认为我是个傻瓜。

张学良：傻瓜。她说，我问你呀，上下几千年，永恒几万年，有地位高的国王、有渊博学问的人，这些人为什么都信基督教，我是傻瓜，难道这些人都是傻瓜。她就给我出这个题目，她说我愿意你好好想一想，研究研究，他们为什么要信基督教？

访　者：她给您提出来谁了吗？哪些人？

赵一荻：不一定是谁呀！你现在你自己也看见，有多少有地位的、有学问的人信基督教。

张学良：上下几千年，纵横几千里，有地位的、有学问的为什么信基督教。这不能是指谁，所以这句话很动我的心，她说，你想我大概是傻瓜，是不是这些人都是傻瓜？难道说，我是不如你呀！我是傻瓜，难道这些人都不如你聪明。这句话很有力。

赵一荻：之丙能体会到，智慧是从耶和华那里来的，你天大的学问也没用，你自个儿不知不觉地，你就能把事情看透。

张学良：我们说的这个智慧，不是普通的智慧，你不能开启的，那是……所谓这个智慧是耶和华的。

赵一荻：我的道路高过你的道路，我的思想高过你的思想，他的思想比你高得多。

访　者：您说这个，生而知之，学而知之，扩而知之，分这么三等，我大概是四、五、六等，当然这是开玩笑啦，我的意思就是说，我的接触范围……

赵一荻：社会上一般的人，不信基督的人都是这样，她的思想已经不错了，（笑声）我的儿子他也不信，我的孙子他也不信啊。

访　者：换句话说，我们也从来没有接触过，我认为是这样的，像我这样的人是朽木不可雕也。您要真是坐在那儿给我讲道理，我必须要能够体会到。所以我现在就在想，我最近跟您，等于是天天都为您……我回去也不做别的事，就是看您的书什么的，也许这样我能体会一些。有体会我才能了解您所说的。我体会到第一件事，我认为，因为我现在所读的书不是《圣经》，所有关于您过去的这个政绩，那么我就看到有一点像是为了中国人背十字架的那个感觉，第二呢。

张学良：那也不能那么讲。

赵一荻：我跟你说，你最容易了解什么是爱？你说什么是爱？爱就是 sacrifice（牺牲），他（张学良）因为爱他的国家，他 sacrifice，这不很容易了解吗？上帝就是爱，基督教是什么？基督教讲的就是爱。你要是彼此相爱，爱人如己，你尽心、尽意和尽力来爱上帝，你要有那么多爱在你心里，你就把别的事情不看得那么严重了。

张学良：我跟你说，我想不但跟你说，我想我们一个人，我们这个做人啊！我们一定要有一个信仰，我这个说法跟他俩的不同。这个所谓信仰，我们不是把这个帽子给扣上，要你一定信基督教。你听我讲，你信佛教也好，无论你信什么教，你自己都要有一个衷心的信仰，这个衷心的信仰不是旁人给你加上的。你自己信这套事情，这个没有信仰的人哪，现在社会上很多人都好像浮萍一样没有根在那儿长着，你自己体会你自己，这不是人家旁人说话，是你自己想想。你就在那儿像浮萍似的，因为什么？你没有信仰，你没有一个衷心信仰，你到底信仰什么，不管他信佛也好，信道教也好，信鬼或信神。一般的社会，为什么社会这些年轻人，他没有信仰，他的信仰就是向钱。我觉得……那不行的。那所以社会才这么乱七八糟，你要是一个有信仰的人，你就不同。你没有信仰，你自己想想，你就是一个浮萍。你有了信仰，你无论有什么信仰，你就有一个根，那么就分析解释，至于你那个根扎到哪儿去，那就是你信仰的地方，明白？无论你信仰是高等的，我们不能说我们基督教是高等的，你就扎到很确实的地方。那低等信仰你就扎到泥巴的地方，根就扎不好、扎不深。所以这是我的意见，没有信仰的人，就是水里的浮萍，这你自己会体会到，我那儿子总是说，"我这一天干什么呢？"

6. 我年轻时就多少受基督教影响

访　者：刚才夫人所说的那个爱，也是一种信仰的表现。您的信仰，就是基督教，就是爱，因为您是爱……

赵一荻：上帝为什么让耶稣背十字架替我们死，就是因为上帝爱人吗！约法三章里主要的就是因为上帝爱人，耶稣才到世界上来背十字架，为我们大家死在那儿，那是爱吗！

访　者：根据您和刚才少帅说的，比如说您从为了东北和所爱的人民，这就是您当初的信仰。

赵一荻：爱他的国家，爱东北，爱他的人，他也不爱钱，不爱地盘。

访　者：不是名，不是利，不是地盘，不是权势，所以这是您当初的一个信仰，虽然您当时不是基督教徒。

赵一荻：原本他不是基督教徒，他一直是爱人，不愿看到东北的同胞互相打，就算不是东北人也好，人和人互相残杀，人和人杀什么呢？

张学良：我也是多少还是受基督教影响。

访　者：您小时候……

张学良：我很年轻时，我父亲有个军机处长，他是苏格兰教会的一个基督信徒，苏格兰长老会。那么我受他影响很大，我少年的时候，我这个人的思想很消极，为什么消极呢？那么我看东北相当于半个亡国奴啊，在日本的势力下，也没有什么发展，因为"二十一条"刚定完，那心里非常难过。他很导引我，我受他的影响很大，后来我的思想有一段时间的变更了。我就变更了，变更到什么程度，怎么变更？我就自己想，因为家里很阔，我是做一个这么玩玩乐乐，死了拉倒的混混，或者我还是做点事情。那么我想，这是我的开始，我受他影响很大。那时我就想，我靠着我父亲的家产，靠着我父亲的力量，靠着这种背景，人家走两步，我走一步就能走到。我为什么不利用这种情况做点事呢？那么我要做什么？干什么？那我说良心话，我还说不出来。我能做什么，不知道。那么后来，我受张伯苓的影响也不小。本来开始的时候，我想当医生，当然我父亲也不赞成。奉天有个南满医科大学①，我非常佩服那个学校，我很想进去，可是我父亲不赞成，他也不说不赞成。如果他不答应我就不能进。可是我常常说笑话，我说，我要学医生救人没成功，结果当军人学杀人了。这慢慢的，所以说天下的事情是上帝给安排了，我自己承认，我这个人做军人啊，不但影响了中国，甚至影响了世界的……那么好像把我自己抬高了。我当然知道我父亲愿意我干军人，我父亲常常自己说，我并不想把你整那么高，我想让你当一个师长或者旅长啊，能够替咱们家里保存，保存这个……没想到你能爬得这么高。所以我说是上帝的安排。那时我真是不想当军人。那么奉天这个也是青年会的一个朋友，他是奉天的德国留学生，他姓陈，大概叫陈实秋……他们都是奉天人。我跟他俩在青年会认识，同时也跟他们学英文，是很好的朋友。那个时候，我就想离开家。那时青年

---

① 南满医科大学，位于今沈阳市和平区北二马路92号，中山广场南侧靠东。1911年日本为培养在南满铁路工作的医师，建立了南满医学堂，后改为满洲医科大学，学制7年。1949年与辽阳医学院、锦州医学院统一合并为中国医科大学。

会的总干事是美国人叫普拉特，他也很赞成我的选择。他说，你要走就到美国去，美国的学生不能做事，我给你介绍一个教会的家庭，你给人帮帮忙，你在那儿住着，你可以……后来我跟陈什么说，他说你这人真是，你那么做，你想想，你爸爸多难过。你还是要顺从他。后来他说，你顺从他，你跟他讲，你说你要到美国去念军校，他一定很高兴。他把你送到美国去，你到美国学什么，他还管着你了！这个主意倒是不错，就这么样出来的。那时我身体不好，我还吐血，他说，他说你应当在家里念书，你英文也不太好，算学和化学这些你都不懂，那么就到了美国去也不行啊！他是测量学校的校长。他说我不但教你英文，你到我那儿，我教你化学和算学这些玩意儿。我觉得这很好呀！所以这个人导引我走上这个途。后来他说，你跟你父亲……那个时候，所以人家说我应该去保定军校，保定军校我没去。可是我跟他同学。我考上了，可是我没去，那么我跟我父亲说，要想当军人。后来，奉天办讲武堂。那边讲武堂的教育长熙洽跟陈瑛，他俩是朋友。他（指普拉特）就跟我说，你呀，你进讲武堂得了，进讲武堂，我可以照旧教你那些玩意儿。我还照样可以去。你知道，我们东北，最怕"将"。

访 都：啊！激将法。

张学良：我说好，我就跟我父亲说，我父亲说算了吧，你回头到那儿去干一半，你干不了了，还丢我的脸。当时我就说，要是别人干不了，你别怨我，那都干不了。可是人家干得了，我就干得了。

访 者：将你一军。

7. 外面传我不是我爸亲儿子

张学良：我父亲说，那好了，你去吧！那时进讲武堂啊，进去必须得是军官。他当时就给我卫队营营长的官衔，我就进了讲武堂。就这么回事，我的一切计划都变了。那时讲武堂来的人大都是老粗军官，那么我是念过点书的，同时我到讲武堂很用功。头一个月月考，我考个第一；第二个月月考，我又考个第一；第三个月考，我并没考第一，可是期末我又考个第一，结果讲武堂闹了风潮了。不是学生们闹风潮，是教官们闹风潮。也不是闹大风潮，就说教官们跟我勾结的，我不是真正考得那么好。

访　　者： 有人怀疑，怎么可能一而再、再而三的得第一呢？

张学良： 你明白，是我爸爸的关系吗？可是这一闹，反而后来把我闹起来了。某一天，我们的教育长叫熙洽，他上课堂来了，让我们把座位都调换了，谁都不行，都要把座位都换。我们本来三个人坐一堆儿，都不能坐一堆儿。自己坐的也不行，都由他给调了，不晓得他调了做什么？

访　　者： 是不是怕作弊呀？

张学良： 他都调，调完了，他就出了四道题考我们。这四道题，就我一个人把三道题答全了，后头那道题没答完整，答对一半，所以可以说答对三道半。同学中就没有一个人能把这题答上来，像我答得这么好的。那么，他就当场宣布了，他说，你们大家看我不作弊的，你们谁也没有像他答得这样好。那么这就证明我有这个资格。这一下就把我的问题带出来了。我们有四个学期。我在学校的头一个学期，同学们也就知道我这个人了。本来在学校里，谁也不注意的，后来我被同学选当班长，那不说了。这个话呀，就传到张作相耳朵里去了。张作相是我父亲的头把交椅啦！我父亲差不多什么事都交给他办，权力在他手里呀！那时候他叫总参议，传到他耳朵里后，他就注意这件事了。我们学校的教育长跟张作相认识，原来他当过张作相的团副，他是士官学生，那时士官学生回来都叫教官呐！团副就是教官，那么他就问到我这个事情，那时张作相就注意到我了。那么我受提拔，不单是我父亲的关系，完全是受张作相的提拔。我没出学校就当了团长，那时候我年轻啊！他是有意那样安排的，本来人家有一位团长，他把那个团长给调走了，我没出学校就当了团长了。为什么让我当这个团长呢？他是那个旅的旅长，他是师长，另外兼这个独立团的旅长，他的意思就是将来让我当这个旅长。所以那时他们跟我开玩笑，说我是黄嘴丫子团长。所以搁这儿就起来了。简单地说了，等了两年的工夫，后来他让我给他代理旅长。旅里有什么事，他都让我来……那么这简单点说，就赶上第一次奉直战争了。第一次奉直战争我出去就算是旅长，虽然是旅长，但是我另外兼一个支（梯）队，我们叫支（梯）队长，等于现在军长一样。我就带着三个旅，我自己的本旅，另外还有两个旅。那么这次战争奉天失败了。奉天失败了，可是我这个支队没失败。这个问题来了，我当时不知道。后来我才在我父亲的抽屉里看见了，原来我父亲的军权都在张作相手里。所以张作相这人也是很厉害的。他们大家就上了一个条陈给我父亲。上面说这个小家伙相当有用，你以后回去训练军队之事交给他吧。本来训练军队是张作相，那么后来我父亲成立一个整理处，我就当了整理处的参谋长。就这样子，所以军权就到我手里了。那么，实实在在是在我手底下做事的就是郭松龄了。我就认识郭松龄。我当了第三旅代理旅长，我就保了郭松龄当第三旅的参谋长，代理我原来那个团的团长。郭松龄完全是我一手提拔的。那简单地说，第二次奉直战争开始了。第二次奉直战争，在山海关，我们打了个大胜仗。大胜仗与旁人也有关系，但是完全是我这个支（梯）队，差不多把吴佩孚全灭了，所以这么出的名。

访　者： 这些都是上帝的安排。

张学良： 那后来，人家外头说，后来我父亲打内战，南征北战打硬仗都是我去打的，所以外头传说我不是我爸爸的亲儿子。（笑声）

赵一荻： 哪儿危险上哪儿去！

张学良： 哪儿危险上哪儿去，差不多人家打不了的，都我去。

访　者： 张作相也是因为和老帅有把兄弟的关系，所以对您也特别照顾……

张学良： 那现在是没有这样的人，他一手把我提拔起来。后来我父亲死掉的时候，我跟您说这段事情，我说就心里很难过。我父亲不在了，这怎么办呢？我们就开了一个很大的会，文武官员都有。东北这个事情究竟是谁负责任，那当然我要推他。当时，我发言说应该是他，可是他再三不肯。那时他打定主意，他说汉卿，我怎样对老帅，我就怎样对你。他是我长官啊。他说，你不要怀疑。如果老帅他要是好好地平平安安地走了，我还可以接他的，可是他既然这样子，那我就不接，我绝对不接。但是他跟我说，我可跟你说明白，你做事情，我完全绝对服从你。但是你要不好好做，我就能拎你到后院，拎着耳朵打你耳光子，我管你。所以我后来就当了，整个东三省的都归我了，我那时才二十几岁。我二十八岁的时候政府就命令我为东北边防司令长官①。

访　者： 顺着这个线索，还有好多东西可以说，但是我们现在回过头来说另

---

① 东北边防司令长官，是国民政府在东北地区的最高军政长官。1928年12月29日，张学良宣布东北易帜后，南京政府立即成立了东北边防司令长官公署，任命张学良为东北边防司令长官。

外一件事。也就是说，您这一生虽然那个时候，跟基督教有点关系，但不像现在已经研究过神学并受到很大的影响。

张学良：影响很大。

8. 我研究明史，反对明朝

访　者：现在因为您读了神学，对基督教方面又深入了一层，所以，您觉得做什么事情要传福音，虽然不能做牧师，但是您回想过去那一段，从这个想到去外国念书，接着到讲武学堂，这一些都好像是冥冥中有一个安排，让您做这些。因为那会儿您说的，人家走两步，我走一步就行，为什么我不走，也许那就是一个种子，就是说您想传福音。

赵一荻：那时候根本就没想到传福音。

张学良：没想到传福音，没想到那个。

访　者：在中国能跟您接近的人，也就范围广了，而且时间延续了，您是这样想吗？是不是也可以解释。

张学良：我就想把历史的事情留给大家，后人可以知道前边这个历史，我没有旁的意思。

访　者：您的想法是不是也可以把它当作一种……因为您刚才说的福音不一定在教堂。

张学良：我还没有讲到传福音的问题，我只在叙述历史。

赵一荻：无形中也就是传福音，得这么想。

访　者：在这种无形中传福音，反正您传福音并不一定说，一定要当牧师怎么样，而且换句话说，这也就是一个渠道，把您过去的历史和您的思想和您的这个怎么变化和您的爱，您说的是信仰，您说的爱从这个口述历史里传出去，这也是我的一个体会。第一个体会我觉得好像少帅背着一个十字架，为了爱国，自己经受了那么多。现在呢？第二个我的体会，就是这等于您是传福音。我做的事情有点意义，虽然我不传福音，但是我把它收集起来，等于是说，以前把大家说的话记录下来，所以每一个环节我们的话，不是口述历史。我们就说怎么这么巧啊！想不到是怎么一个环节能见面。

赵一荻：你姐姐也是跟我们俩儿……

访　　者：我们两个人去访问。我不是学历史的,我姐姐是学历史的。我说我没办法,你得帮我。我姐姐跟我一块儿去。以前我们写书啊,做语言学,本来我们就在一块儿。所以我说,你必须来,结果她反而……少帅的东西,她已看过很多了。在没有到您以前,这是很奥妙的事情。这样一来的话,您刚才说信仰啊!我还是不见得有信仰。我主要就是说我把这个工作啊,看成另外一个想法。所以我昨天还在说,唐德刚先生要来了,不知外边又要怎么打击我。

赵一荻：你不要把这个事情看得太注意了,唐德刚搁这边儿很……很活动。你不要太过分注意他,他常常来,他跟这儿的人都很有关系。他是一种喜欢活动的人,你就不要太拘着。

访　　者：不管他,可是我就是想,如果真是有这样一些功用,就把这些福音传过去,我也做得不一定是……他爱找我麻烦,就让他找我麻烦。那也就是说,我虽然说职位也很小和工作也没有什么重要,但是能把您的东西搜集起来,就做您……在这一条路上把您的东西留下来,也是一种您的福音的延续。

赵一荻：您也是一种成就。

访　　者：不能说是成就,就是把这工作做好就是了。尽量把它做好,说实话,这是咱们私话了,给我在这个工作上一个……

赵一荻：你自己心里也很舒服,不管你们说什么,我做这件事情,我要对这件事情做好。

访　　者：另外还有一点呢,我不信教,我也不能传福音,但是如果帮着把少帅和您的东西留着,这也算是一点点的工作。那我们可不可以回去再谈一下明史。因为对于明史的了解,您现在这个是神学基督的教义。您这样传福音,明史就可以做一个学术上的研究,因为您当时也是一种学术,与神学和传福音相比,这个又是比较大的,可能……

张学良：后来我对明史不是说决心干那事情,后来,我就把那事放下了。我没有研究很多,就那么一点儿。

访　　者：没关系,就那么一点,您给我们说一说。

张学良：我多数都是看有关《明儒学案》的那些人。《明儒学案》的每个人物,我研究他们个人的历史,那么就翻明史。可惜我现在也找不到,我把他们的事都记载了,每个人怎么样啊。

访　　者：在蒋先生没有提《明儒学案》的时候，本来您想研究清史。研究清史的初衷，就是想我们偌大的一个中国，怎么会演变得……那么后来您就研究明史。

张学良：我就研究历史，研究清、明的历史。

访　　者：那么后来在明史的这一段里头，您有没有发现，因为您主要的目的，想从历史上找到一条线索或解答，为什么我们中国会变成这样。您在研究明史那一段，关于中国的演变，您有没有什么心得？

张学良：我就认为我们那个时候以后，我们受清朝，不是中国人啊，是满洲人来。那个时候，我们有点好像受……我对宋儒相当反对，我就研究明史。受到这种理学家的思想束缚太厉害。所谓理学家思想，就是在文字上来搞名堂，把实际的事，说到科学。可以说那些人也不懂，就讲究理论啊，讲究这套玩意儿。尽考虑口头的、无用的事情，实际上的事情被放弃。所以被人家侵略了。那么满洲人，就是清朝还是完全是一种力量，敌不过人家。

访　　者：您研究了神学之后，您想做牧师，也就希望传福音，如果有机会让您随便谈一谈关于明朝历史的事，或者明朝这些人的事，是不是也可以跟大家聊一聊呢？

张学良：那后来，我就把这个事情放下了。我不想再研究了，没有那个兴趣了。

访　　者：也就是说，那是个过渡时期的……不过您都研究过什么书籍，做过什么样的笔记，您还都……

张学良：《明儒学案》的笔记还有，不知扔到哪儿去了。

访　　者：我觉得这些东西倒都很宝贵。

张学良：后来我就不研究明朝了，因为研究《明儒学案》都是这些理学家，尽讲气啊什么的，都是无用的话。换句话，我认为是不切实际的话，那么把科学，不能说是科学，是实际的玩意儿都放弃了，武力也弱了。所以才被侵略。我认为失败，我认为这些没用，而且我也反对理学的东西，本来我是学理学的。我是反对心学，比如说我对老总统学的阳明，我也看了好多书对王阳明的学问进行研究，那完全是一种心学。比如王阳明说的话，"我看花，花就在；我不看花，花就不在。"这是他的话，所以我后来就给他加上，"你看花，花在；你不看花，花也是在，花还是在。"这是我的说法。那么我就反对他们这种说法，完全拿你自己的心学为出发点，跟实际上脱开。所以才能出来这个，完全是一种玄学啊。

访　者：我父亲是做学问的人，他研究金石学。他写《文心雕龙》①。他是研究文学的，所以他也就是一个学者了。他老跟我们说，每一个人读书对你所读书的这个科目的体会，是与你个人的经验和出身背景都有关系。您后来经过这么多风风云云的事情，又有老帅这样的家庭背景，您读理学，对明朝这个历史的体会，虽然您说您后来放弃了或者是当时您研究时并不……可是真的很可惜，您的笔记的确是一个有着独特的……因为您的背景本来就不同，而且又跟普通一般中国人不同。所以这个读书笔记实在是对研究学术和历史来说是相当相当地有价值，可以说是无价之宝。

张学良：我可以这么讲，我研究明朝的历史，结果是我反对这个明朝。

访　者：那也是对的，那也是您的心得，这些笔记您曾经给过谁？我们有没有想办法去对。

张学良：我不记得了。

访　者：那您这些笔记没有给人吧？这些笔记您还留着吧？

张学良：谁瞧这些玩意儿，也不能说是笔记。这是我研究神学的玩意儿。

访　者：这些您都没扔吧？

张学良：没扔。

访　者：这些您跟夫人有时间研究研究，哪些可以代表您过去这十几年、二十年来……

张学良：这不能说是代表，这就是看书是了。

访　者：如果我们要想了解少帅二十年在台湾做学术上的或什么研究的话，这也非常有用。您先暂时别给别人行不行。（笑声）您的那些明史笔记都找不着了是吧？真可惜！

张学良：我这人是随便扔。

访　者：万一您要在您的书堆里看到的话，您能替我们留一留吗？

张学良：好的，我不晓得给谁了。我记得我给过人，我写了好几本。我是乱写，发生什么事件我就写。

---

① 《文心雕龙》，中国古代文学理论著作。刘勰撰。成书于501—502年。共10卷50篇。

9. 我是受洗后结的婚

访　者：还有就是您说，那个老总统是一个虔诚的基督教徒啊？蒋介石？

张学良：不能这么说。我是这么说，蒋夫人是虔诚的基督教徒。

访　者：哦，蒋夫人是虔诚的基督教徒，那蒋先生只是信教而已。

张学良：那我不敢说，我不能随便说他信教诚不诚。

赵一荻：他虔诚不虔诚是他自己的事，我们不能说。

张学良：说信仰上，他是个理教方面的。

赵一荻：信仰和理教没有冲突啊！

张学良：不，有关系。信仰是一种理。他经常用气这种东西教训经国先生。他写的东西在学术上也有地位，他这些东西有，有……

访　者：因为我的想法是，明朝的理学跟这个……

张学良：明朝的理学是从宋儒下来的。

访　者：是啊！就等于说，我们拿理学跟基督教怎么可以能够……

张学良：那到不了一块堆儿。

访　者：是啊！可是蒋先生又是基督徒又是……

访　者：所以我觉得很妙，在他那儿可以合二为一。

访　者：当初有教育基金的宗旨，就是希望从事教育的人能够终身为教育服务。

张学良：你说得不对，不是从事教育的人，是中小学教育。

访　者：中小学教育，教书就是……

张学良：唔，高校就没有。那时我奖励小学教育，我是这么主张的，那时当小学教师的人，挣钱挣得很少，挣十几块钱。我的意思是加重他们，让他们终身就干这个。

访　者：您这中小学教员的想法和计划，可以说现在大家还是希望可以做到的，因为只有把中小学做教师的人能够稳定，不然的话，你这个基础教育就不好。

张学良：我这个，主要的，我现在还记得。我的计划是，你要是从事中小学教育二十年，在我们的基金上，你可以每月拿三十块钱，一直到死。生活安定了，但是条件是你必须能够教二十年。

访　者：有经验了。

张学良：不是有经验，就是从事教育二十年了，等于你终身干这玩意儿了。你不必害怕，干完了怎么办，那时也没有退休金什么的。

访　者：哦，那时没有。那有这个，就不在退休金之下啊。

张学良：不但是公家的，就私人办的私人小学，凡是你从事教育二十年，就可以拿到。

访　者：我觉得这个计划是很基本的，大家伙都提台湾的教育。中小学教员的待遇比他们在大陆强得多，对他们照顾得好。

访　者：刚才我们谈到神学和明史，真可惜，张先生的明史记录，的确有历史的价值。这些东西真奇怪，珍藏室所希望要的东西，实在跟外边人想的不一样。他们的确很希望能够……咱们这不是要批评，蒋先生那么喜欢……（录音不清），还要当炮贩子。

赵一荻：那不能说，你研究这个，就不能研究那个。你研究基督教就不能研究我们中国的历史，你不能那么看。我是这样的看法，不晓得你们怎么看。个人的信仰不同，很多人既研究这个也研究那个。两样啊，你才能知道有什么不同。你不能说，我是基督徒，你们说那道教，我不听，或者你们讲佛教，我不听。不能这么讲，对不对？我不信，我研究可以啊，对不对？

访　者：刚才咱们已经谈到什么，然后我……

赵一荻：周牧师，研究神学，也是……

访　者：周牧师现在还在台北？

赵一荻：最近不在台北，他到南非去了。

访　者：哦，到南非去了，那在电视上看到他录像。

赵一荻：上礼拜他没来嘛，我问另外一个牧师，他说到南非去了。南非不是很多饥民没有饭吃，开什么会。

访　者：是不是周牧师现在在台湾的基督教信仰圈里，他是首屈一指的。

赵一荻：那不能这么说。

访　者：还有别的？

赵一荻：多着呢！现在他也不代表浸信会了。浸信会有，长老会也有，文理会也有，各教会都有大的牧师。

访　者：他现在代表哪个会呢？

赵一荻：他现在我也不晓得代表哪个会，他现在，他代表不是东海大学董事长，还有什么头衔？我不知道了。还有圣经学会？就是你说的那个

Bible，他的事情很多了。我不晓得都是什么东西。

访　者：现在每个礼拜天，你去做礼拜，不一定是他？

赵一荻：不一定是他，他有事就请假，平常是他。

张学良：什么？

赵一荻：他问周牧师是不是在台北数一数二的顶高的基督教的。

张学良：谁呀？

赵一荻：周牧师，不能说是最高的，人家浸信会、文理会也有牧师，他相当有点名，就是有地位的牧师之一。

张学良：有地位，同时他是凯歌堂的牧师，总统的牧师，这个地位高一点。

访　者：那凯歌堂每个礼拜都是他在那儿？

赵一荻：平常在那儿。

访　者：我们现在已经到这儿了，您两位一块儿念神学念了十九年是吗，十九年之后，您读这个和受洗有什么……

赵一荻：早就受洗了。

访　者：哦，先领洗，后这个……

赵一荻：我们结婚那天就领洗了。

访　者：领洗之前不需要读什么吗？

赵一荻：没有，基督教的学生用不着有什么资历，任何人都可以当基督徒。

张学良：不过也有一个小手续，那牧师给你受洗的时候，问你几句话。

赵一荻：牧师问你对基督教明白不明白，很简单的道理。

张学良：那几句话很容易回答，问你对基督认识不认识什么的。

访　者：您是故意安排的，受洗典礼和结婚典礼合在一天？

赵一荻：没有故意。

访　者：这两个典礼在人生的一生过程中都是很重要的，怎么您在一天把两件大事都办了？

张学良：因为那些朋友什么的都到了，还有蒋夫人、张秘书长这些人也不容易到一块堆儿。

访　者：程序应该是先受洗，然后结婚吗？

赵一荻：我都不记得。

张学良：先受洗，做了基督徒，受洗后结婚。也不能说程序是这样，那也不一定是什么规定，我们就这么做就是了。

访　者：噢，您结婚不是在教堂，而是在伊雅格的家里。

张学良：家里。

访　者：您昨天跟我说，有蒋夫人、伊雅格、张群夫妇、黄仁霖夫妇，还有王新衡夫妇和冯庸夫妇，一共是十个人。报上说是十三个人。

张学良：还有我们两个，还有……

赵一荻：还有周联华，还有吴妈①，是我的老佣人。我们结婚证书什么都有。

访　者：我们不看证书，呵呵。我们看看相片，等您回来。

张学良：你看看相片，穿得很漂亮的。

访　者：每一次有正式场合的时候，您的服装都是 very famous，有一个风度的问题。然后您的喜酒在哪儿摆的啊？

赵一荻：结婚不是在伊雅格家吗，吃蛋糕、喝香槟酒都是在他家。

访　者：没有中国式的喜酒？

张学良：没有，所以我们开玩笑，她（指赵一荻）本来住在家里。可是我们结婚前，她就走了。

赵一荻：所以开玩笑，说伊雅格的太太是我老丈母娘。

访　者：哦，结婚的头天晚上您住在伊雅格家？

赵一荻：住了好久。

访　者：噢，住了好久，那您一人在这儿。放他一人在这儿您放心吗？

赵一荻：有什么不放心的！（笑声）

10. 我讲话从来没有稿子

访　者：那我们说点浪漫一点的。您在美国，我们说是就是一个男孩子在追求女孩子的时候，有一段时间互相交朋友，交好朋友，然后订婚，订婚完了结婚。

张学良：那我跟你说笑话，最好玩了。我说我们结婚，拿纱的是谁呀？是我们自己的孙子。

访　者：蒋夫人说，你兵谏后，送蒋先生回南京，中国国家历史上头一号，前无古人，后无来者。您和赵夫人这五十来年吧，到结婚那天，那

---

① 吴妈，原为清华大学校工，丈夫死后，为养家糊口，经人介绍，受聘于张家做保姆。从此，她忠心耿耿地随侍在张学良夫妇左右，从大陆到台湾，一直没有离开。幽禁期间，因张学良身边的人除吴妈外，都是安全部门派来的特务。张家人对吴妈十分感激，尊其为"不是亲人胜似亲人的（保姆）吴妈"。

是 1964 年吧？

赵一荻：1928 年到 1964 年。在那以前吧？

访　者：从 1926 年就是三十八年，您是从 1926 到 1964 吗？

赵一荻：哪止三十八年。

访　者：到结婚那天，英文说最长的 courting period（追求时期），三十八年也是史无前例的，第一。（笑声）

赵一荻：没什么了不起。

访　者：至于什么价值是另外一回事，我说在历史上，这也是人生的一个美谈。我说这样一句话，不知您是否会觉得很冒犯。英王爱德华①，他把王位放弃了，因为他喜欢辛普森［夫人］②，这是近代所谓的真正的爱情，是一个又高又雅又独特的。可是他们不知道您跟夫人之间的，而且还有一点，就是夫人从上海还是从香港赶回来陪少帅，那是从 1936 年就开始。

赵一荻：我想这个事不用提及，浪费时间了。

访　者：不用提了。

访　者：少帅您 1936 年从溪口啊什么什么的，如果要是没有夫人陪的话，这段生活也是比较……

张学良：不能这样说，我太太也陪我，后来离婚了。

访　者：我的意思就是说，总要有一个夫人陪着您。

赵一荻：那也不然。

访　者：不过话又说回来了，夫人说的一句话，我觉得很有道理。就是说不管军法、刑法吧，于夫人没有参加，张太太也没有参加，您却愿意自己来陪……

赵一荻：不管他什么法律呀，我们不是他抓来的，我们自己来的。

访　者：这也是一个很特殊的地方。如果您要说是上帝安排，我还不是信教

---

① 即爱德华八世（Edward Ⅷ），英国温莎王朝的第二位国王。1936 年 1 月 20 日即位后，他的婚姻问题引发英国的宪政危机，政府、自治领政府、人民和教会均反对他迎娶已有两次婚姻的辛普森夫人。爱德华八世如果违背民意引起政府辞职，即违背作为君主立宪政体下国王保持政治中立的基本宪法方针，所以他于 1936 年 12 月 11 日选择退位，成为英国和英联邦历史上唯一自动退位的国王。后人在提及"不爱江山爱美人"时，往往联想到温莎公爵（爱德华八世退位后，头衔改为温莎公爵）的爱情故事。

② 辛普森夫人（Wallis Simpson），生于美国巴尔的摩的平民家庭，曾有过两次婚姻，她的第二任丈夫是美国商人辛普森。后她与英国国王爱德华八世热恋，爱德华八世为迎娶她而放弃王位，她成为温莎公爵夫人。1986 年 4 月逝世。

的，但冥冥中有这么一个计划，这也是一个很特殊的地方。

张学良：也不能那么讲，我脑子里连想都没想，反正过去的事就过去了。

赵一荻：别刨根问底呀！过去就过去了。

访　者：过去的事比如说，西安事变已过去了，这件事……

张学良：尤其我个人的事，没什么历史价值。

访　者：您信基督教与夫人有没有关系。是不是因为您也信的关系？

赵一荻：那不能那么讲，他信是他信，我……

访　者：互相之间没有影响？

赵一荻：我是反对佛教的。

张学良：她是反对佛教的，她骂我三教九流，我什么都不……

赵一荻：我是不信佛教的，可是我也不能影响他信基督教，我也影响不了他，谁也不能影响他。

访　者：从宗教的这个线索来说，后来我们只是知道去年十月的时候，您到外边做一次很大的证道。您说以前还有一次证道，在国父纪念馆①。

赵一荻：国父纪念馆的感恩礼拜，基督教多少年感恩礼拜。你要知道那个日子吗？你要知道，我就给你去拿。

访　者：您别拿。

赵一荻：你不叫拿我就忘，你来白来，我上去拿。

张学良：我不着急，你有录音啊？

赵一荻：不是啊，人家给你寄来的，人家照了相片给寄来的。

访　者：那个我们倒是想看一看。

赵一荻：所以我给你去拿，你讲这些，没有关于历史的，用不着我在这儿听。

访　者：我们一会儿就行了，您等七点半再拿，因为什么，我不愿意您上来下去太累。

赵一荻：一会儿我就忘了。

访　者：一会儿我记着，好不好。刚才夫人说，第一次是国父纪念馆的感恩礼拜。第二次是去年十月到一个台北监狱，还有哪次做公开证道吗？

张学良：忘了，没有。

访　者：您在纽约的时候，是参加礼拜还是做证道啊？

张学良：那是参加礼拜。

---

① 国父纪念馆，位于台北市仁爱路四段。为纪念中华民国缔造者孙中山而兴建。1964年筹建，1972年落成。建筑风格为中国传统宫殿式建筑。

访　　者：我们跟您请教一下，您证道又跟普通人不一样，是不是？

张学良：怎么不一样，那当然一样，没什么不一样。

赵一荻：就是证明上帝在我这做了什么事……

张学良：人家请我说话。

赵一荻：不是讲道，证道就是给上帝做见证。

访　　者：您记得您说话的重点是什么吗？

张学良：我忘了。我这个说话向来没稿子，不留稿子，周牧师管我要讲话稿，我说了就说了。

赵一荻：报纸上都登了。

访　　者：比如您过去演讲，都是就某些时事，像在王曲军官学校讲演呐，东北大学开学讲演呐，您都没有稿子，就是说您到了那儿了，您体会到……

张学良：我从来不做稿子。

访　　者：可是您的每一篇讲演，过去有记录的我们都看了。里边非常……您在证道的时候，您心中的体会是什么？

张学良：我自己信仰什么，我就说什么，我也不准备什么。要说什么，就说什么，我从来说话是没有稿子的。

访　　者：可是国父纪念馆和台北监狱这两个场合不一样，而且参加的人也不一样，您说话……

赵一荻：当然不同，不能总是那一套。

张学良：那当然看情形说话。

赵一荻：在什么场合下，说什么话。见什么人，说什么话。

张学良：看他的信仰。

赵一荻：我怎么说他才能信，能宣扬他的福音啊！

访　　者：这两天您都有记录？

赵一荻：我没有记录。你跟监狱囚犯当然讲另外一套，跟另外人讲……

张学良：监狱的，那叫什么？可能有记录，更生传记那也许也有。

访　　者：您说这更生传记，我们可以跟他联系一下，可以跟他要一份吗？

张学良：那不一定，那我不敢说，那是人家的事。

访　　者：那我们可不可以去要。您在意不在意，我们去跟他联系一下，看能不能要一份。

张学良：我想他不会给你的。

赵一荻：也许他们在那什么上就会有，我是没有工夫看这些东西。

访　者：到时我去瞧。

张学良：有个杂志。

赵一荻：……杂志，他一定有记录。

访　者：我们去冒冒失失要一下，我无所谓，我要得着就要，要不着……

张学良：那就问问他们。

访　者：是吧，你可以去问问他。

赵一荻：其实我要是找呢，也许可以找着。

访　者：不要了，您没那时间。

赵一荻：不是，我没那精神。

访　者：我去找，更生他在哪儿？在桃园？

赵一荻：不，不，我一会儿把那杂志给你带过来。

11. 本想抗日之后中国可以强大

访　者：所以您看有两样了。从宗教的线索来看，我的问题完全是提个头了，看您两位还有什么愿意留在口述历史上，也是等于传福音了，但是对象不一样，有点是历史性的。

赵一荻：我们不是给您写了一个结论吗？

访　者：您那个结论我今天没带来，也许带来了，啊！这儿呢！

赵一荻：你就可以用这个结论，抗日，他的目的是什么，停止内战。这现在都已经成功了。

访　者：结论别我说，结论还得您和少帅说。

赵一荻：是我说的，我写的。感谢上帝，他所希望的事都做到了，还有什么可求，我没有什么可求的，所以求平安。我希望在抗日之后，我们中国可能成为一个强盛的国家，可能成为有美式装备、有这么庞大的军队，应当是变成一个强大的国家，然而呢，因为失去了人心了，我们今天败退到台湾来了，这就是结论。他（指张学良）是没有遗憾的，我所希望的……日本投降了、打败了，我所要的内战停止了，为什么要平安，这就是结论。目的就是两个，我爱我的国家，爱我的国民、爱我的老百姓，我今天这两件事感谢上帝，都做到了。

张学良：不能说都做到了，已经都看到了，不是我做到的。

赵一荻：不是我们做到的，已经实现了。用字有很大关系，都实现了。我们有何求呢？只有感谢上帝，这是上帝的安排，谁有这么大的力量，我们中国能把日本打败了。谁能让这么多军队，把内战停止，共产党没这么大力量，国民党也没这么大力量，这是上帝的恩典。

访　者：是不是可以这么说，也许对，也许不对，我这是一个普通人的看法。就是您能做的，按上帝的意志，您都做了。至于到最后的成果，跟您预先的期望是不是一样，那是另外一回事，可以这样说吗？

张学良：不能这么说。我现在看到国家这么安定，大家人民这么富庶，就完了。

赵一荻：就很好了，还想什么？只有感谢上帝。

张学良：我也不想干，我也不想干什么大的，我看见很高兴。

访　者：那，顺着这个线索，在您九十一岁大寿的时候，大家都吼着让少帅起来给我们说几句话，后来您站起来了，说了一句，"我虽然老朽并不昏庸，所以我能够尽力的时候，我还是愿意尽我的力量。"那时候说话，大家的想法是说，国家政治上的事情。您自己本来想说的是那个意思吗？

张学良：不是的，这话说的，你说的话大概浅点。我能给国家尽的力量，不一定说是政治上。我跟哪儿做都可以尽国民的责任，你说的这话很奇怪了。都把这看得很窄，我说的意思是，我能尽到我国民的责任，什么事情我都愿做。

访　者：我需要跟您解释一下。但是换句话说，我今天跟您相识了一年之后，我认为我想的比那还要大，不是您只尽国民的职责。

张学良：我还尽什么责任？

访　者：您这个传福音的责任。

赵一荻：他也不想当总统。

张学良：我也不想当总统。

访　者：所以您现在能够尽力的话，当时您说的时候，也许无心，我们现在了解，您有做牧师传福音的这个……

赵一荻：看上帝要怎么用他……

访　者：扩充了一些，比大家所想象的扩充了一些。

赵一荻：一般人所想象的是在政治上。

张学良：一般人的眼光就看在那上头，那么说，我的国民责任太多了。

赵一荻：你要不解释解释呀，人家听你那篇讲话呀，他们都想到政治上去了。

张学良：都想到政治上去，完全想到那儿，想错了。那是他们的眼光看得那么窄。

访　者：我为什么故意要这样问呢？我知道外边的意思，我给您提个头，您就去解释了，将来您就……

张学良：我也不是说政治的话。

赵一荻：我的意思不是这个意思。

访　者：所以我有时候问话，我故意地那样问，然后您好能够录下来。

张学良：我不知道旁人怎样看，但是我说的话不是那个意思，不是那狭窄的意思。

访　者：对，对，对。

张学良：我能够尽到我的责任，我尽到我国民任何的责任。

访　者：所以我说口述历史的可贵是什么呢？就是您把愿意说的话，您自己原来的意思可以录下来，免得……别人怎么去曲解呢，是他们的事。您以此为凭了，是不是？所以我有好多这样的问题，您别心里那什么。现在九十一岁大寿已经是去年的事了。今年我们很抱歉，我们把您生日给忘了，我们是正好您生日的前一天到的这儿的。我们还说怎么六月一日您怎么忙到那个程度，后来我们才知道是您大寿，所以……

赵一荻：我都忘了，六月一日到哪儿去了。

张学良：跑哪儿去了，忘了。

赵一荻：我们两人都没把这事看得那么严重。

张学良：不是看得严重，是毫不关心这事。

访　者：这也就是您跟我们普通人不一样的地方。

张学良：也不能那么讲……（录音不清）

访　者：也就是您在九十一岁大寿的时候，您说了一句话，您愿意做普通人。后来那个白特波洛，就是那个美国大使的夫人就说，如果她是一个God mather（教母）的话，有三个愿望可以给您。您第一个和第二个，她说可以给你。但是您的第三个想做普通人的愿望，她说任何一个God mather 都不会。因为您已经不是普通人了。所以有的时候，您说，像在您的这个地位呀，您很愿意做普通人，您对某些事情您不重视，可是已经身不由己，外边人对您的……

赵一荻：外边人是人家，我们自己认为普通人就完了嘛！外头人说我什么我都不在乎。

张学良：我这个人，你要问到这个地方，头一个我最讨厌、恨人有特权。我是绝对不能要的，为什么我不要呢？

访　者：您等一等，您刚才说，您最恨人有什么？

张学良：特权。

访　者：比如说……

张学良：我不是不要，不但不要，我看不起那个特权，为什么你不给我（录音不清）那不对的。

访　者：您心目中有些什么？您举个例子来给我们说说，不应该有的特权。

张学良：假如说，我原来找这个房子。经国先生对我很好，我看中一块地，人家那块地，后来一打听，那块地是人家保存的……

赵一荻：不要讲那事。

张学良：我不要特权。经国先生对我很好，他说他要改善这块地，我说你千万不要改，我说我不要。

访　者：从这个学习神学，到您得到了学业证明。我记得我们第一次来访问您的时候，也就是1991年来访问您的时候，第一句话您跟我们说的是，我是个爱国狂，然后没说了几句，就说我已经有了学历证明。大家伙都感到很敬畏的，就是说您能够用那么多年的时间，来学习这个神学。明史的事，我们觉得很可惜，如果您要找到的话，您别忘了，给我们留着点儿（笑声）。刚才夫人做的那个结论您听到了，然后从这个神学研究后，现在假设说，您还愿意在神学上有些更要去深入、去研究和去发挥的东西吗？

张学良：我很要……假如神学，我当然还要研究，我现在岁数大了……

访　者：眼睛是……

张学良：眼睛还小事，我现在记忆力也不强了，我就想随随便便玩玩就算了。

访　者：如果您是对年轻的人，比如说，我们希望少帅给我们说几句话，作为我们这个人生道路上可以依据的参考，您愿意给我们说些什么？

张学良：你要是假如问我的话，我要对这些年轻的朋友说话，分两步，一个是积极的，一个是消极的。得道就兼收天下，消沉就独善其身。积极的方面，我们能够帮助人家，我们给人家做点事情，而人家需要帮助，我们尽量帮助；消极的话，我们绝对不要损害任何旁人，不要为自己的利益来损害旁人。这是我现在做人的守则。

访　者：那您能不能把积极的那方面再给我们……

张学良：积极的那方面不要再说啥啦。积极的我能够帮助旁人，我就帮助旁人。也不是说帮助旁人我要放赈去，看到人家需要，我能够帮助，我尽量帮助。那力量多大是另外的问题了，我能帮助多少那也是另外的问题。比如这个人我能帮助他，我认为他是一个应该需要帮助的人。那不能说，路上来个强盗开枪打，我帮那个强盗，不能那样讲。看人家干什么，应该帮助，我尽我的力量。但是我的力量有多大，能够帮助，不能够帮助那是一个问题是不是？消极的话，我绝对做什么事情，不要损害别人。我个人多少不管，我绝对不要损害旁人，是不是？

访　者：您这两条，一个消极的，一个积极的，可以说是简单明了。可是用起来，也可以说是海阔天空，任何地方都可以用得上。那么您从宗教的观念和从教育上，因为您一直对教育非常重视，对年轻人来讲，说几句话我们一生可以有用的做人法则，在教育上您……

12. 品格的培养比学问要紧得多

张学良：我认为中国，那时我当年就是，主要一个国家强还是在教育上。当然教育的好坏，那是教育的问题了，但是国家没有教育……那我说的话，当年文盲很多了，连认字的人都没有。这么个样子，一个国家没有教育是不行的。

访　者：那么您看，现在大家伙念书，比如，这种恶性补习。我看到此地小孩有时一下了课，再上补习班再去学习，一直学习到十二点，对这个小孩的生活上面，我从美国来的……

张学良：这句话呀，你要问我这句话，我说了也许他们教育界听我这句话很不高兴。只有教，没有育。什么叫教育，教就是往里塞，育是你要培养他，这我把书教完，我走我的，其他的就不管了，这能说教育吗？

访　者：噢，对了，对了，我们就感到……

张学良：教育这句话，也不能说教育都在学校。家庭的教育、社会的教育都有关系。谁能，不能说谁能，我这话说错了。谁怜悯这些年轻人，比如在街头散荡的孩子们，我看了心里难受。所以我很喜欢小孩，看着难过，谁也不管，谁关心他们呢？把书念完了，下课我走我的，而父母也不管。父母一天忙他的事，孩子你怎样照顾？我认为这种事情，我说的话好像打倒车了，妈妈一天去做事，家里的事和孩子怎样……

访　者：家庭教育。

张学良：社会教育。

访　者：要这样说起来的话……

张学良：这个教育，不是光是说在学校念书，老师……大家都负责这个教育。

访　者：也就是说一个小孩的教育，不只是说书本上的教育，是德、智、体三方面都要有。

张学良：大家……我们将来的希望都在他们身上，谁关心他们呢？我要问这个。

访　者：所以现在注重的有一点单方面的了，是吧？不过这个问题是很严重啊！

张学良：当然很严重，国家走向的问题。这个问题就是一个主题。我可以这么说，有教无育啊！

访　者：这刺激我想起了您在东北办中小学的事情，我随时想到您那时就注意到这个事情。

张学良：我从来思想是这样的，我们不是往里塞，不说现在那教育，从前，就往里头塞东西就是。

访　者：填鸭式或食而不化，那孩子就填鸭吗，食而不化。同时您认为在宗教信仰上面，也是应该辅佐教育并进的是吧？

张学良：那么刚才我内人说的话，宗教信仰就是一个爱字。你爱他当然就是教育他，你爱他就是……所谓教育他不一定就是教他念书，教他认字就算教育。你抚养他教他做好人哪，你不要教做坏事啊，这都算教育，实在说起来都是教育。

访　者：这是两个相提并重，而且可以混二为一的一个最要紧的，不过跟现在的社会好像是有点不能互相相融了。

张学良：现在的社会就是这样的，他不注意这些个，只注重个人。而且我说这个怜悯笑话，大家都是向钱看，根本的问题（录音不清），很少有人能够怜悯这些年轻人。

访　者：我们从宗教走到这个教育，也是对年轻人说这些话。我们说的是口述历史，从历史的观点，您认为历史在这个教育上面，他的重要性是……

张学良：那你说这个历史，那这得翻过来看，咱们现在的教育，可以说，社会相当迟缓。世界的国家你要看哪一个国家，要注意它的教育程度多高，那么你就可以看，比如说日本，我们不能不佩服人家教育啊！那么说美国，我认为美国教育并不好。这也是这个道理，那你无论看哪个国家，比如说人家德国，人家教育好。这个教育好，不一定说只是管教育人的事，是大家的思想。

访　者：您刚才上楼，我就是请教少帅，就是对我们这些年轻的一辈将在做人上面……现在我们回头再说历史，拿这个培养孩子来说，我们要教他爱，教他德智体什么的。就拿这个研习历史做一个课题的话，您认为学习历史，在教育上占一个什么地位。

张学良：那个，学习历史，实在是，这是我说了。你知道历史，要知道国家的兴衰，因为历史上过去的兴衰可以做个借鉴。现在历史就是念光绪多大岁数什么的，这是什么历史。我认为，现在教育总说得历史脱了节了，把历史的意义变成就是念人名。

访　者：念年代。

张学良：我们跟王新衡说过笑话，光绪他姓什么，叫什么名字？这是什么历史，固然那也是历史，应该是小事，但是那个不重要呀！是不是？历史的意义变成……

访　者：刻板化，格式化。

张学良：没有意义了，变成一种在教你这个人姓什么，叫什么这个玩意儿了。在历史上你要知道这个人做的什么事，那个年代发生的故事，与这个社会有什么关系，与后来受什么影响，这才是要紧的。不过当然了，那种小学的教育，小孩子不能……

访　者：那是小时候，当然是小孩，也许您说不能……但是也不一定是说就在从小就开始背诵年代和人名什么的。

赵一荻：给你这个，这个上头每回都有，就是更生传记的，台北监狱讲演的内容，这本送给你。

（下面一段是几个人同时对讲，听不清楚，是关于在台北监狱讲演的资料内容。）

访　　者：这次我去了，我跟我姐姐去的，这次您没有证道，您让我跟我姐姐去的。

赵一荻：那就是另外一个，我说错了，我说的是前头那个。是这张，1991年基督教感恩大会。

张学良：给她了。

访　　者：不是，给我看，给我姐姐也看看。

赵一荻：你看，这是周牧师证道，我们在底下坐着，这是这个。

访　　者：这是您在台上，真可惜，没有录音。这八十是什么意思？

赵一荻：80年基督教，民国八十年。

访　　者：民国八十年就是1991年，这位佩服张先生的人，那我在电视看的就是他，每天有一小段，挺好的。

赵一荻：他讲道讲得很好。

访　　者：那这个我借来看，我还给您。这个您有富裕，我就留下了。张学良弟兄，大家都叫弟兄啊！

赵一荻：姐妹们也是，我们都叫姐妹们，都是上帝的儿女吗？我看看后面有没有别人的相片。

访　　者：您说我们的历史教得都有点脱节了，不是真正教历史，而是教他这个格式了，所以历史的真正意义没有了。另外您觉得是不是每一个教育的环节，从小学到大学，每一个环节都应当体会历史，不单要学，而且按照你的年龄的成长和教育的背景，要深入去研究。

张学良：不单是历史，我认为现在咱们这个教育，我不能说批评这个教育了，我就是教你就是了，这个教育要多注重，到底是教这个孩子干什么，你不是给他往上填鸭。你应该把爱国的这种思想，对人类应该尽的义务，以及怎样做人，简单说，我这个人是这么想的，要紧的不是学问。什么是学问，就是我知道得多，我会法文、会英文，算学也好，这叫学问。但是要紧的是你的品格。到现在我记得这是不相干的事，我加入。

赵一荻：过去讲叫有才无德。

张学良：我就记得过去一位老先生叫卢武才，我倒佩服这位老人，等于那时候，他是奉天的秀才，就等于现在的教育局长一样。有一个人，这个人很有名啊，他毕业的时候考第一。这位老先生在他毕业文凭上写的是"有才无德"。

访　者： 真厉害。

张学良： 现在的人中绝不肯做这事。毕业这个人,后来在我们奉天当过好几次校长啊,他真是有学问。有德无德那是另外一回事了,你说现在的人肯吗?不肯。这位先生在他毕业文凭上写四个大字——"有才无德"。

13. 历史不是写出来就算的

访　者： 因为我们谈这个口述历史啦,所以说历史是很重要的,也不是因为谈这个,因为这个环境想到历史的问题。历史的课本,刚才您说,您学这个神学的时候,他把一个课程的教科书和教材编的是非常有道理的。那么也就是,如果我们说,增强学生的教育,不管是哪一科的。我们现在谈,就是局限在历史,那个课本写起来是很重要的。所以,我现在提两个事情,如果您要是觉得太刺激,我们就不谈。一个就是西安事变在中国历史课本上的渲染不是很……

张学良： 那不管了,那是他们的事。换句话写东西很难,无论写什么,就是你写东西也很难。这个写东西的人都戴着他自己的眼镜,那人家怎么看,我对这事情,我不大理会。他戴红眼镜写出来就是红的,他戴绿眼镜写出来的就是绿的。至于现在写的东西,那没有关系,后人的评论,所谓"盖棺论定"。历史的事情,现在写现在的历史,不是说只中华民国了,就是历史上,我是研究历史,比如说,当年的历史,每一个皇帝都有他的历史,那个东西不足为凭的。那是后人,历史不是写出来就算的。

访　者： 也就是说历史的影响,不是在现在发生的这一段。

张学良： 比如说清史。《清史稿》现在都被推翻了,因为写清史的那……(录音不清),将来还怎么样,推翻不推翻,不知道。

访　者： 那我现在做一个注脚,现在课本里头的历史,我们只是说西安事变,我倒不是故意,因为咱们提的话题了。两方面写的完全不一样,所以这是很有意思的事情。前不久这儿有一个教材展览,我本来想去看看,因为它也包括大陆的,后来因为太远了,太热我没去。这是不足为证据的。另外呢,就是日本的教材,日本教他们学校的教材,在历史上把他们侵略中国的事情完全改观了,到现在还是他们内部争论的一点。这点您的看法是？

张学良：我想日本人比我们中国人还强，他们还争论呢！中国连争论都不争论，写了谁争论？不管他见解如何，他还有人把他的见解拿出来。

访　者：据您所知，他们对"九一八"啊、南京大屠杀这一段侵华的事情啊，到现在还没有做定案是不是？

赵一荻：你可以不说，日本从来的教育主旨是，国家第一。

张学良：也不能这么说，我现在对这个问题，我还想问问你。比如说，日本处死十个战犯。日本他有一个地方叫靖国神社，入靖国神社的人那都是日本的功臣，但是这十个战争罪犯都入了靖国神社了，那么日本怎么把他们列入了靖国神社，这个事情很有意思。

赵一荻：那是国家第一，日本国家第一。

张学良：你说的话不完全，跟我说的……那么这十个战争罪犯，他不能说给国家立了功啊！

访　者：对呀！

赵一荻：我给国家扩大了版图呀！

张学良：不是。不能讲是扩大版图。讲那个功过和罪过要好好地细评。假使要我评论的话，这里头有好几个人，可以说是给日本惹了很多的祸呀。换句话说日本吃了两颗原子弹，是谁惹来的？这个问题在这里头呢。褒与贬，论功论过的事情很难说呀。所以我说这个话，我对日本把十个人入靖国神社我都很……在我想，应该好好地审查。也许有的人应该入靖国神社，也许有的人不应该入靖国神社，你明白这话吗？这些人中，我认识的两个人，也不能说认识了，我知道两个人。一个是原来我的顾问土肥原贤二，他怎么能入靖国神社呢？日本惹来这个战争，土肥原贤二要负很大的责任。可是日本认为他是功臣。还有一个，我一下子说不出来。换句话说，日本的两颗原子弹都是他们惹出来的，但是也许是日本人认为他们那时候是尽忠于国家。这种褒贬的问题是很大的，谁能指出这褒贬到底是正确不正确，这是很难的。我说的话，我并不承认，我自己的话是正确。也许我这些话……（录音不清）这个东西很难。所以说到历史。后人，不能说几十年，几百年后那才算……就是明朝的历史，我研究历史，那有好多事情，比如永乐这个人对不对就是很大的问题，这不是一句话就能说清楚的，那把历史推翻的事情很多。历史这个事情很难说。

访　者：不过总之，我觉得您刚才说的，我总结一下，就是说你对一个历史，应该着实地，比较立场公平地报道，然后功过评估是以后的事。

张学良：主要这个事情是很难的，不但说历史，历史当然更重大了。你无论观察一件什么事，你能不能够真正站在客观的地位，你说是客观地位，但你总有你的主观思想在里边。

访　者：咱们中国过去的历史有多少是完全凭客观地位的？还是大体来说都是有主观思想的？

张学良：这个东西很难了，这个修史的事情很大。这个历史谁修的，怎么修的，这很重要。比如说，我现在是给你举个例子，《清史稿》①，那个《清史稿》现在没有了，大概差不多给烧了吧。那《清史稿》，因为写《清史稿》的人站在清史地位，所以他骂孙中山是革命的叛国贼。那么这个《清史稿》是民国修的，还是清朝修的，这个问题……你个人要站在你个人那方面。那么修《清史稿》的人，是向着清朝的人，是反对民国的人，反对国民党的人，当然他要……

张学良：所以你看书，你不要被书迷了。

访　者：就像您经常提的，尽信书则不如无书。

张学良：你现在看，你拿着一本东西，你要看这是谁写的？他写这玩意儿是为什么？他的背景是什么？这很难的。

访　者：就拿前两天我们给您念的那个东西，您时常说，这本书是哪儿出的，这也有关系。

赵一荻：当然，什么人写的观点不一样。

张学良：你知道，一个人，我原来也愿意写。写东西是最难的，能够真正站在客观的地位写东西不容易。你说你是客观的，但是你还有你的主观。现在我不做事了，过去我常常教训我的部下，我跟他们说，我说你决定一件事情，你不要想这件事与我怎么样，你不会把你自己丢掉的。你决定这件事不会把自己丢掉的，你要是再想我自己怎样，我说那就不了不起了，那就糟糕了。（笑声）

访　者：我没太懂，你再给我们说说。

---

① 《清史稿》，清末遗臣赵尔巽主编。自1914年起，历时14年修成。其书体例一如历代的正史，分为本纪、志、表、列传四个部分，共536卷。本书记事上起努尔哈赤称帝，下至宣统三年清朝灭亡。本书大部分依据《清实录》、《圣训》、《东华录》、《宣统政纪》、《清会典》、《国史列传》和一些清代宫廷档案资料写成。内容缺漏错误之处颇多，史料价值不高，剪裁组织也不完善。

张学良：你决定这件事情之后，你一想，我也许自己不是很倒霉吗，糟糕了啊！我说不会把你自己丢掉的。你假如想想，唉呀，我自己怎么样，那就了不得了。（笑声）那就是自私，你自己并不知道是自私，我要是那么办，我自己就倒霉了，那就了不得。自己不会让自己倒霉的，这是我说的，你要一想到自己，那就不得了。

赵一荻：耶稣的一句话，一针见血。你要做我的门徒，你就舍己，你别打你自己的算盘。

张学良：说舍己，他讲没人舍己，就耶稣舍己。

赵一荻：耶稣要你就舍己，不舍己就不能做我的门徒。基督徒他也有个标准，真理啊、公义啊，你真要这样做，这事合乎真理吗？合乎公义吗？我应该不应该做？不是合乎你的意思、我的意思或者合乎某个人的意思。我这事合乎真理不合乎，真理永远不变。

张学良：不过彼得多说，什么叫真理？

赵一荻：那是彼得多，所以他就不是基督徒，他就是官僚。他就怕自己要是同情耶稣，罗马政府就要撤他的差。

访　者：彼得多是谁啊？

赵一荻：罗马派去的总督，杀耶稣的一个人。

张学良：杀耶稣的。

赵一荻：他明明没查出来，没看不出来耶稣有什么罪啊。但是他还是听犹太人的话，他要是不杀耶稣的话，那他就不忠于……

张学良：不是，他底下要杀耶稣的人喊，你要那么做，你就不是罗马皇帝的朋友了。

赵一荻：他就怕，他怕罗马皇帝撤他的差，明明知道耶稣无罪。所以他就说什么叫真理，不管那了，为保全自己的地位，就杀了耶稣。

张学良：什么叫真理？

赵一荻：为自己的利害，人都是为自己的利害。

张学良：现在还可以问什么叫真理？

赵一荻：现在是唯利是图，对我有利就行。不管是钱啊，对我有利就行。

张学良：从前有个外国人来说，我们外国人到你中国来，也不过是为了几块大洋钱。我也学会了这句话，它讽刺外国人……

访　者：外国人有一个好处，他可以自己批评自己，很幽默的，比较轻松。

张学良：他也是开玩笑的，外国人到你中国来，也不过是为了几块大洋。

张学良：这也是教会里边，一半开玩笑，一半风趣。

访　者：我们三句话不离本行了，我们只是拿西安事变做个例子，或者南京屠杀这样的事情，都有两面不同的解释。因为正好是国民党跟共产党两个……

赵一荻：现在你去买书，买一本国民党，一本是共产党的，这两本就不一样。一本是大陆出版的，一本是台湾出版的，两本书就根本不一样。

访　者：现在我就丑表功了，……（录音不清）也许是我涉身到口述历史了，也许以后应该尽可能地有口述历史的遗留。这样至少我们对某一件事情，有一个当事人自己的经验的叙述。然后，左边一个解释，右边一个解释。所以对这件事情，我倒有一种观念，就是我们现在比过去的历史多了一个方面，多一个层次，我觉得倒是一个很可贵的地方。我们有了这种机器，有了这种方便的、能够摄取到的和收藏到当事人的这种口述。我觉得这对以后研究历史上，多了绝大的一个贡献，而且以前没有飞机，我们也不能飞到这个地方，那要是有了飞机，也没有录音机……

张学良：我很喜欢音乐，当年如果有这个录音机，就……

访　者：从这方面讲，我认为这是一个很可贵的地方。

张学良：这也是上帝给我们的恩典。我母亲死，我知道我母亲什么病死的。我现在想，她就是胃溃疡。那要是现在，胃溃疡算什么病啊！她死的时候，大概就是胃穿孔，所以现在医学的进步，那还算什么。

访　者：所以我虽然只是侧身在做口述历史是一种技术上的，现在我越来越觉得这口述历史有它的特点。

张学良：我要表示这口述历史，这是哥伦比亚做的。但是我是学历史的，历史分两种。一种像我们这种，一直是历史成套下来的。而另外一种历史叫纪事本末①，就是断史。比如说，你说这个事情，现在你问这西安事变前后是怎么发生的，那么这就是历史纪事本末，是纪念一件事，明白？历史分两个，将来你们这口述历史，我认为应该有一个纪事本末。那件事情专门是指那件事是怎么发生的，当事人他知道怎么发生的。这个当事人他不是一方面两方面几方面的客观的人。这边的和那边的凑在一块儿，可能把这件事情弄得更清楚，

---

① 纪事本末，以事件为中心的著史体裁。首创于南宋袁枢的《通鉴纪事本末》。其优点是每一历史事件独立成篇，能够完整地反映历史事件的全过程。缺点在于不能表明同一时期各个历史事件的联系。

是不是？

访　　者： 对，实际上我们是有这个计划，但因我们受时间的限制，所以看起来好像很零乱。为什么说我姐姐整理工作要紧呢？因为关于西安事变，实际上我们没有说西安事变。我们尽量避免这个，但是我们对某一件事情，如果您所说的这些，有的时候，您这儿说点儿关于郭松龄的，然后又在另外的地方说郭松龄的，将来整理上要做卡片的，在第几卷有郭松龄的，以及郭松龄事件发生前后。您叙述的时候，我们口述历史强调要让您自然的发挥，不给您任何的限制。我们的问题都是提头的。另外您刚才说的那是一个很值得注重的，比如我们拿西安事变来说，对您的口述，还要去问问旁边的人。我们愿意能够做到这个，比如说在大陆，现在吕正操、郭维城、孙铭九、宋黎这些人都在，我们可以去跟他们访问。当然这是另外一个，如果您认为可以的话，我们就可以额外地做，这与您这没有关系。我们今天做起来的也是按照去年您说的，最好是做纪事本末。所以我差不多每一件事都有一个题目，也就是说我们借最新的科学技术，把历史的记载，从片面地变成立体化，所以您这是很特殊的一个。咱们还是考虑到教育，将来这些孩子们如果要想了解张学良将军的话，他有两边文字上的参考，他也可以有这个。换句话说，如果我们现在想看看韩愈①他做的东西怎样，现在我们只能看他那个……听不到他的声音。无形中您这是中国历史上一个很大的开端。那也就是说，孩子们应该注意的，像您所说的，不是有才无德，要让他们了解如何评判和比较。

张学良： 那是教学观点看的。

访　　者： 所以越说，我越觉得我们现在做的这个工作，您两位也很辛苦。有时一到这时候您累了，我就老想早收摊儿，也不好意思。

赵一荻： 我是很严格的，到钟点我就告诉你了。

访　　者： 越说，就越觉得我们在饭桌上做的这个工作不是很单纯，越来越不单纯。

张学良： 要紧的我还是说历史的材料。历史的不是材料，是资料，将来后人

---

① 韩愈，唐代文学家、哲学家。字退之。河南河阳（今河南省孟县）人，祖籍河北昌黎，自称郡望昌黎，世称韩昌黎。在文学成就上，同柳宗元齐名，称为"韩柳"。他是唐代古文运动的倡导者，提倡先秦两汉的文章。是唐宋八大家之首。

要研究的是历史资料。

访　　者：我姐姐一直在说，她是非常热心于这个事情，为什么呢？她是学历史的，当然跟您差远了。她只是学历史系的，她在图书馆里，在哥大的珍藏室里看到的，都是世界上那些大人物，而中国的只有一个顾维钧，但他又不是军事将领。所以她觉得能有这个机会也很上赶的，那些大将军都摆在那儿，中国也要拿出一份来，所以这也是上帝的安排。现在我们又谈到宗教的宣扬和传道的精神，到学术上的历史。我们都给它们综合到一块儿了。现在我再给您一个很大的题目，您随便愿意怎么发挥。从教育的观点，从培养下一代国民的观点，我们现在当然想到的是历史。在您心目中，如果您现在又开始办您的同泽中学和新民小学，您最基本的教育课程，您愿意这些基本的课程应该包括哪些？

14. 我是三朝元老，正好是最热闹时代

张学良：基本课程，小学孩子们念念书就是了，小孩子还不懂事。至于要的教育干什么呢？所谓教，那是教给他念字，念书，育就是……

赵一荻：现在是教而不育，生而不养。生出孩子不养，送到托儿所去。你光教给他了，你不让他了解这个事情，他应该怎么活着。

张学良：怎么做人做事，为什么这么做人，所谓育啊！

访　　者：这话说起来很有意思，因为您那个自述上说，您是11岁丧母，幼年失怙①，可是您对教育却……这都是您自己亲身的体验了，比如说，现在的生而不养、教而不育，我们要生而养，您是说应该走宗教的路线吗？

张学良：那不能这样讲。是否走宗教路线，那是看个人。所谓宗教路线，我这个人不是狭窄的，还有佛教啦，道教啦，人家信佛教的……所谓育的事情就是你教给他怎么做人，不是你教给他……

赵一荻：当父母的要有责任，你生而不养、教而不育。家庭教育有很大的关系，父母有责任。你没有教，也没有育。

张学良：学校就是给你塞功课，完了就不管你。你出去学校，在学校外

---

① 幼年失怙，怙，父母的合称。白居易《寄乌江十五兄文》云："孩失其怙，幼丧所亲；旁无弟兄，茕然一身。"《正字通》言：怙、恃二字，分言之，父曰怙，母曰恃。合言之，父母通谓之怙。

打架，做人做坏蛋，偷窃，什么都不管，你对当教师的应该怎么做？

赵一荻：你去问问现在台湾当家长的，一来就是孩子考多少分，考第几。那有什么用，多少分有什么用？第几名有什么用？他那个功课，他念的什么东西他知道嘛，父母不问。问题是家庭出来的，妈妈跟爸爸负责，主要是这个。

访　者：少帅在老帅家里，那个教育是很特殊的，没有办法别人能够……不过您观察，过去家庭教育……

赵一荻：家庭教育比什么都要紧。过去都有个家呀！现在人有家吗？哪有家呀？就是睡觉的地方，我晚上下了学，随便找点东西一吃，就睡觉了。父亲也不关心你，妈妈也不关心你，你哪里来的家呀！屋里冰凉，吃晚饭也没有，在冰箱随便找点吃就算了。谁管你，他不上外头做坏事才怪哪！

访　者：那时候，我记得我小时候上完学之后，马上就回家。不止妈妈在那儿等着，奶奶就在那儿等着呢！挨着屋的说，回来啦，这个，那个的，然后就上私塾，晚上念私塾。

赵一荻：现在是妈妈打麻将，爸爸晚上去酒家应酬，根本家里就没有人。

访　者：您说那会儿，您说女孩子还学梳头什么的，那也是一种教育吗？

赵一荻：以前跟现在不一样啊，我的女儿嫁出去，不能给我丢脸哪！我的女儿嫁出去要万能啊！怎么管家，什么都得学啊！没一样不行的，要学呀！

张学良：现在简单，都剃光头了，何必梳头呢！（笑声）

赵一荻：不但要做，而且要百分之百的好。如果让婆婆说了，妈妈脸过不去啊！人家是骂你妈妈呀，丢脸呀！

访　者：那会儿还是大家庭呢！现在都小家庭了。

赵一荻：所以就离婚了。

张学良：我说我是三朝元老，中国的变化最大就是在现在。我说，我们很高兴，看这段历史多热闹，而我们正好在这个历史最热闹的时代。

赵一荻：他是最热闹，三朝元老。

访　者：从清末，清朝末年。

张学良：那我看清朝的时候，那你们谁都不懂事，都没看见过。

访　者：然后是民国初年，现在咱们这叫什么？

赵一荻：两岸，两岸的国家。

张学良：那时候小孩很好玩。那时叫革命党，我们东北把破布叫袼褙①，你懂不懂？我说袼褙党怎么回事，什么叫袼褙党，大概都是卖袼褙的。后来就把国民党叫穷党。

访　者：为什么叫穷党呢？

张学良：穷人的党，不是富人的党。

赵一荻：从前什么叫虚无党呢②？

张学良：虚无党，那是另外一回事。

访　者：什么党？空虚的党。

张学良：那是共产党的前身，虚无党。

访　者：为什么国民党是穷党呢？

赵一荻：穷人嘛！好人不当兵，好人不去革命，好人革什么命，有钱人家子弟不去革命，无业游民才去革命打仗！你有家有业的去当什么兵，革什么命呀！

访　者：那不是因为北京政府没钱，您跟我说过他们发不出薪水来。

赵一荻：发不出薪水来，那不是那个时候，那是以前的……

访　者：我以为是政府发不出薪水来，不是那个穷党，咱们还有什么别的党吗？

张学良：那有，那时候有好多党。

访　者：您不是说，北京政府发不出钱来。您知道最近加利福尼亚③发不出薪水来吗？昨天是前天的新闻报道，加利福尼亚的州政府发不出薪饷来，每个人来一张IOU。

张学良：我在美国的时候，那个政府给不起打扫街道的人的钱，我们说抱着金饭碗要饭。

赵一荻：连小孩打防疫针的那个钱都没有。还有几分钟了。

访　者：明天我不来，这相片您先留着，我把这东西收走，因为明天您来客人。

张学良：我想到罗马帝国末年的情况，美国除了有特殊人物起来给它振兴，

---

① 袼褙，用碎布或旧布加衬纸裱糊成的厚片，多用来制布鞋的鞋底等。
② 虚无党，即无政府主义者。
③ 加利福尼亚（State of California），位于美国西部太平洋岸边，是美国经济最发达、人口最多的州。南邻墨西哥，西濒太平洋。由于早年的淘金热，加州有一个别称叫做黄金州。

要不能振兴，一定走到那个情况上。

访　者：现在真是有点百孔千疮的，好多事情都……

赵一荻：你知道为什么吗？当年英美在全球是最强盛的国家，为什么？他们都是基督教的国家。现在美国人和英国人都不信，你看那王妃闹成什么样①。信了上帝的人会这样自私吗？要赡养费，也不顾皇家的脸，就是要钱了。你说这是什么人呢？我不信上帝了，就是要钱享受。

张学良：这是咱们出去照的相片？

赵一荻：不是啊！这是那天感恩大会，你不是去证道吗？完了还剩点空的，我就把你外甥小孩的相片搁在后头了。还有那周牧师讲的……大会。

访　者：昨天还是前天，华氏有个演讲集，那个人说，21世纪有人说是欧洲的，有人说是亚洲的。他认为21世纪是欧洲的，22世纪才是亚洲的，就是说，世界以前全是英美啦。

赵一荻：有人在文章上写，一个东德人到西德去。他西德的亲戚就开车子带他到处参观，让他看西德的工业是多么先进，科学是多么发达。他说，我要看的不是这个。他说，你要看什么呀？我们德国科技最先进，工厂是最新式的了。一切一切在世界上是数一数二的。他说我想到教堂听那钟声去，我们多少年也没听过了。

访　者：现在美国人也是这样说。

张学良：你应该挂个牌子怕忘了。

赵一荻：你听我这个笑话。我要上台北去，统统写好了摆桌儿上。人到了台北了本儿没拿。你要不写还都记着点。因为写了就什么都没有记。到台北我来干嘛来了。不知道干嘛来了。你根本想不起来。

张学良：她问干什么来了？我说我也不知道。我就好说笑话。我说她呀，记性不好忘性却挺好。

访　者：我就到门口去［等车］了。我希望您明天手气儿不错。我礼拜六来。礼拜六见，三点吧。谢谢您呐！再见！Good Night。

---

① 戴安娜王妃，英国王储、威尔士亲王查尔斯的第一任妻子。1981年与查尔斯结婚，1996年解除婚约，次年因车祸死于法国巴黎。

第三十次访谈
漫忆旧事　杂谈人生

访谈者：张之丙（简称"访者"）
被访者：张学良
同座者：赵一荻
访问日期：1992 年 7 月 11 日

访　者：今天是七月十一日我们现在继续在张公馆访问。很可惜，因为台北的塞车情况，原定三点钟到这来，但是三点四十五分才到张府。

1. 江海潮可能是我的学生

访　者：张先生现在到楼上去找昨天所拿到的一本新的杂志。同时也带来香港市场信息出版社出的《张学良将军手迹》，这个是 1991 年 4 月 21 号，编者注的日子。这本书可以说是相当地宝贵，都是张学良先生自己的手笔和很多珍贵的相片。现在我们在等张先生从楼上下来，开始录音……
《历史月刊》，这本书很宝贵啊！这个手迹。
张学良：这个也是，是大陆出的吗？
访　者：是大陆出的，沈阳。
张学良：他们搜集来的有些是我的，有些是我的秘书搞的。
访　者：您看这里头哪些是？
张学良：是，这还记得。有的是多少年前写的。
访　者：我看这很像您的笔迹。
张学良：这是现在写的。
访　者："爱人如己，九一老人。"这是去年写的。

张学良：是啊，他们搜集得这样快。这里有我写的信。

访　者：您都看了一遍吗？

张学良：我随便看看，没关系，人家给我的。

访　者：这个宝贵，这个宝贵。

张学良：他卖给我的，不是送给。

访　者：香港的一个出版社，香港中国市场信息出版社，编的和督印的是刘培良①，他的编者有一个后记，特约顾问是刘志超②。

张学良：这都不知道，都是年青的。

访　者：我想看一下，是谁编的。他说他收集这些资料的时候，得到华东政法学院教授，江海潮③博士……江海潮是谁。

张学良：是啊，江海潮，这是什么人？什么人？他是谁？

访　者：上海有一个华东政法学院④，他在那教书，这个学院我很清楚。

张学良：这个人常常给我来信，我不知道他是谁。

访　者：你不认识？

张学良：我不认识。我疑惑他是我的学生，他常常给我来信，问我这个，问我那个。

访　者：他说什么，他曾经提供他搜集了，保存了几十年来所保存的张学良将军书信，有十多件。还有一个呢，就是中国社会科学院近代史研究所的张友坤⑤，当然是大陆的。张友坤这个名字对您也不熟悉？

张学良：也不熟。

访　者：还有一个浙江省青田县阜山中学董事会董事陈英伦⑥，您熟悉吗？

张学良：这个我知道，他是谁，这是我的一个很好的朋友的，大概后人，在青田。

访　者：姓陈，他题的词。这些照片都是由你在沈阳那个，张学良旧居陈列

---

① 刘培良，辽宁大学历史系毕业。曾任《张学良将军手迹》督印。
② 刘志超，辽宁大学教授、副校长。
③ 江海潮，辽宁岫岩人。曾获张学良私费资助，于1929年至1936年在德国法兰克福大学法学院攻读博士学位。因不忘校长解囊之恩，时常致函张学良。后曾任复旦大学法学院、华东法学院教授。
④ 华东政法学院，1952年，由原圣约翰大学、复旦大学、南京大学、东吴大学等9所院校的法律系、政治系和社会系等合并而成。现名为华东政法大学，校址位于上海市万航渡路和龙源路。
⑤ 张友坤，河南洛阳人。曾任全国政协副主席吕正操将军秘书，中国社会科学院近代史研究所副所长、张学良暨东北军史研究会副会长，曾两次赴夏威夷拜见张学良，并赠送其领衔编撰的《张学良年谱》、《张学良世纪风采》等。
⑥ 陈英伦，浙江青田人，青田阜山中学董事。张学良德文老师陈瑛的后人。1988年陈英伦托旅居台湾的伯父陈贯洲（陈瑛堂侄）请张学良将军为阜山中学题词。

馆提供的。还有一位是张德良①教授，您熟悉吗？

张学良：张德良，这不知道。

访　者：他是东北军史研究会会长。

张学良：军史啊？

访　者：嗯，东北军，这你也不大熟悉啊？

张学良：不知道。

访　者：周毅②，您熟悉吗？

张学良：不知道。周济？

访　者："毅"就是"毅力"的"毅"。周毅。

张学良：周毅？不知道。

访　者：他也是无私地提供了大批资料。有个书法家，叫薛启荣，题的书名。还有您的旧的部属，辽宁省政协副主席刘鸣九先生。他审阅了书稿。这些人里头只有刘铭九您记得？

张学良：我记得，他是我的一个秘书。

访　者：这是他们怎么编的。前头，1990年，有一封信，"不怕死，不爱钱，丈夫决不受人怜，顶天立地男儿汉，磊落光明度余年"。

张学良：（笑）这是我自己写着玩的，怎么跑他手里去了？我写给谁的？我写着玩的。怎么跑他手里去了？

访　者：您什么时候给我们写个吧！

张学良：我有时高兴就写。

访　者：这1990年，这是一个，然后这个是……您的相片，都是在别的上看见过的。这些都看到过。这是您在批公文的时候，您要不要看看，大概齐他们都收集了什么。

张学良：……

访　者：您的墨迹啊！头一封你给邹子芳③写的信。

张学良：邹子芳？

访　者：对，就是那个"邹作华"的"邹"。

---

① 张德良，吉林永吉人。曾任辽宁大学历史系教授、张学良暨东北军史研究会会长、名誉会长。2000年3月，赴夏威夷拜见张学良。

② 周毅，辽宁阜新人。曾任辽宁大学历史系教授、张学良暨东北军史研究会副会长、会长，张学良学术研究基金会理事兼秘书长。曾三赴夏威夷拜见张学良。

③ 邹子芳，名健鹏，字子芳。1914年曾任兴京县（今辽宁省新宾满族自治县）知事。曾为张学良家庭教师。

张学良：这个人是一个教我小孩念书的。

访　者：1917年。第二个是你给郜汝濂①。

张学良：啊？

访　者：郜汝濂。

张学良：郜汝濂。

访　者：他们就给你一本啊，他们也不多拿一本……喔，这，"浚泉兄鉴"——您这字实在是有书法家的气势——"你走的时候我天天太忙，也未得把我的话对你长谈一谈，所以我写一封信给你，望你好好的读一读吧。兄以同乡之谊得同地共事，弟素闻兄之名及才干，所以引为幕僚，愿兄先了解弟之为人，弟年幼无学，上仰父官之余润，下赖部属之帮忙。侥幸而得有现在之地位，每一念及，衷心不安，乃弟之无才也。但弟交朋友带部属，素一秉大公，并授以权势，弟甚耻彼辈［用人］，待部属如奴隶，对朋友怀鬼胎。弟非感自居光明磊落，愿兄询之同仁，当知弟之天性也。但一般人或论弟不识时务，然弟自认对人开诚布公，疑而不用，用而不疑，是弟立身之道也。兄此次奉派赴京驻节，弟审兄，因初次共事，担偌大之重责，而僚属又多不相识，又不审长官之体性，必自觉有难为之处，愿兄放大胆秉公去做。弟同茂宸绝不是要部下常来当差也，弟年岁尚小，非数年就木者，所以愿兄凡事也要看得远，见得长。弟既看兄得起，绝不是彼辈朝秦暮楚之流，但愿兄也不要拿上宪来待伺候我，希望兄看弟乃是一个同志者，若兄以弟为不可造之材，想兄也未必为弟所共事也。弟恐兄不明了弟之目标，所以细详同兄说明之。如兄有何事不明了之处，请兄不要当我是上宪而客气，凡事可老实来问我或茂宸。弟现在是潜水之时，非在天之时也，愿兄［知］及之，书不尽言，有暇再叙。弟学良手启。"②

张学良：这人他本来是老前辈。

访　者：那他这次第一次来跟您共事吗？

张学良：连我都忘掉了，他后来到我部当旅长，可以说他比我资格高。

访　者：这儿写着怎么回事。经郭松龄介绍被张学良起用的，出任三四联合军团参谋长。

---

① 郜汝濂,，字浚泉。奉天兴城人。曾任东北陆军第三、四方面联合军团参谋长。
② 此信写于1924年。

张学良：不是参谋长，他当过……这个可以。

访　者：下面是挽韩麟春联。韩麟春啊，给他的挽联。

张学良：那不是我自己写的，是秘书写的。我们俩是最好的同学。

访　者：好，铁线文①是您写的，您给王华龙。他是"辽宁省城市街全图" [绘制者]，您题的词，完全是铁线文，篆文②。不过这个"张学良题"这四个字大概是您写的。

张学良：那是旁人写的。

访　者：写的书法。赠杨云史。杨云史是谁？

张学良：杨云史③，不知道？杨云史原来是吴佩孚的秘书长，后来到我处当幕将。

访　者：您给了他一副对联。"两字听人呼不肖"。

访　者：对呀，您都记得。

张学良：这是我常写的，我喜欢这副对联。

访　者：你写的是，军次保阳间以笔墨自遣，云史兄见而爱索之，特赠并志，两字听人呼不肖，半生误我是聪明……

张学良：误我？

访　者：可不是？半生误我。

张学良：这也不是我的，人家一个对联跟这差不多。

访　者：下面是您给《东北航空学校同学录》题词，您要看？

张学良：我不要看，我知道。

访　者：后来又给《东北航空学校同学录》作的序。

张学良：这我都知道。

访　者：张学良为同泽女子中学校题名。你知道吧？

张学良：知道。

访　者：（读）张学良为《东北大学年鉴》题名，张学良为《东北人物志》题词，张学良为东北大学校刊题词……

张学良：多了。不看。

---

① 铁线文，篆刻术语，朱文字体之一。纤细而刚劲，形如铁线，瘦健有神，圆融洁净。

② 篆文，又称篆书、篆体，是中国书法样式的一种。篆文，有大篆和小篆之分。大篆，狭义专指籀文，广义指甲骨文、金文、籀文及春秋战国时期通行于六国的文字；小篆，也叫"秦篆"，秦代通行的文字，在籀文的基础上发展形成，字体较籀文简化。

③ 杨云史，原名朝庆，字云史。江苏常熟人。有"江东才子"之称，曾先后被江西督军陈光远、直系军阀吴佩孚和张学良聘为幕僚。

访　者：这有一封致胡适函。给胡适写的信。

张学良：那可以看看。我那时跟胡适来往，胡适跟我常常写信。

访　者：哇！这篇东西都不知在谁手里。您这有一个章。

张学良：我的信纸上都有的。

访　者："文伯东来之便……"文伯是王征，您记得几次都有文伯，您想了想，没想起来。（读）"特函致候。必希望我公能光临东省做文化之讲演，将赐直学子不少，匆匆着笔，词不达意。"文伯是谁啊？即王征，松江省宁安人，留美哥伦比亚大学，与胡适同授业于杜威。

张学良：王什么？

访　者：征，就是双立人。征服的征。

张学良：王征，记起来了。

访　者：孙科任铁道部长时，王征任次长①。致胡适函。

张学良：是，是。

访　者：这还是致胡适函，第二，第三，第四。

张学良：我跟他常来往信件，他都留着！他们都留着！

访　者：啊！您这……江海潮，刚才咱们不是提到江海潮这个人吗，您1935年还给他写过信。我看下这个江海潮是不是我们说的那个。可不是，华东政法学院，江海潮。这编者后记说，江海潮提供了很大的支持，慷慨地捐了几十年来所保存的张学良的书信，十多件。可能就是从这开始的，你从1935年就开始给他写信。您要看？

张学良：是啊，江海潮是谁我都弄不清，他到现在还给我来信。

访　者：我经常到上海，我应当去看看他。

张学良：他是我的学生，还是我的朋友，我都不知道。

访　者：不过你这是打的，不是，江海潮是谁啊？（读）"号瀛波，后名存仁，1908年7月生，汉族，辽宁岫岩人，法学家，专业宪法，国际法及空间法，特别外空法。现任华东政法学院国际法教授，民革上海市委会顾问，《中国当代社会科学家传记》编委和《国际法大辞典》编委。"

张学良：哦，还这么些事啊！他常给我来信，我也不知道他是谁。

访　者：这是您1935年给他的一封信，是拿打字机打的。这大概是开始，您

---

① 1928年10月23日，国民政府下令设立铁道部，并令交通部"将关于铁道行政一切事宜"移交该部"办理"。特任孙科为部长，任命连声海为政务次长，王征为常务次长。

要知道？我给您念念？

张学良：这个我倒要研究了，我都忘了，这个人到现在都给我来信。

访　　者：1935年4月27日，江先生给您写了一封信。您回他，你的信纸是国民政府军事委员会委员长行营用笺。您说的是："论列国际形势，具微观察有得，唯英国之和平运动，恐终归失败。国际间之新阵容，纵横捭阖，攻守同盟。其危机一如欧战之前夕。迩来德日似有帝国之模样，未审在欧亦有所闻否？我国处今日之环境，唯有盼战祸之延宕，予吾人以充实本身之机会，至于个人年来之工作，即为追随蒋委员长之后，从事于安定内部，培植国本也。"您这个大概是1935年，大概是鄂豫皖的时候。

张学良：大概是，我不知道了。

访　　者：然后他大概是从欧洲来的一封信，因为您曾经问他欧洲情况。他在给你分析现在这个情况……这又是一个。

（赵一荻与访问者闲谈杂事25秒钟）

2. 是不是我的字，我一看就知道

张学良：这个，这是什么？

访　　者：这是您送蒋先生离开西安时，您给杨虎城的一封信。

张学良：啊？！

访　　者：你说，"弟离陕之际，万一发生事故，切请诸兄听从虎臣、孝侯指挥，此致。何、王、缪、董，各军、各师长，以杨虎臣代理余之职。"

张学良：这东西还留着！真是……

访　　者：只是没说谁留着。

张学良：那当然他不说了。

访　　者：还有呢？再看什么？这是在凤凰寺送子殿①。

张学良：嗯？

访　　者：你在那个凤凰寺，有个送子殿。

---

① 凤凰寺，位于湖南沅陵县城东沅水南岸的一座小山上，该山因山体形似凤凰展翅，而得名凤凰山。寺因山名，为明朝古寺。1938年张学良曾被软禁在这座古寺中，长达一年之久。传张学良在墙壁上题诗："万里碧空孤影远，故人行程路漫漫；少年渐渐鬓发老，惟有春风今又还。"

张学良：这不是我题的，不知谁题的，有名字没有？没有张学良的名字。

访　者：没有名字，他说原字脱落，此为摹写的。"万里碧空……"

张学良：我听过这个事，不是我，不晓得什么人。

访　者：这是给莫德惠的诗。您写的柳老①渡台来访，这大概是您写的，"十载无多病，故人亦未疏，余生风火后，唯一愿读书。"1961年。

张学良：是我写的吗？我签上字了吗？我看。

访　者：您的签字不在这上，您的签字，写的"毅庵"。

张学良：我看，是我的字不是，我一看就知道……是，是我写的。

访　者：您这书法实在是值得人学，不过你这书法没法学。因为气质都在里面。您这是给池宫。池宫是日本的一个摄影记者，您在1989年5月31号给池宫写的，不是用毛笔，是用钢笔写的。您说："华寒奉悉，老朽林下幽居，素不见外客，敬请原宥。老朽年岁衰迈，目朦手远，又乏记室，对一般信件素不作复。感先生素昧平生，远邦厚谊，破例勉为动笔。字迹草率，文句粗陋，先生当可见及矣，愿上帝祝福。"

张学良：这是我最近的东西。

访　者：对，这是侯御之②，这您给杜重远夫人的那封信。

张学良：她也留下了！

访　者：您记得怎么回事吧！

访　者："御之夫人意见，十一月十日来信和相片八张均已收到，我十分欣慰，您辛苦抚养子女成人……"什么什么的，可后面您写的知名不具。

张学良：知名不具，就是我不署名。

访　者：这是给卢广绩的。寄来简报及报纸均已收到，多谢！最近甚忙，迟迟不能复信，请原谅，请代为问候各位乡弟……"寄来简报及报纸均已收到，多谢！最近甚忙"这个词大概不是您写的，这写的字迹不像你的。

张学良：这是她（指赵一荻）的侄女，珍珍写的。

访　者：卢广绩，那年已经……1990年已经98岁。

---

① 莫德惠，字柳臣，故张学良称其柳老。
② 侯御之，著名抗日爱国人士杜重远的妻子。1933年3月25日与杜重远结婚。曾任第六、七届全国政协委员。1998年6月21日在上海病逝。

张学良：是啊，现在人还在。

访　者：这是您给江海潮写的。这大概是您自己写的。"来函及余之早年相片一张俱收到，特此谢谢。又及。吾老矣，写字相当困难，恕不多书。1991年1月14日。"这是海潮，这个字也不像你写的，可是签字是您的。毛笔字。

张学良：这也大概是珍珍写的。

访　者：1月14日信及兰花幅条一件均已收到，多谢，我和师母一切均好。这大概是您自己写的，给张德良，周毅。他们给您寄来的《东北军史》《张学良将军诗词注释》，已经收到，谢谢。"余老矣，恕目力不佳，不能多写，写字相当困难，请原宥，愿上帝祝福。"张德良是谁呢，是1927年生，吉林省永吉县人，现是辽宁大学历史系中国现代史研究室主任。

张学良：这是那个谁？

访　者：这是张德良。周毅是谁呢，周毅是1936年生，辽宁省阜新县人，也是历史系的，副教授。这是您给青田阜山中学的。这是您重要的函电稿子。这是1930年给万福麟的，给商震的，都是您的稿子。蒋介石、张学良致商震的；蒋介石、张学良复商震的；蒋、张学良致于学忠；张学良致王树常。

张学良：这是什么？

访　者：（读）"限即刻到，天津，王主席①鉴：汉密。接商启予勘电，阎百川决定东日离晋，二日至石家庄，请北宁路备车往迓，等因。已与蒋主席商定，请遵处就近令北宁路备车一列，于二号前……"没有什么别的。这个是您给商震的。这是您给蒋介石的，1931年12月1日。

张学良：这是给蒋介石的信？原信是？

访　者：嗯，原信。

张学良：这是从哪儿来的？！

访　者：您看看，"电上海蒋主席……"

张学良：电稿。

---

① 王主席，即王树常。1930年蒋阎冯中原混战，蒋介石国民政府为拉拢张学良，任命于学忠为平津卫戍司令、王树常为河北省主席。王当时任东北军第二军军长，司令部设在天津市内。因此有天津，王主席之语。

访　者：对。您说得对。请接太原商主席什么什么电。据密报什么什么，"仅先禀闻，等语，除复电询问是否已经在途，何人随行，密为查示，并分电北平……"这又是给蒋介石的。也是电稿。

张学良：也是电稿，我签名的。这又是给他的。

访　者：这又是给他的电稿，也有您的签名。"武昌……徐永昌……冯（玉祥）之行动，商（震）云不日可以到津，询其能否赴俄。商云冯与俄感情夙劣，不能赴俄。"就是不能上俄国。这是您给蒋介石的，12月16日。

张学良：我的秘书老爷把这些电稿都给收了。

访　者：嗯，你看这是，张学良致蒋介石的另外一个电稿，1930年，说阎锡山出国的事，张自忠……这个好长，……又是致蒋介石的，1930年12月24日。

张学良：这都是我的秘书老爷……

访　者：在那时，你正好给我们讲讲历史，这个时候，秘书按您的意思把电稿写好了，然后您得看一遍，然后改？

张学良：是啊。

访　者：您这上勾勾改改是您的？

张学良：是改的。

访　者：然后您最后签字，那他就可以照着打出去了，是吧？就可以发了。这个很长，关于石友三的事。又是致蒋介石的，"1930年12月26日，晋军欠饷三个月，除前发接济一百余万元，尚欠二百余万元之谱。如京编遣，此项欠饷自应发给。晋省财政枯竭，良与商等切商，实无办法，只好请钧座设法。明知中央财力现不充裕，但有他法，亦绝不敢令钧座作为难也。"孙魁元，这是整编的事情。致孙魁元①，您用的东北边防司令长官。复顾更也（即顾耕野②）。这是谁？

张学良：顾更（geng，读一声）也，顾更（jing，读一声）也。（即顾耕野）

访　者：顾更（jing，读一声）也（顾耕野），这是电稿，电报局的东西都

---

① 孙魁元，字殿英。河南永城人。国民党陆军中将。先为张宗昌部师长、军长，后任蒋介石部第十二军军长。1928年，以演习为名，掘清东陵，被人们骂为"东陵大盗"。1931年投张学良，任军长。

② 顾耕野，辽宁丹东人。早年留学苏联。时任蒋介石秘书。

是，你看，这是电稿之外您这写的几个字是"余抱定决定为党国尽力，为人民谋幸福，如志不得行时，桴海可也"，1930年12月29日……这一直那天。1930年12月29日吗？又是给顾耕野，这是给蒋介石，您现在就是海陆空军副总司令。

张学良：这些都是我的秘书老爷搞的。

访　　者：（念电文）"以山西裁遣费仅晋省自筹，实办不到，河北省如有可设之法，亦绝不敢令中央为难。尊电已悉，示晋方将领群为束手，良拟由晋方自筹若干，由良电河北代筹……"那时发军饷那么困难？

张学良：哪有。

访　　者：中央没钱啊？

张学良：有钱他不给就是了。

访　　者：那他就是说，让大家伙自己筹。这是31年了。

张学良：我都奇怪这些稿哪儿出来的。

访　　者：又是这事！汇来什么补助费八十万元——您那需要两百多万，汇来八十万，（念电文）"自当仰体钧旨，妥慎支配。此次编遣，除晋军外，各方需款，亦急。晋方苟可自办，必使竭其所能，庶钧赐之款，可分配于其他各方也。朱培德……"

张学良：朱培德，朱培德什么事？

访　　者：你给朱培德的，（电文：军政部何部长敬之），这是你给朱培德的，1931年1月4号。"顷据商主席震报称，晋军高级军官被押于南京者，尚有李乐滨、杨鸿炜、邱霖、张潜、李咸仁、王绍武、段新畲等七人。请转电中央，请予开释，等情，此事情节如何，弟不知原委，可否准其所请，尚祈两兄查酌。如有准许可能，请转陈主席核示。"

致蒋梦麟。12月17[日]，36年，这是西安事变，那时。

张学良：谁编的？他们从哪儿弄的这些玩意儿！

3. 我真佩服王必成

张学良：看了半天我才看明白了，啊是谁，王必成①，这个杂志是他的叫

---

① 王必成，浙江东阳人。台湾报业巨擘王惕武的长子。曾任台湾《历史》月刊发行人，台湾民生新闻专业报纸《民生报》董事长。1993年，其父王惕武病逝，接任《联合报》系集团董事长。

《历史》①。他太太也办杂志，文学的，叫《联合文学》②。

赵一荻： 他送我好多，现在他们也不跟我们来往了。

访　者： 他的资料都从哪儿来的，您知道吗？

张学良： 他办报当然有很多渠道。

访　者： 我想他大概还要出，现在有这两事，一是关于郭松龄的事儿，一是关于学生运动的事儿。

赵一荻： 办报纸的人还不就是什么材料他都得要。是材料，他都得要。我这个人很奇怪，我对这些事情都不感兴趣，你说我好也好，说我坏也好，我能够不闻不问。

访　者： 亏得您这样的，不然这外边的话听着……

赵一荻： 人家喜欢我也不怪，我这叫不闻不问。

张学良： 你说，王必成，我真佩服他。我们俩到他家，哎哟，我的老爷，他的屋子半间屋都落的报纸，旧报纸。他可以查材料。他说，我要查哪年，哪月，什么事，就查那个去。现在好了，有电脑。那时真……他说，我要写文章，要回顾。

赵一荻： 像你们这样没有办法，得要靠写东西吃饭，像我们这样的何必呢！人何必让物控制，打球也是这样。现在好像是，现代人就非得打高尔夫球？非得听戏，听也行，不听也行。没有关系，真的是无所谓。

访　者： 你说听戏真的是……

赵一荻： 我不能叫东西来控制我，我这个人个性很强。……打牌也是，你人叫物来控制！像你们这样上班，不能不上。

访　者： 不得不做，要不没有薪水，没法吃饭。

赵一荻： 没有，我们老了，没有关系。我不能让物来控制我，

访　者： 那您写那些小书？所以也是一种……

赵一荻： 那是我的责任，要传道。

张学良： 王必成他们家都是办文字的。

赵一荻： 人家职业就是这个嘛。

访　者： 对。

张学良： 他的姑娘在 New York［纽约］办《世界日报》，办得很好。

---

① 《历史》月刊，属于台湾《联合报》报系集团。1988 年《联合月刊》停刊后，改发行《历史》月刊，发行人王必成。

② 《联合文学》，台湾文学月刊杂志。由联合报系董事长王惕吾于 1984 年创刊，张宝琴任发行人。

4. 坏人台上唱戏，好人坐屋叹气

赵一荻： 他们也不愿听我说话。我说一样是新闻，你可以写得对人类有益处，不是为钱。人家办报纸是为了发财，你们家家产万贯，做点对人类有益处的事。你想一个新闻，好比说，一个电影明星死了自杀了，渲染得不得了，仔仔细细地讲。你说人啊，又有钱，又有名，他为什么要自杀……人说，就这你这个人啊，得对社会有益处，就是死了，也得对社会做些贡献。照你说的报纸就没人看了。你说你这个新闻啊，硬渲染，这个人怎么样，那个人怎么样，讲那些个事情没用处，为什么老写些乱七八糟的，有什么用啊？他们说我这篇幅填不满。

访　者：（笑）填篇幅。

赵一荻： 他就是把空白填上，他没那个思想……

张学良： 有个记者，跟人谈话，说没料，说我要写六千字，我要找材料。

赵一荻： 是，你那些记者为钱，你不得不写，你写，你得有点见解。

张学良： 他写不出来。

赵一荻： 有点见解，一天到晚，你看那报纸，经常报纸都说了，两个电视台，这个电视台是清宫大玉儿①，那个电视台是乾隆②。你看他们讲这些干吗？

张学良： 一点意思都没有。

访　者： 那人家不是跟历史不大……

张学良： 那哪是历史？编的，假的。

赵一荻： 要么就是打斗。

访　者： 哎呀，真是，昨天晚上才有一个节目是，有一个人弹琴，吹长笛和介绍这个什么……哎呀，那都多晚了，因为我在……我把那天咱们的录音弄下来，我得看看有些什么少帅要的东西什么的。都是打，而且都是什么乱七八糟什么的，真烦啊。

---

① 大玉儿，即清代孝庄文太后，博尔济吉特氏，蒙古族，小名大玉儿。生于1613年，清朝皇帝顺治的生母。一生经历太宗、世祖、圣祖三朝，辅佐两代幼主，传奇故事颇多。关于大玉儿的电视剧有许多部，如台湾影星潘迎紫主演的《一代皇后大玉儿》，大陆影星宁静主演的《孝庄秘史》，在台湾首播时也改名《清宫秘史——大玉儿》。

② 乾隆，即爱新觉罗·弘历。清代皇帝，年号乾隆。1735—1796年在位。

赵一荻：所以人一天到晚都受影响，不是打就是杀。你说这种节目，对青年人有什么用！这要在从前就应该下油锅。

访　者：哈哈。

赵一荻：要不是打斗要不就是色情。一点儿用都没有。

访　者：而且那些有一些综艺性的活动，实在是……

赵一荻：现在的小女孩子一来就是扭跳，电视明星啊，就是唱歌，就是扭啊，跳啊，性感啊。

访　者：（笑）今天早上我看到一个节目，叫作……专门为军人做的，那里面还介绍了"九一八"，介绍流亡三部曲，还介绍这个麦克阿瑟。

赵一荻：还介绍什么？

访　者：还比较……

赵一荻：也有一些好的，但大多数都是广告。

访　者：而且都是在紧张的那会儿。

赵一荻：如果没有那些紧张刺激，没有人会看广告。

张学良：其实没人要那广告。

赵一荻：都是钱钱钱。

张学良：不是，我上次又问人家，他说，我们那些材料是跟广告来的，是广告人要你登的。你那玩意儿人家不看你，广告也看不着。

访　者：所以你那个什么大玉儿……

张学良：广告人指定一定要登的。

访　者：都变成了三角、四角、五角恋爱故事，这一点……

赵一荻：根本那些做节目的，他都没有什么崇高的理想，都是什么金钱、色情。

访　者：拿一点点历史，然后给他宣传那些现代化。

赵一荻：不是色情就是金钱，否则没人看。

访　者：对，打斗，现在打斗可真红啊。这是在立法院打出来的。

赵一荻：所有人都打。

访　者：全都是武侠。

赵一荻：现在国民代表都是爱打。

张学良：现在打都升级了，不用手打，用枪打了。

访　者：对了，是什么地方，是为了登记选举，有人带枪。

张学良：选举身上带三支枪……我非常赞成，有战争就都会放枪（笑声）。

访　　者：咱们现在说，台湾是唯一一个，世界各个国家从一个强权国家改称民主国家没有流血的，现在倒不错，为了拿进出倒动起枪来了。

赵一荻：不流血不能革命。

访　　者：这个似乎有点开倒车。

赵一荻：我们这个人他受的什么教育吧。

访　　者：暴力教育。

……

赵一荻：他们这些人不配当国民代表。

访　　者：不是说现在有了这个新的办法吗？现在有这个立法委员，监察委员会，大家伙儿，学术界要给他们登出来，那个立法委员，他们行动如何，发言如何，投票如何。

赵一荻：总而言之，我们的教育失败。现在四十岁以下的都受台湾教育，没有什么伟大的思想，国家的思想。

访　　者：没有经过像咱们那会儿战乱的情况，不知道。

赵一荻：没有爱国。

访　　者：不知道亡国或者半亡国是什么滋味。

赵一荻：就是金钱。

张学良：张伯苓说了一句话，很有意思。他说，中国社会上有一个很奇怪的中国的传统。什么传统呢？他说，好人坐屋叹气，坏人上台上唱戏。（赵一荻：笑）真的，稍微在中国的，不参加的，我就是不参加，他不积极的，是消极的。

赵一荻：我这不是消极的。

张学良：是，我就是说这个话，就是他说的话很有道理，我很赞成，坏人在台上唱戏，好人就坐屋叹气，真是这样的。

赵一荻：这在美国也一样，两方面竞选，就讲这方面的怎么有几个女朋友啊，外头有几个外……

访　　者：外家。

赵一荻：外家，就跟……

访　　者：最近不是又来了，这个最近克林顿①……

赵一荻：（录音不清）

---

① 克林顿，1992—2000年任美国总统。在任期间多次传出性丑闻。

张学良：那是人家私人的事情。

赵一荻：美国也这样。

访　者：不，他不管啊，管私人不私人的事情，都拿出来当作这个……

赵一荻：桃色新闻都爱听。

访　者：桃色新闻。

张学良：就是桃色新闻不桃色新闻，这个与政治上无关。

访　者：不，他们的想法是，这个与政治有关系。

赵一荻：我的意思就是说，现在人啊，没有人敢说实话。你看那天那个好笑。电视机前的立法委员，咱们在外面吃饭那天，（录音不清）叫什么名字？我有内功，我准备怎么，那天被人救下来了，要不然就要挨打，表示我有内功什么的。

访　者：那就够格。

赵一荻：他竞选立法委员嘛。

访　者：够格可以参加那个什么？

赵一荻：竞选立法委员要看外功，看你会不会打架，不是你能不能为老百姓服务，而是看你会不会打架。

访　者：昨天……那天我坐车回去，那个司机，大概他是太气了，我什么话没说呢，他这跟我说，又打起来了。我说，谁又打起来了。就说立法委员，他说，他们这些民进党，他们现在怎么不打了，那会儿打，就是为了一个一百条。然后他说，还有一个就是把他们那些圈了的那些人都放出来，说这两件事情吵完之后怎么了，现在没声了。

张学良：（录音不清）两个孩子在家打架，他妈妈说，咱们都是"立法院"的。

访　者：就是。

张学良：（笑）咱们家都是立法院的。

赵一荻：现在主要我们的问题，台湾的问题出在哪儿啊？你说呢。全世界也出在这个问题上，什么问题？

访　者：物质思想太高了，精神思想太空虚了。

赵一荻：不是，就出在婚姻上啊。

访　者：喔，婚姻？

赵一荻：那么多的不良少女、不良少年，就是出在问题家庭上的，不良的家庭出来。哪儿来的问题，到底？父母们都打架，打架就离婚，那小孩，……就是问题少年了，他就尽做坏事了，没有人讲究所谓"教养"啊，我们这一世代人讲究教养，现在小孩没有教养。你要改善一切，你就得从父母开始，从家庭开始。现在结婚就是男财女貌，不是那个才，而是钱财。

访　者：（笑）喔，对对对。

（以下闲聊约10分钟）

5. 张群是蒋介石的谋士

赵一荻：无聊。昨天说到你受洗了，做了基督徒以后，应当要说到九十岁生日了……

张学良：我不知道，我说什么。

赵一荻：你就说，你自己没什么计划，也不想做什么寿。是大家何世礼、张岳军（张群）这些人，他们盛情难却。

张学良：嗯？

赵一荻：盛——情——难——却啊，你自己并不想做寿啊，何世礼、张岳军大家啊……

张学良：什么什么？

赵一荻：盛情难却，是人家的好意啊。

张学良：是，是，盛情难却。

赵一荻：在圆山饭店，（录音不清）大家对您的心意应当说一说。

张学良：我无所谓，我不在乎。我也没什么可说的。

赵一荻：你是无所谓，总是有个结束，到九十岁了。

张学良：说什么啊，我也没什么可说的。

赵一荻：那不，你的致辞，张局长的什么祝辞。

张学良：我都忘了，你当我还记得！说过去就拉倒了。

赵一荻：那可以找，报纸上都有。

访　者：我给您找。

赵一荻：是啊，我就是给她起头啊，这个事情。

访　者：他太太先是基督徒，因为他老岳母是基督徒，是不是？

张学良：是。

赵一荻：她本来就是基督徒。

访　者：Hello！这个［麦克］没有以前那么灵敏了。

张学良：那你就是脏了。

访　者：脏了？

张学良：你拿牙签抠一抠，就行。

访　者：我没有动啊！大概是电池的关系。

访　者：关于张群先生……

赵一荻：我们到这儿以后，张群就准许到我们这儿来啦。

张学良：是。

访　者：1961年以后。张群以前在大陆跟您就是共事？

赵一荻：是武汉的共事。

张学良：张群是这样的，在大陆到奉天给蒋先生当代表的，就是一个张群，一个吴铁城。

访　者：那是1930年。

张学良：是。从前我们还并不认识。

赵一荻：有一个时候张群是亲日派的。

张学良：亲日，那是后来，我们认识是最早，那时你才19岁。

访　者：那1930年，你从那开始，您对张群的看法，交往。

张学良：不是交往。他是奉命，总统代表。他是中央代表到奉天来。

访　者：那会他在中央的地位？

张学良：他那时就是外交部次长还是上海市长，我弄不清楚。

访　者：那么多人里头，为什么蒋先生单派张群和吴铁城呢？

张学良：这话你问的！因为张群这个人是蒋先生可以说是最信任的人。

赵一荻：你跟他说，张群这个人也是一个了不起的人，他无论一件什么事情，他替人家干，他都给人策划得……

张学良：他和蒋先生俩的故事是从这儿来的。你问我这，我给你讲故事了。主要的人物是谁，是陈其美。（赵一荻：故事不能讲得太远了）一会儿就讲完。陈其美做上海都督的时候，蒋先生在他底下当少校参谋，张群也在他手底下。还有黄郛[①]都是。陈立夫、陈果夫是陈其

---

① 黄郛，字膺白，浙江绍兴人。早年赴日本留学，并加入同盟会，与蒋介石、张群等结识。武昌起义时，任沪军都督陈其美的参谋长，兼沪军第二师师长。南京临时政府成立后，任兵站总监、江苏都督府参谋长。1923年后，历任北洋政府外交总长、教育总长、代理内阁总理兼摄总统职。1927年后，被蒋介石任命为上海特别市市长、外交部长等职。

美的两个侄子，陈其美大概自己没有孩子。张群对蒋先生不能算是助手，原来是朋友。蒋先生竞选总统，要他当副总统，他说，我只是给你夹夹皮包可以。我不想干，当幕僚可以。这个人很有意思。他要是想当总统，后来当总统都不一定。选了副总统，后来不就是总统。

访　者：他和蒋先生之关系与周恩来和毛泽东的关系有点相像吗？

张学良：那不能那么说。蒋先生和张群都是当年在日本留学的，都是士官生。

访　者：也就是说，张群先生是对蒋先生的某些个国家大策上边有一些个建议的谋士。

张学良：有，有，有。张群这个人我佩服他，我看过他给蒋先生写的东西。当年的问计，他厉害。写出来的东西，你这么办是什么结果；你不这么办是什么结果；那你折中结果是怎么样。谋士啊！

访　者：他知道蒋先生做人方式？

张学良：不，不只有。蒋先生做人方式是另一回事。就是对这事，外交的、军事的、政治问题，蒋先生问他，我看他写的。

6. 九秩寿庆有很多意义

赵一荻：他对朋友也是这样。有时他想的比你都想得周到。

张学良：他就替我们做点私事，他替你想得很周到。

赵一荻：你只要求他帮忙，他没有不尽心尽力去做的。

访　者：你能提出一两件事或一件事，不一定把自己的私事说出来。

赵一荻：你要求他签个字，事情能办得通，他就给你签个字。事情办不通的时候，去求他，他没有不帮忙的。他把这个事安排得比自己的都好，他就是有为人服务的这个精神。

张学良：我那时没办法，没有钱了，有一样东西要卖。他给我想个办法。他说你把那个东西送给我，我卖，卖出钱来，给你。你有什么事情找着他了，他总给你很周到想办法。

赵一荻：说为他九十岁生日，他骂了我一顿。对我很不高兴，我说，算了，做什么生日呢？请客啊，干吗，有什么意思啊。他就说我不懂事。他是心里有计划，他和何世礼有计划。什么计划我不知道。干什么呢？请那么多个人干吗呢？

张学良：他的意思我也明白。

赵一荻：他是什么事情都要有个交代。一定要过生日公开，让大家知道，你现在自由了。政府，对你有个交代。对朋友有个交代。他无论什么事都有个交代。

张学良：这句话很要紧。无论做什么事有始有终。

赵一荻：你看吧，他要不死，等他一百岁。他心中惦念不忘，白天晚上地想，什么人请客，什么人出名，在哪儿，怎么发起，谁拿钱。

张学良：怎么发起，谁拿钱。不，是他拿钱啊。

赵一荻：他在医院里没事，就想这些事，都是他想，他要对他的事有交代。

访　者：不是，我觉得他不仅对张先生私人有个交代，同时他也有个历史感，是吧，这件事情应该有个光光荣荣、热热闹闹的一个交代，而且让大家伙在这么一种非常喜庆的场合下知道过去……

赵一荻：所以他说我不懂事。他骂我。

张学良：跟你讲，我跟中央跟蒋先生有关系，那时我待在东北有势力的时候，完全是他（指张群）办的。［因此］他也觉得这个事情……

访　者：从易帜开始。

赵一荻：东北易帜就是他跟吴铁城来的。

访　者：也是他的开始，也是他的那个……有始有终嘛，开锣戏和大轴儿。

张学良：那时候也是蒋先生对我对东北……有一次我病，差点儿死，他也去看我。医院不许人进来，他在门上用镜子看我。

访　者：所以他还是个有真挚情感的人。

赵一荻：有爱人的心啊。

访　者：而且你要这样说啊，我认为这个九十大寿它有很多很多的意义。不只是对您，也是对政府整个的过程，对历史也有交代。

张学良：有很多意义，我也明白，不只是他，上头也有意思。

赵一荻：他也要表示，他对你也是有始有终，对朋友啊！

访　者：另外也是亏得有他这样一个人，在这样一个地位，他能够替人这样想，他也能替政府想。

赵一荻：他对好多人都这样，有一回在他家，进来两个年轻人，进门就给他磕头。那两个人……

张学良：那是谁啊？

赵一荻：他们两人过去没有办法的时候了，他帮了忙，要不是他帮忙，他们就完了。

张学良：就是那谁啊？

赵一荻：我都不记得谁了。

张学良：他这人是没办法了就帮忙。

赵一荻：他什么时候都帮忙啊，能帮忙他都帮忙。

张学良：能帮就会帮，他这人这点好。

赵一荻：你那通常是朋友，你那有问题，他都那个……

张学良：不过他这个人是这样，换句话，不是乱给人帮忙。他对张治中他就不高兴，应该做的我做，都多少年的经验了。

赵一荻：应该做的做，不应该做的不做，不是滥好人。

访　者：这就是那天，我请您给年轻人说几句话。您说，能够帮人家忙的时候就帮忙。

张学良：是。

赵一荻：不过他不一样，不是能够帮忙，这人他是应该帮忙时帮忙。

访　者：不过他这人，从你跟他开始相识到最后，在蒋先生身边，没有所谓的一起一落，一直是顺顺当当的。

张学良：是，是。

赵一荻：可是人家自个儿有自知之明啊，本来总统提名让他当副总统。

张学良：他不干。

赵一荻：他不做，你其他人想都想不到。

张学良：他说我一个是夹皮包的人。

访　者：这个在咱们中国历史上有很多这种故事。

赵一荻：历史上有，现在没有那个人了。

7. 六十大寿时蒋经国来了

访　者：到必要关头求引退。我刚才提周恩来，毛泽东你去做头，他永远是第二航手。而这他却是也像你所说的，毛泽东有很多可能都是周恩来在做。

张学良：不能说是毛泽东，这话不对，可以说是中共。后来他死也是心里堵着，憋着气，就是所谓"四人帮"，他也没法子，心里难过死了。有话说不出。

访　者：对！有话说不出，不过话又说回来，到现在大家纪念的是周总理而多于毛泽东。这是他们的事啦。那张群张先生九十大庆之后，等于说世界上都知道政府的所谓这一段幽禁完全解除，都结束了。所谓三张一王，包括张大千、张岳军……

赵一荻： 张大千就是普通朋友，没什么了不起的。

张学良： 张大千可以说是酒肉朋友。（笑）

赵一荻： 吃吃饭啊，玩玩就是。

张学良： 王新衡也可以说，酒肉朋友，玩玩就是。

赵一荻： 也就是这样，吃吃饭，普通朋友，不能和张岳老比，差之千里了。

访　者： 关于张群先生在您搬到这儿以后，他来看望您。在这以前？

赵一荻： 他不能和我们来往，在此之前，谁都不能跟我们来往。

访　者： 除去宋子文？

赵一荻： 宋子文也不能来往，也得请示，来过两次。在这儿一次。就来过两次。

张学良： 我不是跟你讲过，从前的时候有一段事情，我跟你说过，后来蒋先生下过一个命令，不得允许，无论任何人不能［见我］。

访　者： 所以所谓真挚的朋友，心里总是明白。张群这样的人可以说是真挚的朋友了。

张学良： 是，是。

访　者： 他也信基督教，这个也有一些关系。

张先生/赵一荻： 当然有关系啰。

赵一荻： 他太太很虔诚。他儿子是牧师，他在美国有教堂。

张学良： 你给他讲儿子当牧师的这段。

赵一荻： 前天讲过了。他儿子，媳妇来问他，儿子当牧师的事，他说，我们不能说让你们去，不让你们去，你们自己去祷告。所以说，他很明智，不是感情的。

访　者： 张群张先生之外，您看还有……

张学良： 吴铁城也算我一个朋友，中央就这两个朋友。

赵一荻： 吴铁城是普通的关系，没什么私人交往，公事公办关系。

访　者： 那我们这样给你提个头，看你能不能给我们多说点，您到台湾后，有很多外在原因，让所谓的幽禁情况也有所改变。第一，大陆丢了。第二，就是说整个丢大陆，责任是中央政府，不是任何一个人，我们不提人，那么中央政府的首脑刚开始还说，都是把您半边天给丢的。但是对台湾当时的情况了解了，所谓收复大陆已不能成为事实，也了解了政府必须有所移交，不能老在一个人手里。而且到了经国之后，又觉得不能完全在大陆人手里。这是外在的政变。大陆的失守，中央政府撤退到台湾，这些个过程都是影响到您生活上的改变，比如你下山来，来大溪跟您见面①。夫人接您，您到台北来，您自己可以，一直到九十岁。

张学良：我没太大感觉。

赵一荻：没有什么分别，没什么影响。

访　者：你就是说这些事情对你生活上一点都没有什么影响？

张学良：你说的也许外在的，那人家的事情，我们不知道。

赵一荻：搬到这儿以后，我们比较可以自由一点。您六十岁生日以后还比较自由一点，所谓自由，就指上哪儿走走路，上哪儿坐汽车兜兜风，除此之外，任何人不能跟我们接触。

张学良：简单这么说吧，我加上一句，你更明白一点，比如，我要上美国去，不用问，他明天走了，不用问。

赵一荻：对，这就是安全的自由。

张学良：并且可以证明，我到美国去，我爱上哪儿就上哪儿去。

访　者：那也就是说九十大寿有个很明显的第二个阶段，第一个阶段是六十大寿。

赵一荻：六十大寿之后，普通人是不能来的，得请示才能来的。连宋子文来也得请示才能来的。

访　者：但是也不是说很多人被拒绝于外。

赵一荻：那不晓得，谁被拒绝，谁没被拒绝。我们也不知道。

访　者：那来的人多一点了。

赵一荻：没有啊。得上面批准了才能来，你比如说莫德惠啊，宋子文。

访　者：闾英他们来也是批准的。开始，这个尺度放宽了，可以这么说。至少，您住自己的房子，是自己设计的。不用和刘乙光那样的人住在一起，吃在一块儿，是不是？也开始有一个独立的家。那个时候也时常出去百货公司，这些个自由也比以前多一点。

张学良：从前也可以，去也没人管。

---

① 大溪，地名。位于台湾桃园县。因景色与浙江奉化溪口镇相似，蒋介石父子生前常在此居住、办公，接待客人。现已成为蒋氏陵寝。1958年11月蒋介石在这里召见张学良。

赵一荻：出去吃吃饭还可以，逛百货公司什么的。

张学良：买东西也可以，要去没人管。

赵一荻：那谁晓得管不管。

访　者：那会你看书什么的，你这有什么报纸什么杂志的？

赵一荻：他们给买，不过禁止的东西不给买。

访　者：那禁止的东西，普通人什么人都买不了了。

访　者：您说六十大寿之后又是一个转折点，一直到九十，咱们可以这么说，您给说说六十大寿是谁给办的。

赵一荻：就是经国给办的。

访　者：你给我们说说，他怎么忽然想起要办了。

张学良：就是他们来吃饭。

赵一荻：六十岁时那个谁啊，有董显光夫妇、……夫妇、郝柏村夫妇、蒋经国的太太啊。

访　者：蒋方良。

赵一荻：蒋方良，还有那个谁啊，赵君玉啊，王新衡啊。

张学良：就是经国在这吃饭。我对这事脑子里一点没有。

访　者：这六十大寿报纸上有没有登。

赵一荻：不晓得，报纸上有没有登？

张学良：我不晓得。

访　者：不像九十大寿那么[隆重]。

张学良：七十、八十……

访　者：对了，你说七十八十，七十大寿是谁办的？

赵一荻：七十八十在哪办的，七十不是在这吗？

张学良：反正年年过生日。在哪过的我都忘了。

赵一荻：你过生日都是王新衡请客。

访　者：每年都是他请客，今年也是他请？喔，今年他故去了，他的小孩也请？

赵一荻：他的儿子也常请我们吃饭。每年他过生日都是王新衡请客。

张学良：我们从前有规矩的，谁请客。

赵一荻：我们就有一个六人小组嘛。

访　者：什么叫六人小组啊？

赵一荻：就是六十岁以后了，那时候王新衡和张群夫妇等，我们俩，六个人啊，就是六人小组啊。我们一个月就吃一次嘛，转转会嘛。有在他们家吃，有在我们家吃，有时在王新衡家吃。

访　者：那就不是过生日的时候，转转会。

赵一荻：每个月都……

张学良：每个礼拜。

赵一荻：没有每个礼拜，每个月，反正相当的时候啦。

访　者：六家，一年转两次。

赵一荻：后来张大千来了，他也参加。我们平常不大和张大千来往。

张学良：谁？

赵一荻：张大千。

张学良：后来张大千也参加。

赵一荻：我们平常不怎么和他来往。他家里头很复杂，人很多，我们不常去。他们家什么唱戏的，什么乱七八糟的。

访　者：张大千啊？他不只是画家？

赵一荻：画家也捧戏子么。

访　者：喔，对，郭小庄①么，听说是。

张学良：郭小庄起来，就是张大千[捧]起来的。

赵一荻：给她画那件衣服么，张大千。

张学良：给她画的那件衣服。那件衣服的画值老钱了。

访　者：才子佳人啊。（笑）那你这个转转会，我听了这个 idea，将来我们也可抄下。很好的主意。

赵一荻：是张群发明的转转会。（张学良：嗯？）是张群说出来的转转会。

张学良：叫六人小组。

访　者：每一家摊上四次，一个月一次。

赵一荻：没统计过，见见面。

访　者：这倒是个很好的主意，将来我们回去，我们在纽约，也可以要几个朋友……除了吃饭，你们还干吗？

赵一荻：就是闲聊啊。

张学良：聊聊天，扯扯淡，喝喝酒啊，我们也不打牌，那时候。

---

① 郭小庄，台湾京剧女演员。台湾台北人。1966 年毕业于台湾空军大鹏剧校。工青衣兼擅刀马旦。画家张大千曾为郭绘制一件荷花旗袍，并在张支持下组织"雅音小集"剧团，打出"新派京剧"旗号，在台湾剧坛轰动一时。

访　者：这也无形中把这些好朋友都维系住。

张学良：是是。也不下馆子，都在家里吃。

访　者：在家里吃。

赵一荻：都是自己烧几个菜。

访　者：这也是个……

张学良：很好的，朋友的方式。

访　者／赵一荻：是啊。

张学良：烧点菜，扯扯淡。

访　者：您大概是经常照照相，您不是很喜欢照相吗？

赵一荻：从前不喜欢照相，喜欢钓鱼。搬到这儿来就照相了。

8. 我养兰花不是看花是看叶

访　者：您给我们说说你的嗜好，关于钓鱼和养兰花什么的。

张学良：现在不钓了。

赵一荻：养兰花、钓鱼。

张学良：后来养兰花了，我养兰花，没有不精神的。

赵一荻：他也看不清楚，那兰花。那天他生气了，把花都剪掉了。

访　者：你那天生气了，你把花都剪了？

张学良：哪？

赵一荻：剪叶子剪错了。

张学良：剪叶子，眼睛看不见，就在那剪剪叶、修修花，把花剪掉了。

访　者：这是哪天？

张学良：是哪天，我也忘了。

赵一荻：前两三个月。

张学良：眼睛看不见，我想把那个花修修，结果花没了，小林也在。

访　者：喔，小林也在，听说你这个养兰花有很大的规模，相当地循规蹈矩的。

张学良：嗯？

访　者：你养兰花啊，外面说你规模蛮大的。

张学良：蛮大，是。我养兰花，我不是养兰花。

访　者：那你是养什么？

张学良：是养兰花的叶子。

访　者：那怎么讲啊，养兰花我都不太懂，你还养兰花的叶子。

张学良：不是看花，是看叶子。

访　者：养兰花是看叶子？你特别是不？

张学良：不是我特别。

访　者：喔，真是这样？

张学良：你看日本，有一盆兰花，你知道多少？（估计伸出一只手）

访　者：这个数。五万？五十万？五百万？哎呀。我真是想也想不到。

张学良：我现在还有那种花，那时候我有一盆花，有人说出台币给我三十万，后来我有朋友说不要卖给他，他是要买你那花去做宣传去。买一芽啊，给我三十万。

访　者：那这个相当费精神了，养兰花。

张学良：养兰花不是随便养的。那个教我养花的人现在死了。他说，你要把花养好啊，够养兰花的资格那就和当了博士一样。

访　者：我想比博士还要，现在咱们教育的博士……

张学良：反正我就简单说下，那太多了，浇水、浇肥、晒它……

访　者：那么这些事你在读那神学之前还是之后啊，还是同时进行的？

张学良：我也说不上来。

访　者：那就是说你要养兰花的话，你整天的精神就要放在上面？

赵一荻：用不着，兰花用不着。

张学良：用不着。

赵一荻：就是换盆的时候麻烦，平常也就……

张学良：换盆的时候……后来我也不那么养了。

访　者：你们的花有没有拿出去展览过？

张学良：我才不去展览啊。

访　者：那你心目中有没有一两种或者一两个您认为最值得你骄傲的，或者你养的最好的？

张学良：我也不能说我养得最好，现在我还有几盆花要是在台湾数得上的。我有几盆兰花，兰花开红的花，那叫桃机（音译）。

访　者：叫什么，桃是桃子的桃，机呢？（张学良：就是这种）喔，好漂亮呀。

张学良：还有一种比它大的，叫什么名字，我现在都忘了。

访　者：这是你自个取的名字？

张学良：不不。

访　者：原有的。

赵一荻：那个机什么的就是日本人起的名字。

张学良：还有一个比它还贵，现在想不起来了。

访　者：现在在美国，他们最有名的就是养月季花，就是 rose，玫瑰。

赵一荻：哎呀，我们过去养了多少样玫瑰？

访　者：现在呢？

赵一荻/张学良：都死了。

访　者：我为什么提这养玫瑰呢？

张学良：不好养。

访　者：不好养，而且它，比如某个人养，配种，配出一个新的种来，他们就把它⋯⋯

张学良：那更厉害了。

赵一荻：那配种是另外一回事了。

张学良：就是普通玫瑰养也不好养，玫瑰你还得剪下。

访　者：对。

张学良：你什么时候剪，我原来养好多玫瑰。

访　者：我为什么提这个呢，就是说，他们养玫瑰的，都想自个能够有配的，然后全国竞选，选好了，你这就是今年这个得奖的，叫什么，像有 Barbara。现在布什的太太就有一朵玫瑰叫 Barbara，当然她不是自己培的，是别人培了送给她的。

张学良：中国、台湾凡是出了名了，就是把它送人。

访　者：所以我就是说兰花不是叫作美龄兰吗？

张学良：那美龄兰不是兰花，是玫瑰。

访　者：喔，玫瑰也有，我们都知道有美龄兰，所以⋯⋯

张学良：那不是中国的兰花，那是洋兰花。

访　者：喔，是洋兰花，所以你没有⋯⋯

张学良：我不喜欢洋兰花。

访　者：你不喜欢洋兰花，所以你没有配一个种？特别的种？

赵一荻：那是另外的学问了。

张学良：嗯？

赵一荻：那让它变种，那是一种学问了，那不行。

访　者：那外边都说您喜欢钓鱼，实际上您还也喜欢养月季花。你说月季花就是玫瑰花吗，roses？那roses是您（指赵一荻）的？

赵一荻：我什么都不养。

访　者：那也是你（指张学良）弄的？

张学良：我什么都干。

9. 钓小鱼走，钓大鱼守

访　者：那您给我们说说钓鱼，这也是众所周知的，有人就跟外边人说"你们没去过张府上，我去过，他家里啊，摆满了鱼竿"。弄得我回去，就有人问我"你瞧见张先生鱼竿没有？"

赵一荻：谁问的？

访　者：就是《世界日报》的一个记者。是一个姓魏的一个记者，是你跟他说你喜欢钓鱼，你有好多鱼竿，结果他说，"你去了没，你有没有看到鱼竿？"

张学良：鱼竿，我的鱼竿很讲究的，都是大家送的，我的鱼竿最讲究的，是比利时勃朗宁厂做的。

访　者：比利时？

张学良：比利时做勃朗宁①枪的。

访　者：喔，做枪的地方做的。

张学良：又轻又好。

访　者：你还收藏什么？

张学良：我鱼竿多得多了，鱼竿差不多要锈了，还得擦油。

访　者：还得擦油啊？

张学良：它是铁的。鱼线大概都烂了。

访　者：你差不多有多久没钓鱼了？

张学良：好久没钓鱼了。

赵一荻：十几年了。

访　者：十几年了。那你这鱼竿是……

张学良：这老先生她不愿意让我钓。我在池塘钓鱼我不愿意钓，我要上海上

---

① 勃朗宁，美国著名的轻武器设计师。一生中设计研制各种枪支37种。其中M1911半自动手枪，自1911年成为美军制式手枪后，直到1986年才退役，创下了手枪服役时间最长的纪录。

钓鱼她怕把我淹死。

访　者：那上海上去钓鱼，是危险。

张学良：我不愿意钓这个鱼，在池塘钓鱼没意思。

访　者：没意思。河呢？

张学良：河里没有，现在，我那个时候经常在河里钓鱼，现在河里都没有鱼了。

访　者：污染的关系，那现在唯一能钓鱼就是海边了。

张学良：只能弄到海里去。

访　者：其实你钓鱼可以写个钓鱼经了。

张学良：钓鱼这个玩意儿，是我在湖南的时候跟一个老头学的。

访　者：那你现在还回忆得起当初从湖南跟哪个老头学钓鱼，到你现在停止钓鱼为止，你这中间记忆最深刻的是？

张学良：那会大家都钓鱼。

访　者：您（指赵一荻）也钓鱼啊？那你要不喜欢吃鱼，钓鱼干什么？

张学良：钓给人家吃……那我们钓鱼，把小鱼贴得满墙。

访　者：怎么讲？

张学良：他们把那个小鱼贴在墙上，干了就做成鱼干，送给人家，我们一来就拿走。

访　者：喔……你说这个第一有很多学问，有哲学，第二你有这么多年钓鱼的经验，你给我们说说你这个钓鱼你印象最深的是什么？

张学良：钓鱼啊，钓小鱼走，钓小鱼啊，你要在河边走，钓大鱼要守。

访　者：喔，小鱼要走，大鱼要守，坐在那等？

张学良：我就跟你说，我个人的经验好几回，你往那一坐下，你就得当那么回事，就像做事一样，你刚坐下，你就跑了，白来了一天，你先没来鱼，鱼又来了，你又跑了，白来了一天。像做事一样，你干那事你就得……你不能想着……

访　者：假如说你把那个鱼食扔进去了，你疏忽了，那鱼就钓不来了怎么办？

张学良：那就没有了，完了……那时我还有个开心的事。我有一个当差的他姓杜，那时候他钓了一条大鱼。这条鱼有多大呀？那鱼大得，那鱼我没看见，但是钓上来，鱼脑袋上来，那个鱼嘴巴我看见，我想那条鱼至少有十几二十斤……

访　者：你钓的鱼最大的具体有多大？

张学良：我在那个加什么江边钓鱼，我最喜欢在那儿钓鱼了，我在船上钓，最后差点没有掉到江里去。

访　　者：那怎么回事？

张学良：因为钓鱼的时候，她在船上坐着，差点掉下去。

访　　者：（笑）

张学良：不过她会水。

访　　者：你在台湾钓鱼，你有什么最深刻的印象的？

张学良：台湾没什么啊，我原来最先开始的时候，我还站在河边钓，那时还有鱼，那时候鱼已经不好了，怎么不好呢，那个河底都是塑胶袋。

访　　者：哎呀，就是那个plastic（塑料），是吧？

张学良：常常是那个塑料袋都在钓鱼竿上。

访　　者：那就没意思了，不过你这要一出去钓鱼的话，也得一坐大半天。

张学良：我很喜欢钓鱼，那个她不让我上海里去钓鱼。那个台湾的钓鱼会会长。我上他那去去买鱼竿才认识的。人很好，他钓鱼是得过奖的，他钓过九斤，九斤多的鱼，鲈鱼。台湾人管它叫鲈鱼，后来我们俩要钓鱼去，可是一看太太不吱声了。我吓得就没敢去。后来那个人自己去，就叫浪给打到海里去了。

访　　者：多危险！幸亏太太拦着你点。

张学良：是啊。

访　　者：你这养兰花、钓鱼，你还有什么其他嗜好？

张学良：照相啊，她说我跟我儿子一样，不是为了照相，有照相机就买，不是为了照相。

访　　者：您这最得意的、最宝贝的照相机？

张学良：多了。

访　　者：你现在都想不起来了是什么了。……那您买了照相机又不怎么照相，那你拿它干什么呢？

张学良：你问她。

赵一荻：买了就搁那儿。Collector（收藏家）。

张学良：他们就说我和我儿子是……

赵一荻：杂志上一出哪个新照相机他就买，买了也不用。

访　　者：那您是把它摆起来还是？

张学良：我那，扔得到处……那多了。

访　　者：那您要不收拾时间长了落尘土了，那不就坏了？

赵一荻：那还不得都我管哪。

张学良：她骂我，说我跟我那儿子，一样。

赵一荻：不管，坏就坏了。

访　　者：那不很可惜。

张学良：她说我和我儿子没照出一张好的照片。（笑）

访　　者：真的没照好的相片，不会吧？

张学良：真的。

赵一荻：我喜欢照。

访　　者：那不正好嘛，少帅买相机，你就照好了。

赵一荻：我从来都是捡他破照相机，我从来不特别花钱买照相机。

张学良：我现在还惦记着有新的照相机，我要去看啊。

赵一荻：那个谁，大概搬走。就是你买照相机那家叫什么昌，已经搬走了，那个地方改了。

张学良：我是买那个奥林帕斯。

赵一荻：奥林帕斯就是恒昌，就在转角那家，那家关了，转角改了另外一个铺子。

10. 我预言将来美国一定是罗马，快完了

访　　者：那我请教一个问题了，为什么你喜欢奥林帕斯，你不喜欢其他的？……

访　　者：它不管多轻巧的东西，它都可以……

赵一荻：你知道什么道理？

访　　者：您说。

赵一荻：美国人根本就不负责。日本人呐！每个工人，每个工程师人家都负责。我做这样就要做得好。美国人就是，反正我做了就是了。

访　　者：日本的工人有一种他认为他做的工作好坏跟这个公司的名誉有关。

张学良：比这评价还厉害，与日本民族有关。

赵一荻：与他的训练有关系。

访　　者：美国人就是说，我拿薪水。

张学良：我预言，将来美国一定是罗马，罗马帝国，就快完了。

访　者：现在已经开始走下坡路了，好多地方都是百孔千疮。政治上面，什么什么的都是。

赵一荻：那天看可惨了。来最有名的斯坦福大学①，学校请了钱，他自己个儿去修公事房，自己买个船，享福去了。

访　者：Stanford（斯坦福）不是很有名的大学吗，美国像它那样一流的大学有几个。Stanford 大学到现在仍然是很好的。但学校里为什么越来越有钱。就是因为它老跟政府要钱，要研究费，各种不同的研究金。它如果需要一万，它就能要十万，当然政府也不怎么查，因为信得过的大学，要多少就给多少。这也是政府不对，因为给钱时不仔细，养成他们一种，我现在多跟您要点，反正你也没事。越来越，跟养一个孩子一样，给他一块钱，他花了，你没问，明儿跟你要两块钱，再跟你要三块钱。所以，到什么程度，忽然间，两年前查出来了。斯坦福的账，它跟政府应该要多少钱的研究计划，它都加上好几倍，它说生活指数高了。理由多得很，都是冠冕堂皇。但是后来怎么了，发现校长，他自己有一个 yard，一个私人的游艇。他说，因为我做校长，要照顾来访问我的贵宾。然后他有一个官邸，官邸里有一些布置，其中有一两幅，那你不要，一幅就够了，那是举世知名的画，值几百万，几百万的画，这钱是哪儿出的？都是学校里出的。后来有人告了，所以他们就查，一查从这两线索就查出来了。这里面贪污的情况就不只是这一张画和游艇了。于是，这个校长 Kennedy（音）就不能再继续了。也不是辞职，他只好不再连选连任了。他这影响相当大，为什么呢？其他大学，像我们哥伦比亚大学、麻省理工学院②、耶鲁大学③，都从政府拿过钱，都是这种方式。因为我已经做得蛮有声誉的，所以每个学校都把它的预算扩大。于是去年麻省理工学院很乖，人家政府还没查它，马上就拿了一笔钱还给政府了。换句话说就是说，你别查我了，我们这个估计错误，多要了你钱，送回来了。像这几个大学，学校教育仍然是一流的。

---

① 斯坦福大学，始建于 1885 年。美国加州铁路大王、加州州长利兰·斯坦福为纪念他死去的儿子，建造了这所大学。校址位于美国加利福尼亚州斯坦福市。
② 麻省理工学院，美国一所以培养高级科技人才和管理人才为主的综合性私立大学。1861 年创建于马萨诸塞州剑桥。至 2007 年，先后有 78 位诺贝尔奖得主曾在麻省理工学院学习或工作。
③ 耶鲁大学，坐落于美国康涅狄格州纽黑文市，始创于 1701 年，以盛产政治家闻名。在美国历史上，有 5 位总统毕业于耶鲁。1987—2007 年，有将近 4000 名中国访问学者和学生在耶鲁学习。

赵一荻：斯文扫地。

访　者：是啊，斯文扫地，夫人这样讲。前两天不是说加利福尼亚政府发不出薪水来吗，每人，我该你多少钱，这不是跟北京政府一样！真是很可怜。最近又在吵很多乱七八糟的事。

张学良：我认识一个人，姓王，叫王什么。他自己是在做事情，在 New York，后来他自己到 New York 的市政府里，好像财政处去做事，他自告奋勇去做，到那里给改善它的财务，不是发不出薪水啊。结果，他不干了，他退了，他说我得罪了好多人。他自己跟我说的，钱都进了腰包了。他根本有钱，可是我要一整顿呢，看情况不对，我一个月就退了。我赶快回来还干我的。所以这大家恨死我了。

访　者：所以有人说跟癌症，就跟得了癌症似的，蔓延到各个地方，而且都是大人物。所以你别动〔手术〕，你一动的话，整个就垮了。前两天不是说布希〔什〕总统，他的儿子贪污，这都是很可能的。

张学良：那个姓王的他说，我不能再干，再干以后我自己的事情都不能做。

访　者：我记得，您在您的自述里说，你认为是很贤德的人不能被政府运用。你记得，你自己给蒋先生的信，你认为贤德的人反而在政府范围之外，那时咱们的政府里边大概也是腐败得很，所以这些人进不去。

张学良：不但进不去，政府不能用，人家也不干。派是政府派。积重难返啊。换句话，我跟你说，我记得我看过小说叫三言。这里有一段话，很有意思。他这个铺子做生意，用了两个用人，后来用了第三那个人。后来这个人就告诉老板，"你那两人在那儿搞鬼。"他老板明天叫他："我给你辞掉。你说的话我知道，他说可我没这两个人，我生意没法做。"

访　者：喔，就有很多这种情况。

张先生：所以它这个就是小说呀，它这个意思就是表示有好多事情没法子。你要为你这件事，你就得用这两个人。这里头的这种循环，您想把政治上弄好，你就垮蛋了，没有了，连你自己都没有。没法。所以换句话说，老板说，我知道，可是我用他们两个，不用你，因为什么，你做不了生意，他赚我的钱，我也能赚钱。

访　者：所以这也影射政府里边也差不多。

张学良：政府里也是这样，你做什么事情，没法子，没办法。有的事情，好像谁一干这件事，他也知道没法子。就像从前我在，我知道大家都穷，可怜他。他克扣我们的伙食，他是在那儿闹鬼。但是，他不闹鬼，他就不能活了。

访　者：所以咱们有句土话，睁一眼，闭一眼。只要大局能维系，很多地方……

11. 丢了东北，一言难尽

张学良：是真的。打完仗回奉天了。蒋先生到中央要改编军队找我。蒋先生说，你在奉天沈阳时，你怎么能把你那些军队牵制住。我笑了笑这个情形不同了，我回奉天。解决我的部下，我自个儿把我的家产拿出一大笔。我这句话说的意思是什么意思。你要想做的这件事情，你总得替别人想，你不替人想。换句话，简单的话，我现在不做事，做事就不好讲。

赵一荻：《圣经》上就有，你要人怎么待你，你就怎么待人。

张学良：那是另外一件事。我说，人家跟你干什么！

访　者：我就在想，你从一开始到西安啊，您比如说，您到了西安，那时你才三十六岁。从开始到西安，三十六岁以前，您所负的这些个思想、精神负担相当复杂，相当大。

张学良：我可以说我自己可以随随便便处置。后来，我就不能随随便便处置。

访　者：所谓不能随随便便处置，就是您都要顾虑到。

张学良：是，都得顾虑到。比如说，简单地说，我说这话，你看见很可笑，我枪毙一个人，完了我还得拿多少钱，我给他家拿去。

访　者：您大概心里……

张学良：那不然是……他死了。

赵一荻：谁可以做得到，他有钱，他有势可以做得到。

访　者：到西安之后，你没地盘了。大概就是……

赵一荻：没有势了，你的话也不好使了，人家不听您的。

张学良：我也没有那个力量，我连自己都没办法了，我还能做什么。

访　者：那压得好重啊！

张学良：当然，我也一言难尽。

赵一荻：一言难尽。

访　者：是，想象您三十六岁。现在政府的青年，像马英九①……四十多岁，也没这么大的担子。

赵一荻：人家也有人家的魄力，有人家的长处。现在年轻的四十岁的。

张学良：比如说，我二十八岁那时，我要做什么就做什么。也从来没什么智囊团，我就自己想了一想，顶多有一两个人，两个人都没有，一个人能跟我谈谈话［的都没有］。完全是我个人的决定，我有钱，我有势力。我给你说一件小事，东北大学，那时我当校长，东北大学里闹点小风潮，闹什么风潮呢？罢课。教职员闹风潮，你不管了，我后来到学校去，我跟他们讲，我说，我这个校长，也不是运动来的，是你们把我请来的。我现在，消极地说，我可以不干的。你们闹风潮，别忘了我，我现在是地方官，我可以使用我的权力，把东北大学解散了。因为东北大学是省政府办的。第二样我还有，我是地方最高军事首长，你再闹我可以派军队来。我可以使用好多的权力，我现在跟你们客气，我才说这话，我要使用，我一步一步都可以使用。你闹吧，你要怎么办？

访　者：我想他们大概该乖乖的。

赵一荻：他有权、势。你没有钱，没有权。

张学良：没权，那你说出，你吓唬人可以。我真拿得出来。到最后我还有权力，我可以使用军队来把你学校包围。所以说话，你真得有这个力量。

访　者：也就是说，这个包袱，还不是包袱，在东北是个责任，因为老师故去之后，突然间来了这么大的责任，也是相当……到西安之后，就更困难了。

张学良：那不，东北一丢，我就没法子了，困难了。

访　者：那您在北京时还可以。

张学良：也不成。

赵一荻：地盘没有了，东西都丢了。

---

①　马英九，湖南衡山人，1950年生于香港。1972年台湾大学法律系毕业后赴美留学，获美国哈佛大学法学博士学位。1982年，任蒋经国英语翻译。1984年后，先后任国民党中央副秘书长、台湾"法务部"部长、台北市市长、中国国民党主席等职。2008年和2012年当选台湾地区领导人。时任"行政院大陆委员会"副主任委员。

访　　者：河北那几省不能算？

张学良：那当然不能算。

赵一荻：那不是你的呀。

张学良：你说我巧辩，我不是开玩笑。我真要派出军队，他立刻就完了。要是军队出来，那我现在？后来……有没有。我可以说调一万两万兵那算不了什么。

访　　者：而且，那时东北军，训练和设备。

张学良：那不管了，军队一出来就厉害了。

访　　者：那要这样说起来，您到了南京，溪口，无形中把包袱给您拿走了。

张学良：无形中就轻松得多了。

访　　者：后来，那您从溪口就逃难了，跟大家一样，抵抗［日本侵略］，一直逃到胜利。

赵一荻：1945年。

访　　者：1945，等于跟我们躲日本一样，不过，您比我们好一点，有前拥后护的。我们那个时候还好，我们一直在北京。

张学良：现在我想想，上帝安排。我给蒋先生写过两三封信，我当营长、团长都愿意，跟日本打。他也没答应。

赵一荻：根本打不赢，去打就打死。你当然得打胜，打不胜就得殉职。

张学良：我要打仗就不是这么打。

访　　者：那也不见得殉职了吧？

赵一荻：不殉职怎样，你让人给你补给，人不给你补给，你又白死。

访　　者：假如说，那会儿抗战让您去的话，也是带他的兵，不是带您的兵。

张学良：我的兵也完了，散开了。

访　　者：那他不会不给军饷吧？

赵一荻：不是不给军饷，那就是打死拉倒。

张学良：打死拉倒，打仗也是［死了拉倒］。

访　　者：那要一从军，就是说［准备死］。

张学良：那，良心话，我们打不过，那差得太多了，说实在的。

赵一荻：你自己的军队，还好点，听你的。连共产党都打不过，还说打日本！

访　　者：那也就是，如果那会让您从军让你去了的话，必死无疑了。

张学良：我愿牺牲就是了。

访　　者：那牺牲太没意义了。

赵一荻：不能那样讲，抗日嘛。

访　者：那不大才小用了。

赵一荻：那不能那样讲。你说这话，就是一般人了。

访　者：我当然是一般人了。

张学良：换句话，倒霉的事你就不干？搁嘴那么说，你自己个儿就得那么干。

访　者：对，得言行一致。

张学良：不是言行一致，你说的话，你鼓动人家去干。我给你说一段小故事。这人叫什么，我到上海，报纸上也登我到上海，上海有个那时叫作五卅惨案①，他说，你来了，你为什么不往租界里打。那人叫徐谦，后来他说，你没胆子。我说，徐谦，你再说我敢揍你。你敢揍我！看咱俩儿谁有胆子。你说要我上租界打，好，我上租界打，你在头上领着。他说，我不是军人。我说，好了，这不就算了，你就光靠嘴说啊！我说，你再说，我敢揍你。他就不吱声了就。

访　者：不能尽说不练。

12. 要紧的是奋发图强

张学良：鼓动么，煽动人。那时学生，我带着兵，我说，行，我不在乎，我跟学生召集人讲。后来学生被我说服了。我就跟他们讲，我问他们几句话，你们都是当年的义和团，你们都在骂中国的义和团。对不对。你们都骂他们（指义和团）。我不骂，他们是爱国的，他们幼稚，不知世界大事，不知厉害。你们现在搞的事儿是不是义和团。你们有什么？你们这么搞，将来的结果是什么？能得什么，不过大家吵吵，发发气。真正解决这件事能做点什么。我们现在要看看自己的力量，我们看看我们的国家，我们看看世界的形势，我们到底能做什么。我们应该脚踏实地好好想想，我们不是没知识的人，你们都是学生。你们是不是要当义和团呢，你们还是真正要作为国家的事。

---

① 五卅惨案，1925年5月30日英国巡捕在上海枪杀中国民众的事件。5月15日，日本纱厂老板打死工人顾正红，激起上海民众的愤怒。5月30日，上海学生在租界内声援工人斗争，被英国军警逮捕百余人。近万群众在巡捕房前，要求释放被捕群众，英国巡捕开枪杀害群众十余人，伤无数，造成"五卅惨案"。

访　者：对，你这问得对，后来他们怎么说？

张学良：我把他们说服了。我说你们这样游行，闹有什么好处？真正游行，不过处分，能够达到什么目的。咱们现在要紧的是奋发图强，咱们真正强了，咱们怕谁。你不强，光吹闹有什么用？是，他们不对，这种帝国主义来侵略我们，不对。可是我们搞什么来反抗，我们要反抗，那我们真正要拼命，可以，谁去拼？大家跟不跟你拼。

访　者：嚷嚷的人多，行动的人少。

张学良：我这个人说话，要紧的是，不要说虚伪的话。你要是真情真意地说话，人家也不是不听。我公开地谈，我带着兵，你们要见我，谁见我都可以。我说我这岁数，我自个也就是个学生。不过我执行这个职务，我不能［让你们那样做］。所以那时候他们对我，大家对我都很［信服］。

访　者：学生对您的一言一行都是非常尊敬，很佩服。

张学良：说实话，我能做到的我告诉我能做，我做不到的，咱们政府也做不到的，事实做不到，你说做到，那能做到吗，就是做到，我进租界我开几枪，打几枪。我有好处？还是有坏处？

访　者：所得是什么？

张学良：有什么用？我要出风头我也会这么出风头。那有什么意思？就像我跟汪精卫两个吵嘴，我跟汪精卫也是认真的。他说，我在山海关，你要不打，你要不动弹一下［政府就被动］。我说政府有什么准备没有？他说，你要不这么动一下政治上就完蛋了。我说，我拿我的部下［生命］去换你的政治地位啊？我不干！我要让我部下打，我要告诉他们说给汪精卫换政治地位，我能这么说吗？

访　者：你说的是实话，他们整的是手腕。所以你这个一个是真的，一个是手腕，老也对不到一块儿。

张学良：所以一个人，我这个人不说假话，说实话就得罪人。

13. 东北不丢不会信上帝

访　者：三人里头就是一个说实话的，一个说假话的，你看过那个小说啊，三人啊，这个话又说回来了。你这个是，你一直说，无话不可对人言，倒是把学生的心都抓来了。所以我也就在想，抗战您也在逃难，跟我们一样逃日本，您那时心情怎样？

张学良：那当然难过得很，我个人也没办法，我又不能去打，要去打，他也不让，我到现在都不明白这段典故，蒋先生也不在了，我不知道蒋先生他为什么不让我去。

访　者：我们以普通人，给您猜一猜好不好？

张学良：怕我被打死。

赵一荻：有句话，我不杀伯仁，伯仁却为我而死①。

张学良：不杀伯仁，伯仁为我而死。

访　者：我想不一定，因为什么，我们的想法是。

赵一荻：人家说他送死去了。

张学良：也不一定，也不一定，这里有很多的理由，蒋先生也许是爱护我。

赵一荻：也许说他借刀杀人。

访　者：这也是很可能的，蒋先生爱护您。但是我们这普通人，这不成正论，也许不着边。我对蒋先生的了解跟您差一万八千里。可是我们多多少少受美国人的介绍，美国人批评蒋先生［说他］不好。我们的想法，因为他心底很狭窄，所以他不肯让您出去。万一您出来之后，不管是为国尽忠了，殉难了，那是或然率②之一。如果您打的仗，像您这样有号召力，而且真是三人一样，真真实实地要去抗战。你要成功了，怎么办。你一天没被战死，对他来说就是一天的危害。我们普通人啊也不认识蒋先生，也不认识蒋夫人，我们相隔一万八千里，我的这个思想可能有多一半都受外国人对他的批评。

张学良：这不敢说，这是猜度。

访　者：是啊，我这猜度大概也是不学无术的猜度。

张学良：我现在说，都不这样说。我说，这都是上帝安排的。

访　者：上帝的安排，我就一直记起您说东北包袱的问题。倒也不错，因为

---

① "我不杀伯仁，伯仁却为我而死"，典出《晋书·周𫖮传》。周𫖮，字伯仁。晋元帝时大臣。与王导同朝共事。公元322年，王导堂兄王敦起兵进攻京师，王导受牵连，在宫外待罪。周伯仁进宫，王导请其在元帝面前为自己辩护。周表面不加理睬，入宫后积极为王导开罪。王导不知其情，怀恨在心。不久，王敦执掌大权，询问王导要不要杀掉周伯仁，王导一言不发，导致周伯仁被杀。后来王导从文库中发现了周伯仁的奏折，才恍然大悟："我不杀伯仁，伯仁因我而死，幽冥之中，负此良友！"后因以"伯仁"代称亡友。

② 或然率，概率的旧称。

您提过负责东北父老和东北军。倒也不错,尤其是您到了台湾了,大陆失守了,罪不在您。而现在整个东北瓦解,这个问题倒解决了。

张学良：现在东北很好。现在大陆很好。

访　者：现在大陆不分东北了吗？

张学良：东北地域还在,那不是分不分。

访　者：所谓东北军是否分开？

张学良：没有了。

访　者：换句话说,那你这个包袱没有了,您可以想更大一点。

张学良：什么？

赵一荻：现在可以和上帝工作了,我。东北不丢,不会信上帝,不会跟上帝工作。这是上帝的安排。

访　者：这也是一个很大的可能性。

赵一荻：这不是可能性,这是上帝的绝对性,他要怎么办就怎么办。人总不能跟上帝争。

访　者：来台湾之后,一方面是在政治上,一方面是因为大陆失守,那会又是碰巧夫人来希望您读这个《圣经》,整个把您的过去,你过去从小时候,您说人家走两步,您走一步的心志,一直到读神学,又是我们普通人的想法,您都在想尽办法做一件事情,本着您的本性来做事情,到这您学神学之后您才知道,您做的事原来有另外的老天爷（笑）上帝来安排。

赵一荻：上帝有安排,不用你自己安排。

张学良：不是自己安排,现在我承认,人,谁的事情都是［上帝的安排］。

赵一荻：千计百算不如天算,你算什么呢？你自己计划计划白计划。

访　者：对,对,那倒是。这样说,如果真是从头到尾,把老帅的也都这一套东西,不是,只是说,您从东北易帜,从1928年老帅奉直战争开始,和您在军事上、政治上有多少贡献,我倒是觉得好像冥冥中的确是,照您说,有决定性的。你这,这一段生活有着不同的阶梯的演变。的确可以说是,不应该只说是《张学良将军传》。您的这一生是上帝的旨意。您有这种感觉吗？

张学良：我们,不单是我啊,谁还不都是上帝安排,哪一个人都是。

赵一荻：前两年,您有没有想到台湾来,口述历史啊？

访　者：哈哈,没有,没有,我两年前没想到口述历史。

张学良：人的事，都是上帝安排的。

访　者：不过，他给您的安排有特殊性。

张学良：也不能那么讲。那么讲就错了。上帝对每个人都有安排，我们的说法是，上帝是窑匠，我们都是泥巴，他每个泥巴要怎么做，他怎么捏就是了。那个泥巴就由窑匠捏就是了。

访　者：那倒是。另外，你能不能给我讲下，您第一次见到 Howard（即霍华德），两人都谈了些什么，除去叙一叙旧日的情谊之外。

张学良：不是，不是，我认识 Howard 在大陆。你说这个就是……

访　者：在台湾再见时。

张学良：再见时是在蒋夫人的官邸里。他要见我，后来蒋夫人叫人来接我去，叙叙旧，他也好说笑话。他问我什么时候到美国去，说，快来吧，再不来我要完蛋了。要死了。

访　者：如果要是美国人做的新闻界，尤其是他这样的新闻巨子，因为他确实是在学术上、新闻上有相当地位，他一定想知道，他在奉天见过您，隔这么多年，经这么多风波，他没问您。

张学良：这个人很懂得事情，他不乱写东西，所以他告诉他的记者，你要发表他的新闻，你一定要给我看。

访　者：结果呢？

张学良：他没发表，他说你不能乱发新闻啊。这个人是很懂事的，很体贴人的，他儿子不行。

访　者：他儿子不行，从1936年12月25日您送蒋先生回到南京后，您再次见到他在哪儿？溪口？

张学良：那就没有。

访　者：不是他哥哥死了吗？蒋先生长兄死了①，回去开吊②。

张学良：那是后来，在台湾见过。

访　者：在台湾以前，大陆上，您什么时候见过？

张学良：那我说不出来。我真的说不出来。

访　者：那么这次在台湾见他，是大溪了。可以说是经过差不多十几年了。

张学良：我也忘了，好多年了。

---

① 蒋介石长兄，即蒋介卿，字瑞生，号锡侯。与蒋介石同父异母。蒋介石西安被扣的消息传到奉化时，惊骇过度，中风跌倒而亡。因蒋在事变中腰部跌伤，直到1937年4月，才为其治丧出殡。

② 开吊，丧家出殡前选定日期接受亲友吊唁。

访　　者：您见到他，经过这么多年没见，而且又经过了这么多……这个人际关系也不一样了，您那个时候的心情是怎样的？

张学良：和从前一样，我这人从来是没什么。

访　　者：他是怎么样的？

张学良：他也和从前一样。

访　　者：我回去再做做笔记。你说我们能不能，下次夫人走了以后，你可以带我们去瞧瞧你的兰花。

张学良：我的兰花就在那。

访　　者：和你这个，你说你有一个很宝贝的比利时做的鱼竿。都给我们见识见识好不好？

张学良：那我得找下来，费事得很。

访　　者：你别找。

访　　者：我还有一两个小问题。您曾说，你如果是基督徒的话，你就会明白，是上帝派你来做这件事情，指做口述历史。我的问题是如果是上帝派我，我到这来是上帝的指示，可是您要是不接受的话，那他的指示也没法实行啦，对不对？所以上帝的安排是很多方面的。

张学良：当然是。

访　　者：那就是说上帝派我来，我来了，我碰到你了，那上帝也给你这样的意志，要让您接受吗？

张学良：当然，我想是那样。

访　　者：也就不能单方面。

张学良：你要讨论这个要很长时间了，讲神学了。

访　　者：这就是神学，因为我觉得这个事情实在是有道理。哪天有时间给我们讲一讲。

张学良：上帝的安排。我们，谁给上帝当参谋？

访　　者：是啊，没有人啊。

张学良：他的安排我怎知道，我们不知道。

访　　者：所以我们总是事后知道这是上帝安排。

张学良：当时你想，什么事都是你想。现在，我把生活交给上帝，交出去了，我不自己做主张，什么来了，不做准备什么应付。上帝自然给我安排了。这就是了。

访　　者：可是您接受口述历史，您自个儿也得想一想。

张学良：哪是我想的事情，用不着想，我说就是了。

访　者：那接受口述历史，不是要祷告吗？

张学良：那我用不着祷告，假如我对这个事情有问题了，我就祷告。是不是我接受这个事情。我跟你讲你那方面。比如你说你想做这个工作，你有问题的时候，想我做还是不做，就要去祷告，但是决心去做，就不要祷告了。

访　者：但是那个决心等于就是上帝的支持。您还得再给我们解释、解释。好，谢谢。

第三十一次访谈
我的父亲　婚姻家庭　求学经历

访谈者：张之丙（简称"访者"）
被访者：张学良
访问日期：1992 年 7 月 14 日

访　者：今天是 7 月 14 日，我们在张公馆继续我们的录音工作。

1. 我父亲做事跟我一样

（访者交代口述历史协议书的文本；研究用大约两周时间，对大帅进行访问的时间安排；介绍访者手中掌握的有关大帅的书：《段祺瑞张作霖合传》［民国十四年出版，作者不详］，《张作霖外传》［上中下三册，1967 年香港出版，作者郁明］，英文书麦阔迈写的《张大帅的 1911—1928》等，约 10 分钟，略）

访　者：我大概说一说，我姐姐开的大题目（20 个）都是什么，哪些是随时马上可以答的。

张学良：我什么都可以马上答。

访　者：这些都是提议，您哪些赞成，哪些不赞成，您添和减都可以。头一个，给我们谈谈东北在清末民初的特殊地位，国际上的重要性。在满清势力衰微、义和团之乱开始、日俄骚扰、革命党崛起的那个时期，东北是怎样自处的，东北情况。

张学良：这个我真是说不出来。

访　者：这个我们可以往后放一放。第二个，大帅在青年时代的绿林生涯，怎样组织的保险队，怎么从保险队成为了保安，一直到了有"关外王"之称。怎样一步一步地经营东北的。这些事情，或者以故事来讲，或者以顺序来讲，或者以事情来讲都可以。还有和张海鹏、张景惠、张作相、冯德麟①、汤玉麟结识的经过，和吴俊陞结识的经过，吴俊陞不是原来把兄弟之类的。和这些人结识的经过，您如果记得可以说说，老帅跟这些人之间关系怎么样，怎么能够把这么多大将军都维系在他的领导之下。

张学良：这是很要紧的一件事情。要紧的是什么呢？我父亲这个人呐，他本来很年轻，他的别号叫老疙瘩②，他最小。我都很奇怪，他有这个统治的能力，并且他有这个威严。我就看着，他们这些人不但非常敬他，真正地从心里敬服他，同时也怕他，真是怕他。

访　者：这照我们大概其说完之后，您就可以把每个人的故事讲一讲，这都作为首要，因为这都是张大帅所以能够控制东北。底下有一个受清招抚，保卫赵尔巽，威却蓝天蔚，刺杀张榕，这几篇是老帅经历中非常独特、特殊的。第五，天津会议③和助直攻皖④。

张学良：说不到天津会议，这个名词从哪来的？从来没有这个名词，大概从日本人哪儿来的。

访　者：天津会议帮助直隶来攻打皖系。

张学良：这也不能说帮助直隶，这很简单。

访　者：很简单，那我就注上。假如说只有十分钟、二十分钟，就把这说一说。第六个是民国九年直皖战争以后，大帅晋升为东三省巡阅使，而且征蒙之役⑤。以前您提过一点。

---

① 冯德麟，字麟阁，辽宁海城人。绿林出身，清末曾因拒俄被沙俄逮捕。民国初，任第二十八师师长、奉天军务督办等职，因与汤玉麟联合反对张作霖未果，参与张勋复辟，被免职罢官。后经张作霖斡旋，回到奉天任盛京副都统兼金州副都统等职，1924年辞官。

② 老疙瘩，东北和华北部分地区的方言，意指最小的儿子或女儿。

③ 天津会议，1917年12月，皖系军阀段祺瑞、徐树铮为对直系冯国璋及长江三督（湖北督军王占元、江西督军陈光远、江苏督军李纯）进行反击在天津举行的会议。1917年11月，被迫辞去国务总理职务的段祺瑞派遣徐树铮与曹锟、张作霖、倪嗣冲等军阀联络，鼓动政潮。经徐树铮幕后主持，12月21日，直隶督军曹锟、山东督军张怀芝以及山西、奉天、福建、安徽、浙江、陕西、黑龙江、上海、察哈尔、绥远、热河等七省三区督军、都统、护军使代表在天津孙家花园举行会议。会议的主要内容，是对南方作战和对付北方"主和派"。会议决定：（1）分两路继续进攻湖南，第一路以曹锟为主帅，由京汉路南下，通过湖北进攻湖南；（2）第二路以张怀芝为主帅，经津浦路南下，通过江西进攻湘东；（3）决定直隶、山东、安徽各出兵一万，奉天两万，山西、陕西各五千，军费由出兵各省自行负担。

④ 1920年，张作霖在直皖战争中，表面上以"和事佬"姿态出现，实际上处处偏袒直系，直奉联军参战，引起皖系极大不满。直皖战争以皖系失败告终。

⑤ 1921年2月，外蒙古在当时白俄残部的唆使下，宣布独立。5月，大总统徐世昌将征蒙的全局用兵和指挥权交给张作霖。7月征蒙奉军陆续出发，后因湘鄂事件及蒙古人民革命军在苏联支持下，成立君主立宪政府，征蒙计划宣告终止。

张学良：这个地方大概有点不同，这是谁写的？他（张作霖）原来就是巡阅使，加上叫蒙疆经略使①。这东西你查一查，蒙疆经略使。

访　者：我会查一查。第七，民国十年，第一次奉直战争②，战前会议和奉军失败的分析。第八，民国十二年，第二次奉直战争③。

张学良：民国十三年。

访　者：呃，十三年。第九，与日俄交涉棘手问题的态度与方法。说实话，俄国和日本都是非常难缠的。

张学良：这个我非常佩服他（指张作霖），在这些地方。很能够应付他们，软硬他都来。

访　者：那里头也有一些小的资料，我们提供给您。三角同盟④，大快人心。

张学良：那三角同盟是在后头了，那是民国十三年的事情了。这个也很要紧。这时候就与我有关系了⑤。以前的事我不知道。

访　者：还有就是老帅的用人。

张学良：三角同盟就是——

访　者：粤、皖、奉。

张学良：不是。⑥

访　者：孙中山、张大帅。

张学良：还有段祺瑞，主要是反对曹锟，反对曹锟当总统。

访　者：关于大帅用人的政策和态度，大的像王永江啊，刘尚清啊，杨宇霆啊，莫德惠；小的像从吴佩孚那儿俘虏来的军官学校。

张学良：那没有什么，就说这大的。

访　者：您说这算不算一个题目？

张学良：算一个题目。

访　者：还有，我们希望知道一些比较有人情味的故事，能够充分代表老帅

---

① 蒙疆经略使，北洋政府管理蒙疆地方的军政长官。1920年5月，大总统徐世昌特任东三省巡阅使张作霖兼任蒙疆经略使，负责指挥节制热河、绥远、察哈尔三个特别行政区（今河北、山西北部、辽宁西部、内蒙中部地区）都统。翌年5月裁撤。
② 指民国十一年（1922）直、奉两系之间进行的战争，这次战争以奉系失败而告终。
③ 指民国十三年（1924）直、奉两系之间进行的第二次战争，此次战争双方共投入兵力30万，奉系大获全胜。
④ 为反对直系曹锟窃取大总统职位，孙中山联合皖系卢永祥、奉系张作霖组成反直三角同盟。
⑤ 1923年10月，曹锟通过贿选当上总统，窃取北京政权，遭到北洋各派及全国的强烈反对。1924年，孙中山之子孙科、张作霖之子张学良、卢永祥之子卢筱嘉在奉天聚会，时称"三公子会议"。
⑥ 此处，张学良记忆有误。

平时的机智、豪情、威严、侠义、宽下、御军等等的故事。这是能代表大帅，您说，现在没有大帅的思想言论什么的，以这个我们可以陪衬，您说这个，我们可不可以收进来做一个题目？

张学良：你再说一遍，我没听明白。

访　者：一些故事，能够代表老帅的机智，特别的机智。您记得有一次鸿门宴去吃饭。吃饭之间，他说他去洗手换了装走回去了。他们本来有一个极大的大土匪想把老帅请去吃饭，要把老帅当场就要处置了。①

张学良：我不知道这件事情。我不知道！我后来没听说过这个故事。

访　者：这是很有名的一个故事。您知道在东北那时候大的保安队，有一个比任何其他人都大，比张景惠这些人势力都大，知道老帅拜了把子，所以就想把老帅请过去吃饭，表示我们两个保险队合作。

张学良：我没听说过，我从来没听说过，有人造假。

访　者：您听到过的，您经历过的，哪些故事足以证明老帅的机智、豪情，豪爽之情和威严？上回您给我们说的吴俊陞的故事；侠义的像汤玉麟反了又回来什么的；宽下，对部下宽大的情况；御军，怎么样管辖军人，一个个军人都是小老虎。这些故事，比如说孙传芳后来来投奔老帅，那孙传芳跟奉军打得是水深火热的（应为水火不相容），老帅怎么把他接过来。这些故事，您要想到什么情节，您经过的，您听到过的，您说要不要？

张学良：可以。

访　者：然后我们想知道老帅有什么样的外籍顾问？因为我们看到处理俄国和日本的问题之外，老帅也有意要同国际上其他的国家［交往］。［还］有没有其他外籍顾问？

张学良：没有。

访　者：书上都谈的是日本的。没有德国的、法国的？

张学良：没有，都是日本的。

访　者：俄国有吗？

张学良：也没有。

访　者：那单膀子②算什么？算雇员，不是顾问？

---

① 似指1920年张作霖在调停直皖战争中过于偏袒直系，以徐树铮为首的皖系非常不满。7月，徐树铮请张到段祺瑞团河住所，企图将其刺杀。席间张作霖察觉徐的用意，借出恭之名，逃回奉天。
② 指奉天迫击炮厂雇用的英国总工程师沙顿。

张学良：那不是顾问，沙顿（Sutton）他是做迫击炮的，不是雇员，也不是顾问。

访　者：技术人员，像单膀子那样的人，比如说您的空军啦，那里都有些外国人来。

张学良：空军有，空军与我父亲没关系，都是我做的。①

访　者：对啊，那是您的啦。那单膀子还算从他那请的，那伊雅格的父亲可以算是一个吗？

张学良：他不是顾问，是朋友。他是京奉路的段长，跟我父亲很好的朋友。

访　者：那我们只说关于日本的吧，他们是不是真的赤心报国，为老帅做事，还是做反间谍什么的。然后，我们就想，老帅在文化、经济、教育、交通、农业、渔业、工矿的建设方面，有好多是他开始的。

张学良：这些东西，大多数都跟王永江有关。不过也有他的，大多数，可以说百分之九十是王永江的。

访　者：王永江很能干，老帅要是不赞成的话，他也是［干不成的］。

张学良：那，那不行。我父亲做事跟我一样，交给他干，他连问也不问。哪件事情是你干的，他也不大打搅。这是重要的一件事。

访　者：那我们把这个题目改为，王永江如何为大帅服务好了。

张学良：他为了使用王永江，宁可和汤玉麟闹翻了。汤玉麟等于叛变了，后来他回来了，他也还是用王永江。

访　者：那这段小故事，您愿意讲一讲吗？

张学良：这可以讲，我父亲［是怎么］用人［的］。他看中了这个人，他真让他干。他用郭松龄也是一样，郭松龄是我部下，他也看中了。

2. 那时中国的势力是三巡阅使

访　者：另外一个，是不是可以把老帅和同时的那些个大军阀互相比较一下。如阎锡山、袁世凯、孙中山等。

张学良：阎锡山说不到。袁世凯在上头了。那时三个巡阅使，曹锟［是］直

---

① 1920年奉系助直倒皖，皖系败后，接收了皖系八架英国造飞机。同年，张作霖设东三省航空处，是为东北空军建立之始。1923年张学良兼任航空处总办，积极扩建东北空军，到1924年初，总计购进飞机120架，编成飞龙、飞虎、飞鹰、飞豹、飞鹏五个航空兵队，在当时的各派军阀中，东北空军的数量和质量、航空规模设施都处于国内领先地位。

鲁豫巡阅使，两湖巡阅使［是］王占元，我父亲是东三省巡阅使。那时中国的势力是三巡阅使。

访　者：三个巡阅使。可是后来前头两个，曹锟和王占元好像无声无息了。

张学良：不，不，不。王占元慢慢地势力下来了，叫吴佩孚把他……后来曹锟大起来，当总统。后来关内势力差不多都在直系手里。

访　者：后来，孙中山算不算一个呢？三角同盟什么的。

张学良：三角同盟只能在南方，在北方一点势力都没有。

访　者：那也算一个军阀吧？

张学良：他不能算军阀，那是国民党的问题，他手底下的军阀陈炯明。这些人是军阀，陈炯明后来叛变了。他就是办军官学校，用蒋介石了。

访　者：后来到1927年、1928年，那就是蒋介石、阎锡山、冯玉祥了，是吧？和老帅同辈的是曹锟、王占元。下一辈的，南方变成蒋介石、冯玉祥……

张学良：两广的①，北方冯玉祥。阎锡山也算一个势力，不大，他就只统治他那一省。

访　者：关于这个题目，您要不要说一说跟大帅同时期的这三个人，分析分析他们的起末，后来起而代之的是谁，老帅那时还在吗？

张学良：我想不起来，慢慢说。

访　者：慢点说，往后一点。然后，对少帅的影响，这个题目就很广了，每谈到一个问题，您认为对您的影响，您就可以提一提。然后最主要的，我们希望知道跟段祺瑞、徐世昌、张锡銮、孙传芳的恩怨。

张学良：这个可以谈。这里头不是恩怨。有的是他（张作霖）的长官，比如张锡銮是他的长官，徐世昌②是他的长官。要紧的是赵尔巽，后来他能起来是赵尔巽的信任，是赵尔巽的提拔。所以我父亲谁的话都不能听，可是赵尔巽说他，他听。他很怕他，不是怕他，他服从他。

访　者：不过，赵尔巽要是没有老帅，也没有赵尔巽。

张学良：不能那么说，那不能。赵尔巽弟兄两个都是总督，他的弟弟是四川

---

① 指以李宗仁、白崇禧为代表的新桂系军阀。1924年1月，国民党"一大"后，广东革命形势日益发展，广西人民也掀起了反军阀的斗争。驻在梧州一带的桂军首领李宗仁等人，接受广州革命政府的领导，并于1925年彻底击溃原桂系军阀，成为新桂系，是国民党统治时期的派系之一。

② 徐世昌，字卜五，号菊人，天津人。清光绪进士。清末任东三省第一任总督、邮传部尚书、皇族内阁协理大臣等。1914年任袁世凯政府国务卿。1918年当选为大总统，第一次直奉战争后下台。后居天津租界，以书画自娱。华北沦陷后，拒绝出任伪职。

总督①，赵尔巽是东三省总督，做过直隶总督、两湖总督。他那［时］地位很高，很高的。一个穷人啊，弟兄两人是穷读书的。

访　　者： 是吗？不是军人。

张学良： 不是军人，完全是，是进士，得［到］政府的提拔，他是清朝政府办的，所以他说［起来］算满清的。

访　　者： 那是说革命的那年，那是1909年。

张学良： 所以革命时他要死了。他是忠于满清的，他始终忠于满清。那么后来他等民国了，他还要活着……

访　　者： 关于苏联阴谋文证之获得及其经过，这在国际上是很有名的，就是苏联大使馆的事②。然后您是否可以谈几个特别的战役，比如说郭松龄，涿州这几个战役。③

张学良： 那都和我父亲的关系很小。

访　　者： 涿州之战是大帅派您去的，是不是？

张学良： 嗯？

访　　者： 涿州，跟傅作义啊。

张学良： 那时不是派我去的，那时的战争都是我。涿州可以说是我派底下人去打。那算一个小战役，很小很小的。那个战役是谁，是万福麟，是我底下不出名的，换句话，只有一师人，不是个大事。傅作义在山西，可以说阎锡山的战略并不错，他派出两师人来袭击北京。那一师人就没有用，他出来就跑回去了。傅作义是真出来了，到涿州去了。其实那个时候军队不懂得什么叫游击战。恐怕打游击战也不能，所以到涿州就给困在涿州出不来了，叫我们给围上了，是这么样。所以傅作义出名还是因为……多少日子，大概四十多天呐，他坚持不投降，怎么也不投降。打得很厉害，他不投降。后来没有吃的，没办法。

访　　者： 有一本书上说，后来还是您用了政治化的手腕才把他瓦解，要不然那些人就困死在里头了。

张学良： 是啊，我就劝他，因为我认识他，劝他投降。我父亲本来要把他枪

---

① 指赵尔巽的弟弟赵尔丰。
② 指1927年4月6日，张作霖出动军警非法进入苏联大使馆搜查，逮捕并杀害李大钊等20名共产党人和革命志士的事件。
③ 涿州战役指1927年10月至11月间，奉军向驻守涿州的晋军傅作义部发起攻城之战。此役以奉军和平接收涿州告终，傅作义部被改编为安国军第三十六师。

毙，不算投降了，简直没办法，最后就算了。

访　者：有没有要加的？哪些您觉得应该说，我们这里没问到的？

张学良：我没想到，脑子没办法想。

3. 我父亲和冯麟阁是敌对的

访　者：大概其就这么定了。这本书我给您说了，后边有什么缪澂流、齐世英说的，万一您要听，我……还有冯庸先生，这不是您那个小朋友。

张学良：他说的我父亲？

访　者：关于张雨帅，盛世才什么、什么什么的。

张学良：嗯？还写盛世才？我告诉你，冯庸啊，他写这个东西很有意思。他父亲跟我父亲等于［是］对敌［的］。他父亲是冯麟阁①。那时奉天有两个头，我父亲是二十七师师长，他父亲是二十八师师长，奉天［有］两个大帅。不过后来他慢慢地调回去了，他自己又不会做，最要紧的是张勋复辟②，他在张勋复辟那边。冯庸这人很厉害，他思想很先进。

访　者：他年轻时是做什么的呢？

张学良：他是北京讲武堂的学生，也是个军人出身。这个人也是胆子大得很，他哪儿都去，他到过库伦③，还到过什么地方。这个人独特得很，这个人怪得很，可是脾气坏得很，怪人。

访　者：那他的成就是什么呢？

张学良：他在我手底下，后来我当航空处总办。后来我不能兼着，就交给他啦。他当过我的航空处主任办。他后来在陈诚手底下做事，他也做过好多事。

访　者：他的年岁比您小一点？还是大一点？

张学良：跟我同岁，比我小几个月。都是小孩子。不过，这个人我可以这样说，他有时也不能说是固执，他有时有点像神经，不能说神经，有

---

① 冯麟阁，即冯德麟，字麟阁。

② 张勋，绍轩，江西奉新人。清末将领，北洋军阀。1901年以护送慈禧、光绪出奔有功，由统领升至淮军翼长，后任江南提督兼江防大臣。武昌起义后，被清廷任命为江苏巡抚、江苏都督、宣慰使。1913年任长江巡阅使，1916年7月任安徽督军。1917年6月，趁府院之争，率部入北京，与康有为等人拥戴溥仪复辟，仅12天被扑灭，史称"张勋复辟"。

③ 库伦，即今蒙古国首都乌兰巴托。

点傀。比方说，他结婚要穿大礼服，他父亲迷信，出现的缨子是白的，非要给他弄个红的。我［们的］军［队］里没有穿红的大礼服的，这算什么玩意儿。他结婚，他不出去了。我说，你不出去，我替你出去。我们俩是好朋友，跟他开玩笑。我说你别闹了，你爸爸要红的，尊敬老人。他死的时候，他当基督徒。当时我问他，你受洗不受洗，他快死了。他说，"大哥，你让我受洗我就受洗。"他很听我的话。

访　者：所以他结婚，后来还是戴着红绫子出去的。

张学良：戴着出去的，我跟他说，你不去我去，跟他开玩笑。

访　者：咱们中国那会儿，结婚时怎么能有白色衣服?!

张学良：是呀，他爸爸就说不要白色的。"那礼服上没有红的，你怎么给我来个红的，我不干。"他说。

访　者：那他当然跟老师也相识，老帅等于是他叔叔啦。冯麟阁也是把兄弟之一啦!

张学良：不是，不是，不是。他俩是对敌的，开始就是对立的。

访　者：没有当军人前，冯麟阁跟他们不是在一块儿的吗？

张学良：不不不！那是胡说。没当军人的时候，我父亲的外号叫北霸天，他好像是西霸天，就是这样子，也是地方的大势力。跟我父亲虽然不是对立，而是对子，并蒂的。他手底下有一大套人马，后来也起来。他们跟我父亲打仗，怎么叫我父亲打着一枪。不是打仗，是对敌呀。后来编成军队，我父亲是二十七师师长，他是二十八师师长，一样。

访　者：后来好像是大帅比较受政府的重视，他有点不是味，是不是？

张学良：也不是那样，这个问题也是地域的关系。我父亲是在奉天，他是在北镇县，是一个外县。这个地域有很大的关系。沈阳是政治中心，尤其是我父亲受赵尔巽的提携，有很大关系。否则，他也会起来的，他也很有势力的。后来他慢慢地没起来的原因就是因为他参加了复辟。

访　者：那是他自己走错了路。

张学良：那正赶上他那时在北京，他到北京去，他跟张勋陷到那里头。后来，还是我父亲保护了他。复辟失败以后，他是判了罪的。

4. 吴佩孚的军队都叫我给解决了

访　者：您是说说这几位把兄弟呢？还是听听这本最近他们给您寄来的书？

张学良：我不需要听，你要问什么？

访　者：要不然我就不给您念了。

张学良：我大概看了看。

访　者：这里面红的我认为是说得比较公平的，这蓝的我不知是从哪儿来的。当然，他们也是站在共产党的立场了。我的意思是我给他分出来，提供给您，将来我们谈到这些问题时，您心里有个数，就是别人怎么说的，这是最新的一本书了，是1991年出的，最新的一本关于大帅的①。我们希望将来您的口述历史是永远在那儿，永远是值得人们参考的。

张学良：我可以说他说得对不对。

访　者：对，您可以说他对不对。那我就……

张学良：大陆上他们拿到材料，很厉害的。

访　者：他们的材料可真是不错。您看，您那本历史杂志，如果您看完了，我想借来看看，参考一下。（以下谈的主要是《从草莽英雄到大元帅——张作霖》一书中的内容）您看，这有"张学良月下追郭松龄"，这就是您给我们说的故事，您单枪匹马去追劝他，您没带枪。这个消息他们都有了。这里有好多，一方面我是想多了解了解，我提供给您，有些您记得，有些我提个头，您想起来再重说；另一方面，我也要注意一下，因为我们说了，我们答应夫人，我们的录音绝对不往外泄的，但是我在这儿听到的，有的都已经在书上写了，他们1991年就出来了。所以我要划出来，不然的话对不起您，说怎么搞的，你们不是不说吗，怎么都说出去了。所以我也得保证一下。另外呢，比如他说，这个我就特别注意了一下，关于最近的一段，就是我不知道孙传芳为什么要一直跟奉军敌对的打得势不两立，可是他后来怎么会跑到老帅这来呢？所以我说我注意一下，他并没有说什么，他只是说当时他的处境非常的困难。没有办法再有转折了，于是他怎么样呢？他就微服北上，到了天津的蔡园，老帅住的地方。

张学良：这件事我不知道，因为我不在，在外地。我知道他是因为跟张宗昌的关系，他跟张宗昌有联络，好像张宗昌把他拉过来，见的我父亲。

访　者：他还说11月19日见大帅之后，给大帅深深地鞠了一个躬，同时说

---

① 此书即《从草莽英雄到大元帅——张作霖》，陈崇桥、胡玉海、胡毓峥编著，辽宁人民出版社1991年版。

真是对不起大帅。什么叫对不起呢？就指着浙江跟奉天［打过仗］①？他找大帅的那会儿您不在那儿，是吧？

张学良：我不在我父亲那儿，我在外边呢！

访　　者：然后他向大帅说对不起，指的是浙江曾经跟奉天，跟奉军打过仗，并且表示说以后一切听大帅的指挥。张作霖对孙传芳这种屈节来归的态度极为欣赏，满面笑容地对孙说，你辛苦了，过去的事不要提了。那么张于是请孙谈一谈关于军事的意见。孙为了迎合张作霖竟胡说。孙传芳跟大帅说：我们吃麦子的北方人跟吃大米的南方人永远合不拢来，同时还向大帅建议建立统一军事组织，推举张作霖为总司令的这么一个计划，然后大家伙听到孙传芳的话都说漂亮，说他很会说话。您也觉得他很会说话，说得很漂亮。那么后来他就跟张宗昌两个人，他们推举张作霖为安国军总司令，然后，张作霖在蔡园宣布就任安国军总司令。那时候孙传芳和张宗昌他们所属的是直、鲁、豫、苏、皖、赣、浙、闽、陕、晋、察、热、绥、吉、黑十五省的势力，都联合起来大家推举老帅做总司令，12月1日就任。就任仪式完了之后，大帅是总司令，于是就命孙传芳、张宗昌为安国军副司令，两个副司令。②

张学良：没有。③

访　　者：没有这回事？然后说，同时任命的是杨宇霆为总参谋，那么现在就定下来了，大帅是安国军总司令，张宗昌、孙传芳是两个副司令。

张学良：没有。

访　　者：那这就不对了。杨宇霆是总参谋。

张学良：总参谋长，总参议吧④！那不管他。

访　　者：他这上说呢，老帅声明了，"吾人不爱国则已，爱国则应该信圣道；吾人不爱身则已，爱则应杜绝赤化。"他这上边批评老帅说，老帅宣传反赤是为了换取其他帝国主义的支持。他这么说对吗？

张学良：对，那时反对共产党，就是帝国主义。什么英国，后来日本都帮忙。

访　　者：哦，然后就谈到三角同盟的事情。提到老帅想安排让顾维钧做内阁，顾维钧辞了几次，但他还是表示坚决支持，顾维钧当然乐于蝉联。

---

① 1925年10月10日，孙传芳通电反奉，将奉军逐出东南，史称浙奉战争。
② 1926年11月29日，孙传芳、张宗昌以十五省区联合的形式拥戴张作霖为安国军总司令。12月1日，张任命孙传芳、张宗昌为副司令。
③ 此处张学良记忆有误，史实即为访者所述。
④ 杨宇霆曾为东三省巡阅使署总参议。

他那时已经是代理了,后来就在 1927 年 1 月 22 日顾维钧内阁组织正式成立。

张学良: 这我记不清楚了。

访　者: 后来张作霖又"礼罗耆硕、集思广益",就是收罗邀请这些有名的人,有思想的人,大家聚在一块儿集思广益,来协助老帅。在安国军司令部又设了三个讨论会,以梁士诒、曾毓隽①为政治讨论会正副主任;曹汝霖②、叶恭绰为财政[讨论会正副主任],孙宝琦③、陆宗舆为外交[讨论会正副主任]。这三个讨论会的成员均发聘书,以客卿相待,聊备咨询。

张学良: 这我都不知道。

访　者: 这个我认为对我们很重要,是什么呢,因为足以证明老帅当时在政治上的[一些作为]。

张学良: 他从来就这样。

访　者: 这三个讨论会就等于三个顾问团了吧?

张学良: 有没有我不知道,我根本不知道,[因为]我在外边。

访　者: 然后再有一点,OK,我跟您慢慢说。

张学良: 这些我都不知道,我在外边。

访　者: 后来安国军成立后,张作霖就命杨宇霆制订一个军事计划。这个军事计划是什么?长江方面由孙传芳军担任前线,山东军在江北岸作为后盾;派韩麟春率第十七军的荣臻部队由京汉线援吴,援助吴佩孚;热河是汤玉麟,察哈尔是高维岳两部,协助晋军在包绥方面,防范冯玉祥;张学良负责警备北京、天津;吴俊陞、张作相负责巩固后方;张作霖坐镇天津,策应各方。这是陶菊隐④写的一本书,

---

① 曾毓隽,字云沛,福建闽侯人。辛亥革命后,在北京政府交通部任职。1924 年 11 月,段祺瑞上台后,为段之幕僚。1927 年任安国军政治讨论会副会长。

② 曹汝霖,字润田,上海人。毕业于日本东京法政大学。曾任清廷外务部副大臣。1913 年起历任外交部次长、1916 年任外交总长兼交通总长、财政总长等职。1915 年参与"二十一条"谈判。1919 年"五四"运动后被免职,转入实业界,任交通银行、中国通商银行、中国实业银行总经理。1927 年,出任张作霖安国军政府财政委员会会长。

③ 孙宝琦,字慕韩,浙江余杭人。曾任清直隶道员、山东巡抚,武昌起义后,一度宣布山东独立,任都督。民国建立后,任北京政府外交总长,后历任财政总长兼盐署督办等职。1924 年任国务总理兼外交委员会委员长。

④ 陶菊隐,湖南长沙人。就读长沙明德中学。民国元年(1912)一度担任长沙《女权日报》编辑,次年起为上海《时报》"余兴"栏撰稿,同时还为上海各大报撰写地方通讯。抗战期间移居上海,除为京、沪大报撰稿外,以主要精力从事中国近现代史著述。著有《孤岛见闻》、《袁世凯演义》、《蒋百里先生传》、《六君子传》、《北洋军阀统治时期史话》等。

叫《北洋军阀统治时期史话》。这个您记得这些吗？您是负责警备北京、天津。

张学良：嗯？谁？他说的有些不对。那不管他了。

访　者：这些是军事啊，旁边就有人说了（继续谈《从草莽英雄到大元帅——张作霖》中的内容），杨宇霆这个计划是什么？就是说把孙传芳的部队和吴佩孚的部队，和张宗昌的部队去攻打头阵。如果张宗昌、孙传芳、吴佩孚被消灭了，那么奉军就可以乘机让背后的东北军起而打北伐军、国军[指]冯玉祥[的西北国民军]直接交战，到那时候这两个军队已经是击败撤退之党军（指北伐军）和国军（指西北国民军）了，也就是先让别人跟他打，打得他们筋疲力尽了，然后奉军再出来。这是杨宇霆的计划。

张学良：哼哼（笑声），这是他的计划，这是这个人的计划。

访　者：（笑）哦，不是这么回事。然后呢，关于奉吴合作这个和三角讨赤联合①。那时老帅的意见[是]他不占[吴军的]地盘。老帅非常聪明，派这个安国军南下讨赤，发动战役，绝对不计较地盘，这是老帅说的。然后就派您，派张学良带军南下，要让您执子侄之礼，接受前辈的调度。他的意思是说，老帅的意见把您派去以子侄的地位，接受前辈的调度，接受吴佩孚的调度，并且还跟他说，"豫中将士宗旨相同，既无歧视，其一切名利地位，悉仍其旧"。随后就分路进军河南，奉军所到之处即为奉军领地。可是，奉军所到的地方，就变成了奉军地盘了，吴军也多被改编为安国军，所谓"决不计及地盘"和"名誉地位悉仍其旧"统统是骗人的话。至此，奉吴合作的局面彻底破裂。

张学良：根本就没有合作，吴佩孚的军队都叫我给解决了。

访　者：根本谈不上这个问题，不知道他们是从什么地方拿来的，这是最近的一本书啦。

张学良：他就是那么说就是了，他也不知道内容。

访　者：所以这点您得说一说，不然，大家伙就[不清楚了]。

张学良：我也记不住了，反正我大概记住了。

访　者：您大概就好，反正是您亲身经历的。然后奉军就以援吴的名义占领

---

① 从1925年起，面对广东的革命形势，张作霖、吴佩孚决心联合"反赤"，后阎锡山加入，组成"三角讨赤同盟"，三方因各自利益，矛盾重重。1927年3月，该同盟宣告瓦解。

了河南。[这时] 江浙一带起了变化。孙传芳当然是在长江，战败一直退回江北，南京被北伐军占领。这时候张作霖在军事上已逐渐处于一筹莫展、进退维谷的境地。阎锡山这会儿见张、吴大势已去，便与奉、吴脱离了关系。本来不是奉、吴、阎有三角讨赤联盟吗？

张学良：没有那个事。

访　者：您看，假如后人要念历史，拿这做参考糟糕了。他说以前有奉、吴、阎三角讨赤联盟，结果瓦解了。

张学良：没那么回事。

访　者：没这么回事。

5. 杀李大钊是法院处置的

访　者：他这上边（指《从草莽英雄到大元帅——张作霖》中的内容）对杀李大钊 [说得不对]。

张学良：杀李大钊他说什么？

访　者：当然他反对了，他是共产党。

张学良：他怎么写的？这里有一个重要的关键，看他怎么写。

访　者：我给您念。

张学良：重点我给你说。那是 [东] 交民巷，你懂不懂？[东] 交民巷咱们中国军队不能进去。我们怎能进去，这点重要，我们怎能进俄国（苏联）大使馆呢？要点在这儿，所以人看东西要看清楚。

访　者：他没提。

张学良：他不知道，他不知道内容是怎么回事。

访　者：他只是提老帅去见英国大使蓝普森。因为老帅是一国之主了，就到他那儿去拜访。

张学良：这是瞎编。

访　者：这儿有这么一句话。"1927年4月6日，张作霖在帝国主义教唆下，出动军警三百余人，不顾外交惯例和国际公法非法进入苏联大使馆搜查，捕去苏联工作人员16人及中国共产党主要创始人之一李大钊等25人。同时中东路局驻京办事处及远东银行也被搜查。搜查苏联使馆事件发生后，除苏联驻华代办向北京外交部提出抗议外，苏联政府也向中国驻苏代办郑延禧提出了严正抗议。"只这么一句话，帝国主义，但是什么都没说。

张学良：那么我们怎么能进入东交民巷呐？当然，他们来［是有缘故的］。我们本来不能进［东］交民巷，所以看东西的人不明白他们怎么能进去。

访　　者：他就提到李大钊，大家都认为好像不应该把李大钊枪毙，可是蒋介石却密电张作霖，主张把［李杀掉］。

张学良：蒋介石跟我们没联系。他说得更不对了，李大钊枪毙不枪毙这个事我们交给法院了，由法院判决。判死刑的好多人，不是一个人。有一个女的①，我不认识那个女的，这个女的是我的一个朋友②的朋友，她并不是共产党，她是国民党，他们是联合着的，她是妇女部的部长。我并不认识，我的一个朋友认识她，托我，我去保，没保下来。我那时没在北京，他给我打了电报，我赶快去。［可是］没保下来，已经处死刑，法院处理，交给法院了。

访　　者：所以他这儿没说，他这儿说是张宗昌说的，"李大钊是'赤党祸根'，'巨魁不除，北京终究危险'，张作霖置社会公众舆论于不顾，于4月28日下午将李大钊等二十余名共产党和革命志士以扰乱治安罪处以绞刑。这是张作霖犯下的不可饶恕的罪行。"

张学良：这都是法院处置的，都交法院了。

访　　者：所以他这上面说的是大帅。

张学良：当然。那时法院是属于政府，是法院正式判决，不是随便量刑的。那些人认为绝对不会把他们抓起来。那里有很多重要的文件。

访　　者：我们来访问您，我们有一个顾问团。大家都是在学术上有造诣的。其中一个就是在中国出生，在美国非常权威的一个图书馆员。他知道［那些］文件，后来他找出了一本书，原来那个序还是您做的。我姐姐回去想跟他联系一下，看他那些文件，那我就得等我姐姐提问题了。这儿是说跟孙中山的关系，这儿也提到了，他说为了和国民党拉关系，张作霖竟说他是孙中山的老朋友，他一向是赞成三民主义的，并且愿意召开国民会议，解决事情。企图与南方保持对等议和的地位。您说这对吗？

张学良：底下还有什么？

---

① 指国民党北京市党部妇女部部长张挹兰。
② 应指李石曾。

6. 我父亲这人很宽厚

访　者：底下是，当了国家元首高位。1927年6月16日以后，孙传芳、张宗昌和奉系将领回到北京顺承王府开会。大会讨论［是］和还是战的问题和组织安国军政府的问题以及推选政府最高元首的问题。"在会上，杨宇霆强调北方必须团结起来，才能够抵御南方。各省军队也必须统一名称，都改成安国军，一致服从安国军总司令的命令。孙传芳就提出，不仅是军事上服从，政治上也要服从，于是就讨论所谓的最高问题，有人主张推戴张作霖为临时总统，有人主张应用临时执政名义。最后决定仿照孙中山先例，称为大元帅。"

张学良：这个我不知道。

访　者：同时决定用北方军事将领公推的形式产生。就由孙传芳推戴张作霖最积极，而且他又不是奉系，所以与会诸将认为孙传芳领衔发表推戴通电是最相宜的。那么孙也不推辞，乐于接受。当时老帅就说，好极了，你们要怎么办，我就依着你们办吧！第二天，孙传芳等八名将领提出，联名发出推戴电。

张学良：八名将领都是谁？

访　者：我看看，说是什么总司令，海陆空军大元帅①什么什么。

张学良：他瞎说，没有我，我反对。

访　者：他只说，五省联军以后通称安国军。对，没有说谁，只说您和其他人都指派做了第一至第七军的军长。哦，您反对？开会时您没发表意见？

张学良：我没有出席。八名是谁我也不知道。②

访　者：既然做了大元帅了，就派了孙传芳、张宗昌、张学良、韩麟春、张作相、吴俊陞、褚玉璞为安国军第一至第七军团团长，您第几，是第三军吧？

张学良：是第三军。

访　者：张作霖呐，除去儿子张学良之外，和孙传芳等七人，重新互换兰谱，结为异姓兄弟，没有您。他们拜把子了，您知道吗？

---

①　1927年6月安国军政府在北京成立，张作霖就任安国军政府陆海军大元帅，代表中华民国行使统治权，成为国家最高统治者。

②　这八名将领是孙传芳、张宗昌、吴俊陞、张作相、褚玉璞、张学良、韩麟春、汤玉麟。

张学良：我不知道，那些都不知道。他们在外地瞎说，我们倒拜过把子，那是另外的。

访　者：您的把子都有谁？您的把兄弟和这些人没关系？

张学良：李景林、郭松龄。

访　者：杨宇霆？

张学良：没有杨宇霆。李景林、郭松龄、韩麟春。还有谁我都记不得了，歃血为盟。①

访　者：拜把子歃血为盟就是个仪式了，是吗？

张学良：是仪式。我父亲这个人可以说很宽厚。郭松龄倒戈，跟这个事有很大的关系。我们歃血为盟，我们去给老将打仗，谁也不许占领地盘。

访　者：噢，拜把子。

张学良：拜把子也和这有关系，我们绝对给他打，把天下打平，那时候他再怎么分配都可以。

访　者：有姜登选？

张学良：有姜登选，噢！好的，我都忘记了。那谁，主要的是李景林到了天津，他就把河北占领了，他就跑到那个省长公署，把公署占领了，无形中他就成了河北的头。那时郭松龄跟老将，老将……郭松龄就主张把李景林枪毙。

访　者：你这就不能反盟。

张学良：不是反盟，就是他怎么这样行动，个人行动。他个人怎么能随便行动，那时要把李景林枪决了，那时我们是很厉害的，我父亲的都不听。一个是要把李景林枪毙了，一个是要把冯玉祥枪毙了。我们头一次跟冯玉祥见面就要［把他给］枪毙。我们几个人很凶的，假如我父亲真那样干了，郭松龄不会倒戈的。我父亲这人太［宽厚］，他不肯那么做。

访　者：宽大为怀。

张学良：那看什么人。像李景林呐，太应该枪决了。他自个儿自由行动，我们军队里最忌讳这个。我父亲不像我们这种带军队这种思想，他是旧家庭的家长作风。

---

① 中国传统结拜仪式。歃血：古代会盟，把牲畜的血涂在嘴唇上，表示诚意；盟：宣誓缔约。泛指发誓订盟。《史记·平原君虞卿列传》："毛遂谓楚王之左右曰：'取鸡狗马之血来。'毛遂奉铜盘而跪进之楚王，曰：'王当歃血而定从，次者吾君，次者遂。'"

访　者： 这也是一个新时代的思想和旧时代的风俗的冲突。

张学良： 我父亲常常骂我。我跟我父亲讲郭松龄，我父亲也很看得起郭松龄。郭松龄是我的部下。我说爸爸，你那个部下，我也带不了。我那部下，你也带不了。我爸爸说，我不如你。我不是那么讲，你那套人马那我带不了，那种思想、作为、办法也都不同。比方说，我那部下［要是］趴在地下给我磕个头，我就不要他，你自己没有人格。

访　者： 这要是老帅，老帅就欣赏。

张学良： 那他不同呀，我说我毛骨悚然，我脑袋上的毛都站起来了。思想上就不同，可以说我跟我父亲那思想上整个是两个系统。

访　者： 可是您跟老帅之间，虽思想不同［但还是服从］。

张学良： 那是父子的关系，那不说了。我跟我父亲思想上整个不一样，两个人不同。那时我父亲的大部下头一把交椅是孙烈臣。孙烈臣叫我，老将，他们喊我父亲老将，要杀我们的时候都是你［的主意］。（笑）

访　者： 指着您说啊！

张学良： 因为我那时凶得很，我才不客气。我父亲手底下部下两个旅长打仗败了回来［后］，我都给枪毙了。

访　者： 您把他们枪毙了，老帅骂不骂您呢？

张学良： 骂我什么？归我指挥，是我部下。所以后来他们都离我远点，讨厌我，所有老派新派都讨厌我，省得［自己］掉脑袋。后来我父亲不在，我［开始］做事情，我招汤玉麟回来，他都不敢回来，怕我给他枪毙了。他在热河。

访　者： 后来是他自个儿跑了？

张学良： 那是后来的事情。

访　者： 您才换了兰谱，拜了把子，他说的是老帅和孙传芳他们。后来，6月17日就职典礼。您参加了吗？

张学良： 我没有，我在外头。

访　者： 后来因为那一天不是个吉利的日子，就改到18号。有另外一个报道说那天去的时候，当然有各种不同礼节了，到天坛去，好像是怎么一下把酒杯……

张学良： 这是胡说八道，他当年没有这个事，这是外头这个人的胡说八道。到天坛，当年的皇帝继位，才要到天坛去祭天。

访　者：这不是这本书上的，这本书说就职是……

张学良：没什么仪式。

访　者：没有什么仪式。向大元帅三鞠躬。这儿他提的是老帅怎么想办法把北洋军阀所遗留下的人能够再收回来，团结起来，把北洋余部团结在自己周围，可以增加实力，可以提高气势和目的，弄出一个局面来，也好和南方谈判，才可以取得对等的资格。"张作霖也想以国家元首的身份举'讨赤'的旗帜，取得帝国主义的支持。张作霖也有为实现多年梦寐以求的，'我终究非干他一下子不可'的夙愿及过一下国家元首官瘾的思想。"我想大帅已经是北京政府的元首了，因为他们都是。共产党写这个书的人，然后就提到大元帅在外交方面也非常灵活。可是这儿说的，帝国主义看到张作霖处于力穷势蹙、日趋衰落的地位。那是不是说北伐那时开始了？于是就可以利用的是南方的新军阀。新军阀不但实力胜过北方——蒋介石是不是——而且也在卖力反苏反共，因而大得帝国主义的赏识。所以帝国主义日益倾向弃旧迎新，因此，当时虽然在北京，帝国主义有意支持南方新军阀，国内也有些人好像是看到奉系寿命不长，行将崩溃，明里暗里和南京靠近，不愿加入张作霖的团伙。这里提到的这些人是谁？

张学良：那就不知道了，可能是那些小玩意儿。

访　者：这些小玩意儿，然后呢，（以下仍谈的是《从草莽英雄到大元帅——张作霖》中的内容）大帅竭力要把这个政府搞好，所以就用素有财神之称的梁士诒向银行借款。京、津银行看北京政权已朝不保夕，都以闭门停业相对抗。这些当地银行都支持不下来了，奉天就得支持这些了。东北三省本为富庶地域，但由于连年穷兵黩武，军费至为庞大，只能够再加发奉票过日子，这表明奉系军阀不仅在政治上不得人心，在财政上亦处于捉襟见肘，无力继续作战的地步。您说，他说这些对吗？

张学良：对，对，本来奉系有钱，就是因为连年作战才造成经济困难。

访　者：连年作战，还要支持北京银行。

张学良：借它几百万。

访　者：这也真是太辛苦了。后来，6月25日大帅就说了，要下息争令，要停止战争。大帅的电文是说，本大元帅与孙中山为多年老友，与中山先生宗旨本属相同，并非有政见之殊。他对中山先生一律友视，谨向甘心赤化者问罪声讨。这个通电再一次表白，他和国民党反动派之间毫无政见之分，愿与蒋、阎反共势力谋求妥协。张作霖希望出现蒋、奉、阎三角联盟，对抗冯玉祥势力。是吗？三角同盟？

张学良：没有这个。

访　者：不对，是吗？对抗冯玉祥，以减轻奉军压力。这时蒋介石也确有与张作霖谋妥协的倾向，为此蒋介石也派何成浚、方本仁奔走于北京和太原之间。张作霖派代表葛龙光①到了南京，张蒋之间所谓的罢战言和。蒋介石想利用张作霖，而张作霖亦有妥协的心理。蒋介石是想利用老帅，企图用招安的办法收买奉张集团，根本不想与奉张对等议和，对老帅也没有诚意。张作霖也不是真正的求和，只不过以对等议和权为缓兵之计，这样的议和当然不会成功。

张学良：所以我很奇怪，我就不讲这个。

访　者：到最后，蒋、冯、阎联合对奉军。1927年12月冯玉祥把徐州夺回去之后，蒋介石、冯玉祥、阎锡山联合要对付奉军，张作霖重新整顿了战争部署，到1928年1月末，决定在京浦线以张宗昌、褚玉璞为正副总指挥，张学良、杨宇霆为京汉线正副总指挥，因为那时韩麟春病了，张作相、高维岳、汤玉麟为京绥线正副总指挥，对冯军采取攻势，对晋军采取和战并用的方针，首先集中力量驱除进入鲁西的冯军。孙传芳将军自龙潭一役惨败以来，只剩了两三万人，张作霖乃派孙任鲁西总指挥，与冯相持。那么张作霖以这种方法保住北京政权和已占的地盘。蒋、冯、阎、桂四个集团军在1928年4月10日同时下令出击，对奉军展开更大规模的进攻，奉军已处四面受敌，濒于全线崩溃的地步。怎么桂军他们都联合在一起了？

张学良：桂军归他们指挥。

7. 老帅跟日本的冲突

张学良：（以下仍是谈《从草莽英雄到大元帅——张作霖》中的内容）这个是什么题目呢？

---

① 疑应为葛光庭。1927年春，张学良曾秘派葛光庭南下，与何成浚等商谈停战议和之事。

访　者： "惨遭日本关东军杀害"，证明大帅怎么来应付这个问题。他说，我们也想利用日本，但是日本也想利用大帅，互相利用，也有互相冲突。特别是张作霖率部进关以后，张作霖与日本的冲突就越来越尖锐，最后竟达到不能调和的地位。"满蒙悬案"，这指的是1915年袁世凯所做的"二十一条"。1925年12月郭松龄反奉时，日本曾向张作霖提出以承认"二十一条"作为出兵援张的条件，张作霖当时表示同意，但是［后来］事过境迁，如果照章行事的话，不但会遭到全国人民的反对，而且也让他自己在政治、经济、军事上受制于人，严重影响自己的切身利益。张作霖以夷制夷的政策，希望借助英美的势力来牵制贪得无厌的日本，由日本手掌中挣脱出来，以便获得较多的独立。我觉得老帅的想法是很对的，可惜那会儿英国和美国思想还不开放。张作霖不顾日本的反对，就在1924年成立了东三省交通委员会。这您记得吗?

张学良： 嗯！嗯，嗯，记得。

访　者： 开始建铁路网。上述措施无疑是张作霖企图摆脱日本的控制和干涉的倾向。这是日本人写的东西，这个日本人叫小山弘健①，即《日本帝国主义史》［的作者］，［讲日本人］怎样侵略东北。这一篇是讲东三省当局和商民投资修建铁路的热潮，而且取得了显著的效果。这对改变日本长期控制东北铁路干线和垄断整个铁路运输的情况，无疑起了重要的作用，那么日本当然深为不满。到最后，张作霖在东北确立权力的过程中，逐渐由依靠日本走向独立自主的道路。因而张、日之间的矛盾日益激烈。底下就说几方的交涉，是有极多很有戏剧性的。他们派人来，日本举行的东方会议，他们一共举行了两次会议，研究满洲的问题。他们开会的决定就是要对张作霖施加压力，如不就范，以武力去除之。大概到最后老帅老是不听他们的，于是1927年8月4日就派了吉田茂②［开始施加］非常无理的压迫，就说如果你不接受我们所说的要求的话，日本将考虑下面几件事：第一，南满铁路将拒运奉军；［第二］，停止供应东三省兵工厂所需要的材料；［第三］，禁止京奉线专用列车通过满铁附属地。张回答说：如果日方这样做，只会使我排除万难拟自主。意思就是说，你要这样做，倒把我的困难解决了，我就自主地修建铁路。所以老帅是很有办

---

①　小山弘健《日本帝国主义史》，中文版，三联书店，1961年。
②　吉田茂，时任日本驻奉天总领事。

法的。后来吉田茂又跟张作霖提出"满蒙悬案"问题，又一次向张盛气凌人地说，你要是真不接受日方条件的话，我们日本另有办法。张毫不示弱，反唇相讥地说，"这么说，你们有什么好办法尽管拿出来，难道又要出兵吗？我姓张的等着你好了。"说完话，起身送客。把这个使节就给扔在那儿了。后来呢，他又一次找老帅去谈判，回去他报告，他说张作霖一遇到对自己不利的话头，就立刻说牙疼。老帅不管怎么说都是拖延的办法。这都是日本人的记录。然后又说，他们几次关于"满蒙悬案"紧着来逼迫老帅，后来老帅就开了一次会，在帅府召集会议，大家认为此项交涉应该由地方办理。这一段很有意思，很长。

张学良：他大概怎么说的？

访　者：老帅说，这件事应该是地方上的问题。因为在东北嘛，就交给杨宇霆［去办］，杨宇霆就交给常荫槐［去办］。常荫槐在天津，等他们指日本人到天津，常荫槐又跑到北京去；［等他们］找到北京，常荫槐又上天津。后来，他说，这个问题我不能答啊，所有的印都不在我这儿，又说印在谁那儿，又找，反正是用各种不同方式。

张学良：拖。

访　者：拖，因为老帅的意思是拖一阵时间后，我们再研究这问题。后来有一天，都到了什么时候，实在没有办法，他们又跑到天津，找了个辙，一个是以强硬的态度，一个是以缓和的态度。缓和的态度是谁呢？这个人叫山本条太郎①，他有两个助手，一个助手是跟老帅有深交的江藤丰二②，另外一个是町野武马③，这两个您都认识吗？

张学良：都认识。

访　者：然后他们就来软的。江藤丰二是山本的义子，而且他跟老帅关系非常好，可以直接跑到张作霖寝室内，与张交谈。

张学良：不是，我父亲跟那个町野武马特别好，［并不是与］山本好。

访　者：经过初步的交涉之后，他们把东方会议制订的满蒙铁路计划④拿去给老帅看，老帅一看不禁吃惊地说，这不是日本准备和俄国开战的铁路

---

① 山本条太郎，曾任满铁总裁。1927—1928 年间，受日本首相田中义一的指派，与张作霖交涉签订满蒙新五路"承造合同"。
② 江藤丰二，1927 年时任中日实业公司常务理事，是山本条太郎的义子
③ 町野武马，张作霖的日本籍顾问。
④ 满蒙铁路计划，也称满蒙铁路网计划。"九一八"事变前，日本为独霸东北而拟定的庞大铁路计划。

  吗？他认为修了这条铁路，那就等于我怀里抱着炸弹一样了吗？这个事情不能同意。日本呢就吓唬老帅，说如果你不合作，日本军将要帮助你的敌人蒋介石，然后老帅就在文件上圈了四条铁路。经过他再三考虑又圈了一条。这时张作霖几乎浑身都在哆嗦，并一再叮嘱，这是一个预备性的商谈，可是不能发表。这是山本条太郎自己的一个传记［记载的］。然后山本条太郎派他的妻子亲自到北京，以游览为名，实则是试探张作霖的虚实。老帅听到之后把这件事看得很重视，立刻就派自己的夫人主持欢迎，也派专车去迎接，并且山珍海味，设宴款待。

张学良：没这么回事。也许有这回事，可是我不知道。这些事情都是绘声绘影。

访 者：没这么回事。等我们正式录的时候，您把您［知道的说给我们听听］。

张学良：我不知道，是真的假的我不知道，我不能随便乱说。也许有这个事情，也许没这个事情。

访 者：反正他们很招待这个夫人，又到八达岭什么的。这就过去了。老帅说这五条铁路好像是插在横贯满洲的东清铁路①上的五把钢刀，在军事上很有价值。

张学良：为这五条铁路②争得厉害，后来到我［处理此事时］，难过死了。

访 者：就为这个事，实在让老帅……有人观察说，一夜之间憔悴万分。老帅的确为这件事情很动心，很着急了。后来呢，关于他们提出了一个经济联盟，要跟老帅做经济联盟。一看呢，这就是原先的"二十一条"的翻版，这件事情当然老帅更不能答应。可是，现在处在一个什么环境呢？就是，你是签，还是不签；你是接受，还是不接受。老帅认为这简直是与东北存亡有关系的。既不愿意，也不敢接受。山本怎么样把这些条文让张大帅签了字了。后来一看，只写了个"阅"字。"阅"，在中国公文上［是］未加可否的意思。可是他们没有了解。这里说了老帅很动心思怎么样来应付这些个。不管怎样，

---

  ① 东清铁路，又称中东铁路。晚清时期俄国根据《中俄密约》修筑的。1898 年，以哈尔滨为中心，分东、西、南部三线，同时开工相向施工。全长约 2500 公里。1903 年全线通车。

  ② 指蒙满新五路，即敦图（敦化—图们）、长大（长春—大赉）、吉五（吉林—五常）、洮索（洮南—索伦）、延海（延吉—海林）等五条铁路。1927 年 10 月 15 日，日本满铁总裁山本条太郎就当年 7 月日本东方会议上提出的"七线条约"向张作霖索取"满蒙"权益，胁迫张作霖答应日本在东北修筑铁路的要求。经过秘密谈判，张作霖与山本条太郎于 1927 年 10 月 15 日订立了《满蒙新五路协约》。"协约"规定由日本政府承包修建上述五条铁路。

后来他又来逼老帅。老帅说，你去问杨宇霆。杨宇霆就跟他说中国目前的政情。杨宇霆把老帅的心情代表出去，在互相矛盾的压力下，左右为难，所以回答永远是模糊不清的。张作霖心中的思想是什么呢，是拒绝把《满蒙新五路协约》改成正式的协约，要是签了的话就是把整个东北变成日本的附属地。所以张作霖当然对这个一清二楚，不愿意签，坚持私人的密约只是私人的密约，只允许写一封私人的信件给田中首相。田中首相死乞白赖地非要老帅把这做成个正式的条约。老帅的意思是我这是私人的一个密约，我只能给你写一封私人的信，那当然不生效。这就是抵挡他们的办法啦。到最后，一直逼、逼、逼。这与那皇姑屯正好一步接一步地紧逼着老元帅。然后，日本说东北有很多抗日的行动，实际是人民自发的，他们认为是老帅鼓动的，于是就压迫老帅说，你必须制止这些抗日的活动。后来老帅当然就说，［此事］最好还是压一压，免得刺激他们。可是在那一时期老帅有一个命令，不许中国人把房子租给日本人。

张学良： 这事我不知道。

访　者： 所以，就是说，老帅明着说是好，我们不要太刺激日本人，可是实际上在那么一个短短的期间，他发出四十多条［训］令，不让中国人把土地租给日本。所以，大家都知道老帅的真的意思是什么。他反反复复地说，到最后张作霖在日本强大压力下，终于与日本签订了与日本出卖什么什么的密约。可是有人说张作霖一生从来也没有签过任何丧权辱国的条约，这当然与事实不符。说不错，的确是张作霖签了一个什么，就手续来说，不完备得很。那么后来我就看到这儿，原来是怎么回事呢？是芳泽①最后去逼的，非得要这些东西。老帅说，拿去，拿去，拿去。芳泽高兴得不得了，以为是［老帅正式签了］，等到家一看，老帅只写了一个"阅"。这是两件事搁在一块儿了。不管怎样，这个事实啊确是如此，尽管张作霖当时被迫同意有这样一个密约，但是始终也是绝对没有办这个正式的手续。这是张作霖准备［等待］时过境迁之后，留有交涉以及推翻的余地。老帅留个心眼。张作霖奉行的外交不是法律外交，有人批评说是土匪式的外交，但是，这确实是张作霖的良心外交。比如有一个日籍

---

① 芳泽，即芳泽谦吉，时任日本驻中国全权公使。

华人学者李明说的，张作霖所采取、所运用的含糊不清的外交战略是对抗日本贪得无厌的策略，致使日本霸占东北的计划不能顺利推行。

张学良：这后头是什么？

访　者：皇姑屯了。这里有老帅生气。东北骂人是什么？他妈拉……

张学良：妈拉巴子。

访　者：他骂日本人芳泽，您大概不知道，芳泽在逼他，于是老帅勃然大怒，由座上站起来，把手里的翡翠旱烟袋猛力地往地上一摔，一下摔成两截儿了，就声色俱厉地冲着芳泽说，"这件事情（指张宗昌杀了日侨）一无报告，二无调查，你叫我负责，就骂他妈拉巴子，岂有此理！我这个臭皮囊不要了，也不能做这种叫我子子孙孙们抬不起头的事。"他说完了之后，就扔下芳泽气冲冲地离开了客厅。

张学良：这我不知道，骂芳泽他确实［该］骂。不是骂这话，跟芳泽冲突，给芳泽很不好看。

访　者：这您大概不知道。这个芳泽脸皮也真够厚的。后来在老帅离京前夕，日使芳泽谦吉仍去纠缠。张作霖离去之前，他们仍要逼他履行日张密约的手续。张作霖对日本这种趁火打劫的行为极为气愤。有一次芳泽拿着文件让张作霖签字，张推说太忙，"等我签了字以后再通知你来取吧。"后来到了6月30日下午4点半，芳泽到中南海来取，张就嘱外事人员把芳泽让到客厅里。这个时候张在办公厅内高声大骂，大概是让日本人听的。"日本人不够朋友，竟在人家危急的时候，掐着脖子要好处。我张作霖最讨厌这种办法。我是东北人，东北是我的家乡，祖宗父母的坟墓所在地，我不能出卖东北，以免后代骂我张作霖是卖国贼。我什么也不怕，我这个臭皮囊早就不打算要了。"随后张将一叠文件叫外事人员交给芳泽，并且转告他说，老帅今天太忙，不能见了，还请原谅。说来，芳泽也很粗心，拿到文件没看，等回到公馆打开一看，原来张在文件上只签了"阅"，并没有签署姓名，也没签"同意"这两个字。这时芳泽才知道受骗，再给大帅府打电话时，大帅已经走了。这就是说，他那会儿多困难维持这个关系。他说，这确实表现出来，此时此刻张作霖的确是有无所畏惧的精神来应付这些人。另外，《每日新闻》刊登说日本预备出兵华北，侵占天津、北京，并反对张作霖什么什么的。哦，张宗昌把日本人带到他们军队里，让他们穿着中国衣服，帮他们打仗。

张学良： 那没这回事，他说错了，那是俄国兵。

访　者： 然后张作霖知道就急电召张宗昌，当面予以申斥，"胜败事小，引狼入室，关系太大，我们可以不干，但绝对不能借助日兵，留下万世骂名。"此前日本出兵山东，张也指示说"鲁省应该对此案有抗议的表示。""张作霖在其势穷力竭之际，仍然毅然地拒绝日军的诱胁，不肯降身卖国，恃外援以自保。这点无疑是十分可贵的。多年来，日本想在东北实现'二十一条'的侵略计划，但始终没有得逞。如日人杂居在商租土地等问题，日本常威胁张作霖履约。张作霖非但不答应，'而且急饬地方官民，不得以房地外赁，违者以重辟'。据一个日本人所编的《东北官宪所发排日法令辑》一本书刊载，张作霖从日本提出'二十一条'以后，到他被炸死以前，曾以奉天和吉林省政府名义，发出严禁日人商租中国土地等训令，达四十几号之多。恰因张作霖有如此的严令，日本人屡次'以商租房地向民间尝试，终无一人应者'。终使'二十一条'等于废纸。"

张作霖曾经郑重地声明，回到关外去建立"大辽帝国"。张向当时上海《申报》说，"余毫无复辟之意，深信今日中国无一人能再现帝国实行统治。帝制必败，无须智者，亦皆了然。""中国之未来绝无再兴帝制之日，帝制不可能统治中国。余虽无识，但知逆民意而执政柄者，不能持久。"这跟您所说的一样。从以上可以看到，张作霖并非如一般人所想象之中的老粗，他对国内外趋势确实有一定的认识，尤其他说的"我张作霖没有别的能耐，但替国家守护这点土地，还敢自信，日本人费莫大的力气要求'二十一条'，你问他在东北得到了什么，他连一条也没实行得了。这不是我吹，你们可以实地去考察"。可能正是根据这些，芳泽谦吉在回忆录中称"张作霖是个倔犟的人，是一个不服输的刚毅的人"。芳泽就是被老帅骂的那个人，他在他的回忆录中这样说老帅。这点很……

后面，美国和英国都警告日本不能在东三省采取什么行动，应该先知会它们两个。所以，那时就想动武了。于是田中义一①就把

---

① 田中义一，时任日本首相兼外交大臣。

町野武马找回去了。他说，内外的情势叫我们在这时候非要一下子把满洲的问题解决不可，甚至以武力解决亦在所不惜。他问町野武马，你的意见如何，你的高见如何。町野说，这样说吧，"假如我们在银座，东京银座街头强奸一个美女。你要强奸她，我想这不是绝对办不到的。可是事后那些大哥来找你麻烦，你怎么办呢？"他所谓的大哥就是国际之间，你对"满蒙问题"不是不可能解决，但是万一其他的国家以武力出来干涉，那你怎么办呢？田中说，我担心的就是这一点，所以他们就一直没有采取……他们就一直推到"九一八"。他们本来的想法是只要把一个张作霖搞垮台，其他的所谓奉系将领，必然树倒猢狲散，一定要杀个头目，看透了。除此以外，没有解决满洲问题的办法。他们没有想到，他们本来想借着那个以武力占领东北，就是借着皇姑屯。

噢，他（指书中）这儿说的跟您说的不一样，当然，他是从哪儿抄的咱们不知道了。他说，张作霖对卢夫人说，在皇姑屯说，我受伤太重，恐怕不行了，告诉小六子，以国家为重，好好干吧！我这个臭皮囊不算什么，叫小六子快回沈阳。

张学良：这不是，卢夫人不在。那是后头，他这是快死的时候，已经到家了说的。

访　者：这儿就说日本是怎么安排的，这份报道又跟您说的不大一样。他说，张作霖被炸的情形，当即由密电处发急电告知张学良，同时也给在天津张学良的如夫人谷瑞玉①打电话。谷瑞玉是谁？

张学良：是我姨太太。

访　者：您不是在天津，是在滦州②吧？

张学良：是在滦州。

访　者：当时军署参谋长臧式毅和奉天省长刘尚清决定不发丧。后来亏了谁呢？一个大夫。每天让厨房照样给张作霖开饭，医生天天来假装换药，填写病历，处方，鸦片灯具什么也在摆放。日本人也来访问。五姨太太寿夫人每天照样浓妆艳抹，高高兴兴地接待那些借口慰问而别有用心的日本太太们。寿夫人是谁？

---

① 谷瑞玉，天津人。张学良的第二位夫人。出生于天津杨柳青。1924年与张在天津结婚，但未能名正言顺地进入沈阳张氏大帅府，长期居住天津。1930年，两人解除婚姻关系。

② 今河北省唐山市滦县。位于河北省东北部，地处燕山南麓滦河西岸。

张学良：我父亲的姨太太，就是我五弟的妈妈。

访　者：他这儿说，等到消息传到您那儿的时候，张作霖被炸那天本来正是您的生日，但是您年轻，在军中多年，从来没有过过生日，但这天十点左右，有杨宇霆、孙传芳和军团高级人员，还有张的小部分亲友聚在张的住处，叫作万字廊聚会。

张学良：事情是有，但这不对。

访　者：当电报传来时都是对外不宣传，张学良表面上镇静如常，只是把头上的分发剃光，大概是中国北方民俗孝子服丧百日不能理发，刚服丧的少帅偏偏理了发。正是为了不露孝子的迹象。不是北方的规矩。是北方的规矩吗？

张学良：没这事，他是猜测。

访　者：然后，您换了灰色的士兵的服装，带了王德胜的名章，冒充成伙夫。

张学良：这都是胡说八道。

访　者：这说得多逼真呐，而且说您旁边坐的是私人医生马杨，坐了一列列车，这个车的司机是特聘的英人伊雅格。

张学良：这都是揣测的。

访　者：然后您到了沈阳车站，黄显声在那等候您，陪同您过了铁道，坐上汽车，直驰帅府。于夫人出来，一看张学良那身穿戴，活像个要饭的叫花子，吓得"妈呀"！可见您当时狼狈的情况。是于夫人在家？东北的是于凤至夫人？

张学良：嗯。

访　者：到底是谁来做头。您推举您的老把叔张作相为东北什么司令兼吉林司令。但他自己担任奉天保安司令的职位。这位老把侄，说的是您了，对长辈如此谦恭有礼，立即得到奉系将领的普遍赞扬。张作相素有稳健忠厚之称，他对东三省保安总司令一职固辞不就，他认为张学良少年英俊，干练有为，势力雄厚，担当危局，应付内外，保持东北团结，定能胜任。另一方面，他以老前辈的身份，对张学良说，小六子，你放心干好了，我们都会支持你的，在工作方面，如果我们不服从你的命令，你只管拿军法来办我们。可是私底下，你还是我的侄儿，如果知道你不好好干，我会在没有人的时候打你耳光。张作相在奉系老一辈中最有威信，由于他的全力推荐，再加上当时东北文武官员都存在封建观念，有帝王传子家天下的心理。

7月2日在联合会上一致改举张学良为东北三省总司令，即日就职。这点和您说的一样，其他的很多地方不一样。

张学良：这是事实。

访　者：再就是日本了。日本听到这以后，田中义一本来的意思不是要谋杀老帅，因为还是说维持老帅，维持他们自己的利益。但是炸死张作霖，田中于事前毫不知情。初闻张作霖遇炸，田中感到这对他原定计划是个严重的破坏，因此脱口说出"大势去矣"。跟田中持同一观点的就是正在满铁本社上班的山本条太郎。他获得这个爆炸性传说之后，他说，"这怎么可以，政友会完蛋了，我要回去。"当时那里边，当然他们有很多的什么，他们对这件事情，不直截了当地说，只说满洲的某种大事件，他们不提什么事儿。后来，在被炸的当天，日本的元老政治家西园寺公望公爵，即当着秘书原田熊雄说，"实在很可疑，虽然对外不能讲，但是我想元凶可能是日本陆军。"其后不久，后来田中悄悄去访问公爵，他说凶手好像是日本军人。当时西园寺公望已预感到军人的野心分子的胡作非为，横行霸道，若不严加整顿，前途将不堪设想。因此他极力劝告田中说，"如果确定是日本军人，应该以断然的处罚，以维持我军的纲纪。除此而外，没有收拾的办法。"西园寺公爵并力劝田中，"你应该即刻去报告陛下。"后来真相大白，田中就下决心以军法会议，严格处分有关者。但田中的这个主张却被陆军内部所强烈反对。军部中有不少人认为谋杀张作霖是出自对国家忠诚的赤心，并赞扬其壮举。这是"满洲重大事件"，没了。还有一个人写的《我杀死了张作霖》，就是那个河本。

张学良：河本大佐①。

访　者：他说，如果召开会议，可能毁坏了日本的信誉，觉得不能处罚。张作霖死后，经张学良派人勘察，在抚顺市东六十华里萨尔浒附近选定的一处，[前有] 浑河环绕，碧波荡漾，遥与铁臂山隔水相望；背有山峦起伏，林木苍翠，依山临水的地势，作为元帅陵园。陵园是1929年5月开始动工修建，计划三年完工。张作霖灵柩暂停在帅府花园东厢房。工程尚未完工，便爆发了"九一八"事变。您知道

---

① 河本大佐，河本大作大佐的简称。关东军高级参谋，炸死张作霖的首犯。

访　　者：后来在1939年，日本有一个很有名的人，我姐姐有这个资料，他在满洲重建大帅的坟墓。于是就预备迁陵，把大帅的陵从那什么挪到这儿。是不是说，忽然间发现郭松龄的灵柩在老帅的灵柩旁边？

张学良：瞎说，这是瞎编的，没这么回事。

访　　者：张景惠在，说赶快挪开，赶快挪开。这是个传言，到这为止。

8. 我母亲这个人好厉害

访　　者：（以下仍是谈《从草莽英雄到大元帅——张作霖》中的内容）下面提到"家庭与家世"。我还没看呢。这简单得很，没有多少。

张学良：看看家庭是怎么说的。

访　　者：第一节是妻妾与子女。[大帅]一共有六房妻妾。原配是赵氏①。

张学良：嗯，我母亲。

访　　者：黑山县，赵家庙，赵氏性情刚烈，富于感情。

张学良：我11岁时我母亲就死了。我母亲死的时候很年轻。

访　　者：这里说，张对赵氏一直是比较好的，张从赵家庙办保险队开始到中安堡②、八角台③什么的。

张学良：我的外祖父，就是我妈妈的爸爸，这个人很奇怪。那时我父亲很穷很穷，单身在那儿飘荡。他看中[我父亲]了，把我妈妈给他了。大家都批评我这个外祖父，说你怎么会把姑娘给他。我母亲饭都没有吃，穷得[可怜]。我母亲告诉我，她[曾经]好几天没吃到饭，穷得那样，但是她[说什么]也不上娘家去找[饭吃]。因为我有个舅妈，偷着给她送点米呀，送点东西。我不喜欢我的舅妈。我的舅妈养在我家里，我的舅舅被马踩死了，后来他们养在我家里。那时我爸爸常常骂我，因为我不喜欢我的舅妈。他说，你[别]不喜欢她，没有她，你就没有了，你妈早死了。

访　　者：哦，这舅妈很照顾。

张学良：我外祖父很奇怪。

---

① 赵氏，张作霖原配夫人赵春桂，赵占元之女，张学良母亲。1894年甲午战争中，张作霖投入清军毅军马三元部下当兵，不久离开，回到大高坎镇开一小兽医庄，并与黑山南赵家庙地主赵占元次女结婚。1898年生长女张首芳（又名张冠英），1901年生长子张学良（字汉卿），1907年生次子张学铭。

② 中安堡，现隶属于锦州市北镇县，在北镇县与黑山县之间。

③ 八角台，位于今辽宁省台安县境内。

访　者：既然这么愿意把女儿嫁给大帅，为什么又不来往呢？

张学良：来往，不是不来往。不是管妈妈的家里要吃要喝的，这意思是，自己有人格的问题。人家对此都感到很奇怪。我的外祖父被土匪打死了，我外祖父也是强悍的。他就告诉她，那时我父亲很穷，我们家里很穷，我祖母带着我父亲，我父亲是老三。［我外祖父］看中他了。他说这个人很奇特，将来他一定会有出息，所以慧眼识英雄。我父亲年轻时大概人家看他很奇特。

访　者：是有一种很奇特的气质。

张学良：小的事情，他念书，我不跟你说过？这个人姓姜，我们叫他姜大叔。这是说我父亲的悟性，聪明呀！他是先生，在炕上坐着，小孩站在地上念书，上面告诉那个字念祸，"祸福由之"的祸。姜先生就问了，［祸］完了第二个字？那祸的反面是什么？我父亲说念福。你看我父亲的悟性有多好。

访　者：还没认那字呢，就知道是什么了。

张学良：后来那先生不教他了，不教我父亲了。我给你说过，有一个扎枪头子放在门后边。有一天先生看见后就问那是谁的？我父亲说是我的。先生说，你拿那玩意儿干什么？他说，我看你打那学生打得厉害，你要是那么打我的话，我就跟你［玩命］。先生说，好家伙，我教了你这样的学生！哼哼（笑声）他凶啊，那时他是小孩，才十几岁。

访　者：您说大帅在窗户外听人家念书，是不是？

张学良：不不不，那不是。后来我爷爷死掉了，他念了几年。所以我说天下事情，都是上帝的安排。那时家里虽然穷，还有一点饭吃，是卖碱呢，我们一家人也都是凶悍的。我的祖父是被人打伤打死的，其实与他毫无关系。他是这样的，正月吧，在一个赌场上，有个人姓王，在地方上不能说是土豪，有点小地位，有点钱。在这个赌场有一个小孩子，也是有钱的，他家里有几个钱，他把钱都输光了，输了很多钱，输光了，没钱了。他（指那个姓王的）逼迫孩子要钱，那孩子被逼得直哭，说我等有钱了，我给你。那么我的祖父就旁边说了一句话，说你们算了吧！那个人抬头说，关你什么事？我祖父就火了，关我什么事？你搞的那名堂，我可全都看见了。那么这个人就不敢往下说话了。等散了，要回家的时候，这个人走在路上，就说，你管这事情！意思说你给我道歉。我祖父说，应该我骂你，你不是个东西，你骗人家小孩子。那个人就打他，把我祖父给打伤了。我祖父年岁大了，回到家后因为这个伤死掉了。我大伯父早死了，叫我祖父打死了，那是另外一个故事了。我二伯父跟我父亲想要报仇，预备把这个姓王的也打死。哥俩儿都预备好了，我这个二伯父他会跑，他们说跟白马追风一样，会跑。我父亲借了一匹驴，借［给他］驴的那个人姓郝，叫郝大爷。后来我们已经阔起来了，他还到我家里玩，跟我开玩笑，说你爸爸拐我一条驴。（笑声）借他一条驴就去报仇，预备把这姓王的打死。那时候枪都是火枪啊，扣帽子，打砂子枪，那时扣帽子，扣上火，完了掰开，"砰"地打出去，就带这么个枪。那时候官府还算不错。他这家人家，墙都是石头垒的，他们两个翻墙越过，那石头墙就倒了一部分，那家人厢房［里］住着一个老婆，相当穷的一个老太婆。她出来了，喊有人、有人，上房就是姓王的住所。［不知是］我父亲还是我伯父捂着她嘴巴不让她叫，［结果］把枪弄走火了。砰的一声，把老太婆打死了。他俩就赶快跑了。我父亲就骑驴跑回我外祖父那儿了。他们就把我二伯父逮住了，就给送到官府去了，官府还不错，说当时并不是明火，不是抢劫，是仇杀，对这老太婆是误杀，那么就判他十年徒刑。否则杀人是要偿命的。判我二伯父十年徒刑可以替罪，我父亲他们有一个伯父，不是亲伯父，是叔伯父，那老头儿替罪，那个时候怎么能替罪呢？我不懂。后来那个人死在狱里了。二伯父出来了。我父亲搁那儿就逃走了。因为杀人逃走了，就逃到鸭绿江那边，在毅军①那里做事，做了卫队的很小的小官，就等于现在的准尉。骑着马回家来了。刚一回家有人告诉他通告他。说王家看你回来了，到县政府去告你了，要抓你呀！那县政府离我家四十里地，那我父亲就逃走了。他跑到一个地方当兽医。我父亲会兽医。跟人家学兽医，他跟那个兽医的小姐两个发生关系，那个兽医的小姐喜欢他，他就在人家的手底下当兽医，治马呀。那时有马的人大都是江湖上的人，他就认识了这些人。就这么样渐渐地认识了这些人，张作相啊大概都是这时候认识的。就这个时候赶上日俄战争，地方上都完了，地

---

① 毅军，清末将领宋庆所部。

方官、治安都完了，他就纠合了十几个人吧，有十几条枪，属于保险。在这儿当保险。后来就来了一个人，叫海沙子①。我就生在那个地方。他也有十几条枪，比我父亲枪多一点，就管这个地方要钱。不给钱那就咱俩打，我父亲就出来跟他商量。那时候就像美国的西部一样，那咱俩对打。我要把你打死了，这地方就是我的。

访　者：决斗性质的。

张学良：身上有伤。他说是海沙子打的。我父亲也受伤了，把他打死了，那海沙子有十几个人就投诚了。汤玉麟原来不是我父亲的人，就是海沙子手下的。他就有二十多个人，二十多条枪了，后来不久这个时间不太长，大概有一年半载，政府就招安。到现在我不明白，那时的政府为什么这么客气对他。到那就给他一个军队，办了一个案子，办了一个姓宋的，一个很有名的大案子，他把那个人给抓了，就给了一个管带。管带就是［相当于］现在的营长。他自己没有那么些军队，公家的军队……这一段我还不太明白为什么国家对他那么好。这就赶上蒙匪叛变，就蒙古叛变，就［是］蒙古打进来。黑龙江、吉林，三省军队都去打，那时有一个不相干的人，他的军队没打过，打失败了，就调三省军队，调我父亲，他把蒙匪打完，副的叫他给逮住了，把头目给杀了，搁这儿就升官了②。他就越来越起来了。

访　者：一开始的时候，在前些年，也是您跟着母亲。大帅东征西讨的时候也不在家里，您小的时候就是跟着您母亲？

张学良：我那时候还没生呢！我母亲生我的时候……我想想。

访　者：我姐姐有一本书，那上有一个小故事，说是不是写张景惠，不是写张景惠啊，就是写冯德麟……大帅的相片倒是大家都有一些，您这儿大概没有了吧？他们这上边有的，您大概都有了吧？

张学良：我自己自夸，我母亲这个人好厉害。到危险的时候，我母亲都准备死了，我小的时候，我都不知道怎么回事，那时我也不懂事，很小的小孩，还不到10岁，她给我30块钱，拿那个白布裹上，给我系到腰里。她说今天晚上外头要是出事，你赶快逃。我说你呢，她说

---

① 海沙子，本名阎海川，辽西一带较大匪帮的头目。1902年农历九月初二，在辽宁广宁县（今北镇）高平镇，被张作霖击毙。

② 此处讲的应是张作霖被官府招抚后，参与清剿蒙古族反清抗垦的陶克陶胡武装之事。1908年，张作霖率部进剿，击败反垦武装。陶克陶胡突围而走，其副手白音大赉、牙什等人被擒。

你不用管我。所以说我母亲是很刚硬的。

访　　者：肯定老太太那会儿知道有些什么变故。但是不知道是什么变故。

张学良：蓝天蔚的军队要从那儿过。

访　　者：那会儿大帅的军队驻扎的地方就是您跟老夫人住的地方吗？

张学良：不是，不是。那时候我们都住在辽北县，我的于凤至她们家那儿，四百里地，几百里，三四百里地吧。那天晚上要出事情，是调军队。一天走一百里地。

访　　者：一天走一百里呀？那么走路如飞，跑哇。

张学良：是呀，三天四天就到了。那个时候的军队呀，就怎么的到我这个时候还是这个样子。就像我跟蒋介石。他让我打谁就打谁，他让我杀谁就杀谁。

访　　者：那个时候的军队都应该是这个样子的。那个时候老夫人一个人儿在家，就带着您一个人在家。大帅带兵到这儿到那儿，那时就您和老夫人在家吗？

张学良：我还有一个母亲，就是我爸爸的第二个太太［也在家］①。

访　　者：那时候都住在一起？没有一个男的在家里照顾着，就这两个夫人呐？

张学良：不是，不是，当差的也有两个男的在照顾着。

访　　者：那时您跟着母亲，念书就在那儿？

张学良：我还有一个带我的老妈子，从小把我带大。我母亲吃鸦片烟，我不跟我母亲住，我跟她住。

访　　者：好像那会儿吃鸦片烟是很普通的事。

张学良：我妈她生我就有病，她的死因跟吃鸦片关系很大。后来她一定要把鸦片烟戒了，说什么也不抽。戒烟的时候死了，后来我想她［大概是］得了胃病，胃溃疡，一定是胃溃疡。那时候也不懂，为什么呢？她非常信跳神哪！贴符呀。

访　　者：对对对！那会儿就讲究这个。疑难大症都要去找这些个［跳神的］。那时候医生也少哇。

张学良：那时候有个姓蔡的老太婆，我们叫跳神的。我讨厌透她了，什么画符念咒的，大神一来了她就在屋里跳啊蹦的，我讨厌透了，她跳的时候我扔块西瓜皮给她放那儿，咣一家伙摔地下了，她还喊叫，大

---

① 此处指张作霖第二个夫人卢氏。

访　者：是，您影响了跳神，这还了得。不过，那会儿，您说那会儿那么兵荒马乱的也没有什么好医生。

张学良：有，中医。西医也有啊，看不起。

访　者：那会儿信西医的很少。胃溃疡与生活也有关系，精神、心情也很有关系。

张学良：跳神的，我讨厌透了。

访　者：那时候也没有什么好信的。您二母亲姓卢？姓寿？

张学良：姓卢。

访　者：她也信这个？

张学良：嗯？

访　者：她也信跳神吗？卢夫人在台湾死的啊？在哪儿死的？

张学良：在大陆死的。她生了两个姑娘，一个我的第二妹，一个我的第四妹。我的二妹嫁给蒙古达尔罕王的儿子。

访　者：后来有报道说他们离婚了。

张学良：后来离婚了[①]。也是大帅安排的，两人没有感情。

访　者：您还有一个妹妹好像和曹锟的后人有关系？

张学良：曹锟的姑娘嫁给我这个四弟，张学思[②]。

访　者：后来他们的婚姻也解除了，是吧？

张学良：他们就这么个事呗。

访　者：大帅当然把一切事情都交给您，因为他很喜欢您，第二是看到您有才。

张学良：那时靳云鹏的儿子好像是我的五妹夫。

访　者：靳云鹏也是大将军了。

张学良：国务总理。

访　者：噢！国务总理。也是军人。

张学良：军人。

访　者：他们是夫妇一直在一起？

张学良：谁啊？

---

① 达尔罕王之子包布系天生痴呆，张作霖被炸身亡后，次女张怀英与他解除婚姻。
② 1922年，张作霖曾包办四子张学思与曹锟六女曹士英定下婚约。"九一八"事变后，张学思与其解除婚约，并未结婚。

访　　者：您的五妹他们。

张学良：他们根本没结婚。①

访　　者：老帅所安排的这些婚事。

张学良：都不好。就是谁呢？就是三妹……

访　　者：那么五弟妹，在台北的。

张学良：五弟不是安排的。我跟于凤至两个人，我那个太太是有后台的。我父亲和他父亲是好朋友。她也很能干的。

访　　者：你们两个在结婚前见过面没有？

张学良：没有。结婚以前没见过面。我们结婚是旧式结婚。我结婚那时还有一个伴郎，就是我的堂兄弟，我太太她跟我讲，结婚了我也不知道谁是我的丈夫。

访　　者：您的堂弟也有兄弟姐妹吗？

张学良：有。

访　　者：您现在家里逢年过节大家还联系一下吗？张氏宗亲可以说是相当庞大了，您二伯伯一家也很多人，现在在大陆以外你们有联系吗？

张学良：在我们那个地方，他有很大的宅子，在大陆。我二伯父为富不仁，他家很有钱。后来说来也奇怪，他临死的前一年，他很开放地做好事。

访　　者：他有预感？

张学良：也不是预感。人变了，他在那个地方是民团的团总，有土匪来就打土匪。

访　　者：他的地盘在哪儿？

张学良：他不是有地盘。地方也有点武装，有十几条枪。有土匪来了就打。土匪早就被抓起来了。土匪说：你可惹下祸来了。他们的弟弟可了不得。

访　　者：那大帅去抓的？还是您去抓的？

张学良：大帅去抓的。一个土匪告诉另外一个土匪：你可惹祸了。在他的地区，组织团勇。那时候土匪很厉害。

访　　者：好多书上报道说，您最喜欢您的四弟——学思，就是在共产党。后来让共产党给……为什么最喜欢他呢？

张学良：我跟你讲他的性格。我喜欢他的性格，我喜欢我三弟和四弟他们两

---

① 张作霖曾将五女张怀曦许配给北洋政府总理靳云鹏的儿子，还未成婚，1931年"九一八"事变，张作霖被炸身亡，此桩婚事不了了之。张怀曦是四夫人许氏所生，是张学思的同母姐姐。

个。我三弟和四弟是我第四个母亲生的，三弟不像我四弟。生我三弟和四弟的是[我父亲的]第四个太太。我第四个母亲相当地厉害。她管孩子管得相当厉害。我的三妹和五妹，我的第四个母亲生了两个姑娘两个儿子，都很好①。在北戴河那有一个卖外国货的百货公司，有一个卖货员是混血儿。我三弟就喜欢上她了。他母亲知道了，就非常地火，就打他，用鞭子打，他哭着说四弟没有手足之情，我挨打你一声也不吭。四弟他说，不吭声更好。他说，怎么的？我要吭声，她还揍你。我三弟后来娶了蔡家的小姐。蔡家是广东人②。他结婚的小姐是蔡十三，你想他家都是小姐。

访　者：哟，他有几个太太？

张学良：好几个，我还没弄清，他大概有十几个太太，很有钱。他是美国留学生，在那个时代不得了。

访　者：啊！那不得了，凤毛麟角。

张学良：他怎么发的财？他好像给袁世凯当秘书。庚子赔款的一部分钱被海关扣下来存在银行里，经他的手。庚子赔款存在银行里，有利息呀！可是利息，不能赔给你呀！他问袁世凯，利钱怎么办？袁世凯说，给你。他就这么发了，拿了一大笔钱。这个人也很有意思，那时英国租借地地皮便宜呀。他拿这笔钱买了一大片地。我三弟认识的是第十三小姐。

访　者：蔡家后来怎么样呢？

张学良：蔡家的好几个儿子不争气。他家小姐很厉害。

访　者：中国的传统好像是第一代很成功，第二代不见得能成功。

张学良：蔡家小姐那个时候很出风头，喜欢跑马。她养了有九匹马。她丈夫姓黄，是个水利工程师。

9. 我不愿人家管我叫少帅

访　者：关于家里的事情看看他们还说了什么。这是大陆出的书。这两本老帅的介绍，我还没有时间仔细看。您可知道少帅这个名称，据说您

---

① 此处指张作霖四夫人许澍旸。许氏生有张作霖三女怀曈、五女怀曦，三子学曾、四子学思。
② 此人即蔡绍基，字述堂。广东珠海人，清同治十一年（1872）首批留美幼童之一。曾任山海关监督，北洋大学督办。

不喜欢人家称您少帅？

张学良：不是这么讲。弄错了从前满清的规矩。他父亲叫大帅，儿子都应该叫少帅。我这个少帅变成了一个矬子，这么来的。当年我跟一个姓黄的，是京奉路警察段的段长，他会点英文，他的英文也不是最好的英文。他就把我这少帅这个名字改为 Young General（年轻的将军）。就这么大家就喊我 Young General。后来他们就改了，叫我 Young Marshal，这个 Young Marshal，实在的是少帅的意思。后来我真正的当了 Marshal（元帅）了，就变成了年轻的 Marshal 了，成了我的专名词了。谁见了我，打个括弧 Young Marshal，就是我。是这么，一步步地变过来了。

访　者：现在如果谈到中国政治，Young Marshal，都不用提您的名字。您知道吗？

张学良：一般人都叫我是年轻的 Marshal。

访　者：不是以前的少帅的名义了，年轻的元帅。您是曾经表示过，不愿人家称呼您少帅吗？

张学良：我不愿人家那么客气，管我叫少帅。

访　者：我以为是您有什么忌讳，以为老帅让日本［在］皇姑屯［炸死］之后，您［才不喜欢人家称您为少帅］。

张学良：比方说卢小嘉吧，人家也喊他卢少帅①，因为他爸爸也是帅，也是一样。

访　者：不过，几位少帅里头，Young Marshal，现在变成您的专名词了。那会儿您称老帅怎么称呼啊？又是您的父亲，又是您的长官。

张学良：大家一般都称呼"老帅"，正式的名称是"大帅"，一般人就喊"老帅"。

访　者：正式名称是"大帅"或"大元帅"。

张学良："大元帅"那就是后来了，他当了政府的首领，他不叫"执政"啊什么的，叫"大元帅"。

访　者：这当然是小节了，不过很有意思，代表您当时的地位。我在上海碰到孙铭九，我也在北京碰到郭维城和……他们都称呼您"副司令"。

张学良：他们都称呼我副司令，那时我当海陆空军副司令。

---

① 指卢小嘉。北洋时期，皖系军阀重要将领之一卢永祥之子。

访　　者：那会儿是北京的副司令还是西安的副司令？

张学良：中央，中央。

访　　者：是，中央的那个副司令。那也就是，孙铭九从北京就跟着您？

张学良：他一直是我的秘书。

访　　者：不是您的卫队长吗？

张学良：不是，不是。

访　　者：孙铭九，不是刘鸣九。

张学良：哦，孙铭九，他是我的卫队长。

访　　者：他是从北京就跟着您，还是到了西安啊？

张学良：早就跟了。

访　　者：那他在谭海的手下，谭海是您第一个最近的人？

张学良：谭海就是我的副官了，后来当师长①。孙铭九是日本留学生，并不是我的部下，他是我的二弟的部下，我的二弟当天津警察署署长。

访　　者：二弟学铭？

张学良：学铭，他们从日本留学回来，一部分人后来到我这儿。

访　　者：那么他称呼您副司令，是说西安剿匪副司令？

张学良：不是，我一直就是副司令，正式的副司令。蒋先生是总司令，我一直代替他执行。鄂豫皖边区剿匪司令，西安剿匪副司令，海陆空副司令，都是②。

访　　者：所以您有两个代用名词，一个是少帅，外国人都知道，有少帅 Young Marshal；国里头大概都称呼您副司令。没有人称呼您别的？

张学良：我真正的头衔是东北边防司令长官。③

访　　者：从 1930 年开始就是海陆空军副司令。

10. 我曾曾祖父原来姓李

访　　者：那么您可知道，老帅号叫雨亭，您可知道这个名字怎么来的吗？以

---

① 谭海，曾任张学良的副官长，东北军第一〇五师副师长。
② 1930 年 6 月 21 日，国民政府特任张学良为陆海空军副司令。1934 年 2 月 14 日，国民政府任命张学良为鄂豫皖三省"剿匪"副司令。1935 年 10 月 2 日，国民政府特派蒋中正兼任西北"剿匪"总司令，张学良兼副司令，代总司令职。
③ 1929 年 1 月 4 日，国民政府文官处发表任命通电，特任张学良为东北边防军司令长官，1 月 11 日，张学良上任。2 月 4 日，举行了隆重的就任仪式。

后……有所寄托。

张学良：他原来叫……麟，我的父亲是弟兄三个，我的大爷……

访　者：对了，琳达说过，据说以前姓李。

张学良：是，我家真正姓李。

访　者：这么，这个张姓的由来是［怎么回事］?

张学良：我们张家没有儿子，是把人家的儿子，把姑娘家的儿子拿过来［当张家的儿子］。好像我的曾曾祖父，六辈，我都不太清楚。原［来］姓李。我们是大城①的李家，我把我原宗谱找到了。大城呀，我到大城去，我走到那儿吃午饭。那个村庄都姓李，后来那个地方有个乡党，老乡党。他听说后就来了。我就跟他说，我们很希望知道这件事。他说，我知道我们李家往关外去了两支人，但是你们是哪一支我不知道。我知道到海城有两个姓李的，一个是我们，另外还有一个姓李的，那个是不是和我们是一家，我不知道，我后来也没找到。后来我跟我父亲说，我父亲他说，我也不太清楚。

访　者：那已经六辈了，时间很久了。

张学良：不过是这样的，他说姓李的这家也没有后人了。海城还有个李大爷，就剩他一个人了。也没有后人，所以我就跟我父亲说，你把我过继过去，我还可以娶个太太，再生儿子就姓李了。

访　者：那会儿是有这种［风俗］，要有人传家。

张学良：后来我这个李大爷死掉了，李家没人了。

访　者：后来您本来在大城那个李家这一支人丁旺盛。

张学良：李士登他就是大城的，那就不考虑了，他本来托我，……我对这事不太注意。

11. 老帅的六个夫人

访　者：对后人来说，那是很有意义的。有人还传说，这段故事我听说，大帅看中了赵家的小姐。那会儿还有这种抢婚的制度，给一块钱要去抢，赵小姐的父亲看中了大帅，互相看中，要有抢婚的制度。没这回事?

---

① 位于今河北省廊坊市。

张学良：抢婚是有抢婚的。我知道，我家里有一个亲戚腿不好，娶不着太太，抢个太太。抢婚都是那小姐在家里不规矩或名誉不好，也不是随便叫抢人的。

访　者：呵呵。我以为这是一种风俗，好像必须要抢婚。

张学良：那大概姑娘在家里生过孩子呀，大多数都是生过孩子的可以抢，这是我们那边的风俗。女孩子不规矩，可以抢。我家里有个亲戚腿瘸，娶不着太太，就去抢个太太。

访　者：您刚才说，蓝天蔚那一阵子兵乱，后来老夫人给您洋钱呀，什么拴在……那会儿就有了卢夫人，就有了您二母亲了？

张学良：有，有。

访　者：二母亲要跟着老夫人住在一块儿，是吧？

张学良：也不是，那时候我还有一个第三母亲。我父亲很喜欢我的第四母亲，那时候还没有第四母亲。

访　者：第四母亲是寿夫人？

张学良：不是，姓许。

访　者：我就记得我祖父那一辈，那可以娶一个太太，两个太太，三个太太，都是娶到家里，然后分到一院一院的住，都住到一块堆儿。这种风俗，好像我们这一辈当然就没听说过了，那个时候是［那样］。

张学良：那个时候就是我自个儿的母亲。其他的母亲每天晚上都要去看我的母亲，去请安呢。她们都在地上站着，都像姑娘那样站着说，我们休息去了。

访　者：还是一家之主，原配夫人是一家之主。

张学良：也不是那个，我母亲抽鸦片烟，她们有时候来给我母亲烧烧烟，伺候伺候。

访　者：听说大帅的三夫人，后来就出家了？听说她有个弟弟，这上说，她弟弟呀——证明老帅是如何治理国家啊，是秉公无私——说是三夫人的弟弟喝醉了酒，就在城里头拿枪把路灯都给打了，发酒疯了。详细的情形我不大清楚。结果那时是谁呀在管理治安，好像是王永江，就说你不应该危害治安，就告诉老帅了。老帅说，这样的话应该严加惩办。后来说是谁呢？说是谁谁谁。那是谁也没办法，要严加惩办，就把他枪毙了。枪毙了回来跟三夫人说，三夫人后来一赌气就出家了。

张学良：没这回事，她就说出家，我父亲给她一笔钱，都是我给办的，给她一笔钱，她就走了。我知道她到那庙里待着，可是她并没出家，她在那儿常常打牌呀。不是因为她弟弟的关系，这是外头的谣传。你说的这件事是另外一个人，那与我家没关系，那完全影射。那个人姓韦，叫韦静斋。他晚上吃醉了，坐着洋车。城门口到晚上都有一班人，有一个排长带着，看守这个城门。韦静斋他家里很有钱，吃醉酒拿个手枪，在洋车上"砰、砰"放枪，走过城门。那个把城门的就拦住他。他就"砰"一枪把那个排长打死了，那个班长上去给他一刺刀，就在脖子这儿给了一刺刀。就把他从洋车上摔下来了。那时候那兵都凶啊。这是另外一回事，他家里很有钱。他就这么死了。是谣传。

访　者：还有一个夫人，有一个王夫人吗？

张学良：没有。

访　者：有一段什么消息，关于常荫槐您记得吧？说是几夫人家里的一个厨子，坐车不买票，常荫槐说你非买票不可。结果有人就告来了，说是几夫人家里的人，家里的厨子。后来老帅说我佩服常荫槐，常荫槐到底是有种。怎么着，我忘了。

张学良：没这回事，要不就是我不知道。

访　者：那我还给您说这个吧！看他这个说得对不对。他说，赵氏性情刚烈，富于感情，与张作霖同乡。有一个木匠高老惠做媒，嫁给了张作霖，21岁结婚。噢，对了，老帅的生日您记得吧？这本上有三个，他们说没办法考证，您不大记得是哪一年吗？

张学良：哪一年我说不出来了，就那么算，他好像是光绪元年。

访　者：光绪元年，我可以查，几月几号？是阴历吧？①

张学良：我是1901年生的。我父亲的生日我一下子说不出来了。

访　者：6月1日是您的生日吧？

张学良：6月1日是假的，我的生日是阴历四月十七，因为我父亲死〔的那天〕是我的生日，所以就改了。②

访　者：您慢慢想。关于老帅年轻的时候，您还有些什么事迹给我们说一说，

---

① 张作霖的生日为光绪元年阴历二月十二，即1875年3月19日。
② 张学良的生日是1901年6月3日，阴历四月十七。1928年6月4日（阴历四月十七）张作霖皇姑屯被炸的那天正是张学良的生日，从那以后，张学良把自己的生日改为6月1日。

他这儿说的就不对了，21 岁结婚，对吗？

张学良： 我说不出来，这得算。

访　者： 他这点说的跟其他人说的不一样，他说张作霖的脾气不好，其他人都没说过他脾气不好。常和部下发火，有时闹得很僵，可是赵氏总是出来打圆场。

张学良： 那时我父亲的部下对我妈妈都很好，也不能说打圆场，我妈妈很招呼（即照顾）他们。

访　者： 有点像蒋夫人，是不是？老夫人要生在这个时期，作风有点像蒋夫人，是吧？您看这儿写着呢，［老夫人］给挨了骂的部下、把兄弟顺顺气，很照顾他们。张作霖几个把兄弟里头，和张作相的关系最好，那张景惠呢？

张学良： 也很好。

访　者： 对他非常信任。OK。据说张作霖发了脾气，有时别人劝都不行，只有张作相能劝他。

张学良： 也不能那么讲，他劝他，他骂我爸爸。

访　者： 张作相有什么话也敢直言不讳地向张作霖讲，一旦有事，老夫人也总想找张作相出来调解。张作相对赵夫人评价很高，常说大帅能够成就大业，多亏我那个老嫂子。汤玉麟也说，嫂子非常贤德，多少大事都多亏了老嫂子。他还说在您以前还有一个小孩子，但不久就死去了，是在 1896 年。然后 1898 年生了您的大姐首芳，也叫冠英。然后 1901 年 6 月 3 日生了您。6 月 3 日当然是假的了。二弟是 1904 年学铭。据说，生学铭时，看门人老薛午睡梦见一个小喇嘛，一直跑到院里，老薛起来追之，适与张作霖相遇，张就问，你跑什么，看门人说，我瞧见一个小喇嘛进院里去了，所以我追。老帅就骂胡说，你是做梦吧？这时老夫人生了学铭，老帅就说这小子找我算账来了。

张学良： 剿蒙匪时他杀过好多喇嘛。

访　者： 因为老帅办团练的时候，北方有个小喇嘛被他杀了，因此，不甚喜欢学铭，是这么回事吗？

张学良： 是这样。

访　者： 真是为这个啊？

张学良： 学铭小时候很淘气，脏死了，乱吃东西什么的，不听话。

访　者：他这儿说了一件事，我想大概不是真的。你听他说什么，他说，因为老帅地位高了，对赵氏渐渐疏远了，是有这回事吗？1911年冬天老夫人携学铭来找老帅，老夫人和学铭住外间，张住里间。学铭夜里哭，把老帅吵醒了，老帅起来把学铭打了一顿。那么老夫人和大帅发生了争执，第二天就回新民了。

张学良：是，是，是。

访　者：这是因为学铭的关系，后来四月间就病死了。老夫人生病的时候，老帅曾经派二太太卢氏去看护。老夫人死的时候才38岁。您那时候11岁。所以学铭小时候都是由卢氏照管？

张学良：是，也不能说是，［是由］我姐姐照管［的］。他说的不对，我母亲生病，我们所住的新民府，我父亲那个时候住的省城，省城距新民府还有120里路，有一个钟头的火车，他坐专车来的。卢夫人跟我们住在一块堆儿。

访　者：老帅怎么碰到的卢夫人，您要不要听这个？OK。我给您快快念吧。（念《从草莽英雄到大元帅——张作霖》中的内容）"卢夫人是北镇县人，名寿萱，1900年老帅在北镇县任保安队头目时，偶然在村中看到塾师卢某之女甚美，就找女舅，声称为其帮首程某提亲，女舅不允，推脱程是外乡人，不知底细不嫁，说要是你这样的人才能嫁。"您懂这意思吗？老帅听到后就转而为自己求婚，后来［女舅］说你已经有了太太了，我的侄女（应为外甥女）怎么能给人做二房呢？老帅说这是两头为大，无所谓二房。过去是有这种两头为大的事吗？

张学良：是有。

访　者：保证不给气受什么什么的。"九一八"事变以后，卢氏就长居在天津，后来1974年5月死在天津。有两个女儿，一个是怀英，一个是怀卿。

张学良：是，我二妹、四妹。

访　者：然后，1906这一年老帅就续娶了戴夫人，有人也说姓陶，有人说姓宪。有人说姓王，或者姓许。是不是许夫人？这是第三位。①

张学良：有一个姓 xiàn 的。

访　者：哦？有一个姓 xiàn 的？哪个 xiàn？这儿写的是宪法的宪。

---

① 关于张作霖三夫人的姓氏说法很多，有陶姓、戴姓、线姓几个，据查张家财产暨三畲堂清理委员会文件中记载为线夫人，名不详。一说名叫戴宪玉。

张学良：哪个字我忘了，好像是线绳的线，哪个 xiàn 字我忘了。反正姓 xiàn。

访　者：哦，娶了宪夫人和许夫人。那就说一年娶了两位？

张学良：一次，一次娶两个，进家来两个姨母。一个姓 xiàn，一个就是张学思他的妈妈许夫人，第四个姨太太。她们同时进家。

访　者：他说的是一年，实际是一次。三太太宪夫人原为北镇县什么一个捕盗班的儿媳妇，貌极美，但老帅看中了，便托杜泮林①前去说亲，终于用钱将戴氏，就是这宪夫人娶回，先在外住了四个月，后来才跟四太太许氏同日进门。不过戴氏性情暴躁，有洁癖，所以夫妇之间很勉强，婚后郁郁寡欢，又没有子女，后来就离家入佛门，那就是这三太太。四太太许氏河北宛平人，随母逃荒等等。一日正在井台打水，为张作霖看见，便依仗势力，强行娶回来做四姨太。许氏性情刚直，遇事有见解，教育子女有方，生怀瞳，又生学曾，然后又生怀曦和学思。

张学良：都不对，不过没关系，反正她生两个儿子、两个闺女。

访　者："九一八"事变以后，迁居天津，"七七"事变以后移居美国。除学思外，其他子女都长期居住美国。后来，1976年在北京病故，葬于八宝山。就是五爷（应是四爷，即张学思）的母亲回到北京去了。

张学良：我都不知道，那时。

访　者：后来又娶个寿夫人，寿夫人是满洲的旗人，因为她单名为懿，所以有人称他为张寿懿，是黑龙江寿山将军的一个外室王姓的女子所生，又叫王雅君。受过教育，有一定的文化水平，而且精明能干，颇有见识，有些跋扈。长期陪伴大帅左右，最为张作霖宠幸。在帅府她占有多处住室，在商埠地张作霖还特为她建筑了豪华府第。生四子，第一个学森，二是学浚，然后是学英，最后是学铨。这是五爷的母亲。"九一八"事变后移居天津。解放前夕又离津赴沪，转台湾，1966年病故于台湾。六太太马氏，又名马岳卿，称岳姑娘或马姨娘，实际上是寿夫人的贴身丫鬟。

张学良：不是不是。

访　者：经寿夫人同意纳为妾，生了怀敏。皇姑屯炸车案发生，这个马夫人与大帅同车回沈，但仅小趾被烧伤。

---

① 杜泮林，字恩波，辽宁黑山人。清末秀才，为黑山名士。张作霖早年在当保险队头目时，与其交往密切，认其为义父。

张学良：她是被拽出来的。

访　者：哦，炸了在底下了？不过受伤不重。

张学良：受伤不重。

访　者：说大帅死时，她年仅二十一二，她始终追随寿夫人，直至1948年同去台湾。1975年病逝于台湾。这是第六个夫人？

张学良：第六个夫人，六妹的母亲。

访　者：就是在师大教书的那个的母亲吗？

张学良：是。

访　者：她只有一个女儿吗？

张学良：是。

访　者：起初张作霖对这些家眷都以排行大、二、三、四、五太太称之。之后张作霖进兵关内，进入中南海，自从封为海陆军大元帅，登上北洋政府元帅宝座时，由寿夫人倡言，以娘家姓氏，统统改称为卢夫人、许夫人、寿夫人、马夫人。张作霖娶了这些妻子，当然是封建军阀糜烂腐朽生活的反映，张作霖对娇妻爱妾虽然十分宠幸，但却很少听她们的枕边细言，不许她们包庇亲友，胡作非为。1910年，张作霖追击蒙古叛匪大获胜利后，曾派所部巡营文案总理陶历卿先回到洮南①，料理一切。其时有张作霖新娶不久的三姨太，年轻貌美，恃宠而骄，因对沙漠上的食宿感到了不称心，认为陶历卿照顾不到，便找陶前来当面申诉，表示一下太太的威风，可是她刚一发作，陶也火了，当即把一碗茶朝三太太泼去，三太太本想摆摆威风，结果陶历卿反给她以难堪。这口恶气不出怎么行呢？后来，见到张作霖时，她便寻死觅活，带哭带喊地闹，要求张作霖为她出气。见此情景，陶历卿主动见张，表示自己的脾气不好，不便在这里再干下去，张对陶不但毫无责备之意，反而安慰陶说，你把我张作霖当作什么人了，她年轻，闹就闹吧，没什么关系，我们的事情要紧。闻听此言，陶感到十分愉快，从此以后更加对张忠心不贰了。陶也一直委以重任。

张学良：没这事情。

访　者：OK。据说张作霖三姨太有一胞弟在帅府充当警卫战士。某日晚外出

---

① 洮南，今吉林省洮南市。

游荡，突然心血来潮竟以随身短枪连射路灯以为戏。结果不少路灯被打坏。此事为电灯厂发觉，乃行文禀告。张作霖闻其勃然大怒立命卫队长将其妻弟枪毙。卫队长以该卫士系张作霖之至亲，罪不该死，乃暂以幽禁。乃待张作霖气消时再为其开脱。过了几天，卫队长见张已气消乃前去为该卫士［说情］，从宽发落。张作霖极为震怒，对卫队长说，你不服从命令实可恨。倘不立毙之无颜，终将其妻弟枪毙。事后三姨太说，余杀吾弟诚非得已。我不能私亲……这大概就是我刚才跟您说的那个故事。三夫人最终离家皈依佛门。所以当时至亲犯法尚不能豁免，其他人谁敢胆大妄为。当年张作霖对寿夫人虽极宠爱，甚至事无大小，多与思之，足见其倚重之深也，但寿夫人违法张亦不包庇。京奉铁路原来路政相当紊乱，经常有人无票乘车，说"妈拉巴子是免票"，无人敢过问，一般旅客伺机也不买票自乘车，因此路局收入很少，后张作霖派常荫槐任军警执法处长兼京奉铁路局长，常荫槐的职务虽然仅在中上级之间，地位并不算高，但他有胆有识，素有能名。他到任后，即重定规章，严格稽查，在沈阳、锦州、山海关等大站加派得力武警检查，他不怕得罪上级和同僚。

张学良：这也不对，我给你讲，说"妈拉巴子后脑勺是戏票"是在北京看戏去这些个事儿。

访　者："妈拉个巴子"是东北的话？

张学良：东北骂人的话。

访　者：看戏可以不给钱。

张学良：说不好听的，"妈拉个巴子"就是"妈拉个屄"，这么一句话。这是很随便的一句话。我跟你说，我在医院住院有病的时候，喜欢一个小孩儿，喜欢这个人，就骂人家"妈拉个巴子的"。那个小姐火了也骂我。后来太太跟她说，不是，东北人对你好，东北人喜欢你，拿你当小孩儿，就说"妈拉个巴子的"。就是口头禅。有人根本不接触东北人，就很奇怪！怎么一张口就骂人呀。好像那个广东人广西人说什么，就是口头禅。就连自己小孩儿我孙子我都说"妈拉个巴子的"。我跟你说，我那个儿子，大儿子。他爷爷，东北军入关了，他召集军官讲话，他爷爷跟他说，咱东北军队进关净骂人"妈拉巴子"，"妈拉巴子"，以后不准骂"妈拉巴子"，再骂"妈拉巴子"，我把你们都枪毙了。他孙子跟他说，爷爷我给你记着呢，你骂了两句"妈拉巴子"，你骂人。他爷爷说，我揍你。我那大儿子跟他爷爷开玩笑。哈哈。

12. 鸦片有瘾就不提神了

访　者：您那个大儿子的名字叫什么？

张学良：叫张闾珣。①

访　者：闾珣应该是老帅最疼的吧？

张学良：也不一定是，但他是最大的孙子。

访　者：那时候也可以跟老帅玩啊，什么的。

张学良：是，他有时候跟着玩，我父亲抽鸦片烟，他也跟着抽。

访　者：真的啊？老帅给他抽呀？

张学良：给他玩，后来我们跟他说，不要跟爷爷要鸦片烟抽。

访　者：您说，那时候抽鸦片烟那么普通，作战呀，什么的，累呀，也要抽。

张学良：那时候谁家里都有鸦片烟，也不一定有瘾。你没抽过鸦片烟。要是胃里不舒服，[抽]一口就好了。

访　者：他们说止疼非常有效。

张学良：止疼有效多了。你累了，支持不了了，我这抽鸦片最大原因就是，就是打仗支持不了，太累了。

访　者：我记得我们小时候就喜欢闻鸦片烟味，甜甜的，很香。而且我就知道，姥爷吧，反正是爷爷那一辈的，很有意思，乱七八糟小玩意儿，我们就在旁边看着，觉得好玩极了，那鸦片怎么嘟噜嘟噜的往那儿……很好玩，不过那时是说：这好像是家里的一个……

张学良：不过是那样子，你说的是很有钱的人抽鸦片烟，不抽那鸦片烟灰。

访　者：抽什么？

张学良：从斗里挖出来的，叫鸦片烟灰。没钱的……鸦片烟灰就臭了，不香了，没钱的就抽那个，再没钱的人就喝那鸦片烟灰。

访　者：不过，那会儿好像说也是社会上的地位，家里也得有鸦片烟的烟具。

张学良：那差不多都有，家里有硬的床，都摆着鸦片烟盘子。

访　者：你要没有，好像觉得……

---

① 张闾珣，张学良与于凤至所生长子。1917年出生，1958年突患中风于美国去世。

张学良：差不多都抽鸦片烟，不是都上瘾。

访　者：像您在大帅府的话，一来政治上的压力，军事上的压力。像大帅，这边是日本，那边是俄国，应酬多。总是抽点能够提神是不是？

张学良：提神，累了，我父亲他也不是有瘾，他也没，可以抽可以不抽。

访　者：您说，作战累了，我就想起那会儿作战，您说的奉直战争。

张学良：提神，鸦片提神。那是没瘾的时候。你有瘾就不提神了，没那么厉害了。

访　者：许多唱戏的，一下儿要唱一出戏下来，都要抽点烟提神。所以，很多唱戏的要抽烟，据说，余叔岩①也是抽鸦片。可是梅兰芳不抽，梅兰芳抽吗？

张学良：梅兰芳不抽。

访　者：谭富英也抽？

张学良：谭富英，那我不知道。

访　者：据说余叔岩、谭富英［也抽鸦片］。

张学良：余叔岩抽。我跟余叔岩很熟。我跟余叔岩到他家里，我那时候也抽鸦片烟，我有很好的鸦片烟膏都送给他。

访　者：是有兴奋剂［的作用］。

张学良：兴奋剂。

访　者：那跟现在他们那个运动员抽的是一样吗？

张学良：我跟你说真话吧，太诱人。找女人也用这个。

访　者：抽烟怎么找女人？

张学良：你没有力了，抽烟，［能］兴奋［起来］。

访　者：那么女的也抽烟吗？女人也抽大烟吗？

张学良：那时女人有好多也抽呀。简单地说就是兴奋剂，跟吗啡一样。可是你上了瘾就不行。没效。

13. 我就不是个念书的料儿

访　者：咱们说到哪儿了？（以下仍是谈《从草莽英雄到大元帅——张作霖》中的内容）然后就是说，大帅怎么重视子女的教育和培养，说一共有八子六女。其长女和长子七八岁到读书年龄时，他正在新民任五

---

① 余叔岩，本名第祺，湖北罗田人，京剧老生表演艺术家，余派创始人。

营的统领，延请了台安县的举人崔骏声①。就是给您开蒙的。后来张作霖进入沈阳，当了二十七师师长和奉省的统军，在家里设私塾馆，延请了海城的老儒杨景镇②和关外名士白永贞、宋文林、张梦生等先后为之授业。他们这些人，教您什么呀？

张学良：你说这有不对的。宋文林没教过我，张梦生，我根本不知道这个人。杨景镇是启蒙的老师，我跟他念书。

访　者：那会儿您都念什么呀？

张学良：念四书五经啊，所以我唐诗背得很熟，［都是些］旧玩意儿。

访　者：我们也念过，白天在北满念书，晚上念，开始念您猜什么，念《说文》、《尔雅》。您也念吗？

张学良：我不念。

访　者：可是我们没有背过《三字经》，也没念过《千字文》。

访　者：那就等于说，师爷爷了。

张学良：好凶呀，他把我爸爸气蒙了，我还是因为这才起来的。

访　者：为什么？

张学良：他思想顽固极了。那时我大一点了，就做文章"民主国之害，甚于君主制"，我就作文把他大骂一顿，我说这种思想都是"田舍翁"的坐井观天。"田舍翁"就是乡下佬③。因为这篇文章，他就上我爸爸那儿辞馆去了。

访　者：这就是那姓白的？

张学良：不是姓白的，是杨景镇。他就辞馆去了。我爸爸［发］大火了，写文章骂老师！他不知什么叫"骂老师"，要拿鞭子打我给老师看。那时"天地君亲师"，还了得！他就到了秘书厅。那时秘书长叫袁金铠，也很有名的。他就生气，要打我。袁说你生什么气？［他说，］我的儿子写文章骂老师，唉！袁说，这倒是很奇怪呀，学生骂老师。他说，你看见了这文章吗？我父亲说，我没看见这文章。

---

① 崔骏声，本名名耀，1870年生。早年八角台一带出名的秀才，受到时任八角台团练长张作霖的器重。张学良七岁时，被委任为他的家庭教师，"张学良"的名字就是拜他所赠。1919年正式专任巡阅使署教读，在大帅府里设立私塾馆，继续为张学良的弟弟、妹妹们施教。

② 杨景镇，辽宁海城人，晚清举人。曾为私塾先生。张作霖少年时家贫，到私塾偷听杨景镇讲课，后来杨同意张免费听课。

③ 田舍翁，原指年老的庄稼汉、老农。多含有贬义，犹乡巴佬。如，唐白居易《买花》诗："有一田舍翁，偶来买花处。"金元好问《族祖处士墓铭》："人言田舍翁不通晓，果然！"清赵翼《归田即事》诗："怜他未惯蓬茅宅，笑我原来田舍翁。"

他说，你把文章要来，我们看看他写什么，这很有意思。袁金铠手底下还有几个秘书，都是进士。要来一看。要我的文章，我就觉得我的事情有点缓和了，因为我本来要挨揍了，好家伙，那严格得很，用鞭子，用人看着我，怕我跑了。既然要我文章，我就把文章取来，我就知道这事可以缓和。他们一看，说，唉呀，这老师教不了这个学生。换句话说，这学生比老师还厉害。我父亲一听，气松一点了，就说，你来好不好？给他请过来，那就请的白永贞。所以我感谢他，白永贞教我不到一年，因为他是举人，做过奉天海龙府知府。那时他还没当。后来他当省副局长，当过奉天省长，他教我半年多，不到一年，那我父亲对他，人家介绍的，有点地位了，对他也很好，他就对我父亲说，你这儿子不是念书的料，你不要期望他念书，他不是那块料。

访　者：不是文人。

张学良：不是文人，就是不是个念书的料。他要干什么，你让他干什么。他就辞馆①了，不教我了。不教我也不念书了。这个人我很感激他。他的儿子在我手底下当团长，后来他儿子跟我在讲武堂念书，后来打仗，跟日本打仗，打死了。

访　者：您还记得他儿子叫白什么？

张学良：他儿子叫白永胜，白什么，记不得了②。

访　者：他完了之后您就到讲武学堂了？看过去的历史，连英国那些皇家的小孩以及日本的皇家小孩都是一边做事，一边还有人在旁边帮助他。您后来到讲武学堂之后，专［学］门军事，没有别的人再帮你。

张学良：没有，没有。那时讲武堂［的人］都是些行武［出身］，不是学生。我进去了，所以我在讲武堂就考第一。③

访　者：那您后来做事，您有没有自己用一个得意的或者顺心的秘书呢？帮您写写作作，或者有些书籍您想要看。

张学良：我本来，要不是打仗，我几乎到日本。日本让我进他陆军大学，因为我日文不大好，不会，那他准［许］我带一个人陪着我［去］。

---

① 辞馆，即辞去私塾教师的职务。
② 应是白玉麟。白玉麟，白永贞之子。1920 年毕业于东北讲武堂。1931 年，任东北军陆军独立第十二旅第六三五团团长，1933 年 3 月，在古北口抗战中牺牲。
③ 1919 年 3 月，张学良入东三省陆军讲武堂第一期炮兵科学习。翌年，以优异成绩毕业。

我本来差不多已经决定到日本去，假如我进了日本学校，现在的事情都要变化了。后来起了战争了，我就出去打仗了。

访　者：那就是第一次奉直战争吧？

张学良：先不是奉直，先是直皖。

访　者：所以这一下您的生涯也改变了。

张学良：是［改］变了。

访　者：他这上面说，老帅特别注重您几位的教育，先是讲授四书五经。张学良、张首芳、张学铭、张学成。张学成就是您堂弟，就是您打死的那个吗？

张学良：堂弟，就是。

访　者：以及赵兴德①同时就读。

张学良：赵兴德是我表哥。

访　者：张学良的文学造诣颇佳，可能在启蒙时受过汉文私塾老师的教育，有直接关系。1916 年，张作霖任奉省统军，驻沈阳，张又请交涉署（相当于外交机构）英文科长徐启东教您英文，您还记得这徐启东吗？

张学良：记得，他是香港皇家书院的学生。

访　者：那他英文相当棒了。1916 年您 16 岁时候开始念英文了。我觉得老帅的思想很特别，那会儿大家不太想念外文，是您的要求吗？

张学良：因为我父亲跟伊雅格的爸爸是朋友，跟外国人来交往，那时我们一起读。

访　者：您 16 岁以前跟伊雅格在一起说中国话？

张学良：一直说中国话，说英文的时候很少，有时讲几句。

访　者：那您还记得您那时学英文是什么样？

张学良：我这个英文没学好。我这个老师，我们都上他那个办公室念书去。交涉署有一个房子，让我们进去。有时我们还到那要碗面吃，吃点东西。完了进来，老师都先给我鞠个躬，客客气气，你说这个书怎么念？

访　者：那时您对学英文有兴趣吗？

张学良：有兴趣，但这种念法也没有念好。

---

① 赵兴德，张学良母亲赵氏的侄子。

访　者： 您［记］不记得您的课本用的是什么吧？

张学良： 叫《华英初阶》①。

访　者： 哎呀，我看到过这本书！就是我们图书馆的，我不是跟您说这个韦慕廷，他的老师叫作 Goodrich（古德里奇）他就有这个《华英初阶》。

张学良： 我不跟你说过［吗］？我这个老师他是广东人，念这个 nine（九）他就说狗、狗，我就想到 nine 是个狗，没想到是个 9。后来念到 dog，他告诉我这是犬，广东人管这个叫犬。我说狗跟犬有什么不一样？哦，那是小狗，这是大狗。（笑声）

访　者： 您的悟性也很高的。（笑声）

张学良： 我想那是犬，这是狗。犬和狗有什么分别？我就想，广东人管小狗叫狗，大狗叫犬（笑声）。

访　者： 徐启东原来是广东人？

张学良： 广东人，北方话说得不太清。他是香港皇家书院毕业的。

访　者： 那您跟他念英文多久啊？

张学良： 可能有半年多吧，后来我就跟外国人，我到青年会跟陈瑛②，我还跟普赖德学英文，跟他学好一点，他这个法子就是拿课本让我自个儿念，不管你认得不认得，自己念，念完再给你讲。

访　者： 其实我觉得他有道理，因为您那时不是从 ABC 开始的，您已经……会说话了吗？

张学良： 还多少记得一点，所以我英文不能拼音，我都是这么念的。

访　者： 看别的书上说，您那时英文说得是非常自然，也许您自己认为您没有好好学。

张学良： 不是这样的，我 16 岁我记不清了。十七八岁的时候，奉天有个叫 Mountain Club（群山俱乐部）。这 Mountain Club 是什么呢？就是沈阳他们外国人的一个 Club。这里头没有中国人，那么外国人他们是会员，唯有我一个中国人是名誉会员。我差不多没事情就跑到那 Club 去待着。那时奉天没有电影，电影院都是很下流，很蹩脚

---

① 《华英初阶》，初版于 1898 年，是商务印书馆出版的第一部英语教科书，也是商务出版的第一本书。商务印书馆开业之初，请谢洪赉将英国人编的印度读本译成中文，加上白话注解出版。出版后销路甚好，流行十几年。

② 陈瑛，字惠生，曾任东三省军事测量局局长，并做过张学良的德文教师。

的电影院。他们 Mountain Club 自己外国人看电影。所以我英文很瘪脚，就是在那儿学的英文，不说中国话，差不多都说外国话，很少人说中国话，所以我的英文很瘪脚的。不是一天，没事就到 Mountain Club 玩去。

访　者：可是单膀子（指沙顿，Sutton）说呀，好奇怪，不知哪儿来得这么个年轻人，说英语说得这么流利，一开始他不知您是少帅，就知道交涉署忽然碰到个年轻人。这年轻人一口英文，说得相当流利，所以他很注意。您也许没怎么学拼音，但是跟他们会话大概是［可以的］。

张学良：文法也是，说我文法没有是实话，乱扯淡。

访　者：不过您还给蒋先生做翻译呢。蒋先生跟端纳说话，您做的翻译。唉！那次您从海外回来在汉口吧。就是您、端纳去见蒋夫人他们。那时候也是您翻译吗？后来，您说是不是？

张学良：端纳和蒋夫人用不着我翻译。

访　者：虽然您老是很谦虚说您英文不行，您和蒋先生谈的话，绝对不会是你喝不喝茶啊……

张学良：我跟我的小孙子，我太太说，我就不明白你的英文，怎么晚上给你孙子还讲故事，还扯淡呢！我就那几个字，我会使用。

访　者：我就想，跟蒋介石和端纳之间说的话，是相当有分量的了。那也就是说，16 岁开始学了之后又到 Mountain Club 去学，所以他说绝大部分都受到了良好的教育。您有几个弟弟到日本去读过书啊？

张学良：我的二弟，他们都到日本去过。

访　者：五弟，学森呢？

张学良：他也到过日本。

14. 我打过我弟弟

访　者：您的几个弟弟，您最亲近的是哪个？

张学良：四弟，我最喜欢四弟。三弟、四弟。

访　者：那么像这个五爷（学森），在那时候都不大。

张学良：我不大喜欢他。

访　者：在奉天的时候，大家都是在一块儿吃，那么大的家庭吃饭都在一块儿吗？

张学良：各人吃各人的，不在一块儿。

访　者：哦，不在一块儿。

张学良：平时我都不在家里吃饭。

访　者：他们要是见到大哥哥，会不会像过去我们所想象的家里见父亲一样，也很怕，也很尊敬。

张学良：我父亲在家里相当严厉。

访　者：老帅不在，那些弟弟们对您呐还不是也是一样？

张学良：是啊，见我也不能说是太严厉。我爸爸给我权，我打过我弟弟。

访　者：所以大概他们都很怕［您］。

张学良：我家里我母亲、我五母亲，她们有什么事都是我解决，因为父亲给我权。

访　者：有您这大哥哥，所以这些弟弟们也很幸运呀。

张学良：也不能那样讲，他们相当怕我。

访　者：在中国，不单像您这样的家庭更如此。普通的一般家庭，那大哥的说话的确是很有分量。这是中国家庭一向的作风，是吗？

张学良：从前的大家庭都是在一起。

访　者：那您的负担也是够大的。

张学良：不单是负担大，我爸爸也是喜欢我们。

访　者：他这儿说，老帅对子女的要求很严格。张学铭回忆说，他小时候他父亲和几个兄弟在一个桌上一起吃饭，平常都吃高粱米粥和馒头。逢年过节才吃酸菜白肉片等好菜饭。有一次吃高粱米，张学良不爱吃，张作霖把您打了一筷头子。张作霖幼小时曾过过艰苦的生活。他发迹以后虽然有权有势，但他在吃喝穿戴方面仍然是平平常常，不太讲究，吃饭的时候经常是高粱米，抽烟是长杆旱烟袋，穿的是一般衣料的长袍马褂。孙科在《八十述略》中也说，他在1924年冬天，持孙中山函到东北与张作霖商量讨伐曹锟、吴佩孚。张作霖每天早上派车接他到办公室，共进早餐，吃的是小米稀粥，生活非常简朴。顾维钧也说，张作霖自己不要钱，对部下手头很宽，而他自己的生活很简单。子女上学读书，则禁止乘车进校门，必于距校遥远之外下车步行。这些都是老帅的规矩。他这点我觉得很值得大家伙儿［学习］。虽然事情很小，就是吃饭时一定要吃高粱米。

张学良：他喜欢吃高粱米，换句话，白米饭也吃。

访　者：您不喜欢吃高粱米呀？

张学良：我也吃，我也喜欢吃。

访　者：那他干吗说您不爱吃？

张学良：他随便说，没那回事。

访　者：在家里，大家都是要穿得朴朴素素的吗？

张学良：也不能随随便便的。你吃饭可是吃饭，你要掉个饭粒，掉在地下，你得捡起来吃了。

访　者：汗滴禾下土，粒粒皆辛苦。

张学良：是啊，种地的人多苦啊。

15. 我的婚事不是政治交易

访　者：这就是家教，孙科、顾维钧都提。然后就说儿女婚事是政治交易。

张学良：嗯？

访　者：说老帅几个儿女婚事是搞政治交易，（笑）是吗？

张学良：我的婚事不是政治交易。

访　者：噢！于凤至夫人的老太爷叫于文斗①。说于文斗请了一个算命的先生给他女儿算命。算命先生说于凤至是属凤命，凤凰的命。张作霖很迷信，认为将门虎子应该与凤命牵襟，这是难得的姻缘，后来就提亲，两家就由此联姻什么什么的。1901年4月7日，这是您的生日，于凤至是1897年5月8号，长您三岁②？

张学良：比我大，比我大。

访　者：订婚时两人都属于不懂事的孩子，完全是父母之命做主的。其后张学良和一般年轻人一样，在思想里充满了婚姻自主，恋爱自由，对父母之命，媒妁之言持反对的态度。张作霖对他的儿子采取折中的办法。他对张学良说，你的正式原配，非听我的不可，你如果不同意旧式婚姻，你和于家女成婚后，就叫你媳妇跟着你妈，那时候指的是卢夫人。你在外面再找女人我可以不管。老帅真是那［样］说的？

---

①　于文斗，为辽北郑家屯（今吉林双辽市郑家屯镇）富商、梨树县商会会长。1908年与张作霖结识，两人结为把兄弟，并为双方儿（张学良）女（于凤至）订下婚约。1916年于凤至与张学良举行婚礼。于、张结为亲家。

②　于凤至生年为1898年。

张学良：不是。我跟我爸爸也说，我找女人他不许管，我赌气。

访　者：您那时已经有很多新的思想，这种做媒说亲的事［您肯定不同意］。

张学良：我很不愿意。

访　者：不过，您是长子，您也没办法。

张学良：那已经订婚了，本来我喜欢我那干妹妹。

访　者：所谓干妹妹是怎么个干妹妹法？

张学良：我姨的干姑娘。

访　者：您没跟老帅说？

张学良：我不敢说。［说了］他［要］打我。

访　者：那个时候，简直是结婚完全是［由］父亲母亲［做主］，你自己根本不能［决定］。

张学良：那早订婚了，很小就订了。

访　者：男孩子还可以说话吧？女孩子可没听说过。

张学良：男孩子也不能说话。订婚就订，我们家都早［就］订婚了，就是我的三妹［未订婚］。除此以外他们都订了，很小就订下。

访　者：那个时候也是一代一代，社会上父亲、母亲非要给找［不可］。

张学良：也不是。都是朋友啊，做亲家呀，这么样订的，有的甚至指腹为婚。

访　者：不过，那时您思想么么先进，您也不敢跟老帅说？

张学良：不过［父亲也说］，你将来愿意娶姨太太，你娶呀。

访　者：在那时要姨太太，还勉强可以，不然的话真是［苦恼］。

张学良：后来，我外头也有姨太太①，我爸爸都知道。

访　者：反正我觉得大帅也是［有他的想法］，你不能够［反对］。

张学良：就是我的五弟他母亲，是我父亲最宠爱的，她也不敢自己做主。我跟你说她的母亲姓王。她母亲是人家姨太太，山东将军［的姨太太］②。这个姨太太，后来将军死了以后，当差的就把她带出来了。她姓王。因为他（指当差的）犯了一个案子，这故事很长了，他跟人勾结买地，仗势欺人呢。我父亲知道了，把他抓来了，搁鞭子打，打的呀，打得可怜啊，打得要死。我现在还记得，那个当差的姓高。那个姓高的鬼得很。让他赶快跑了。

访　者：不过有时执法要严。

---

① 指谷瑞玉。
② 此处张学良记忆有误，应是黑龙江将军寿山。

张学良：我爸爸这姨太太她妈妈，我们都管她叫王老太太，作威作福。后来我爸死了，我就警告王老太太，我说我可不像我爸爸呀。

访　者：您想想您统治那么偌大一片地区和政府，您不厉害点，那不〔让〕人把您欺负了？

张学良：这个王老太太这个人是坏呀，当年她也是一个卖唱的……我家里的事，本来我也不该讲。那时社会风气完全不同。一般的请客，不要说大请客，那一定叫歌女。

访　者：叫她们来干吗？

张学良：叫她们来唱啊，坐在你旁边，都是叫卖唱姑娘，都是你认识的姑娘，我介绍给你。

访　者：那也得长得好看一点，会侍候人的。

张学良：那也不一定。有的会唱，有的漂亮一点，换句话说，那些姑娘都行，不行那她也不能当卖唱姑娘。

访　者：噢！是这样。这是社会上的一种风气。

张学良：是社会上一种风气。那时候有名的姑娘了不得呀。

访　者：赛金花就是其中的一个吗？

张学良：赛金花她当年，她的丈夫是状元，她是他的姨太太。他到德国去当公使时候，她会一点德国话。历史是这样的。后来她回国来以后，就是赛金花了，她怎么出的名呢？是这样出的名。那时候八国联军来了，把北京占领了。八国联军的那个首领是德国人，他叫 Gereral（将军）① 什么。早几天把赛金花抢去了，她陪着那个德国人就得在皇宫里住。

访　者：她也会说德国话。

张学良：她回来，她是姨太太，人家也不要她，她丈夫死了。她不能说是暗〔娼〕，就等于是高等暗娼，就这么样出名的。她出名因为八国联军德国的总指挥。八国联军到北京权威大得很。她也做些好事，经常给人家讲情啊，说事的，因为这样她出的名。

访　者：每一个时代，每一个社会，都产生一种特殊的事。她可以算是一个。然后这儿又提到结婚的事。嗯……他这儿说什么来着？大帅说，你在外面找女人我可以不管。谈到这个地步，张学良只好走忍受服从

---

① 此人即瓦德西（Alfred Graf Von Waldersee），德国陆军元帅。1900 年 8 月任八国联军统帅，率兵侵华。次年 6 月回国。

的路了。就说您和于凤至夫人［吧］。于凤至比张学良大四岁。

张学良：大三岁。

访　者：结婚以后，张学良一直对于凤至以大姐［称］之。

张学良：不是大姐，喊她老大姐。（笑声）

访　者：不过她也有大姐的风度。因于凤至受过教育，人又十分贤惠，婚后夫妇感情倒极和谐。

张学良：我跟她说，你嫁错人了。

访　者：您就这么直截了当地说？

张学良：我就这么说的。我说你呀，你是贤妻良母，但是我不要贤妻良母。

访　者：那人家不生气？不过说实话，后来，老帅被杀之后，这个大帅府也就等于是于凤至太太在那［执掌］不是，还是卢夫人？

张学良：不是，也不是。各人是各人家，我们管家是另外的，有账房，是另外我们请的。

访　者：那您出来进去，您接受了大帅的职权之后，官家场合，夫人还是于凤至夫人了？

张学良：我是不在乎的，我到了南京我也把她①带着，她也没嫁我。

访　者：噢，那现在的赵一荻，她是在大帅故去以后到奉天的？

张学良：我父亲没死她已经到了，但是她那时候，她不出头露面。

访　者：那就是说您第一次到南京的时候，是于凤至夫人和赵夫人同时吗？

张学良：同时去的，那时我父亲已经死了。

访　者：您是到南京［就任］那个陆海空军［副司令］嘛。当初［她］是您的秘书，是不是？对，对，对。赵一荻帮您做英文啊，文书什么的。

张学良：也不是。那时候宋子文对她很好，他们早就认识。

16. 六个妹妹

访　者：（继续谈《从草莽英雄到大元帅——张作霖》中的内容）后来说，张学思年仅六岁就与曹锟的一个七岁的女儿订婚，后来解除了。［大帅］追剿蒙古叛匪时，与蒙古的达尔罕王，就把年仅两岁的次

---

① 指赵一荻。1930 年 11 月，张学良携于凤至和赵一荻等数十人第一次赴南京，共住了 23 天，受到蒋介石和宋美龄的热烈欢迎。

女怀英许配给王爷之子为妻。原来王爷之子是先天性的痴傻，白痴，性情粗野，无力生活，给二女儿造成极大的苦恼，因此婚后不久［就离婚了］。

张学良：是，我那二妹后来很可怜。

访　者：我给您那录像带哪，还有她吧？1989年。

张学良：嫁那个白痴，我二妹回家就哭。那个白痴有很多男朋友，他要那些男朋友跟她睡觉，白痴么。后来就算跟他离婚，也不算正式离婚。我二妹后来结果也不是很好。

访　者：那可真可怜。一生都糟蹋了。婚后不久回娘家去住，直到张作霖被炸身亡。后来离婚了。后来又嫁了一个陈友涛，陈箓的儿子。

张学良：陈友涛①，陈箓②的儿子。［陈箓］当过外交部长，福建人，不好。

访　者：也难怪了，一开始年轻轻地……三女（怀曈）配给赵尔巽之子赵天赐。唯此对夫妇婚后感情融洽。

张学良：她最好，她生了儿子，就是 Shuden（舒登）赵，很有名。

访　者：哦，就是那个大夫。他叫赵天赐，还是叫赵世辉啊？

张学良：他名字叫赵世辉，天赐是他的小名。本来他爸爸五十多岁［才得子］。

访　者：哦，所以叫天赐。

张学良：他爸爸这个老头儿很有意思，怎么叫天赐呢？那时候是闹革命的时候，他爸爸要死了，自个儿要自杀。五十多岁了，他的这个妈妈是个老姨太太，也四十多岁了。［既然］要死了，那么今天晚上就高兴高兴吧。结果得了个儿子，所以叫天赐。

访　者：真的？哦，这可真是天赐。结果后来大帅来了，把他的事业稳定住了，这也真是。

张学良：那个老头（指赵尔巽）很好玩的，我们在一块堆儿，管他叫老爷爷，到他家里，他喜欢打比利亚（billiards，即台球）。

访　者：噢！那咱们叫台球，是不是？

---

①　陈友涛，福建福州人，陈箓之子。曾任1938年3月28日在南京成立的日本傀儡政权"中华民国维新政府"外交部的总务司司长。

②　陈箓，字任先，号止室。福建福州人。光绪末年法科进士。早年赴法国巴黎大学学习法律，1907年毕业，是中国第一位在法国获得法律学士学位的留学生。回国后，历任法部制勘司主事、翰林院法律馆编修、外务部考工司郎等职。1912年任中华民国外交部政务司长，后任驻墨西哥公使、都护使驻库办事大员，外交次长等。在外交总长陆徵祥出席巴黎和会期间，代理外长一年。1920年，任驻法国全权公使。1928年，南京国民政府取代北京政府，陈从此蛰居上海。1938年3月，出任伪维新政府外交部长，投靠日本。次年被国民党军统特工人员刺杀身亡。

张学良：还有［在］他家里吃饺子。我们说，老爷爷，你怎么活这么大岁数？他八十多，快九十岁了，八十九岁死的。他说，我没做过什么好事，我就是人家请客，我都管到。（笑声）

访　者：挺诙谐的，什么事都看得很开啦。

张学良：啊哟，很诙谐。

访　者：那个老太太什么时候故去的？

张学良：那我不记得了。

访　者：不过那会儿四十几岁有小孩，在中国也是很危险的事。

张学良：是啊！

访　者：所以他的命也真是天赐。他有哥哥姐姐什么的吗？

张学良：就这么一个孩子。

访　者：唯一的一个，真是天赐啦，这么一说，人生也是很巧的事，他的儿子也很成功了，Shuden（舒登）赵，他也有孙子啦。赵天赐的孙子？

张学良：没有。

访　者：这个大夫没有儿子啊？

张学良：没有，只有两个姑娘。我这三妹总是气他，说他儿媳妇不好，没生儿子。我说，你是封建思想。两个姑娘很好。

访　者：这次您在那儿，您都见到了？

张学良：见到了。

访　者：她们都在美国？

张学良：在美国，两个姑娘很好。一个姑娘结婚到印度。他妈妈就不喜欢这个儿媳妇，［因为她］没生儿子。我说你封建。人家夫妇很好，你干涉人家干什么？

访　者：不过，说实话现在这个时代，啥都一样的。

张学良：我说你封建，我骂她。人家夫妇两个很好，你干涉人家。

访　者：不过，说实话，没有接续赵氏香烟的。

张学良：那有什么关系。你也封建呀？

访　者：是啊，我们家就没男孩子啦，都是女孩子了，没有继承张家的。那个 Doctor 赵，现在身体怎样？

张学良：不好。

访　者：还不好。

张学良：整个都得 Cancer（癌）。

访　　者：他今年有五十多岁，像我这么大？

张学良：说不出来。

访　　者：真可惜。

张学良：不过他自个儿很控制。

访　　者：您说这积德的事。他做这个大夫，这么积德。

张学良：他写的，打官司打胜了。

访　　者：您说这老天爷也罢，上帝也罢。

张学良：不管他，那是命。

访　　者：这是命。

张学良：不过他现在也很好。

访　　者：四女是怀卿，给张勋的儿子张梦潮。张梦潮患神经病，婚后精神苦闷。"九一八"事变后，依法办理离婚。这是您四妹。五妹就是怀曦。

张学良：她最好。

访　　者：许给靳云鹏之子，他怎么说他们俩解除婚姻？

访　　者：怎么他说您有六个妹妹？

张学良：六个妹妹。

访　　者：他这一共算是五女呀。

张学良：六妹就是现在的教师。

访　　者：对，对，对，他这上没写，六妹叫张怀［敏］？

张学良：张怀敏①啊，我不晓得，她们后来都是自己起的②。

17. 我爸爸信风水，我才不信那套

访　　者：然后就说老帅很相信卜卦和风水，是吗？

张学良：是喜欢风水，一会儿给你讲个风水的故事。

访　　者：有一个姓包的瞎子。

张学良：他怎么知道这个事儿？他（张作霖）信透他（包瞎子）了。

访　　者：人家最会搜集东西了。您看他说，他经常出入帅府，张作霖奉若神明的座上客。是这么回事？

张学良：是。

---

① 张怀敏，张作霖最小的女儿，六夫人马月清所生。
② 张作霖共有六女：长女冠英、次女怀英、三女怀瞳、四女怀卿、五女怀曦、六女怀敏。

访　者：每有疑难［就卜卦］。

张学良：就问他。

访　者：［凡是］不决的问题，常请包瞎子占卜吉凶。然后，修筑陵园，看阴阳宅。杨某相地势，杨认为这块地方最好，特别是挖掘地基的时候，挖出一块青石板。杨就说这块青石板是不寻常的，这是上上吉兆。张闻言大喜，就大兴土木开始动工，陵园落成，按封建习俗应将其父的灵柩运来与母合葬，但张竟未迁其父。原来其父被仇人打死后，就葬在海城。某年闹大水，棺木被水冲出，漂流到一块高粱地里，被阻。

张学良：嗯。对对！

访　者：这是您的祖父啦。于是就地埋了，此后张作霖在官场升迁，权势日大，他认为这都是与父亲坟落座在风水地有重要的关系，因此，在新茔地里，张只设了一个虚主。就是假坟，不再迁其父。其迷信思想，由此可以见之。您说那包瞎子是不是他看风水，说那块地。

张学良：这块地很有意思。发大水了，把我祖父的棺材冲在那儿，叫一块高粱给挡住了。后来水下去，就葬在那儿了。后来我父亲想迁这个坟，我自己还特别看一看去。他带了风水先生，这个风水先生说，这个地方太好了，天葬啊！他说怎么个好法？我还亲自在那儿看了看呢。他说，你呀！站在旁处，站在远处四面，你看不到这块地，就是很洼的。可是你站在它那个地方，四面都看得见。①

访　者：噢，这是很特别的地方！

张学良：我自己亲身看见。你站四面你看不见那块地方，那块地方洼。可是你站在那个地方，你四面都看得见。

访　者：噢，真是，这也是奇特的地方。

张学良：奇怪的地方！

访　者：结果那块地，老帅［就看上了］。

张学良：我祖父就在那儿［埋了］。

访　者：现在还在那儿？

---

① 张氏墓园位于今辽宁省盘锦市大洼县东风镇。1888 年，辽河发水把张学良祖父张有财的棺木冲到此地点，家人就地将其埋葬。后来，张作霖把二哥张作孚也葬于此处。并在此建了一个坟茔地，此后张家的旁系后人也葬在这里，形成墓园。2000 年，盘锦市将张氏墓园定为市级文物保护单位。1996 年，张学良亲笔题写了"张氏墓园"几个字。

张学良：还在。

访　者：那后来您想修陵是在这块地方吗？

张学良：不是。我的祖父，还有祖母，我有两个祖母。原来的祖母死掉，后来的祖母是续弦的。我的亲祖母是续弦的。那个祖母本来要跟我祖父合并葬一块堆儿，不可能，那就是不愿把这坟打开，以后我祖母就葬在另一个地方，我这个祖母是跟我母亲葬在一块堆儿去了，可是现在我母亲跟我父亲又合葬了。①

访　者：那么现在您本来挑好的这块大帅［茔地该怎么用］？

张学良：不是我挑好了的，那是这么回事情。那是东三省，三个省政府出钱选了一个地方叫元帅陵，预备把我父亲葬在那块儿。那个元帅陵修了一半就出事了，可是现在他们还在修，变成了元帅林了。大家到那儿参观呐。

访　者：对，我给您的那个录像带上，那上头有。不过他们公家出钱的这块地势您去看过没有？

张学良：我没看。

访　者：您也不信风水？

张学良：我不信风水。我父亲很信风水，我们家，我们住的这个地方，原来是我奶奶住的，后来就搬这边住。这中间有座大墙。这个大墙很长，我们院子很大。可是那时办公在这边。只有一个门，你要是过去，还得到那去，你要回来，也得到那儿。

访　者：绕个大圈。

张学良：我要在这儿开个门，那多方便。我爸爸规定不许。为什么？一个墙不能开两个门。这是风水，我不懂。我才不管这些，后来我还是开了一个门，一开了门我第三个儿子死了。我的第四母亲第五母亲就骂我。她说，你小子，你爸爸活着的时候不让开那个门，说开那门不好。你一开那门，你看没有。我知道他们说的小三子都是开门开死的。我说，是的，我爸爸还没开那门呢，他怎么死了？（笑声）她说，你忤逆。

访　者：您这一问给人家问住了，人家当然要不高兴了。（笑声）

---

①　三人均葬在今辽宁省凌海市石山镇驿马坊，现命名为张作霖墓园。1912年张作霖的原配赵氏最先葬于此处，1913年张作霖的母亲王太夫人去世后，也安葬于此。1937年张作霖在被炸身亡九年后，与赵氏合葬。

张学良：我的四母亲、五母亲她们就骂我说，你忤逆。

访　者：那时如果您要信［风水］的话，［就不会开那个门］。

张学良：我爸爸信风水，信得了不得。我才不信那套，我什么也不信。你知道风水两个字怎么讲？

访　者：不知道，您给我们讲讲。风就是刮风啦，呵呵。

张学良：风水这两个字，不是说好运气，人家看房子看地，不要犯风，不要犯水。不要看洼地上被水淹，不要看这个地正犯在风口，是这么讲，是这么理解，变成迷信了。

访　者：呀？噢！八点了。明儿我还继续今儿说的那些大题目里头，我们挑关于……好不好？您有些什么书？需要我给您看一看的？

张学良：我没有。

访　者：那么，明儿个我再跟您借《历史》？就是《历史》那个杂志，您是今儿个借给我，还是明儿个［借给我］？

张学良：明天是礼拜三呀。

访　者：噢，明儿您要去打牌，那我就把这本书借去？

第三十二次访谈
内战之苦　郭松龄事件的影响
孟禄访谈

访谈者：张之丙（简称"访者"）
被访者：张学良
访问日期：1992 年 7 月 16 日

1. 我不能一礼二宾

访　者：前东北少帅张学良，这是历史上的关键人物。
张学良：历史上什么人物？
访　者：关键人物。他在 36 岁以前先后做过东北易帜①完成统一，率军入关后结束中原大战以及发动西安事变。这三件大事均深深影响着中国历史的发展进程，因此许多历史学者及研究机构均渴望对他进行口述历史，以补史缺，但张学良都没答应。去年，张学良首度接受日本 NHK 电视台的访问，以后陆续又接受《纽约时报》及国内电视台的专访，对近代史有若干澄清。中央研究院近史所希望张学良同意接受该所做口述历史。不过张学良以先答应哥伦比亚［大学］东亚研究所一位华裔讲师张之丙，因此就没答应。目前，张学良的口述历史即由美国哥大进行。从去年底到今天已经做了三次访问。我觉得他也不知道听谁说的，所以说的这个机构啊，都不对。

---

① 东北易帜，1928 年 6 月 4 日，奉系首领张作霖在率军撤回东北途中，被日本军队炸死。其子张学良继任东北三省保安司令。当年 12 月 29 日，张学良将军通电，毅然宣布"遵守三民主义，服从国民政府"，在东北将原北京政府的红黄蓝白黑五色旗改为南京国民政府的青天白日旗，宣布拥护国民政府的政治行动，这就是震惊中外的"东北易帜"事件。31 日，国民政府任命张为东北边防军司令长官。南京国民政府实现了全国的形式上的统一。

张学良：是啊。

访　者：同时他又说，口述历史在西方史学界沿用已久。美国哥伦比亚大学东亚研究所设有口述历史部。这也不对。他说哥伦比亚大学东亚研究所里边有口述历史，可是他不知道这口述历史是哥大自己另设的一部。说收录了顾维钧、胡适、李宗仁等名人的回忆。他说国内做口述历史当推已故的史学家沈云龙。您知道这个人吗？

张学良：知道。

访　者：他在民国四五十年代先后完成了黄纪路，还有若干西北将领人物的口述历史。现在，中央研究院有一个口述历史期刊发表。没有别的。所以，我就和您说一下，不知道是谁说的。

张学良：这不知道是怎么出来的，也没说是哪来的稿子？

访　者：噢，这是一个记者。

张学良：记者［是］谁，也没说。

访　者：有啊，他的名字叫黄青龙。

张学良：不知道。

访　者：不知道是吧？我想也许是……他这还说李焕①在整理，要给蒋经国写传。我给您说一下。

张学良：吴大猷②他确实和我说了一回，我说我已经答应旁的了，我不是不答应你。你要早点跟我说呢，那我就［可能答应，但现在］我不能一礼二宾啊。

访　者：也许他是从中央研究院来的消息，不知道，我就是给您看看。有没有夫人的消息，到了吗？

张学良：她刚刚打电话，她在美国呢。

访　者：已经到了。

张学良：早到了。

访　者：对，一路上还比较顺当吧？

张学良：她已经到了两天啦。

访　者：到了两天了。嗯，那天我找到一本就是跟您那本杂志一样的杂志，

---

① 李焕，字锡俊，湖北汉口人。先后毕业于国立政治大学、中央干部学校研究部。抗战胜利后，曾任沈阳日报社社长。到台湾后任"国立"政治大学等校教授。1953 年赴美国哥伦比亚大学深造，获硕士学位。返台后长期从事党务工作。蒋经国执政后，曾任台湾广播公司董事长、国民党中央党部秘书长等职。

② 吴大猷，物理学家。1983—1994 年任台湾中研院院长。

那是我买到一本儿。要到书店去有。这里有几个小的问题，你看了吗？

张学良：我大概看了一下，这个人我知道，这是王必成。

访　者：对，出版发行人。

张学良：你知道王必成是谁？

访　者：谁？

张学良：就是《民生报》的王惕吾的儿子，王必成。

访　者：他来看过你？

张学良：我跟他很熟，他们一家人都是［写文章的］。他太太是《联合文学》杂志社的。

访　者：《联合文学》很有名啊。

张学良：他太太跟他不合作，一家人都写文章。

访　者：都写文章。那个《联合文学》现在好像是在台湾［刊载］关于文学的东西，这是一个首屈一指的［杂志］。

张学良：我知道，就是王必成的太太，就是她。

访　者：他太太叫什么？

张学良：我说不出来。

2. 我不愿打内战

访　者：说不出来。我这里有几个小题目，我先跟你请示一下。他这收集的东西相当地全，他这写的东西是根据已经发表过的和你记的手记里的，毕万闻，这个人比较年轻。

张学良：我见过。

访　者：你见过他？那是在［什么地方］？

张学良：那我记不得了，吃饭的时候，我记得，他说他是《联合报》的记者。[①]我想起来了，好多年了。

访　者：他在 74 页，他有这么一句话。他说您和韩麟春撤离郑州的时候，您下令保存郑州军火库，这是第一点。第二点，不炸黄河大铁桥。有

---

① 此处张学良记忆有误。张没有见过毕万闻。毕万闻，1948 年 10 月生，吉林长春人。吉林社会科学院研究员，张学良研究专家，曾编著有《张学良文集》、《张学良、赵一荻合集》、《英雄本色——张学良口述历史解密》等。

人说，同时您还给那个北伐军留了一封表示善意的信。

张学良：给谁？

访　者：北伐的军队。不是您撤离了他们来的吗？这件事您记得吗？

张学良：记得。

访　者：你当时，人家说，撤退的时候，都应该把军火库炸了。

张学良：那北伐军［跟我］打的时候是白崇禧［的部队］①。我在郑州陇海铁路的那个局长，我跟他是朋友，原来铁路的这个局长，他叫什么名字我忘记了。我就留下这封信，这个不晓得谁记载下来的，稍微有点出入。我跟他讲，我们［留下的］不是军火库，这是我们留下的很多粮食啊。［是］作战后方的［军需品］。

访　者：军需品。

张学良：军需品，不能说是军火库。军火我们都带走了。我说我不是［不］会放把火烧了，我放把火烧了很容易，［因为］这是国家的财产。那么，第二个，黄河大铁桥我不［会］炸，我不是怕跑了。这是国家的事情，至于你们怎么追击，那是你们的事。这是真有这么一个事情。大概这封信到了白崇禧手里，我不知道是谁［转交的］。

访　者：哦，您给那个陇海铁路的局长，让他交给［白崇禧］。

张学良：交给他了。确实有这么一件事。

访　者：说实话，您也［真是与众不同］。

张学良：他也没有死乞白赖地追击。

访　者：这件事情和后来相映成趣的，就是红军跟您在西北作战。他们生活相当清苦，又没有衣服。

张学良：我跟他们说的就是我们都是中国人，这个是内战，我们都是军人，我没实行这套，为什么？我们都是个人。这不是国家间的战争。

访　者：所以您把国家的东西［保留下来了］。

张学良：也都［是］大家［的］，也都［是］大家的，不是都破坏的。

访　者：他后来又说了，您曾经派［人与北伐军谈和］，蒋介石派何成浚②，

---

① 白崇禧，北伐战争时，任国民革命军东路军前敌总指挥。1928年，与张学良奉军作战，后因张学良接受易帜而停战。

② 何成浚，字雪竹，湖北随县人。早年留学日本，加入同盟会。曾任南京留守政府总务厅厅长、江苏讨袁军总司令部参谋、建国军北伐总司令部参谋长、国民革命军总司令部总参议、湖北省政府委员兼主席。

您派了葛光庭。

张学良：嗯？

访　者：一个人叫作葛光庭①，葛是诸葛的葛，光是光明的光，庭是庭园的庭。

张学良：没有这个人，忘给说这件事情了。

访　者：就说往返谈罢兵言和的事情。

张学良：没有，不是往返，就是接触了。

访　者：但是呢，因为老帅呀，一直坚持要对等议和。

张学良：那也没有这事。

访　者：说谈判没有达成协议。这是在1928年以前，就是后来您退到北京，极力劝老帅不要再打了。

张学良：这，这不是这个，这前后记错了。说这段事是在以后。

访　者：他说，您跟老帅建议。老帅不大接受您的建议，所以您就打算辞职出洋，表示不满意。

张学良：这，这完全记错了，事情是有这种事情。可不是这么样情形。实际上也都不对。实际上是那样的，我不愿打内战啊，我就要走。那韩麟春就劝我，这走不是我能够走的，他说你旁的能走，你能走掉父子的关系吗？

访　者：对呀。

张学良：这是在以前的事，这个人记载这些事儿［都不对］。

访　者：大概他时间不对了。

张学良：前后也不对，反正他听到这个故事，他就把这［记载下来了］。

访　者：不过这个韩麟春说的啊，也是对的。您走，您什么职务，您什么身份都放得下，您父子的这个关系［怎么能放得下］？

张学良：韩麟春我俩关系很好，他父亲也是大将啊。韩麟春这个人，我也很愿意说道说道。这个人是郭松龄的一个同学，那么撤换这个家伙，［他］就跑到这来告状，就闹翻了。

访　者：后来郭松龄［也不主张打内战了］。

张学良：我们打这个仗没什么目的，干什么？结果我就问那个老百姓，她就说，我家里的儿子在战争中都拉去当兵去了。我说谁照顾你？她说

---

① 葛光庭，又名光廷、光亭，安徽蒙城（一说颍州）人。清末日本留学。1929年7月任东北边防军司令长官（张学良）公署参议、顾问，代表张学良派驻北平办事处主任。

那我死活都不知道。我说,这何苦呢?打这个仗有什么意思?那个时候,我父亲[决定]出关,不打了。

3. 我头一回去听演讲

访　者: 啊,还有一个,您记得您也跟我们说过,您有一次去听张伯苓在南开大学演讲。一直大家前前后后都在提,就说那会儿您大概才十几岁,当时您[是]16岁。

张学良: 十六七岁。

访　者: 您去听张伯苓。然后呢,是1916年冬天,在南开。

张学良: 不是在南开,他这个说错了。

访　者: 这个说错了,是南开大学校长在奉天演讲。他的讲演题目叫"中国之希望"。

张学良: 不叫"中国之希望"①,题目我忘了,他就是"中国希望有我"。

访　者: 中国希望有我,然后他这里头呢,他说,您前前后后提了好几次,提到您听了他的演讲之后,开始奋志读书及这就是您说的别人能走两步,我一步就走到了。是一个转[折]点?

张学良: 反正可以说有影响。

访　者: 这篇演讲,您可知道什么地方有,当时有没有登报什么的,那篇演讲啊?

张学良: 没有。

访　者: 哦,没有。

张学良: 我头一回去听演讲,我受的影响。我又说到了外头很不大。我父亲有个军医处长姓王,叫王成什么的②。他是奉天青年会的会长。他是一个基督徒,他也是苏格兰长老会的会友,所以,我受他影响很大。所以,他请我,我那时候身体不大好,态度很消极,他就说,你出去走走,他说有病,看病。他就介绍有这么一个演讲,你去听听,去走一走去。那么后来,他给我一张票。我一看,什么中国不

---

① 此处张学良记忆有误。1916年11月,南开大学校长张伯苓在奉天作题为《中国之希望》的演讲,对张学良影响深远,"乃立誓本个人之良心,尽个人之能力,努力以救中国"。

② 应指王宗承。王宗承,字少源,吉林梨树人。早年入基督教,后在奉天盛京施医院行医。不久转入军界,曾任军医处处长、军医总监等职。

亡有他，有他，他是个王八蛋，我说这个人口气太大。

访　者：那会儿，您说您身体不好，您才16岁。那时候，您怎么沾染上那个肺病啊？你家里的环境也很好，为什么会沾染了吐血的病？

张学良：恐怕是我母亲［传染的］，不但我自己呀，［还有］我的小孩［也都有结核病］，我母亲有结核病，不是说肺病，结核传染。所以啊，大概［是］这么传染来的。那个时候，医学也没有［现在］先进。

访　者：呵，那个时候您……

张学良：我年轻时候吐过血，也许不是结核，我是肺炎。头一次得肺炎。大夫不让我出去，我还照样出去。那时候才十六呢，照样出去玩，打鸟啊，早上起得很早，大概肺炎又加重了。

访　者：那会儿有弟弟了吗？还只是您一个？

张学良：我是老大，我记不清楚了。我现在说不出来。我有没有［弟弟］，老二是二弟，我三弟有没有，我三弟大概也有，有，都有。我9岁我三弟就有了。

访　者：如果您身体那样，那老帅一家应该很着急了。

张学良：那他也不知道我是什么病，我也不告诉他呀。

访　者：您那会儿看的不是中医？

张学良：我那时父子也不是天天见面，他干他的，我干我的。他一天忙得要死。

访　者：那您提起这个，就是说那会儿老帅忙得要死，因为整个东北的事情［都要他管］。后来您也是等于说整个东北的事情［也由您管］。

张学良：他就是把我交给［我母亲］。我母亲去世后，［把我］交给一位先生，不是交啊，等于就是我那个先生照顾我。

访　者：那就是您那个老师啊？

张学良：老师。

访　者：是那个姓杨的吗？

张学良：姓杨的。①

访　者：后来，您从当副司令开始，在老帅在世的时候，您东征西战，都

---

① 杨景镇，张学良的第二任塾师。

打的是硬仗。那以后，你又接了副司令，什么中原大战啊，一天到晚，您那会儿比老帅那会儿还忙，您的小孩，您有时间跟他们见面吗？

张学良：见面是见面，我也不跟［他们说什么］，我的孩子都是由老师［照看］，我干什么［就］什么。

访　者：那个王卓然，是吧？

张学良：他是家庭教师，教他们英文，那么，还有另外一个老师，姓周的。教他们汉文。

访　者：他们可以跟母亲在一块啊，可是跟您在一块的时间［却很少］。

张学良：不是，我们都在家。我也天天看见他们。我也不知道他们干什么玩意儿。

访　者：这不知道他从哪儿找的好多宝贵的相片。他这说一个啊，他说，因为他搜集了很多您发表的电报什么的，他认为啊，您这个"拥蒋联共，抗日救国"八个大字，是可以最简明地概括张学良一生的主要事迹，他的对日历史，学者们大体已经论述清楚。就是您对日本的关系，但是他和蒋先生，与共产党之间的来龙去脉，至今还没有讲明白。您说他这是说的什么？关于什么事没有说明白？

张学良：他也不能是［知道］一切的事，就是我跟共产党有暗中联络，我并没跟蒋先生说明，大概他指这个，我想。

访　者：不过，跟共产党［的关系］，他们共产党那么多个书，我不都给您念了吗，都说得很详细？

张学良：可是，那蒋先生不知道，你看东西没有看明白，他指这个对象是蒋先生。

访　者：哦，他这里头的相片可真宝贵。

张学良：啊，这是王必成，王一方啊，王必成也跟我很熟。

访　者：您看啊，他这有一句话，您九十生日的时候，我那张报纸还没有找到。九十大寿的时候，发起人之一是孙运璿①。同时，在九十大庆上边，他也说话。他说他，就是孙先生，孙院长了，和他的同学都得到张学良将军的帮助，您记得这回事吗？

---

① 孙运璿，山东蓬莱人。1927年考入哈尔滨工业大学预科，1934年毕业。1967年后，历任台湾当局"交通部"部长、"经济部"部长与"行政院"院长等职。

张学良：是，他们都是哈尔滨工业大学①的学生，我对哈尔滨工业大学都相当支持。

访　者：喔，孙运璿是那儿毕业的？

张学良：我是那个工业大学的董事，所以他总说他是我的学生。

访　者：他说他很重感情。

张学良：谁呀？

访　者：孙运璿讲话的时候很［有感情］。您看他这儿有一句话，生日那天，不知道你还记得吗？他说，没有你，就没有［他］。您还记得这句话吗？

张学良：那我忘了。

访　者：也就是说，这孙院长现在还是记得您。那么你可知道，现在在台湾有多少［人］可以记得，您可记得的可以集合起来的在东北的同学［肯定不会少］。

张学良：那我记不得了。

访　者：咱们这儿有个东北同学会吗？

张学良：不是东北同学会，他这个学校不同，他是工业大学的，不是东北大学的。东北的学生各个学校的多了。

访　者：那工业大学，不是在奉天啊？

张学良：不是，在哈尔滨。

访　者：哦，在哈尔滨。这是俄国人办的，后来成为中国人的了。②

访　者：哦，俄国人办的。

张学良：后来他大概去美国念书去了。因为他英文很好，我不知道他回来的事。

4. 五卅惨案发生后到的上海

访　者：在 1925 年，"五卅"惨案，您看到报纸登［载］上海爱国同学的事情，你就给他发了一个慰问电。当然了，这个人写东西，都有您的

---

① 哈尔滨工业大学，原名哈尔滨中俄工业学校，始建于 1920 年，建立之初主要是为中东铁路培养技术人员，现为国家重点大学。1928—1931 年，张学良曾任该校理事会主席，并将学校定名为哈尔滨工业大学，沿用至今。1993 年 5 月，张学良被聘为该校名誉理事长。

② 哈尔滨工业大学成立后，长期为中苏共管，中华人民共和国成立后改为自主办学。

电报稿子什么的。同时呢，您自己捐助了两千块钱。完全是您自己私人的钱，表示慰问死伤。你说"力难远及，聊以尽心而已"。发了这封电报的第九天，您就任第三军军长，奉老帅的命令，从天津到了上海。他说，实际上，是老帅派您南下到上海探路，为奉军探路。

张学良： 不是这回事。这个事是那时候上海呀，就闹学生的事情，那时候不能说探路子，那时候北京政府也没有办法，那时候在江苏做省长的那个人姓郑，是我父亲原来的秘书长。

访　者： 郑谦。

张学良： 郑谦。所以，那个时候等于为我们奉天扩充力量。可是，那种种的关系，主要的还是帮助自己，给他充实力量呢。①

访　者： 哦，给郑谦充实力量。

张学良： 不是。那个时候张宗昌的军队在上海，在那儿名声很不好。那特地派我们去表示奉天军队好。我带的是学生军。我们的军队学生多，我们办那个军事教导团。带着几个学生到上海来。上海人很奇怪，这么热的天，那些兵好像就站在那儿不动。

访　者： 哦？那么严格的，您这叫作教导军呢？

张学良： 那时叫教导队，都是招的学生，教育准备当军官的。②

访　者： 那是您在天津还是在奉天？

张学良： 在奉天呢。

访　者： 也是在奉天。这个好像还是没有人报道或我们还没有看到过，他这是什么学生呢？

张学良： 就是招来的普通学生。

访　者： 哦，普通学生。

张学良： 不是高中学生，都是高小学生，念过书的。所谓的教导队呀，那时候我们的计划，讲武堂是培养的军官，教导队是培训的军士，叫Sergeant（军士长）。

访　者： 美国叫什么，叫伍长。

---

① "五卅"惨案发生后，张作霖除表示慰问、声援外，派张学良带领东北陆军军士教导队赴沪，其任务系赴沪维持秩序及保护该地商民、调查惨案真相。

② 该教导队全称为东北陆军军士教导队，为奉系中坚。队长为张学良，全体队兵为东三省著名军官子弟。

张学良：美国叫 Sergeant，日本叫伍长。这个毕业的人，可以考讲武堂。

访　者：这又高了一层了。那么您说得这么大热的天，这些人站在那儿，穿的军服。我有一个老伯之辈的人，就看见过你的军人，说漂亮极了，是不是？

张学良：就是他们。都是年轻学生，十八九岁的学生。

访　者：而且制服也是不一样的。

张学良：制服一样，就是穿着干净点。

访　者：但是非常有纪律，哦，那张宗昌的部队，到哪儿名声都不算太好。

张学良：那当然，他那乱七八糟的军队，他就没有怎么训练军队，那从前的军队都是那样。

访　者：然后他又说了，您是 22 号离开上海了。在您离开前，您还特地去慰问受伤的学生，而且还会见了各方的代表。

张学良：谁来见我，我都见，我不拒绝。

访　者：那时候，反正您是很充分地代表奉军好的一面。然后，他说啊，言行与其父颇有不同。

张学良：言行与什么？

访　者：言行与老帅颇有不同。

张学良：那我是年轻嘛。

访　者：这是不是您上一次跟我说，学生应该怎么样爱国，是不是那个时候？

张学良：是，是。

访　者：同时呢，您还接见了上海很多报界的记者，大家伙对您的报道是不一样的。您在谈话里面提到了欧战，您也提到了第一次世界大战，您也提到了张伯苓的演讲，在奉天演讲。您说，张校长 1916 年说四亿五千万同胞，每人皆以救国为己任，中国就不会灭亡了。他说，张将军后来曾经多次提到这次演讲。然后，他说到您见记者的时候，您所说的话。

张学良：他都记得啊？

访　者：哦，您看，我给您稍微念念。

张学良：你大概说说。

访　者：大概说说，OK，说爱国的心呐，您和大家都是一样的。可是呢，现在时局是相当的困难，所以我们的眼光要放远一些，当然了，大家对军阀看法都不一样。您说，我也是军阀，而且是个坏军阀，这是什么意思?

张学良：就是不是好的行为。

访　者：但是呢，我是酷爱和平。然后您看到奉直战争所杀的人啊，您现在心里，非常留有余痛啊。不过呢，我是个军人，凡是对国家有利的，我万死不辞。那么现在关于与外交交涉的事情，我是绝对不插入。因为那是另外一回事，那么，您说，我学良来沪，我到上海来呢是以维持治安，一方面是以维护治安，保护国民为第一个责任，对于外交的交涉呢，我绝不干预。我私心希望交涉能公平解决，我们能够恢复国际友谊，维护世界和平。您说，要知道，在国际战争，其祸甚烈。像欧战，法国虽然战胜了，可是国家元气至今未复。如果是了解这样的话，这种战争是有害无益的。我虽然年纪很小，而且寡学，我可以敢言，用一言来勉国人，并以自勉，就是什么呐，就牢记国耻，发愤图强。而人人都应该从修养人格入手，工商业者以发展其事业为其志。二十年后，所谓十年生聚，十年教训，谁敢再侮辱我们？然后您说我十几岁听到南开校长张先生讲中国之希望，就是说人人当我有此责任，什么非常佩服，所以，大家伙儿对你这个演讲非常注重。哦，他这儿提说老帅呀，郭松龄对于这个军政措施，时常表示不满，对老帅。您呢，就对郭松龄每表同情。常常表示您同情他的看法，所以呢，老帅听见了，很不高兴。

张学良：这个，没这回事。

5. 郭松龄事件有正面和反面两种影响

访　者：老帅听到后，就骂自己这个长子，"你对郭茂宸除了老婆不给他睡以外，你什么都可以给他。"

张学良：是有这么一句话，但不是为这件事。

访　者：老帅真气得那样？

张学良：不是啊，他说你呀，"对郭茂宸除去老婆不给他睡之外，你什么都惦记他。"

访　者：这个作者呢，其实张作霖骂得不对。张学良对郭松龄的同情和支持，远没有达到能够让他赞成郭松龄叛变，因为他以为这句骂您的话与郭松龄叛变有关。所以他说，无论是为了尽忠尽孝，还是因为别的原因，但是您没有赞同郭松龄叛变。然后，这儿说，您劝郭松龄，这都很零星了。不过，他这里几点我觉得是很关键性的。郭松龄反对军阀混战和欲在东北实行军政改革之心，张学良确有洞察。［作者］也说，他当初他在没有叛变之前，确实想帮着老帅把军政都搞好。

张学良：一句话，我说良心话，他就反对，看不惯。

访　者：他看不惯那种作风。不过，说实话，有的也是可以［谅解的］。

张学良：比如我父亲怎么对张宗昌很宠爱等，这些事情他就很看不惯。

访　者：他就跟您说了。

张学良：他也表示他看不惯这个，所以，他后来叛变，这个影响很大。因为我父亲对张宗昌他们都很宠爱的。［郭松龄］这个人呢，是一个男人，但有点女人，很嫉妒。就是气量很窄。就是那个时候，我跟旁人联合什么他就不高兴了。他说你跟他们这个干什么？

访　者：就只能跟他［好］。

张学良：他这个人气量很窄。

访　者：所以气量窄，有时候自个儿受罪。那后来在郭松龄初有叛意的时候，您早就知道了。可您那时候呢，这是作家说。您担心连郭茂宸这么亲的人，我都容不下的话，将来谁还敢跟［着］我？这是您的想法？

张学良：是，是。他不晓得，我这是后来说话的时候说过这话。

访　者：因此，您这一念之私，就没有事先采取行动，因为这样顾虑他。对吗？

张学良：对。

访　者：如果您要采取行动的话，也就是希望他还是辅佐老帅。

访　者：这还有这么一句话，老帅让您给朱光沐写了一封信。那个时候，您有朱光沐、刘鸣九、周连①等，这第三、第四联合方面军军团长。他们这些人都跟您非常亲密友好。

张学良：［都是我的］部下。

访　者：哦，幕僚，您就写了一封信，说我在行军的时候，没什么事，就看看《贞观政要》②。有人说，这是老帅呀，希望您研究《贞观政要》。

---

① 此处应指周大文。
② 《贞观政要》是一部政论性的史书。唐朝吴兢撰。分类编撰贞观年间（627—649）唐太宗与魏徵、房玄龄、杜如晦等大臣的问答，大臣的诤议和奏疏，以及政治上的措施等。强调君主应该兼听各方意见，记述唐太宗虚怀纳谏的故事。该书在历史上有较大的影响。

张学良：那不是，不是，我也没常看《贞观政要》，我也没看过。这个是胡说。

访　者：不，他这是从信上写的。您可能提到这个，然后您就说呀，李世民①的这些功臣呀，您就说了，您认为魏徵是第一大功[臣]，这人是怎么样呢？您的信上是这么说。"一谏不从，再谏；再谏不从，三谏。见其忠心秉正，不阿私，不沽誉。"这是您对魏徵的评价。

张学良：我这都忘了。

访　者：然后呢，"凡有心人，安能不听？而况太宗之英明乎。弟探茂宸之败，败于左右。弟之错用茂宸，及于二人感情之离间，又由于左右。"您的想法就是说，他叛变就是因为没有人敢做魏徵一样可以敢谏，而且您错用茂宸，您怎么认为错用他呢？

张学良：那这件事情，应该是我错用他了。

访　者：于二人感情之离间，是因为又由于左右，旁边没有人给您提醒。

张学良：是，是。他的底下有几个坏蛋。

访　者：哦，您说是郭的手下？

张学良：这几个人在他底下，天天害他，挑拨是非。

访　者：但是这些人您都知道，也是您的人啊。

张学良：我知道，我们都在一块堆儿，我知道他们。

访　者：OK，"弟之放任职权，乃弟之大错误，然未曾有一人谏我也。"也就是说[没人给我提意见]。

张学良：谁也没说我。

访　者："弟今上承大元帅负责之重，下什么什么的，一举一动……"然后您说，"弟年少乏学，生性喜游，虽不敢有太宗之野心，然甚愿有魏徵房杜之幕友也。"②

---

① 李世民，即唐朝第二位皇帝唐太宗。公元626—649年在位。在位期间，推行均田制、租庸调法和府兵制度，任贤纳谏，并加强对地方官吏的考核。又修《氏族制》，发展科举制度。当时社会经济有所恢复，史称"贞观之治"。

② 此引文是1927年6月，张学良（时任安国军陆军第三方面军团军团长）写给朱光沐（时任三四方面联合军团司令部军法处长）的信（原载王益智：《张学良外记》第119页，收入周毅、董慧云主编的《张学良文集》下卷，第78页，香港同泽出版社，1996年11月版）。此信是："弟今上承大元帅付托之重，下受众部僚依赖之殷，一举一动，诚有关国家大局及千万人之性命，千万人之前途。弟年少乏学，生性嬉游，虽不敢有太宗之野心，然甚愿有魏徵房杜之幕友也。弟常奖直言之士，凡言真中我失者，无不免改，但鲜见言者。请购《贞观政要》一读，再念三四方面军团体，及弟私交上关系，勿任弟任意放浪游嬉为盼！人非圣贤，谁能无过，请勿笑弟不知自勉而求助于人也。弟之所求，非为私利，乃确愿保我一身，大则效力于祖国，小则有益于同寅也。"

张学良：那时候的人呢，不跟我认得，不接近，就是我没有那个什么野心，因为这些个文人啊，那个时候我跟他们不太对劲。我说我不受你们的鼓动。没有魏徵，没有这样的人啊。

访　者：不过您这几句话真是希望有人能和您做一个谏友了。

张学良：是，是。

访　者：这是说希望让朱光沐什么这些人来帮着您想一想啊，是这个意思吗？

张学良：他们都是我的部下，幕僚啊，就是劝他们［给我提意见］。

访　者：后来他说郭松龄这件事情啊，有正面和反面两种影响，第一对您的影响是，郭松龄死后，张汉卿不再放任职权了。

张学良：这是谁写的？

访　者：就是毕万闻。除了他（指张学良）本人之外，没有像郭松龄那样替他统帅全部东北军的人了。他说得对吗？

张学良：差不多，以后我就差不多权都在我手里。

访　者：他说，这是正面的。反面的呢，也就是说，西安事变之后，您不是不能回去了吗？结果，东北军群龙无首……终于闹出了分裂东北军的"二二"事件①，恐怕这与张在郭松龄事件后独揽大权不无关系。您说他说得对吗？

张学良：也差不多，没有人能再统领东北军。

访　者：您觉得于学忠不行？

张学良：那，那［他］不行，他是部下。他是一部分，没有人可以替代，本来杨宇霆可以，不过，我把他杀了。

访　者：所以西安事变对您有这样的影响，您认为他的分析还对吗？

张学良：不错。这里有一部分是对的，但不能说百分之一百。

6. 我不自作主张了

访　者：那天我跟您提了那个天津会议。

张学良：我没什么天津会议，谁给起了这么个名字？

访　者：看来另外一本书，OK，他说的是谁呢？1926 年，国民军撤出北京，4 月 18 号，奉军和直鲁联军进入北京。年初，希望联合吴佩孚攻打

---

① "二二"事件，1937 年 2 月 2 日，以应德田、孙铭九为首的东北军少壮派，枪杀了协助张学良发动西安事变，并坚决支持和平解决西安事变的东北军第六十七军军长王以哲等人。

冯玉祥的事情，但是，赶走了国民军，奉军和直鲁联军出力最多，所以直鲁联军就是奉系的旁支了。而吴所辖的直军虽然号称十四省，其数量兵力远不如奉军那么强。在军事上，老帅愿意和吴合作讨赤。所谓的赤就是冯玉祥。在政治上是不甘寂寞，于是张吴，就是老帅和吴佩孚就围绕着组阁的问题，开展了微妙的斗争。双方商定，派代表在天津举行会议，4月22日，吴的代表到了天津，后来奉方代表是张学良、张宗昌、李景林。同一天就由天津到了北京。好像是说因为奉系军队有一些不规矩的行为。商民恐慌，怨声载道。于是您、张宗昌、李景林，就跑到北京去安抚。那就变成了这次会谈，是在1926年4月24日，在张宗昌的北京住宅，您接见国闻社记者，对当局表示意见。是有这个天津会议。您现在记不起来了，是吧？

张学良：那也不能说天津会议，大家也不是正式召集会议，就是在一块儿扯，谈一下。

访　者：那时候是不是有一个"三公子会议"？您、卢永祥的人和孙科。

张学良：没有，没有。没有那么回事。那个时候，卢小嘉他没有什么，也许卢小嘉自做宣传，往脸上贴金。

访　者：您还记得，他这又一个，他说"拨乱反正的一大机纽"。

张学良：什么？

访　者："拨乱反正的一大机纽。"

张学良：一大枢纽吧。

访　者：一大枢纽，他写的是机纽。这就说的是南口的时候，您和韩麟春，第三、第四方面军团等占领了南口之后。啊，南口大战①取胜颇不容易。其指挥官，奉军军团长张学良中将，鲁军司令张宗昌，都晋升为上将军。这是吴佩孚在这南口战争之后呢，就要发勋章。给您加升为上将军。结果，您给他回了一封信，您说啊，"我无尺寸之功，岂敢贪天之赏"。您拒绝的原因是？

张学良：我不记得了。

访　者：您不记得了。私下，您曾讥讽吴佩孚，说内阁讲的授令是烂羊头之

---

① 南口大战，1926年，以张作霖、吴佩孚为首的奉、直、直鲁联军、晋军与据守北京昌平南口的冯玉祥率领的国民军展开的战争。双方相持四个月，伤亡惨重。后因国民军弹药缺乏、兵员不足，被迫于8月15日向绥远、陕甘方向退却。北方各省基本为奉、直军阀割据。此役双方共投入兵力约70万，直奉两军伤亡5万多人。

赏。就是说您认为他赏的是［烂羊头］。

张学良：这个你不知道。历史上，这个"烂羊头，关内侯"，把羊头煮烂了，就可以封关内侯了。①

访　者：您这是这样说的，所以你就把他拒绝了，而且他又犒赏军队 2 万元，您都没有要。因为什么，上将军一赏就是 20 万，吴佩孚拿了 2 万，国务院拿了 4 万。自从那个郭松龄事情之后，他说本来嘛，张作霖与张学良父子之间感情至深，就跟您接见日本记者时所说的，你出生的时候［是出生在马车上］。

张学良：那不谈了。

访　者：OK。不过，受了郭松龄反叛的牵累之后，张学良对大事不敢自作主张，不能不听从父亲的，因为老帅生气了。

张学良：不是。我不自作主张了，往后退一点。本来我父亲的事我都干涉。

访　者：另外一件事情，对于您做军事将领和爱国这个事情，本来您这收获的这些个战利品都应该是归自个儿的了。结果您在跟冯玉祥打仗战胜了之后，结果您把所获得的粮食物品结果都发出去，赈济了灾民。您自个儿一点都没要。

张学良：那我常常干这个。

访　者：喔，你常常干这事。

张学良：那老百姓苦得很啊。

访　者：所以战利品，本来都是挪走就算了。他这还有一句话，蒋中正先生那会儿是任国民革命军总司令，那么在 7 月克长沙，8 月战岳阳，9 月初克汉阳、汉口，还没有完全占据武汉。这时候，张学良将军称赞蒋为善战者。政治上非难他，听从恶人的驱使，凭借外列，助长内争，大不以为然。是这样吗？

张学良：这我不知道了。

7. 溥仪这个人没有思想

访　者：这是老早以前的。您不记得了。您在纽约的时候，您说了一个故事，

---

① 关内侯，爵位名。秦汉时置，为 20 等级之第 19 级，位于彻（列）侯之次。有其号，无国邑。爵位一般系对立有军功之将的奖励，封有食邑多少户，有按规定户数征收租税之权，可世袭。自西汉后期，君主卖官鬻爵敛钱之风愈盛，使得显官显爵成为受人轻蔑的滥授，长安城内流传着"灶下养，中郎将。烂羊胃，骑都尉。烂羊头，关内侯"的讽刺民谣。

访　者：我们一直想跟您继续提一提，就是您曾经劝溥仪，您说，您去出国念念书，回来做总统。您记得这是怎么样一个环境？

张学良：这是这样，我那跟溥仪很熟啊，这件事情是我在天津一个饭馆里头，我早上吃饭呢，他忽然来了。我说，你这正好啊，你这出来走走，倒好啊。

访　者：那时候已经被驱逐到宫外了。

张学良：在天津张园住着呢。① 我就劝他，我说，"你呀，把你那个皇帝梦甩掉，别叫那些老家伙包围着你。"他一直就是这样。那些人吃他的。他结果还是这样，他自己脑子里还是那个皇帝，他跟我谈话还问到我部下那些将官都姓啥，我说你问这些干啥？你把那些个事儿蹬掉，你别想你是皇帝，那个思想，你不应该存着这个心，你知道我这个人很厉害。你存着这心你要干什么？我说你呀，我劝你，你现在的情况，你能够到南开去念念书，做一个中国很有地位的大国民。你别把你这皇帝的［思想继续下去］，您要拿这种思想，总有一天你把你脑袋闹没了。你去念念书，你要表示［自己是］中国国民呐！你要到美国去好好念念书。你回来，你是中国很有地位的大国民。就将来选总统，你都有地位。因为你比旁人好啊，你比旁人的地位好啊。我的话他没听进去，我劝他，你要这样的行动，这样的思想，你有一天［会］把你脑袋闹没了。

访　者：而且更严重。他后来生活实在是，生活实在是很［糟糕］。

张学良：因为我跟他弟弟很好。

访　者：哪个弟弟？

张学良：溥杰②。……他太太是谁，是瑾妃③的侄女，所以跟他家很熟。他家的内情我都知道，溥仪啊，这个人没有思想。

访　者：拿不起来呀。

张学良：也不是拿不起来，可以说不是一个有思想的人。

---

① 溥仪，清朝末代皇帝，也称宣统皇帝。1911 年辛亥革命爆发，清朝被推翻，1912 年溥仪退位。根据清帝退位优待条件，暂居故宫。1924 年废除皇帝称号，溥仪出宫。1925 年逃入天津日本租界，住在张园。

② 溥杰，溥仪的弟弟。原配夫人为唐怡莹（字怡莹，清光绪帝珍妃之侄女）。先嫁溥杰，后二人感情不和离婚。

③ 瑾妃，姓他他拉氏，为礼部侍郎长叙之女、清朝末年光绪皇帝的妃子。其妹是珍妃，姊妹俩为同父异母。谥为温靖皇贵妃。

访　者：您说是不是［因为］他圈禁在宫里头所受的那些个熏陶啊。

张学良：也不是那个，那是个人的事情。他不如他的弟弟。他弟弟呀，要想当军人。后来他到溥仪的满洲国了。他不到日本念书了吗？我说你到我奉军去，到讲武堂去念书。你毕业了，我给你带军队，我会把你提拔起来的，那会罩着你的。那他很赞成，他愿意去。可他家里不让他去，他那思想啊，那咱就不管了。

访　者：一直还有满清遗族的［派头］。

张学良：他溥仪个人也是，思想不开明啊。他要开明，后来他会［有作为］。

访　者：有作为。

张学良：他后来还弄那东西，我就认为共产党对他很客气，本来应该杀他嘛。

访　者：是啊，给他坐牢，改［造］思想。不过也真是，您说得也对。

张学良：我跟你说，他也是这个传统的关系。他们那个旗人啊，那实在［是］对外面事情不了解。

访　者：闭塞得很。

张学良：你说象牙塔呀，比那象牙塔还厉害。我跟他们来往，他那个爸爸，摄政王①，摄政王！那国家不亡才奇怪？他连一百块钱票子都数不过来。

访　者：哎哟！

张学良：他数票子怎么数啊，十块钱摆这，十块钱摆这，然后十块、二十块、三十块、四十块……他不会一百块一起算，就那样糊涂，还当摄政王，所以这个国家才［亡了］。

访　者：他所以能当摄政王，是不是他也是会伺候慈禧？

张学良：不是，因为他是宣统的爸爸啊，宣统小啊，所以他就是摄政王。

访　者：也是不学无术，大概。

张学良：不能说不学无术，他们书也念得，根本是那个白痴。你那别说，溥杰现在在大陆呢，他还行，写一大篇文章，那个还有点［本事］。

访　者：是吗？那个溥儒您知道吗？

张学良：溥儒那不知道。

访　者：反正他是个艺术家，以现在来说，是一个艺术家。他也不能做事，

---

① 指溥仪的父亲载沣。

不会做事，思想也是一样。

张学良：溥儒好像到德国念过书吧？

访　者：没有。溥儒就是"南张北溥"① 的那个。那一笔好字，一手好画啊，您说这是不是一方面？咱们这么猜啦，可能是慈禧的跋扈，也可能是他们自己本身［不行］。因为他们这一族人不行，所以造成了慈禧的跋扈？

张学良：也不能说她跋扈。也可以说是这样的，旗人当年是厉害，开国时，可后来也就是养尊处优什么的。

访　者：嗯，对，所以您提过大玉儿嘛。②

张学良：嗯？

访　者：就那个第一个皇后，您说她非常厉害。

张学良：那可太厉害了。

访　者：皇太极，顺治……

张学良：顺治是她儿子，她就为保全他儿子，那什么［事］她都做。她嫁给多尔衮，她就是因为保全她儿子。那本来多尔衮③大权握在手。可以做皇帝，本来那个时候皇帝可能就是多尔衮。她就为保全她儿子。

访　者：但是后来她把多尔衮赐死了。

张学良：那我不知道，不知道。

访　者：那她保存了顺治了，顺治二十五岁就死了。有人说他出家了。

张学良：是出家了。没终了，不知道哪去了，这也应该，他自己母亲是那个样子。他母亲下嫁给他叔叔，我想他心里［也不会高兴］。他自己亲母亲嫁给他叔叔，所以后来就是康熙④。

访　者：康熙是比较像样的。

张学良：那厉害啊。所以说清朝的中兴啊，可以说是康熙［造成的］。

---

① 南张北溥，即南方有张大千，北方有溥儒。溥儒，字心畲，清代六王爷奕訢的孙子。民国年间，两人在书法、绘画上的成就为人们所称颂，被并称为"南张北溥"。
② 此处指历史上的清孝庄文皇后。
③ 多尔衮，清太祖努尔哈赤第十四子，皇太极之弟。完成清一统基业的关键人物，清朝入关初期的实际统治者。
④ 康熙，清圣祖爱新觉罗·玄烨。在位61年（1661—1722），是中国历史上在位时间最长的皇帝，年号康熙。在位期间清王朝进入史称"康乾盛世"的鼎盛时期。顺治英年早逝后，孝庄皇太后在皇孙中亲自选择了玄烨继承帝位，并担负起保护、教化幼帝的重任，其本人地位则进一步升为太皇太后。曾协助康熙铲除了鳌拜等人，稳定了统治。

8. 我从来都是言行一致的

访　者：有一些地方，您的想法，他就说，您的想法跟老师不一样。

张学良：那当然不一样了。时代的思想当然不一样了。

访　者：哦，他这说您第一次跟蒋介石见面是 1929 年 7 月。

张学良：在哪儿？

访　者：在北京会商发动中东路事件①。那是第一次见面，那易帜之后，你宣布易帜，你们第一次见面是在北京啊。

张学良：在北京，第一次见面。

访　者：那中东［路］事件，他是怎么个看法啊？

张学良：那时候，中央就那么回事。

访　者：还有几个小问题，就没有了。他这上提，您的演讲里面有一句话，是非常值得再提再提的，你曾经在南开大学，东三省同乡会举行联欢会，请您演讲。有很多东三省的同学在南开念书。那是 1926 年 11 月 20 号下午 4 点钟。

张学良：在什么地方？

访　者：就是说一个联欢会，等于说东北同乡会。

张学良：这我就忘了。

访　者：您就说了很多，据他记载。他发表之后，其中有一句话，您说，东三省不是一个人的私产，你们一定都很了解这个事情，不会误会的。希望你们在学校读书啊，无论如何要努力研究学业。就劝他们学生。这是您提的，"切不必学大人物，须知大人物越多，国家越乱。"这所谓的大人物，您指的是什么啊？

张学良：有权有地位的人。

访　者：所以您劝他们不要学做大人物，劝他们做什么呢？哦，您说天津地方非常繁华，容易使人学坏。这是您常说的一句话，是不是？大人物愈多，国家愈乱。他这儿又提哪，日本提出"二十一条"，那是 1915 年，您才 15 岁。因为您看到了"二十一条"，那一年您特别开

---

① 指 1929 年张学良领导的东北政府为收回苏联在中国东北铁路的特权而发生的中苏军事冲突。中东路事件以东北军的失败告终。同年 12 月 22 日，中苏签订《伯力会议议定书》，中苏铁路恢复到战前状态。

始立志，为国家做事。

张学良：那也不能那么讲。

访　者：很长一篇，后来不知道谁把您那个杂志拿走了。这篇实在很长。后来他提到您怎么跟青年会的人在一起。Platt（普赖德）是属于Quaker①，他们是美国教友会的信徒嘛，主张和平，对您有很大影响，然后他说您在社会上独当一面之后，曾经先后信仰过，现在中国最盛行的两种主义，怎么叫两种主义呢？

张学良：一个是法西斯主义，一个是社会主义，我不晓得他说的哪个？

访　者：不知道了。后来，到了耄耋之年，就是您年纪大了，您在公开场合所展现给人们的，却是完全皈依基督教的风貌。其深层原因和内心滋味以及留给两大政党的教训，恐怕只好后来者开掘和评说了。他是希望给两党两大教训，希望您教训教训，不过，对将来您愿意说些什么？

张学良：是啊，不晓得他怎么说的？他［是何］意［我］不知道。

访　者：他是希望您能不能给后人留点什么。

张学良：他这个人写文章，我就认为写得不太清楚。他自个知道，人家知道你说些什么？所以，你知道这写文章很难。你不能说，你知道就照着你脑子里简单说说。应该想一想，我写这文章，人家看得懂不？所以，写东西你就要想这些。那是你自个儿知道，人家知道不知道，你是给人家写。

访　者：你要写［的］话，人家得懂，是吧？不过他是不是希望您说点话。

张学良：我不晓得他何所指。

访　者：你愿不愿意跟他说点话？

张学良：有的人写文章，他不好好看他自个写的文章。

访　者：对。

张学良：你自个写文章要发表了，要自己好好看一看，你写出去，人家懂不懂啊？

访　者：我不知道，我是不是没给您念清楚，这段您看了吗？

张学良：我没看。

访　者：是不是看看？

张学良：不用看，我自个儿对的事还不知道？他愿意怎么批评，就怎么批评。

访　者：不过，您随时也可以给后人留点教训？他这说了一下关于谷瑞玉。

---

① 指贵格会。基督教新教的一个派别，又称公谊会或教友派。

他说，您还曾经把她的生活做了很好的安排。她死的时候，您还派您弟弟去参加她的丧礼。

张学良：那没有，没有。

访　者：我给您念一念吧，他说，张学良自己回忆说，有一次他和张宗昌，他这个意思就是说您虽然很喜欢交女朋友，那时候的风气，但是您不乱来。您说有一次您和张宗昌同居一室，中间只挂块布单，这位三不知将军［就乱来］。

张学良：嗯？

访　者：就说张宗昌是三不知将军啊，不知道有多少钱，不知道有多少兵，也不知妻妾有多少。同时找来了三个妓女胡扯，一边扯，还一边问张学良，你来一个不？张学良厌恶地不屑一顾。可见，即使在浪漫的时候，张学良也不下流。就是像唐德刚先生说的，在酒色之中，张学良，他也是性情中人。在结识赵四之前，军旅生活中，他曾与烟花女子谷瑞玉［有关系］，外号"大洋马"，她为什么叫"大洋马"？

张学良：她大个子，很高。洋马不是高大吗？

访　者：噢！高高大大的。同时您把她救出风尘，在天津法租界购屋别居。后来，1929 年春，跟赵一荻相恋的时候，您就跟谷女士友好地分手，并尽力为她做好生活安排。谷去世时，他派弟弟参加她的丧礼，表示哀悼，这显然与始乱终弃者不可同日而语。后来，于凤至夫人写的一封信。她说："汉卿的事情我都无条件支持的，只要对汉卿有好处，叫我死我就死。"可见，这位离了婚的原配夫人至死无怨无悔，一往情深。张学良与前两位夫人相处得如此和谐，似乎应该首先归功于于、赵二位女士，但是与张学良之待人处事大有关系，可以说即便是私生活方面，他也是重情义、负责任，把旧礼教与新道德尽力融合起来。更为稀奇的应该谈到这方面，往往是公开承认年轻的时候荒唐，从不效法某些人言行不一致的做法。

张学良：我从来都是言行一致的，我说得出就做得到。

访　者：所以你说你以前交女朋友，就是交女朋友，可是他说您呐，不效仿某些人言行不一致。

张学良：那就不知道是哪些人了。

访　者：而人们因为您不掩饰自己的丑行，反倒觉得他与自己更贴近了。因为每一个人都有这些事情。故更谅解他和接受他。我们后来不是曾经想嘛，为什么张氏父子在这些人心目中这么多年了如此亲切，我想就是因为你不故作这个玄虚了，有什么说什么。在青年会的一次演讲中，您还替军阀政客辩护，说国事纷争，人人有责。从一定的意义上讲，这个话是不无道理的。OK，很长，他这篇东西真是很长。这还有两个小问题，他是说，您曾经写了两首诗啊，一个是您杀了一个旅长，叫陈琛①。您把他杀了之后，写了一个挽联：知杨太尉在堂，忍把锦裘追往事；为马幼常流涕，至今黄壤怆平生。（音）

张学良：这不是我，没有。不知道谁写的。

访　者：后来在1928年4月，您在邯郸②指挥豫北战事，看到一个地方，叫冲台，是原来赵武灵王③所建。您看到这个古迹后您写道：武灵按剑却强胡，朝罢诸侯且自娱。当日将才皆颇收，军王歌舞有功夫。（音）④

张学良：我也没写，不知道谁替我写的。（笑）

访　者：这也不是您写的。

张学良：您听我讲，有好多人啊，这个古迹我没看到过，我知道一件事情，因为他没提名，人家写那个东西在那呢，后人就想说这是我写的。

访　者：对。您记得您那手记上有一首，证明它不是您写的，也是一首差不多这样。这个给陈琛的挽联是您秘书写的？

张学良：不是我秘书。我也没给他挽联，这后人把这个事情穿插了。

9. 我跟饶汉祥没有通过信

访　者：然后，这有些我给您说说外面的人对您的敬仰是怎么样的。您比如说对西安事变，这是这多年以后了。他说十三年后，您曾经给一个学生写信，同时，给他50块钱，您让他好好照养。不是1923年有一个学生被伤了吗？那个伤的学生是东北人，叫李兰昌，您都不记得了。您这封信里说，此函以赞同欧美方式谴责了直系军阀控制的

---

① 陈琛，1927年任奉军独立第四十六旅旅长，5月北伐军攻打上蔡时，陈因救援不力，使奉军富双英部兵败，而被张学良枪决。

② 邯郸市位于河北省南端，西依太行山脉，东接华北平原，与晋、鲁、豫三省接壤。战国时期作为赵国都城长达158年。

③ 赵武灵王，名雍，战国时期赵国国君，赵肃侯之子。公元前325—前299年在位。

④ 此段可能引用有误。据《张学良年谱》载，1928年春张学良游赵国故城邯郸宫（武灵王所建）感怀云：沽酒邯郸大道傍，村人都说武灵王。英雄应有笙歌地，不比吴宫响栗郎。光武艰难定济中，滹沱一饭困英雄。当年天下归心日，都在邯郸古赵宫。

北京政府，赞扬了学生们纯洁无私的爱国精神。十三年后的西安事变中，张学良的爱国精神可以说纯洁无私到无与伦比的高度。这是他的看法，关于您在西安的表现。另外，他说，从这里我们也不难看到张学良将军后来化敌为友，以及现在他爱人如己的思想的嫩芽。至于他慷慨解囊，帮助的人到底有多少，难以统计，这也确实。另外啊，您曾经写了一封信，给这个饶汉祥，就是那会儿。饶汉祥那会儿不是和郭松龄在一块吗？郭松龄事变后，饶汉祥就给您了一封信，解释这个情形。

张学良：胡说，这个人写东西真胡说。郭松龄事件后，把饶汉祥给打死了。（笑声）

访　者：噢，是吗？那您这封信是怎么一回事？

张学良：那是胡说，这是什么人编出来的？饶汉祥当时就给打死了。[①]

访　者：噢，是吗？那您这封信是怎么一回事呢？

张学良：胡说！你说这个事情好玩不？当时饶汉祥就给打死了。

访　者：那他这篇东西？他这上说郭松龄事件后，饶汉祥居天津。哦，不对，这是在1926年。郭松龄的事情是1925年呢？

张学良：我忘了，你说多少年我就不知道了。

访　者：他说奉军击败了冯玉祥的国民军，占领了京津地区，饶汉祥怕遭奉军的报复，就致函张学良，张复函如下……

张学良：我跟饶汉祥就没来往过信，这谁写出来的？天下的事情很有意思。

访　者：作者就说看到这封信，可以说是张学良待人交友的纲领。他把饶〔助郭〕看作是个人之自由，这种政治上的豁达，是张学良的一大特色。

张学良：这个我不知道，也许，不过，饶汉祥死了，不对，我说错了，把林长民打死了。[②]

访　者：那这是另外一个人啦？

张学良：是，是。饶汉祥活着呢，不过我也没给他写过信，我也没和他来往。

访　者：饶没死。饶写信解释。你写信说，"上年茂宸之变，告者谓先生为之筹参密要，良以先生之素行和往事测之，疑而不信。OK。既茂宸失

[①] 此处张学良记忆有误。1925年郭松龄反奉，饶汉祥代拟讨张通电，列举张作霖五大罪状，并亲往郭部赞襄文告。郭军溃败，饶脱逃返乡，于1927年病死。

[②] 林长民，字宗孟，福建闽侯（今福州）人。曾任段祺瑞内阁司法总长、段政府宪法起草委员会委员长、福建大学校长等职。后入郭松龄幕，参加反奉，随郭夫妇逃亡路上被流弹击中身亡。

败，始知先生寄于军中，当时奉诏无知，已疑先生同遭不测。再三追踪，未得确切消息，心且悬悬。今闻津报，始知先生出险……"

张学良：我都没有，这是谁造出来的？这真奇怪，也许是饶汉祥那方面整的，自己造出来。

访　者：可能是。

张学良：现在的报馆，有些造好的新闻。

访　者：（笑）他这篇东西，写得可真是的，您看，这么长，哦，他这说了一件事，你到什么地方，在火车里头，为保护您，您的爱将，卫队旅旅长姜化南①中弹身亡。您清楚吗？

张学良：他说怎的？

访　者：他说在车站，您的那节火车车厢里，子弹横飞。为保护张，其爱将卫队旅旅长姜化南等中弹身亡，而张学良幸免于难。那时候，奉军军纪不好，该军王永清旅即是由土匪改编的什么什么的。然后张作霖将其下狱并抄家。旋即释放，复任军长，说的是谁，说的是穆春。穆春军队的军纪本来就不很好。可后来给他抄家下狱了，当然后来老帅又把他起用，让他当军长。您记得这回事？

张学良：没这回事。

10. 尸谏说得太厉害了

访　者：其他的我都看了看，没什么。总而言之，他们搜集了很多这个东西。呵，他提到您解释义和团，您记得您跟我说过那个关于义和团的事情。他的评呢，就是说在这个时期，张学良的爱国思想，主要有两个层面，一是息内争御外辱，二是让民众能够休养生息。这第二层意思在3月22日关于当时通电中讲得十分痛心。此次良某奉命出师，……遍历旅言疾苦，民穷财尽，满目疮痍，因而心伤目击，心很不安……三年后，您回忆那件事，您说过一句话，我们对不起中国的老百姓，真是犯罪啊。他说，你在撤退的时候，看到各地被战乱所蹂躏的惨状，伤心啊，对随从人员说，我们对不起中国老百姓，真是犯罪啊。……不怕死不爱钱。这是您给谁写的？

---

① 姜化南，张学良的卫队长。1926年，在随张学良前往多伦清查穆春所部王永清骑兵旅劫抢金佛案时，为保护张学良被该部官兵开枪打死。

张学良：我也没给谁呀！我写着玩的，怎么到他手里去了？

访　者：噢，他说您给朋友的，到了谁手里，不知道。您哪天有雅兴给我们写一张？您给我随便写一张。我跟我姐姐跟您讨教差不多一年多了，从7月，快一年了。这里有一个刘培良①，这是编者的签名，您看，他这儿有一句话，他说，您1936年到洛阳去跟蒋先生提各种不同的事情，然后张学良于12月2日，只身乘军用飞机飞赴洛阳，向蒋介石尸谏，什么是尸谏呢？

张学良：尸谏这句话他说得太厉害了，就是这个人吊死了，这个用的太厉害了。

访　者：就是我死了，我拿死来谏诤你。

张学良：什么叫尸谏，不是拿死来谏诤，而是死了。我跟你说尸谏，中国现代史里很容易知道，这个人叫吴可读②，我对这个人很敬佩。我先说他尸谏。他就谏诤西太后啊，不给宣统立后（指立子嗣）。她本来应给宣统立后，她不给宣统，给同治立后。为什么呢？给同治立后，她可以临朝。

访　者：还是她的私心。

张学良：所以他尸谏，他自个吊死了，他是御史，巡城御史。他等于在他的办公室里吊死了，腰里揣一封奏折，吊死了，所以拿尸来谏诤。所谓尸谏，一定是死了，才能叫尸谏。

访　者：您看他这说飞赴洛阳向蒋介石尸谏，要求蒋介石停止剿共和内战。我只找到这么一个字。我认为太厉害了一点，其他的还都可以。

张学良：不管，这证明写文章的人，他读书没读通。他可以说是史谏，或是什么，还是可以说。尸谏就是我死了。

访　者：这是您给胡适之的一封信，这封信很长，我倒不是说关于那个什么，我觉得您这封信的字体呀，很有点赵孟頫的……您那会儿练字是学赵孟頫③的，还是……

张学良：不是，我是写……

---

① 曾编著有《张学良将军手迹》。
② 吴可读，字柳堂。甘肃皋兰人，道光三十年（1850）进士，任刑部主事。曾回乡主讲兰山书院。光绪即位，为吏部主事。光绪五年（1879），同治帝灵柩入葬惠陵，自请随赴，归途于蓟州废寺自尽，留奏折请为同治帝立嗣，时人目为"尸谏"。
③ 赵孟頫，字子昂，号松雪道人，浙江湖洲人。元代著名书画家，开创元代新画风，被称为"元人冠冕"。他也善篆、隶、真、行、草书，作品以行书和楷书的成就最高。

访　者：王羲之①？

张学良：不是，我就写明朝的……我最喜欢他的字，可一下子我想不起来了，我学他的［字］。

访　者：我觉得这封信前面有好多笔迹，都是您随便批文的字。还有很多这种字。

张学良：这是我秘书［写］的。

访　者：哦，秘书写的，您签的。不过，这字很有代表性，我还以为您是［学］赵孟頫呢。

张学良：明朝四大家……

访　者：反正你自个儿的字很有那个体。这个"宋"字，就特别代表你那个潇洒啊。您那时候写的字您现在还留着吗？

张学良：我随便扔哪去了。

访　者：不过，您可能有，是不是？

张学良：不是，我自己的玩意儿都扔掉了，光是旁人的。我向来不收拾我自个儿的东西。

访　者：您看，您那时候的字，我觉得真是，您自个另成一派。书体另成一派。哦，这些楷书不是您自个儿写的吧？可能是秘书？

张学良：我看看，不是我写的。我也写楷书。

访　者：这就是后来的了，1936年的了。那您行军的时候，怎么有时间练字呢？

张学良：我随便就写着玩的。

访　者：这是给于学忠的。

张学良：信啊，这不是我写的，这后面有签名，你看看。

访　者：这信不是您写的吗？这是您在溪口②的时候写的。

张学良：哦，是我写的。这个"安"字我看出来了。

访　者：哪个"安"字（笑），您自个儿的字体，可以认得出来。

张学良：怎么于学忠还把我的信留着啦？

访　者：这我想借回去，给我姐姐再看一看，我再给您拿过来。

---

①　王羲之，字逸少，原籍琅琊（今属山东临沂），后迁居山阴（今浙江绍兴），官至右军将军，会稽内史，人称王右军。是东晋伟大的书法家。早年从卫夫人学。后草书学张芝，正书学钟繇。并博采众长，推陈出新，一变汉魏以来质朴的书风，成为妍美流变的新体。为历代学者所宗，影响极大。

②　溪口，古镇名，位于浙江四明山麓今奉化县，蒋介石故里。1937年1—10月，张学良被幽禁于溪口雪窦山。

张学良：这是大陆出版的，好像。

访　者：这都是 1936 年，您临上飞机时写的。所以这些东西，我就说，这又回到咱们那个珍藏室的事，这都是值得搜集的。以前您都用毛笔，到这儿是，19……，您就用钢笔了。这个不像您的字，这也是给江海潮写的，是 1991 年 2 月 3 号，这字不像您的。签字是您的，可是您的签字是钢笔的签字，这是毛笔写的。

张学良：这是太太给写的。

访　者：那这都是您写的，因为都是钢笔的。这个"爱人如己"，这是您写的吗？

张学良：我写的，这是用毛笔写的，九一老人。去年写的。

访　者：去年嘛。这也是，"培育英才"也是您吗？青田阜山中学，① 也是"九一老人"。这都是电文了，没什么了。有一段电文就是说，发军饷的事情。我是觉得那会儿您是负责的，您是陆海空军总（副）司令，负责华北了，这些军饷都得自筹。

张学良：那我不知道怎么回事。

访　者：哦，现在我这儿有一个，给你解解闷了。昨天报纸上一个人一百岁，是长白师院世纪师尊的方永蒸②。

张学良：方永蒸，这个人我知道。

访　者：一百岁。

张学良：他现在一百岁了，这个人是个东北人。

访　者：在中山堂。

张学良：这个我不晓得，这个人是我们东北很有名的。

访　者：有三百多位学生赶来。

张学良：我不知道，我要知道我也去了，这个人很好。

访　者：一百岁的生日。

张学良：他都一百岁了，我不知道。

访　者：一开始是您在东北那会儿。

张学良：嗯？

---

① 阜山中学位于浙江省青田县，是张学良的德文教师、原东三省军事测量局局长陈瑛于 1926 年出资创办的。1991 年适逢该校成立 65 周年，张学良为该校题字"培育英才"。

② 方永蒸，字蔚东。辽宁省铁岭县人。初在东北从事教育工作。1927 年任东省特别区第一中学校长。1949 年，他与长白师范学院师生，迁往台湾。1954 年起，任台湾当局"考试院"考试委员 12 年，其间兼任"考试技术改进委员会"主任委员 7 年。

访　者：一开始的时候，您还在东北啊。

张学良：是，他当过校长嘛。

访　者：是啊，东北大学，西北师范学院附属中学①，长白师院②，他是唯一的一个把学生跟着政府带到台湾来的，带着五百名师生赶到台湾来，所以学生给他跪着磕头呢。这有张照片，有许多已经身为教授校长的老学生给方永蒸磕头祝寿，这是这两天的事，这是哪天啊？7月6号。

张学良：他在我们东北很有名的，教育家，当过很多[学校的]校长。

访　者：教育家。是不是他们不知道你在哪住，还是怎样？

张学良：嗯？

11. 王锡昌不是出名的人

访　者：昨天，我们提到几个大题目。其中一个就是您说很要紧的，大帅怎么能控制那么些英明的将领，像张海鹏啊，张景惠啊，张作相啊。您现在愿意提他们的事吗？我那两个的问题都问完了，看您现在愿意谈不？

张学良：这个事我也很难说，我不跟你说过吗？我跟我爸爸说，我说你那些人我管不了，我这些人你也管不了。他们那些人对我父亲，我真是不了解，那真是服从我父亲。他那威严就能够……所以我跟我父亲说，他那威严怎么都能把他们震住，[他们]都给他跪地下磕头。

访　者：张宗昌也下跪……

张学良：张宗昌不行，他是后来的。

访　者：是后来的，也是给老帅跪地磕头。

张学良：张宗昌是……我父亲跟他认识，好像是在北京哪个赌场，在哪个赌钱的地方认识的。他那时候跟奉天没多大关系。他在那赌钱，一宿把30万都输了。后来他没办法，就投奉天去了。

---

① 西北师范学院附属中学，今西北师大附中，前身为1901年创立的北京五城学堂，1923年改为国立北京师范大学附中，抗战爆发，1937年9月西迁西安办学，后再迁兰州，成为国立西北联合大学附设中学。1939年改为国立西北师范学院附属中学。

② 长白师院，全称国立长白师范学院，民国时期培养东北地区中学教师的国立高等师范学校。位于吉林市。前身为吉林大学，1929年创办。1931年"九一八"事变后停办。1935年伪满于原校设立高等师范学校。几经变迁，后随东北大学改名东北师范大学，小部分师生最后至台湾。

访　　者：第二天老师说，您薪金都领好了？他咕咚一下子就跪下了，说我昨天晚上都给输光了。

张学良：没那回事，那时候他不给我父亲工作，不是我父亲的部下。他要不是那样，还混不起来呢。他本来那个时候，历史上啊，段祺瑞想利用他，来取江西督军。那因为江西不属于段祺瑞派，属于冯国璋那派。后来通过陈光远的弟弟陈光复，就给他［安排了］。①

访　　者：关于这一点，有好多人啊，我这找到一个关于蓝天蔚的事。我想给您说，您知道老师用了一个人，叫作王锡昌。②

张学良：王谁？

访　　者：王锡昌，锡就是金银铜铁锡的锡，他本来是个小科员，后来因为他曾经说了交通应该怎么办，老帅才把他调到奉天。这个人后来在大陆，就是共产党占领大陆之后，他在上海就是为这还被那什么了呢。

张学良：那我不知道这个人。

访　　者：老帅把他就叫到奉天来，就问他，你有什么计划。这个人位置小得不得了，见到老帅很害怕，他也是挺冲地就跟老帅说了松花江的运输，结果老帅说"好，你回去办吧"，结果他就在这一两年之间不但把这整个运输整理得很好，还有很多的税收，结果从那儿就发起来了。到了后来呢，不是"九一八"什么事情，他就到了上海，自己又在那儿经营。后来还盖了一个宅子，很有名的一个……到共产党来的时候，即把他的那个宅子当然要没收呀，做成工人俱乐部。这个作者还去看了这个俱乐部。这个王锡昌，我也略有所闻，因为每年我都回上海，我们那儿不是有个学校吗？

张学良：那我不知道王锡昌这个人。

访　　者：是办这个……

张学良：这很奇怪了，我一点也不知道。你说这松花江的事儿，完全是沈鸿烈。

访　　者：不是，沈鸿烈是办这个警备和军事的？

张学良：不，不，他也有，王锡昌？

---

① 1918年，张宗昌在冯国璋的提拔下任江苏第六混成旅旅长，后升任为暂编陆军第一师师长，驻守江西袁州，1921年因闹饷在江西吉安被江西督军陈光远遣散。他经过当时北京政府财政次长潘复的引荐，投奔了张作霖。

② 王锡昌，1925—1927年任东北航务局总经理，1930—1932年任中国航空公司营业组主任。

访　者： 也许我把名字记错了？哎呀，真是不应该。

张学良： 也许有个姓王的，我知道，他不叫王锡昌。

访　者： 那我大概是把名字说错了。等一等，我看下，找着了。有一个人叫王景春①，他把王锡昌介绍给大帅。您看啊，有一个什么……噢，他说那个梁士诒呀，跟老帅在民国九年的时候，就说咱们组织一个公司。这个公司资金除了实物船只之外，凑了大洋钱三千万，交通系和奉张各占两份，叫作什么戊通公司②啊，是利用船只在松花江、鸭绿江、牡丹江三支水道上办航运。（张学良：笑声）公司是由梁士诒保荐的一个姓胡的。叫胡什么，［他］没说。后来呢，就赔了钱了。赔了钱以后，老帅听到这种情况就想决心改革。改革这个戊通公司。多方面请人去物色干才，这就是说老帅用人啊。公司里有一个副工程师叫王锡昌，当时他二十八岁，一个月挣二百块大洋的中级技术人员。

张学良： 胡说八道。这个写文章的真是胡说八道。我跟你说，详细底下这个情形不是，这个戊通公司不是奉天的，是属于黑龙江的。与奉天毫无关系，是人家的，是黑龙江省的。这个人写文章这个人可真是胡说八道。至于这个人怎么样就不说了。这个戊通公司后来归谁管呢？好像也归沈鸿烈。③ 戊通公司我知道，不但海运，还采伐木头，这好多事呢。所以人家写文章这个人，有时候捕风捉影。

访　者： 对，可能是。我给您说说后头吧，结果他做得蛮好的。

张学良： 也许他在［那里］。

访　者： 你看他有个改革计划嘛。

张学良： 啊，我现在想起来了，戊通公司属于，就是我奶奶那个，她的爸爸还是哥哥，好像他跟这个有关系。我就弄不太清楚。

访　者： 就说这个人啊，他有个改革计划，结果王景春就把他介绍给老帅。后来没隔多久，很短的时期，他就把这个公司啊，整理得很有办法。

---

① 王景春，1917 年任京汉铁路局局长。1922 年任中东铁路督办。

② 黑龙江商人孟昭常创办于 1918 年，岁次戊午，故名戊通公司。为黑龙江之最早的华商轮船航运企业。

③ 戊通公司破产后，由最大债权人交通银行没收，后转售给东三省政府。1925 年 9 月，在哈尔滨改组为官办的东北航务局，由东北三省政务委员会派特区长官于冲汉为董事长，前东边道尹王顺存为常务董事，航警处沈鸿烈（后为东北海军司令）、滨江道尹蔡运升、特区市政局长储镇为董事，后因于冲汉辞职，改派沈鸿烈为董事长，另派继任航警处长宗式善为董事。任命王锡昌为总经理。东北航务局接收戊通公司的资产有客货轮 10 艘、拖轮 12 艘、驳船 21 艘，房地产及东北造船所产业等。

张学良：胡说八道，他整理不整理，王景春根本就不认识我父亲。王景春跟我两个是朋友，他都没见过我父亲。而且，王景春这个人他也不会介绍人。

访　者：他后来还说，王锡昌的婚姻也是张大帅给主持的。

张学良：什么婚姻，胡说八道。

访　者：王锡昌一直就喜欢一个人。这个女孩子是连任数届海军总长刘冠雄①的女儿，但是因为王锡昌的地位不敢提婚。但是当他把戊通公司弄得这么好之后呢，张大帅就说成婚了没有啊？

张学良：胡说八道。

访　者：结果就成婚了。

张学良：这真是胡说八道。

访　者：你听他说得有声有色。他说，然后张作霖一听是刘冠雄的女儿，就说我当是谁呢，原来是刘子英的闺女，好吧，我给你保媒吧，于是就把王维宙②叫来，他说你用我的名字给刘冠雄写一封信，说我想给他的闺女保媒，什么什么的。

张学良：这就真是胡说八道。

访　者：同时，他又给吴俊陞说，好吧，我那有个宅子，让他们去住好了。后来老帅说，我看大哥呀！干脆人情做到底，干脆给王锡昌算了。结果到奉天好住，筹备婚礼。到［结婚］那天所有的开销都是老帅出的，那天轰动了奉天城。礼堂设在巡阅使会议室，赠送礼金，各地什么什么的。

张学良：这真是胡说八道。

访　者：后来这个公司发展，完全操纵了北满，黑龙江、松花江、牡丹江、嫩江、鸭绿江一部分的航运。当然，就是说办得很成功了。后来，到了皇姑屯事件之后，他就辞职离开哈尔滨，到了上海，在上海的雅尔培路买了一栋宅子，度其余年。后来最清楚五十年东北历史的一个金典戎将军。

张学良：谁？

访　者：有一个最熟悉东北历史的金典戎③将军说……

---

① 刘冠雄，字子英，又字资颖，福建福州人，闽系海军首领。历任北洋政府海军总长、福建镇抚使、闽粤海疆防御使、将军府熙威上将军、海军上将。
② 王树翰，字维宙。
③ 金典戎，陆军大学毕业，曾任山西孙连仲参谋长、青年远征军干部训练团将官班副主任。

张学良：什么典戎？

访　者：金就是金银铜铁的金，典就是典故的典，戎就是打仗的意思。

张学良：不知道。

访　者：他说，后来上海沦陷给共产党之后，王锡昌是七十高龄，就没有躲得开这流血斗争，因而得到惨死。

张学良：什么？

访　者：因为共产党后来就把他给斗死了。斗死之后，上海市人民政府又把王锡昌这个宅子给收去了，就改成工人俱乐部。

张学良：这是不是我不知道，这个人有没有……也许有，都不是出名的人。为什么要写这个文章呢？

访　者：就是证明那时候老师要用王永江开始要整理这政治和经济，其中的一个，说明他如此肯用人才。

张学良：这个人，我就不知道。

12. 我家的财产都归钟三爷管

访　者：这还有一段关于钟三爷的事，我就不知道说得对不对。您知道吗？钟三爷。

张学良：钟三爷，我知道。

访　者：他说钟三爷跟老师在做什么来着，忽然间……噢，老帅把帅府盖完了之后，那么就在上边写了"天理人心"四个字。然后就给家里人孩子讲这天理人心，人都要有良心。他说我张作霖若不凭天理做事，用人心对人心的话，相信早已死去没有今天了。到这忽然间就停下了，不讲了。于是马上把于芷山①找过来，就说，你知道大高坎②吗？大高坎是个地方。于芷山就说，大高坎不是巡阅使的老家吗？我怎么不知道。张作霖点点头，然后就告诉他，你带几个可靠的人，去到大高坎把钟三爷接来。

张学良：这简直是胡说八道啊，这也不叫大高坎，钟三爷也不在大高坎，他

---

① 于芷山，字澜波，辽宁台安人。早年为匪。1903 年，到奉天投靠清廷，官至哨长。1912 年，清兵被改编后，任步兵排长。1920 年后，先后被张作霖委任为奉军团长、旅长、师长、军长。1928 年 10 月，调任东边道镇守使兼东北边防军司令长官公署参议官。

② 位于今辽宁省大石桥市西郊，属辽河下梢，北与张作霖老家海城县接界。

是在另一个地方。你往下再说……

访　　者：钟三爷是谁呢？就是当年张作霖为了报杀父之仇，而血刃仇人，惹了官司。钟三爷是替老帅出主意，收殓老帅父亲尸体的一个豆腐匠。

张学良：收殓谁的尸体？

访　　者：就是您的祖父的尸体。他记得在临离开大高坎时，在钟家给他占了一卦，钟老三跟他说了一番话，有仇不报非君子，忘恩负义是小人。于是张作霖对钟老三当年雪中送炭的恩惠怎能不报？否则的话，天理何在？人心何在？于是他们就把钟老三给请来了。钟老三家那时已小康，而且已经白发满头。接来的时候，他就说，他不敢受这份厚礼，同时平生也没出过远门，所以他不想到奉天。后来呢，这个于芷山呢，就说您来吧，老帅的意思是想让你享几年晚福，就接来了。

张学良：这是胡说八道，这真是胡说八道，我跟你说。

访　　者：那就别提了。

张学良：这怎么跟于芷山扯上啦，于芷山跟这个人毫无关系。这于芷山是另外一件事。这个人叫钟三爷，我家的财产的事情，都是归他管的。是我父亲最好的朋友，我家就是后来我出来做事，管财产的人一直都是他。

访　　者：哦，前天您还说了呢，家里面有专门管账的。

张学良：都是这个人。他当年和我父亲是很好的朋友。我们都叫他钟三爷。人家家境很好。可以说，我家有什么财产，当铺啊，有好多的财产，都是在他手底下。管财产的人，都是他派的。什么人我不知道，后来都很阔很阔的，在我父亲手底下都起来了。有一个姓彭的，他后来在辽阳城，一趟街都是他家的。他这个人很会用人，这个人叫彭贤①。我家的大概有什么财产有当铺的，都是他管的。我还记得我不大的时候，是他？是他把那个账交给我看，说你应该学会怎么看，教我。我跟他学会好多东西。他教我怎么来管理，怎么看这报告，看里边说得好不好，真与假等。

访　　者：所以理财方面是相当地精通，而且他，老帅把他接来了，还以大礼相迎。

---

① 彭贤，字相亭，辽宁新民人。其父曾救过张作霖的命，故幼年认张作霖为义父，深受张作霖、张学良父子器重。曾任东三省官银号总办兼总稽核、张家私家银行——边业银行总裁。张作霖被炸身亡后，负责修建元帅陵，1937年经斡旋将张作霖遗骨运到锦县驿马坊与赵氏合葬。抗战胜利后，受张学良委托任"三畲堂财产清理委员会"副主任，负责清理张家在东北的财产。

张学良：不是，那他常来我家。当然这个人很凶。那会儿我父亲死了，他来吊孝。说我老了，要不我会带人去打日本人。

访　者：他这里说，把儿女全叫过来了。儿女里除去您之外，谁都不知道他，他说呀。当第一次把钟三爷接来的时候，让全家儿女都来见见。说这是爸爸的救命恩人，你们快来给三大爷磕头。那么，您说得很对，钟三爷就说我这一生劳碌命，您要让我做点活儿嘛，还可以睡得着。您老让我这样享福……老帅于是说，三哥，您别一天到晚老想着回家，在奉天不是可以改变一下环境吗？他说我在奉天干啥呢？后来老帅说，你做做生意，三哥不是也不外行啊，钟三爷说做啥生意呢？结果说你开粮店好了。

访　者：这他可说一开始啊，然后就办了粮店，做得非常成功。

张学良：这个都是瞎说，这个人写这个真是奇怪。

访　者：后来这钟三爷发了财，就修了一栋大宅子。后来……这就证明老帅饮水思源，饮滴水之恩，涌泉相报。同时也说钟老三这是好心有好报。为什么要提啊？后来就说，钟三爷，大家都称呼他是钟三爷，他是说，有一次钟三爷就跟老帅说，应该给您的祖父修个阴宅。

张学良：这我就不知道了。

访　者：第一个也应该扬声名，显父母，这是做孝的一端，就劝。钟三爷对这个事情是非常赞成，最后研究结果就要给您的祖父修一个家庙，于是就修家庙嘛，老帅就非常信任阴阳先生，风水，于是就推荐了谁呢，就是由袁金铠推荐一个叫作三原堂。

张学良：这我就不知道这个事，而且袁金铠也不管这个事。

访　者：这个三原堂啊，据说从乾隆年间就开始。

张学良：三原堂？

访　者：三就是一二三的三，原就是原始的原，堂就是堂号的堂啊。为什么推荐三原堂呢？因为三原堂是历来就对风水什么的，而且一开始声望最大的是在辽阳。一开始要上溯到乾隆和嘉庆两代。乾隆的初年，辽宁出了个二甲一名的进士叫作王尔烈①。

张学良：王尔烈，奉天最有名的人。

访　者：王家的坟地，就是三原堂的先生给选的。那么选这个呢，要有名。

---

① 王尔烈，字君武，清代辽阳人。历任陕西司郎中、刑部主事、甘州府知府、翰林院编修、四库全书处三通馆纂修、陕西监察御使、大理少卿。一生工诗，善文，书法造诣颇深，被誉为辽东才子。

所以后来乾隆在东宫当太子的时候，为了显一显自己的文才，曾顶替一名因病不能进场的举子应试。正好是跟王尔烈同场。这都是胡说了啊。Anyway，后来呢……为什么管袁金铠叫袁瞎子啊？

张学良：也没有人管他叫，他就是近视眼。

访　者：OK，就介绍这三原堂的历史，于是就把他带去见老帅，老帅很满意。马上请钟三爷和阴阳先生去辽西选择家庙的地方去了。

张学良：我们也没有家庙啊。①

访　者：没有家庙，后来家庙是在"九一八"事变之后，被关东军列入张学良的私产，就接收了。结果就由一个日本人（退役的日本大佐）买去，开了个辽河农场，养什么呢？养亨鸡什么的。规模很大的。写这本书的人，在1942年去了，就看到辽河农场就是以前张氏家庙所用的地方。所以他说，那时候修家庙的钱，一共花了四十万两银子。结果接管农场的日本人的名字叫四十［万次郎］，叫什么，怎么这么巧？辽河农场后来一直发展得很好，这个作者去参观的时候，他还有很多感慨，不但是说我们东北四千多万同胞陷于水深火热，连一代英雄张作霖的家庙也避免不了遭受浩劫。

张学良：我就没有家庙。

访　者：钟三爷是确有其事？

张学良：那他说的那个也跟事实不符。

访　者：戏剧化。

张学良：这个人写文章也是，道听途说啊。

访　者：您要休息休息吗？

张学良：我不休息，没事。

13. 冯玉祥进故宫并没有拿东西

访　者：然后呢，他又提关于这个冯玉祥，冯玉祥逼宫，就把溥仪从皇宫轰出来了。那么他手底下带了两个人，一个是鹿钟麟，一个是张璧②。

---

① 此处张学良记忆有误。张氏家庙位于辽宁省北镇县（今北宁市高山镇）赵家村。始建于1923年，竣工于1925年。占地13000平方米，供奉有张氏的各代宗亲。

② 张璧，河北霸县人。1924年曾任北京警察总监，同年11月5日奉命与京畿警备司令鹿钟麟将溥仪驱出故宫。

带进去之后就负责把小皇上给逼出来了。出来之后，他跟皇上说，你只许带铺盖和随身的衣服，其他的物品一概不许拿走。他说这简直跟共产党清算地主［样］啊。就说可不知老冯这套政治斗争是哪学来的，就把溥仪给轰出来了。进宫之后，收拾宝物的是谁呢？就是张必。古语说，要得真富贵，还得帝王家。清朝三百年，天下存在大内的宝物当然很多了，难怪老冯打主意。后来如果不是外国驻京使节的洋大人出面干涉，冯玉祥的洋财发得就更大了。就这样，由他心腹张必由故宫拿出来的宝物大约值现大洋1500元左右。

张学良：这也胡说八道。

访　者：他说，老冯从此以后，一直到他在苏联船上烧死，他是被［人害死的］？①

张学良：烧死的。

访　者：喔，是啊。忽而反奉张，忽而倒南京政府，再不就是今天勾结石友三、韩复榘，明天就又和阎锡山联盟。抗日时期，虽然是军事委员会副委员长，但是专门和国民政府调皮捣蛋，只有跟苏联是非常友好的。所以称他为倒戈将军，还不足以说明他，应该管他叫为赤色将军才合适。就说这作者对冯玉祥是相当地不尊敬啊。你说那些清朝皇宫这些东西都让谁收了？

张学良：他进了皇宫了。好像人家也没拿，就是鹿钟麟拿了一副对联。

访　者：不过那些东西都哪儿去了？如果不是张璧，大家都说是张璧。

张学良：与张璧无关。张璧那时［是］在冯玉祥手底下的文官。后来张璧就做做北京的什么什么。他与这个没多大关系呀。

访　者：所以那些东西不是冯玉祥偷走的。那是谁给偷走了？

张学良：那故宫的东西别人一点没动啊。

访　者：故宫东西不说丢了很多，后来在英国那个博物馆也找到了那些故宫的东西。

张学良：这件事的详细情形我不能说。我不知道他［是否拿了］。这是溥杰跟我说的，当年溥仪就把故宫的东西拿出去很多。他运出去，那故宫的账上啊，都是赏溥杰。兄弟俩还打起来了。所以外头传的事情

---

① 1946年抗战胜利后，冯玉祥为形势所迫，以水利考察专使名义出访美国。1948年7月，应中共中央邀请参加中国人民政治协商会议筹备工作，自美国回国乘"胜利"轮途经黑海在向苏联敖得萨港（今属乌克兰）行进途中，因轮船失火于9月1日与女儿冯晓达一起遇难。

访　者：都不准，都是捕风捉影。

访　者：哦。那溥仪那儿，他应该知道吧？

张学良：溥杰跟我很好，很熟，我都在他家待着。他跟我讲，他说溥仪啊，他现在在故宫里还有好多账，他都写赏溥杰，拿去运出去，卖了很多东西。

访　者：哦，其实没有赏溥杰。就是写着赏。

张学良：题目是赏溥杰。溥仪有点钱，大概就是拿那个东西卖的。

访　者：喔，不过反正是冯玉祥背了黑锅。大家都说是冯玉祥［拿了东西了］。

张学良：冯玉祥进故宫，良心话，人家并没有拿东西。该怎么是怎么的，所以天下事有时就是这样，捕风捉影。

访　者：再一点是，可能冯玉祥的声誉也太坏了。作家也知道是这个意思。

张学良：所以好多事情与事实不符，都是外面传的。

访　者：不过这个话真是，如果要是说……

张学良：所以天下事情传闻太多，与事实不符，甚至离谱。

访　者：可能就是口口相传，就出问题了。

张学良：还有这个写文章卖钱的。

张学良：有一件事情，那个时候奉天有一个学台，就与教育厅长一样。这个老先生叫卢木斋①。那个张伯苓就是他提拔的。张伯苓就是他家的家庭教师。这个老先生，我现在倒是对他们那些老先生相当佩服。他在学校，毕业个学生，这个人很有名的，姓白。

访　者：白永贞？

张学良：白永贞是我老师。

访　者：另外一个……

张学良：白永贞也是前清的举人。那个人姓白，他后来当了好几个学校的校长。他（卢木斋）在文凭本上写道，"有学无品"（音）。

访　者：喔，就这个卢老先生啊？

张学良：他就在上面写了四个大字"有学无品"。

---

① 卢木斋，又名卢靖，字勉之，湖北沔阳（今仙桃）人。著名教育家。擅长数学，1885年中举人。曾被直隶总督李鸿章委为天津武备学堂算学总教习。1887年起，先后任直隶省赞皇、南宫、定兴、丰润知县，保定关东大学堂监督，直隶提学使，奉天提学使。先后办蒙养院，建图书馆，兴办师范、法政、农、工、商、医、水产等专科学堂数十所和中小学数百所。辛亥革命后回天津，专心经营实业，兴办教育。1927年3月，曾捐10万银圆为南开大学兴建"木斋图书馆"。张学良说："张伯苓是卢木斋的家庭教师"似不确。

访　者：那这个拿了文凭的心里该很［生气了］。

张学良：气死了，这个人也很有名，当过好几任校长。因为他在政治上就不能活动，只能当校长，这个人很有学问。

访　者：也许好了，歪打正着，可能为奉天的教育界贡献了。昨天您打牌了吗？在五弟那儿？

张学良：打了。昨天吃了 buffet（法语，即自助餐），哦！菜那个多。360 块钱一个人。

访　者：我们那天也吃了不菲，500 块钱一个人。

张学良：那很贵呀。在哪儿吃的？

访　者：叫 Janny，仁爱路。那个地方我就想，您愿不愿意，要不然哪天咱们去吃去？问题就是有台阶。

张学良：叫什么玩意儿？

访　者：叫 Janny，英文名字。中文名字不知道。在敦化南路和仁爱路那边儿。明儿个我把地址给您。它有三种不同的菜。美国的、（张学良：日本的）日本的、中国的、欧洲的。他说，有欧美两种不同的，美国的 Salad，欧洲的肉哇，什么的，水果。昨天您去的那个地方，您要不要上台阶下台阶的？

张学良：不，不，比这个还要派。他们那个楼有一个小姐。我叫她胖丫头。噢！好大啊！人多得很。

访　者：噢！昨天中午就那么挤呀？

张学良：下午。

访　者：晚上？

张学良：晚上。

访　者：有一个作家叫王蓝①，写的《蓝与黑》。

张学良：我听说过这本书。

访　者：他后来就喜欢画画。画水彩画。他画的水彩画，都是什么？

张学良：画戏子。

访　者：对！我是这么认识他的。

张学良：你认识啊？

---

①　王蓝，笔名果之，河北阜城人，台湾地区知名作家、艺术家。1948 年当选"国大代表"。赴台后以小说《蓝与黑》扬名，该书描写抗战时期感人的烽火恋情，被誉为四大抗战小说之一。由这部小说改编的电影获亚洲影展最佳电影奖。

访　者：我认识，我把他的《蓝与黑》的一段儿拿去做教材。

张学良：他也是东北人。

访　者：是啊！去年我想请他到哥伦比亚大学去演讲。给他都弄好了。到时候结果他不能来。所以，那天他说改为今年或者明年去。问我怎么个安排法儿。我们一块儿去吃饭，就吃这个 buffet。哎呀！他这个胃口可真好，两大盘儿，堆得满满的，来回两次。

张学良：有两个王蓝，还有一个王蓝。

访　者：那个王蓝是做什么的？

张学良：我把他们弄错了。他是东北人。

访　者：他又会写又会画。

张学良：他会写文章，我知道。

访　者：最近他有一篇文章。他去看一个中国作曲家，叫黄自①。他很年轻就死了。他去访问黄自的太太，写了一篇文章。他给我看。这就是吃饭。他说来吧。我说这是什么地方，他说是不菲。这个地方叫 Janny。

张学良：我曾开了几句玩笑，跟你奶奶。她没有儿子，有三个姑娘。可是很奇怪。后来才知道，她养的男孩子都死了。后来，她的大姑娘，传统的，养了男孩子也死了。医生说换血。

访　者：怎么的？

张学良：换血！

访　者：噢，都换血。

张学良：小孩子一生下就得给换血。

访　者：哦！那么很厉害很凶哦！

张学良：是这么回事。我就跟她说，用不着哦。人家宋氏三姊妹。你这三个姑娘也不错。

14. 老帅与日本的关系

访　者：宋氏三姊妹。刚才那本书上说尸谏，就是一字之差，是吧，有的时候中国人写历史，当然文章也是如此了，尤其是写历史，一个字的选择上边，很大的差别。比如您喜欢提的郑伯克段于鄢的这个"克"字，

---

① 黄自，字今吾。江苏川沙（今属上海市）人。作曲家、音乐教育家。主要作品有管弦乐曲《怀旧》，歌曲《九一八》、《抗敌歌》、《旗正飘飘》。其弟子有江定仙、刘雪庵、贺绿汀等人。

他选的也是相当精的……所以,我昨天就在看这本书,我就觉得,这里头有一个人叫胡玉争(音),是1919年生人。您当初介绍要做北京市长是胡毓坤,不知道有什么关系没有?因为他是1919年生人。

张学良:哪块人?

访　者:他是长春大学毕业的,他没提是哪,是长春。

张学良:那不一定。

访　者:不一定。这本书我就觉得它言辞上,我也说不上来了,我想把他的结论给您说一说,没有多少。然后呢,他这里有一段关于蓝天蔚的事,就是您说后来不知道怎么回事,后来他这有一点报告啊。另外,我想把他这题目给您念一念。您就知道他这语气上面啊,跟我们想象的不一样。您比如刚才我们说那个老帅的故事,虽然是个故事,也许渲染了,可是语气上,你不必知道张大帅的事实,您也知道他是一个很值得尊敬的人。像这个司马桑敦写这个《张老帅和张少帅》①,他自己没什么东西,只是[采用]别人的文章。那么另外那个美国人写的那个呢,就是我给您看的美国人那本书,他是以一个学术的观点,所以他的批评不一样。然而我就觉得这个人用词上很带一种他自己的一种想法,我先给您说这个结束语。他说,对张作霖这样一个历史人物,究竟应该怎么评价?有一种意见说张作霖是身为东北之重镇,国家之长城,死则以殉国,重如泰山。中国近代史无论如何编纂,雨亭先生必然是永居重要地位,成为民族英雄,历史伟人。这点我们是这样想的。这是张式纶说的。他说,还有另外一种意见,认为张作霖的一生啊,是反动的一生。

张学良:反共啊?

访　者:反动,不是反共,"动"就是"动作"的"动"。反动派,反动的一生。共产党的话,祸国殃民的一生。那么这句话谁说的?没有。他说,"这两种截然不同的看法,显然都是片面的。都不符合张作霖的本来面貌。严格根据历史人物一生活动的历史事实,充分注意

---

① 司马桑敦,记者、作家。原名王光逖,吉林省双城(今属黑龙江省)人。抗日战争期间受左翼文学影响,与叶福、关沫南等合编《大北新报》的《大北风》文艺副刊。1949年去台湾后,担任《联合报》驻日特派员,取得日本东京大学社会科学研究科硕士学位,修业完博士班课程,后曾任军事记者、日本驹泽大学法学部讲师。后移居美国旧金山。其作品有小说《野马传》等,著有《扶桑漫步》、《中日关系二十五年》、《张老帅和张少帅》(台北传记文学出版社1985年版)、《张学良评传》等。

当时所处时代，环境诸特点，这是评论历史人物最起码的要求。"我觉得这是对的。但是，您听他后边啊，"纵观张作霖一生，可以得出这样一个结论。对外方面，张作霖与日本的关系，主要是互相利用，但也确有某些屈辱言行。如1912年1月，张作霖曾经主动访问日本驻奉天总领事落合谦太郎，竟无耻地说：'日本国如对本人有何指令，本人自必奋力效命。'"这话是谁说的呢？"日本国如对本人有何指令，本人自必奋力效命。"是邹念之编译的《日本外交文书的选择——关于辛亥革命》，关于辛亥革命，是从日本的书里翻过来的。日本人说的话，实际上。可是前头这句话，"竟无耻地说，"这是作者说的。您懂我的意思吗？

张学良：懂你的意思。

访　者：所以咱们姑且听之，然后咱们可以怎样录音，非但有言论，也有屈辱行为。这也是作者说的，"如在郭松龄反奉时，与日本订立秘密条约。1927年、1928年在日本胁迫下，签订《满蒙新五路协约》①和承建合同等。就其性质而言，无疑是属于屈辱性的。张作霖对日本也比较依赖，他的全部财产都存在日本。"

张学良：那都胡说八道。

访　者：所以这句话它有个括弧，那就是引证人家说的啦，但是他没有出处。您懂吗？即可窥见一斑。那我的意思是说，如果你说老帅的全部财产全都存在日本，你必得有一个证明啊，他也没有银行的证明，也没有这句话是谁说的。也许以后有，咱们再看看。"从这点可以认为皇姑屯一炸，即可证明张作霖对外强硬，不肯丧失主权，致见恶于彼族。"所以他这句话说有这样一种观点，认为皇姑屯事件，可以鉴定老帅是不肯丧失主权的。以至于见恶于彼族，后面他又说了，"此乃爱国之真正表现，盖棺可以论定也。"这句话是谁说的呢？是吴相湘《张作霖与日本关系的微妙》。"其实每一个人的历史都是用自己的言行写成。事实怎么样就是怎么样，不能因为皇姑屯一炸，就把张作霖屈辱的一面一笔勾销，或刷洗得一干二净。但是把话说

---

① 1927年日本召开"东方会议"之后，向掌握北京政权的张作霖索取"满蒙"权益。日本田中内阁先后派遣日本驻奉总领事吉田茂、驻华公使芳泽谦吉、"满铁"总裁山本条太郎等，用软硬兼施的手段，胁迫张作霖答应日本在东北修筑铁路的要求。经过秘密谈判，张作霖与山本条太郎于当年10月15日订立了《满蒙新五路协约》。协约达成后，日本要求改为政府间的正式协定。迫于舆论压力，张一时没敢签字。1928年5月，在日本的压力下，张作霖终于和日本签订了出卖我国东北路权的密约。

回来，皇姑屯一炸，虽不能说明张作霖一身清白，却也表明张作霖与日本之间确实也存在矛盾，并且已经达到无法调和的地步。贪得无厌的日本是要囊括我全东北。其扶植张作霖的目的是让他老老实实充当傀儡和卖国贼。张虽系绿林出身，没有受过良好教育。但他为其自身厉害计，为其子孙后代计，他并不甘心充当日本的傀儡，和日本的要求显然有了距离。在东北就张作霖和日本相比较而言，他的地位是脆弱的。日本在东北的势力在大多数方面都比他本人的势力更大，只是在自甘冒险时，他才能不理睬这个事实。"这是谁说的呢？哦，就是那个外国人说的。这是毕万闻翻译的《张作霖在东北》。

"面对这样一种形势，有时张作霖对日本的要求置之不理或断然拒绝，但大多数情况下，采取装糊涂，抵赖，不认账等等策略。这也是当时情势所使然。张作霖在东北自建铁路，日本人认为影响其满蒙特权，曾屡次提出严重抗议，张作霖置之不理。张作霖创办东北大学，日本也提出反对，张作霖未予理睬。1915年5月间，袁世凯准备与日本签订旨在灭亡中国的'二十一条'，张作霖坚决反对，他在致袁世凯的电报中说，中日交涉丝毫不肯让步，如交涉破裂，愿率全军进行决战。驱除日寇，否则以死殉国。"这是谁说的呢？园田一龟写的《怪杰张作霖》。这是一个日本人写的。

"多年来，日本想在东北实现'二十一条'的有关满蒙的条件，如日本人杂居和商租土地等。日本曾威胁张老帅履约，张作霖非但不应，急斥地方官民不得以房地产外赁。违者处以重毙。据日本人自己编辑的一个《东北官宪所发排日法令辑》这本书里头，说张作霖从日本提出'二十一条'之后到他被炸死之前，前后曾以奉天和吉林省政府名义，发出严禁日人商租中国土地等训令，多达四十几号之多。恰恰是因为张有如此严令，所以日本人屡次以商租房地向民间尝试，终无一人应答。结果使'二十一条'变成废纸。"这是金毓黻①作的一本叫《张作霖别传》。我们没找到这本书，这个人您知道吗？

张学良：有这么一个人，我记不太清楚了。

---

① 金毓黻，又名毓绂，号静庵。奉天辽阳人。北京大学毕业。历任奉天省议会秘书，东北政务委员会秘书，辽宁省政府秘书长、教育厅厅长。1936年任南京中央大学史学系教授，兼任行政院参议。后任中央大学文学院院长，东北大学史学系教授，北京大学教授。

访　　者：嗯。然后呢，日本参谋部第二部，就是中国部。部长松井石根说过，"张作霖这家伙，难弄得很，会乱来的。"日本已经感到张作霖这个人始终不听话，这是齐世英说的。"对此林久治郎称之为违反条约，吉田茂则称之为无视条约。河本大作则称这是忘恩负义，从日本侵略者角度这样说，当然无足为怪。从被侵略的中国角度来看，理所当然视为张作霖所持有的维护国家主权的一种表现。"这他说得对。"另外，1920年前后，俄国红白两派混乱时，关于中东铁路问题，日本企图通过张作霖之手对中东铁路进行贷款。用所谓中日共管方式，逐渐据为己有。美国则主张以国际监管的方式渗入美国的势力。"有这回事吗？

张学良：这我不太清楚。

访　　者："张作霖均断然拒绝，他认为中东铁路主权属于中国，应由中国收回，并划中东铁路沿线为东省特别行政区。"这是俄国人的一本书。叫作布尔林《张氏顾问的评论》，这人是老帅的一名顾问布尔林？"这表明张作霖良心未泯，尚知卖国可耻。"我觉得这句话说的语气怎么跟前面说的格格不入，因为前面说得很正经的，跟这块儿说的不合适，不知道他这个文章是怎么写的。您没有这种感觉？

张学良：这是他的论断，人家的观点。

访　　者：OK，一个外国记者评论张说，"他不失为一个爱国的中国人"。这是《鲍惠尔回忆录》，鲍惠尔是谁，他是谁您知道吗？他好像和老帅很好，还写了一本书《张作霖与我》。

张学良：不知道。

访　　者：他的批评就是说，"他不失为一个爱国的中国人"，"他的话可能说得过一些，但并不是毫无道理。"这又是作者的评论，"问题很明显，正因为张作霖不肯充当日本的傀儡，日本侵略者感到张作霖已经成为日本在满洲成立新国家的障碍，故对他才狠下毒手。"这是张啸林翻译的《远东国际军事法庭判决书》①。"就地理历史而言，东北确与日本有特殊关系。在清政府、袁世凯、段祺瑞当政的时候，

---

① 1945年二战结束，日本无条件投降。中、苏、美等盟国根据《开罗宣言》及《波茨坦公告》的精神，对日本首要战犯进行审理和判决。1946年5月3日，设在东京的军事法庭开庭审判。当年6月3日—1948年4月13日，进行法庭辩论。1948年11月，法庭宣读了《远东国际军事法庭判决书》，判决书全面揭露了日本帝国主义在二十年中有计划有步骤地发动和进行侵略战争的秘密史实，认定其犯有侵略中国、苏联和东南亚各国及发动太平洋战争的罪行。

都曾和日本签订过卖国条约。大批主权已落入日人之手。满蒙地区早已成为日本势力范围。在这样一个环境中，遇事与日本周旋，事所必然。际此强邻压境，外交棘手的情况下，张作霖努力支撑局面，确有其难处。不能把张作霖与日本的某些周旋，统统视为媚日卖国，分析这个问题绝对不能脱离当时的历史环境。"我老觉得他语气一变一变又一变，好像不是一个人写的。"对内方面，张作霖在政治上是反动的。他是辛亥革命的绞杀者，他在轰轰烈烈的五四爱国运动中，曾经扮演镇压群众的角色。"他说这对吗？

张学良：对对。这说得对。

15. 邵飘萍是我给枪毙的

访　者：OK，就说五四运动啊，"其后曾多次参加和发动旨在争夺地盘的内战，给人民造了无穷的灾难。他和孙中山先生曾有过联系，并且在经济上曾给孙中山以资助。"这是对的，我记得您说过。

张学良：对的。

访　者："资助当然是应该肯定的。但就其目的来说，是建立粤、奉、皖三角联盟共同反对直系军阀的需要。"这对吗？

张学良：是，是。为了建立同盟。

访　者："并不是他在政治上对孙中山的革命主张有什么正确的认识。1924年12月，孙中山抵达天津，张作霖力劝孙中山放弃联俄联共的主张，充分地表明他对孙中山先生的革命主张视同水火、格格不入。"这样您说对吗？

张学良：这个我不知道。

访　者："1927年9月18日，张宗昌到北京开会，曾经以孙中山停灵的地方风水太好，是以南军屡次告捷为由，向张作霖提议，焚烧孙中山遗体，以绝后患"，这是张宗昌[说]的。

张学良：这没这事儿，这是瞎说。

访　者：没这事儿。OK，他是从《中山陵档案史料选编》来的："张作霖即表同意。在此前后，奉军多次骚扰围抄停放孙中山灵柩的西山碧云寺。后因杨宇霆力加劝阻，并暗中通知守灵处，有人迅速将灵柩转移。"

张学良：纯粹是瞎说。

访　者：“张作霖不但残杀了李大钊，[还杀了]邵飘萍等共产党员。"

张学良：邵飘萍①是。

访　者：老帅把他杀了？邵飘萍也是共产党？

张学良：邵飘萍不是，是让我给枪毙的。

访　者：他不是共产党？

张学良：他是[在]北平办报的。

访　者：他是男的还是女的？

张学良：男的，[名]邵飘萍。

访　者：哦，听着挺像女的。"而且到了1928年6月2号，他离开北平发表通电时还声称'所寄中华而作不自我而展，共产赤化不顾我而兴'。"也不知道是什么意思。那他底下还说"张作霖满脑子封建帝王思想，他经常以李渊自居，要张学良读《贞观政要》，做李世民。他在东北惨淡经营多年，其目的不外是为了他的张家王朝创基业"。这是姜克夫写的一本书，叫作《民国军事史略稿》。"但这个人却很聪明，他只取帝王之实，绝不取帝王之名。当年各报盛传张作霖有野心，说他要复辟，要建'大辽帝国'，张作霖对此极为气愤，说也不看看世界之趋势，还允许由共和变为君主吗？说我要复辟，那都是报纸放屁。"（笑）老将军生气了。这是吴相湘把张作霖、阎锡山与孟禄②博士的谈话整个给翻译了。这是一个外国人，您知道孟禄博士吗？

张学良：知道这个人，他跟谁谈？

访　者：孟禄跟老帅。

张学良：那我不知道。那王德元就是孟禄的翻译，他出名就是因为孟禄。

访　者：哦，一直跟着孟禄啊？OK，"这表明张作霖在政治上是有[见解]的，非同鼠目寸光之辈。毋庸否认，干了一些值得赞赏和可供借鉴的事。诸如，张作霖积极创办东北大学，主张派留学生到先进国家

---

① 邵飘萍，名振青，笔名萍、飘萍，浙江金华人。曾任《汉民日报》主编，《申报》、《时报》、《时事新报》主笔。1918年，创办《京报》。1926年，因同情国民军和郭松龄反奉被张作霖、吴佩孚下令杀害。

② 孟禄（P. Monroe），美国教育家、教育史学家。1931—1933年在美创办了中国学院。曾在1913年和1921—1922年间两次来华考察教育，赴各地讲学。并与中国教育界人士共同组织"中华教育改进社"（任名誉董事）和"中华教育文化基金董事会"（任副董事长）。

学习，重视人才培养，用人不分区域，唯才是举。"这又是姜克夫写的。"设立纺纱厂，建筑铁路，筹开葫芦岛港，支持实业发展，奋力镇压俄国操纵的蒙古民族分裂分子的叛乱，诸如此类事情。不管张作霖以何动机出发，他在客观上都是有益于社会发展和民族团结的。盖棺论定，张作霖既是做了许多坏事的封建军阀，但也干了一些好事，这似乎是矛盾的。其实只要从历史的事实出发，做实事求是的分析，不难得出这样的结论，张作霖就是这样一个复杂的人物。对他持全盘肯定和全盘否定的观点，都是不对的。"我很少注意这些人的文笔，这篇文章大概至少由两个人写的。文笔忽然间这样，忽然间那样。您觉得呢？

张学良：也不一定。也许这个人的思想忽然间这样，忽然间又那样。也许这个人就不是一个统一思想的人。

访　者：哦。因为他用词上边有时很正当的，有的时候就偏激得很。

张学良：也许你是有主观的想法。

访　者：可能是。既然是作结束，你已经说了对一个人的批评要有历史当时的时代环境条件。

张学良：他是正反面都来说的。

访　者：正反面说也可以。不过他有时候用词儿，您比如说，"竟无耻地说"。你也用不着比如说，张作霖访问日本什么什么人无耻地说日本人如果对本人怎么怎么样……他底下这句话是从人家书上引过来的。你何必"无耻地说"呢？

张学良：这个写文章的人，我一看他，就是大陆上的人，他的中文不是太好。对人家的用字，他也没详细看，就给拿来了。他不是中文太深。现在大陆上的很多人对中文不是那么那么［太重视］。

访　者：对。他资料可能收集得很全，至少这本书上这个结论里边，他就没有做到……他没有必要添油加醋。

张学良：也许他东边扯上一段，西边扯上一段。

访　者：有点大杂烩了。可我觉得这样弄东西很危险。

张学良：他不是一个历史评论家，是个写文章的，换句话说，是卖文章的。

16. 老帅是这么起来的

访　者：您看，这是咱们昨天提到的，老帅就迷信那个包瞎子，前面还有一段，应该看第七十六页①。是与徐树铮有关系，"他建议要把军火劫下来，当时奉军只有二十七、二十八、二十九三个师，所有的军备非常陈旧。［张作霖］久欲扩军，苦无军械。今听徐言，正中下怀。可是，张作霖当即问卜于包瞎子。"这是沈阳著名的算命先生，包秀峰。每有不决之事，必找包占课问卜。每月给他二百块钱，人家称他包顾问。结果就请包瞎子来算命，卦相得吉，张作霖认为这是一个天赐良机，不可错过。这就［是］您那天说的劫械的事情。他这儿就写出来了。那个时候张景惠还在。从他（指《从草莽英雄到大元帅——张作霖》一书）这个标题上，就能看出他的立场。（以下念该书的标题）"从投身绿林到清军统领"，这个是很公正的。"青年时代；辽河畔的流浪儿；兽医和马贼；以保险队为进身之阶；保险队小头目；投奔八角台，张景惠主动让贤及投诚清廷，结束绿林生涯"。这是不偏不倚的。又"武力消灭田玉本②，计擒杜立三③；追剿蒙古叛匪陶克陶胡"。

张学良：是，是。是这么起来的。

访　　者：然后"绞杀奉省辛亥革命"，这就已经表示出他的立场来了。"破坏奉省起义计划；捷足先登进省城"。然后他说，"流氓讹诈，恐吓新军将领"这不知道他指的什么事；强力扭曲国民保安会的性质；逼走蓝天蔚，这又来了，"血腥镇压革命党人"，又表示他的态度了。"充当赵尔巽的鹰犬"，这更足足带出来了［他的态度］。"设计诱杀张榕；转任民国陆军中将师长"。所以我说他很有意思。朝为勤王论者，夕为袁世凯悍将。后来成为奉省举足轻重的实力派。我觉得这第一个题目和第二个题目好像表示两个不同的态度。然后呢，"驱逐段芝贵；排挤张锡銮；为袁世凯复辟制摇旗呐喊；袁金铠献夺权之策；屡次捉弄段芝贵；攫取奉省督军；奉省二虎斗"。这个还可以啊。二虎，一个是冯麟阁，一个是老帅。"重用有才之士；绿林前辈耻居张氏之下；静观张勋复辟丑剧上演；趁冯德麟失足，吞并二十八师；底下是"君临东北三省；兼并黑龙江省；许兰洲夺

---

① 指《从草莽英雄到大元帅——张作霖》一书。访者以下所谈为该书内容。
② 田玉本，辽宁辽中县人。出身绿林，清末势力范围涉及台安、辽中、海城、辽阳等地。光绪三十二年（1906），被张作霖诛杀。
③ 杜立三，辽宁辽中人。清末辽西一带土匪头目。光绪三十三年（1907）东三省总督徐世昌命令新民府知府和张作霖限期捉拿杜归案，6月，张作霖设计诱杀于新民。

帅印；武装护送鲍贵卿赴任；初次谋取吉林计未逞；升任东三省巡阅使"。哦！我给您查了。巡阅使在先，后来又加升兼，一个是在1919年，一个是1927年，后来又兼任蒙藏［经略使］。"秦皇岛劫械内幕；与徐树铮由勾结到决裂；就任东三省巡阅使；夺取吉林统一东北；奉吉两军剑拔弩张；日本乘机制造宽城子事件①；奉系军阀的崛起与日本；第一，竭力巴结日本；日本在满蒙的特殊权益和优势地位；第二，为投靠日本不惜卑躬屈节；在满蒙独立运动的鼓噪声中；日本两种截然不同的态度；中途遇炸，险遭日本暗算；日本制造郑家屯事件；称霸东北与日本之扶助；日本把援助张定为国策；与大仓喜八郎结成莫逆之交"。大仓喜八郎②，您认识吗？

张学良：我知道。

访　者："奉系与直皖战争，出兵关内，助直反皖"。"奉直两派屡起争吵；夺取热察绥，兼任蒙疆经略使；第一次奉直战争；推荐梁士诒组阁"。"第二次奉直战争；郭松龄倒戈；滦州誓师，出关驱张；日本武力干涉；巨流河决战；反奉事件的善后；登上北洋政府末代元首宝座；王永江反对穷兵黩武；张吴联合反冯；组织安国军；僭称安国军政府陆海军大元帅；残杀李大钊；惨遭日本关东军杀害"。所以我觉得前头有些话说得［不那么准确］。

张学良：这是大陆写的。大概他拿的材料有不同的。

访　者：嗯。我给您念，大概齐您知道他的口气。刚才有个蓝天蔚的事。国民保安会③，那天在会上，老帅来了，把枪搁在那儿什么的。然后在会上，有人就响应武昌起义，宣布东北三省要独立。赵尔巽起立反对，他说东三省地处日俄两强之间，稍有变动，结果不堪设想。

---

①　宽城子事件，是张作霖勾结日本军方，为完成独霸东北而制造的事端。宽城子是长春的旧名，地处今长春市的北部。1919年，张作霖意图用自己亲信鲍贵卿取代吉林督军孟恩远，孟决定以武力对抗，双方积极布置军队。6月19日，日军派小分队察看宽城子的吉林军阵地情况，双方发生冲突。事后日本强令北京政府撤换吉林军政首脑，徐世昌旋于22日免去吉林陆军第一师师长高士傧职务，孟恩远见亲信被撤换，随即自请去职，其职务为鲍贵卿接任，张作霖由此完成独霸东三省的目标。高士傧纠集余部试图抵抗，不久被奉军逮捕枪杀。

②　大仓喜八郎，男爵。日本著名财阀，与张作霖"结成莫逆之交"，合作兴办有兴发公司。大仓喜八郎在东北投资的各种企业有本溪湖煤铁公司、奉天马车公司、吉林兴林造纸公司等数十家之多。

③　国民保安会，即奉天国民保安会，简称保安会。辛亥革命时期以抵制革命为目的的团体。于1911年11月12日由东三省总督赵尔巽联合地方官绅及立宪派共同成立于沈阳。赵尔巽任会长，伍祥祯、吴景濂任副会长，袁金铠任参议总长，蒋方震、张榕任参议副长。以维持地方治安为名，欲借以牢笼党人，防止革命党人在东北响应武昌起义。

赵尔巽的话未及数语，没说完几句话哪，革命党人就起立打断了他的谬论。正在非常尴尬之间，张作霖跳了出来，抽出手枪，往桌子上一拍，气势汹汹说，张某身为军人，只知道听命保护大帅。

张学良：这都不对。不是这么一回事情，这记载不对。

访　者：后来呢，咱不一直怀疑蓝天蔚怎么就那什么，结果是旁边还有别的事情，让蓝天蔚没有办法施展。没有多少，就这么一点，我给您念念？

张学良：蓝天蔚为什么走啦？

访　者：蓝天蔚为什么无声无息地走啦？OK（以下念《从草莽英雄到大元帅——张作霖》中的内容），张榕等原来的打算是用保安会来挟持赵尔巽，逼其出走，推蓝天蔚为关东大都督。结果呢，一块大权反而被赵尔巽、张作霖所窃据。殊非初料所及，面对这种形势，蓝天蔚和张榕立刻到了沈阳北大营开会，研究对策。到会的有蓝天蔚、张榕、吴景濂，还有一个叫田亚赟①的以及第二混成协的高级军官等等。会上决定采取军事行动，完成东三省独立，响应武昌起义。具体的步骤就由蓝天蔚下令假称本协奉令开拔进关，即时出发，开赴东站，准备上车。这是假做的了。预定当军队通过城内时，即分别占领总督府、军械局等处。然后由咨议局派人接收，会同地方团体，推举大都督。同时，将一部分军队开到西关，以防备日军。可是，这个计划很快被蓝天蔚的部下所泄露。蓝天蔚所部的第三标统是聂汝清②，是清军著名将领聂士成③之侄，目不识丁，因乃叔勋功，由行伍提升标统。其人头脑甚为顽固，毫无革命意识，又与蓝天蔚不睦。他得到蓝的密令之后，竟令管带李济春到都署告密。赵尔巽立即提升聂代理协统，李升任为标统。并用电话请蓝到都署，蓝不知事泄，刚进大门，遇见张作霖。张气势汹汹地要解除蓝的武器。两人争执时，赵尔巽闻声跑出，命张不要鲁莽。即言蓝入座，把李济春告密，向蓝说实，并劝蓝交出兵权，至此蓝才恍然大悟，知为部下出卖。事已至此，只好接受赵尔巽的条件，把军队交出，赵以因南方风潮日烈，请君去调查，据实以报的名义，逼蓝天蔚出走。至

---

① 田亚赟，又名田心正，田又横。吉林通化人。时任奉天联合急进会秘书、《国民报》编辑主任，常以"共和理想，灌输三省人民"，因而与张榕等人先后被杀害。
② 聂汝清，北洋陆军第二师步二标第三营管带（补用游击）。
③ 聂士成，字功亭，安徽合肥人，清末著名军事将领。

此，蓝天蔚响应武昌起义计划宣告失败。

张学良：这，这不对。与事实不符。

访　者：与事实不符，是吧？说这是关于蓝天蔚。别的这里头没有什么。

张学良：这记载得不对。大概材料也不对。有的我知道，有的我不知道。

17. 那时孟禄很受重用

访　者：所以我觉得……这是最新的那一本，关于这个孟禄，您知道这个孟禄说的事，我告诉您这是谁写的，吴相湘①写的。我给您说一说啊。都在这里头，您看过了？

张学良：没有。

访　者：我给您说一下这大题目都是什么，您听一下。《张雨亭先生初年》是王铁汉，《张雨亭先生掌握东三省的军权的经过》也是王铁汉。后面是吴相湘的了。一个是《张作霖与日本关系的微妙》，《孟禄博士与张作霖谈话记录》②。

张学良：我要看这记录。哪个？那个。

访　者：好，我这给您看，待会儿。后头有一个叫曹德轩，《我所知道的张作霖》，还有孙科，《我与张作霖的一次交往》，颜惠庆，《我笔下的张作霖》。这有一个是曹汝霖写的《曹汝霖笔下的张作霖》。底下是《鲍惠尔回忆录》。《张作霖与我》是于雪漫翻的。梁竟纯《张作霖遇炸与满蒙权益的交涉》。何秀阁。然后是高杨，又一篇吴相湘，是《杨宇霆之死是否端纳告密》，关国轩《张作霖小传》，还有一个沈云龙《胡适与张学良》，哦，这跟您有关系了。这有一篇郭大鸣③《先兄郭松龄将军与张氏父子》，这后面都是您的事了。这有一个《西安事变忏悔录摘要》，他写张学良原著，您看，他们这儿叫摘

---

① 吴相湘，历史学家。湖南省常德人，北京大学历史系毕业。抗日战争爆发后，投笔从戎，入国民党第九战区司令部工作，专事收集战争资料编纂战史，多次随军在前线参战，到敌后了解情况，撰有《第三次长沙会战》等文稿。他阅读日本军部及外交档案，掌握了中日战争大量鲜为人知的史料，20世纪70年代，编著出版两大册《第二次中日战争史》。

② 《孟禄博士与张作霖谈话记录》，美国哥伦比亚大学师范学院教授孟禄于1920年至1930年间，多次到中国各地考察教育状况的实际调查记录。1921年12月5日，张作霖在沈阳会见孟禄，两人的谈话由王卓然记录。载王卓然编写的《中国教育一瞥录》一书。

③ 郭大鸣，本名郭瑞龄，字鹤皋，沈阳市人。郭松龄的三弟。曾任镇威军骑兵集团司令部军法处长，中东铁路督办公署咨议，《松江日报》社长等职。郭松龄反奉失败后，他投奔盛世才，曾任新疆省政府委员兼秘书长，省副主席等职。

要。张汝舟《记张作霖、张学良父子二三事》，于衡①，就是访问您这个，他是《张学良访问记》。这还有一个范潮湖写《张学思参加共产党及惨死经过》，严天德《关于老帅与少帅》，然后底下的我都跟您说了。您想听听那个孟禄和曹汝霖是吧？他访问时您在吗？那会儿？

张学良：我不在，那时孟禄很受重用。

访　者：哦，是吗？孟禄博士和杜威博士都是美国哥伦比亚大学师范学院的教授。唉？我都不知道他们是哥大的。所以，您跟哥大的关系是有渊源的。他们先后东来，对我国实行三三制，就是教育改革的制度了。他说，（以下念《孟禄博士与张作霖谈话记录》）"午后3时，往访东三省巡阅使张作霖。据说张平日很少见宾客，对教育界人士更少接待。此次先由我（即王卓然）电报告之奉天交涉署教育厅接待。交涉署长佟德一先禀明了张，说孟禄在美国是怎么有名，又说他在退还庚子赔款是怎么尽力。张于是特别开例，招待了。我虽久住奉天，但与之交谈却是第一次，见张身材不高，面色红润，两目常下垂，发言时偶然举目一视，虽对外宾表示礼貌，但其傲气凌人之态，时时显露。孟禄与他的谈话如下：孟禄说满洲是中国天产最富的地方，强邻得寸进尺，历来受外患甚烈，美国人都因此知道满洲这个地方。每对此等不合公理的压迫，起无限的同情。我今天亲自到满洲这个地方考察，觉得非常荣幸。张老帅说了，可惜近来所得华府会议的消息，日本人竟要求什么满蒙特权，满洲这个地方竟有给人送礼的趋势，真是奇怪已极。满洲只有中国人是他的主人，送礼主人会送，何劳外人？美国素来对中国交情很好，我想绝不应该如此，也绝不会如此。（以下两句是王卓然的按语）按，此段凌冰博士的翻译。以老帅原话语气太强，故稍稍变通翻译。就说日本要求什么什么，华盛顿什么，翻译的人把语气给缓和了一点。孟禄又说了，将军须知电传消息，或为仇视中国者的新闻政策，孟禄他也解释了，故意宣传此种恶意消息，中伤中美两国人民的感情，他便可从中收渔人之利。我确信美国人民对中国人民之友谊始终如一，绝不至帮日本人来压迫中国人民。我敢断定，纵有别的国家支持日本人这种无理要

---

① 于衡，台湾著名记者和作家。1981年6月，张学良因病住台北荣民总医院治疗，当时于同在此医院治病，曾多次闯入张的病房对张作了短时访问，后写了一篇《和中国现代史相关联的张学良访问记》发表于同年9月18日的《联合报》。

求,美国必据理争之。老帅说了,若美国人真能那样讲交情就好了。我信美国人也不会助强凌弱。孟禄又说,满洲天产这样的富,前途发展不可限量。唯开辟这种富源,利用厚生,非有专门人才不可。用外国人来开辟,那只能是开门揖盗,引狼入室。因为外国人只知己利,绝不会为中国人谋利。无论任用哪个外国人都是不可靠的。这是孟禄自个儿说的。那么外国人才不可信,那么中国就得想办法造就一些人才。所以,贵处应当很重视专门教育,多造就一些科学的人才或多派几名优秀的学生到外国留学,然后中国以自己的人才开发自己的地利,满洲之将来不可限量。老帅说,孟先生说得很对,凡是国家要想富强,哪有不重视教育和实业的会能成功的呢?我们现在这几天正在考虑设立东北大学的问题,并计划派留洋的学生。现在救急的办法,就是凡本省自费出国留洋的,都由省政府酌量给予救济,不使他们失学。近代中国在日本的留学生有数千人,以本省官费断绝,流离失所,衣食不给。国家送出这些学生,到外国陷入这种穷困的日子,成何体统?国家的颜面何在?实在可怜这些呼救无门的学生。所以,我前几天拿自己的钱给他们汇去十万元,稍救他们目前之急。他们这些人都是外省的,南北东西都有,我是不分区域的待遇,因为都是国家的人才,何必分什么你我。关于实业,我们正在建一个大的纺纱厂,厂房正在建设中,不日即可开工。"

"接着就是另外一回事了。老帅说,欧洲战术我们近来也稍稍研究,不用听他们吹,两军相识,还是拼命,豁得出去死,便可以致胜。孟禄说,我听将军的教育和实业计划非常钦佩。我再来时,便能看到惊人的进步。近来欧美人士对于中国交通事业,很有提出国际共管的,对此将军意下如何?张老帅说没有一个中国人会赞成那种做法的。想一想,中国人还能有赞成那么办的吗?孟禄说,所谓国际共管,只是把外国人在中国建的铁路置于国际管理之下,免去一个人专权垄断,有害中国。如中东铁路,南满铁路。老帅说,要是那样办,我十分赞成。可是,唯恐外国人不干。你想若不牵连全国的铁路在内,外国人能单独放弃他们自己的权利吗?孟禄:据我所知,就是那样,把外国人建的铁路收归国际共管,免一国专断自私,与中国国有铁路并无干涉。老帅说,要是那样我极赞成,换句话说,如果把南满铁路收为国际共管,中东铁路我也宁愿牺牲。如若不然,只把一个中东路收为国际共管，我姓张的是极端反对的。无论他是什么样的国家，怎样的决定，作霖是决不听那套。我就知道中东铁路是中国人的铁路。应当归中国人管。我自有办法，总之我是决不放松的。孟禄就说了，将军爱国爱乡，良可钦佩。不知对中国政治有何意见？老帅说，我张作霖毫无野心，我的唯一志向就是把国家治理好好的，使它能够立于世界国家之林。乃外人不察，动不动说我要复辟，全是报纸放屁。我张作霖在前清是个小小的武官，又没有受过什么浩荡皇恩，我又何必要复辟呢？即使前清对我有恩，世界的潮流也不能不看一看，全世界的政治趋势，还允许由共和回到君主吗？报纸上的浑诌胡扯，不可以听信。孟禄说，将军的话说得很对。大帅说，中国的大病在官胡子太多。"官胡子①是什么？

张学良：我不知道。

访　者："大总统的家人，有一人兼十来个差的。总统是一国的表率，竟任家人这样，真是岂有此理？中国大多数官吏都是这样。国家焉有不穷？政治焉有不坏？这一群王八蛋。（笑）应当都把他们宰杀个干干净净。现在是上下争利，思之痛心，令人发指。做督军、省长或做总长督办的，哪一个不是做两三年的官便称几百万、几千万？他们哪来那些钱，哪个钱不是小民的？这些人都是官胡子。"哦，这儿解释了。

张学良：做官的土匪。

访　者：哦，对。（继续念）"都该杀，连我在内。但是我的钱，每月东院一千六，那就是说省长的［薪金］；西院一千八，这是督军的［薪金］。这几年共计有五百万，全在银行里存着，分文未动。总而言之，若想把中国治好，非把这些官胡子弄净了不可。外面都说我赞助靳（云鹏）内阁，说我是他的亲戚，全是胡说。我何曾赞成他？他把政治弄糟得一塌糊涂，我还赞成他？不过，朝野没有一个好东西，把他推下去，再来一个还是那样。我告诉你们吧，中央政治不久就得变动一下。外面人常常不问缘由，责我们不服从中央命令。不知道这样糟的中央政府，叫人家怎么服从？若是有一个好好的明白的中央政府，我也甘愿服从。这都是我们家里的话，你们（指在座的王

---

① 官胡子，张作霖对贪官污吏的叫法，因东北人称土匪为胡子。民国初年，除了匪祸之外，当时，装备精良整齐、按月领薪饷的地方军（保安队、自卫团等）也成了欺压百姓的公害，他们时常与匪通气，兵匪不分，为害人民，因而被为"官胡子"。

卓然、陈鹤琴、凌冰，汤茂如）就不必翻译给他（指孟禄）听了。孟禄说，将军心地坦白，故能语言爽直诚恳，我是非常佩服的。老帅说，中国之坏，就坏在官吏，办公事的人只知道贪图私利。拿这条京奉铁路来说，内中的弊病太多，说起来把人气死。外国人每说中国穷，其实中国何尝穷，不过钱都饱入官吏的私囊了。中国财政只要有个好人整理，官吏都奉公守法，那点外债算什么？我初接奉天省事情的时候，奉天欠了两千万外债，现在不到六年，我把这些外债都还干净了。另外，还剩下二千万。拿奉天省做个例子，整理全中国的财政也是不难的。全国这点外债，若东三省发展起来，使使劲，只东三省之力就还清了。拿我姓张的来说，发一道命令，使人民摊多少公债还外债，不数日就能把钱凑齐。我不是吹，只要你对人民有信用，人民自然愿意服从你。现在中国的纷乱，全都是自私自制的官胡子搞的。你们看这个国家还成个样子吗？吴佩孚这个大英雄起先天天讲民意，现在跑到湖北去了，打个稀里哗啦。总之，治理中国并不难，只要大家为公就行了。孟禄说，将军所说都恰中肯要，这种纷乱的现象是政治进步必经的阶段。欧美政治革新，中间也都经过纷乱才好的。老帅说，再拿这次北京金融风潮来说，国家银行糟到这步田地，成何体统？若是有好人办理，何至生出这样危险？"这是什么危险呢？

张学良：就是挤兑风潮①。

访　者：哦，就是向奉天借钱那次。（以下继续念）"这次风潮完全是洋人趁机捣鬼。学生们好闹，讲什么运动，这样与国家厉害大有关系的事情，他们怎么不闹了？怎么不运动了？我看国家金融危险到这步田地，我才拿出奉天的省款，急忙忙筹出三百万去接济，国家银行才没倒闭。不料这些混蛋报纸又说我有什么野心，什么条件，简直是放屁。我是干干净净无条件接济的，没什么野心。外间不察，又说我的兵太多，他们哪知东三省处特别的地位，与其他省份的情况不同。东三省是沃野千里，东有日本，北有俄国，地方辽阔，又得守

---

① 指1916年5月12日，北洋政府控制下的中国、交通两银行停止兑现而引起的挤兑风潮。中国银行和交通银行是北洋军阀的两大财政金融支柱。它们为袁世凯恢复帝制活动提供巨额经费，为北洋军阀政府提供垫款，大肆发行钞票。随着袁氏恢复帝制的失败，人民对其完全失去信任，纷纷到中、交两行提取存款，兑现钞票，发生了挤兑风潮。风潮一直蔓延到1920年3月。1921年11月，中交两行的挤兑风潮又起，后向奉天官银号借现洋400万元，于次年1月实行对外无限制兑现，才将风潮应付过去。

护京奉①、中东两条铁路。这几个兵倒算什么？我张作霖没有别的能耐，但替国家守护这点土地，还敢自信。日本人费莫大的力量，要求'二十一条'，你问他在东三省得到什么啦？他连一条都没能实行得了啊。不是我吹，你们可实地考察考察。孟禄说，只要将军能照方才说的，能从教育和实业等根本计划着手，效果大著，外面流言蜚语，自可免去。陈鹤琴就说，大帅，蒙古事情现在不知怎样了？老帅说，蒙古事不成问题，只要中央政府稳当，我便可把它收复回来。现在中央乱七八糟，收回问题，无从接洽。这中央指的北京啊？记录者（指王卓然）说，俄国赤党在库伦驻兵很多，不知是否正确？老帅说，不用听外面乱说，其实就有三四百人，不成问题。这库伦是中国地方，苏联跑那去干什么？"

张学良：是蒙古的库伦？

访　者：这库伦名字，现在还是库伦，是吧？"那老帅指着凌冰说，你是什么学校的呀？凌说，南开的。张说，你们南开学校的学生怎么好闹呢？凌说，南开学生从前好闹，现在可不闹了。而且原来好闹的还是东三省去的学生。"真的吗？

张学良：我们东三省的学生到哪儿都是领头干啊。

访　者："老帅一笑而罢。就问，这个马万里现在还在那吗？凌冰说，是马千里。现在早不在那了。老帅对交涉特派员佟什么（佟德一）说，我们没留吃饭吗？佟说，今天晚上留在交涉署。老帅说，明天可以留在我这里。这指着家里啊。明天午后，是教育厅，教育会留下了。晚上是司大夫②留下了，是个英国人，医生。老帅说，可以告诉他们，就说留在我这儿了。孟禄说，感谢将军盛情，我可以向司大夫商酌，能否要他允许，我再奉告将军。老帅说，好，就那么办吧。我也邀请司大夫同来吧，到此大家告别。"咱们念不都是全的，没有几分钟。您说得对，是王卓然记录，一共谈了一点钟零四十分钟，这倒不是全的。

18. 张作霖、杨宇霆之死是有因果关系的

张学良：还有谁的？

---

① 京奉铁路，又称北宁铁路（即现在的京沈路），是将关内外连接在一起的重要交通枢纽。始建于1880年，建成通车于1911年。

② 指司督阁（Dugald Christie），苏格兰人。盛京施医院创建人，院长。

访　　者：曹汝霖。给您说太多了，您累了吧？您累了就告诉我。

张学良：我不累。

访　　者：OK。"那时候我的确帮助过中国人，我是一支游击队的领导者，这也许是1905年日俄战争俄国失败的一个原因。他说关于担负破坏俄国军队后方交通那样的工作，他是再恰当不过的人选，他是在东北山林中长大的。张作霖将军的父母，外界似乎很少知道。照一般的传说，他的父亲也是个"红胡子"。于是我就笑着问他，在什么地方和学校受的教育？这时，他眨了眨眼，透过翻译人员说，绿林学校。"（笑）这个回答证明张作霖将军还是有幽默感的。

"自从1922年被吴佩孚打败后，张作霖在东北维持着一个半独立状态，不接受当时北京政府的任何命令。可是，中国的海关、邮电以及其他机构，却仍旧照常在东北执行他们的任务。1926年底，他又回到当时的北京，这次的回来是协助北方各省的督军，反抗蒋委员长领导的国民革命军。这时，国民革命的力量已达长江流域，南京的国民政府已告建立。张作霖的这一举动，外界盛传是受日本方面的压力，在日本羽翼下的中国军阀们，当然更不喜欢蒋委员长的力量控制华北，但是对于这个传说，张作霖一口否认，并且一再声明，他是绝对不受日本人的影响和控制的。可是这时，当我再次约好去访问他时，这个约定被日本人否决了。"

张学良：没这事。

访　　者：是啊，"后来当蒋委员长的军队到达山东时，张作霖为了自己的理由，突然把他的部队从北京撤回沈阳。可是当他所乘的火车经过皇姑屯一座桥时，忽然爆炸，张作霖将军所乘的那节车厢被炸得粉碎，他及随行人员也自然都被炸。于是这项爆炸发生在日本军队严密控制的南满铁路沿线。显然的，这是日本军队采取的行动，其目的在于惩罚张作霖的擅自撤兵。这项意外发生后，日本东京发生了严重的反应，首相因此辞职。张作霖被日本人炸死后，他的儿子张学良继任东北各省的负责人。张学良上台后，立刻宣布拥护蒋委员长和南京的国民政府，在东北各省悬挂青天白日满地红国旗。虽然一直生活在日本帝国主义的铁蹄下，并不断地被要求执行日本人的命令，盖棺论定张作霖，绝不失为一个爱国的中国人。张作霖把他个人所有的大部分的财富都拿出来办教育，他自己虽然没受过良好的学校教育，但却十分懂得国际政治，并且以他的这份才能与日本人、俄国人在东北亚相周旋。总括来说，张作霖在玩弄国际政治方面十分聪明。这可以从他能够保持东北领土完整获得证明。"这是那个美国人写的，这个美国人是谁呢？是跟国会议员的……原来叫作约翰·保罗（John Paul）。

哦，这段挺有意思，他是说第二次奉直战争，俘虏了好多吴佩孚军校的学生。因为吴佩孚把学生都调到前方去见习。就把他们都俘虏了。之后，就把他们解到沈阳市西下洼子莱青寺的古寺里边。"有一天，雨公的手令到了，要定期宴［请］这些学生。这些学生闻讯非常害怕，以为招宴是枪毙行刑前的招待饭，纷纷写遗书。忽然间，雨公突至，老帅来了。态度怡然，温语有加。就骂了，他妈拉个巴子的，我早知你们这些人都是人才，所以把你们都带到奉天来，今天请你们谈一谈，你们不都要报效国家，又何必跟着吴佩孚瞎跑呢？我姓张的可不亏待人啦，你们若留下来，我马上给你们连升三级，由少尉直升少校。"

张学良：没这回事儿。

访　者：不能留下来，我也不勉强。冯炳权您知道是谁吗？他说的这个故事，哦！这还有一个金门炮战中殉国的赵家骧①，也是这十几个人里头的。冯炳权，空军中将，也是这批人里头的。他生前最喜欢说的就是这件事。总而言之，是他把他们收拢了。这里有好多这样的小故事。高杨写的《张作霖之死与杨宇霆之死》，他说这两个死有密切的关系，是因果始末。最近，读到了一个陈鹏仁先生翻的河本大作写的那本书《我杀死了张作霖》，说张作霖放射一种强烈的责任感，就我所了解的张、杨之死，有赶快给写出来的必要。这说什么呢？说张、杨之死，是足以改变历史的事件，尤其杨宇霆之死至今尚无人加以重视，使我觉得更有说话的必要。张作霖被炸的真相完整而得实者，是杨景纯写的《九一八事变》和《蒋总统秘录》里，有关于老帅被杀的这种情况。他说张雨帅之死，是中国现代史一个重大事件，那时我是京奉路局长。谁是京奉路局长？哦，王奉瑞②。

张学良：他是局长。不是，他是正太路局长。

---

① 赵家骧，国民党陆军中将。抗战中，率部参加过武汉会战及昆仑关等战役。后在昆明主持中美参谋训练班事务。抗战胜利后，襄助杜聿明收拾滇局，武力解决云南龙云。解放战争时，任东北"剿总"参谋长。后任国民党军金门防卫司令部副司令，1958年8月23日在解放军炮击金门时被炸身亡。

② 王奉瑞，1928年起先后任京奉路车务处副处长、整理粤汉路委员会委员、正太路代理局长等职。

访　者：就是让他准备列车什么的，这我给您念过了。我不知道，为什么说这两个有关系呢？他没说什么啊。他说老帅被害后，不发丧，是奉天省长刘尚清的主张。您记得吗？

　　　　OK，他说，"第一，国外。皇姑屯事件并未能如关东军所期待的那样，引起东北混乱，以便出兵干预。反而促成张学良国恨家仇而增强了易帜的决心。而日本首相田中义一的处境则异常狼狈。一方面因皇姑屯事件备受日皇和部分元老如西园寺公的责难；一方面军部因为5月22日关东军司令部已移驻沈阳，集中兵力准备进攻。田中不肯下达奉敕命令，以及5月31日深夜，终于拒绝关东军出击，仅踞新民屯，而大为不满。此时，民政党已在发动倒阁。田中的政治生命以及政友会的兴衰全系于实现满蒙新五路要求一事，町野武马为原经手人，责无旁贷。而观察形势，非打倒张学良，扶植杨宇霆，不足以实现日本之目的。第二，国内北伐完成后，先总统蒋……"

（录音中断）

访　者：有人比作撤藩，结果是康熙撤藩。但开始时，也有人认为是建议（帝）撤藩，其中桂系的态度最露骨。白崇禧在滦河与杨宇霆处理直鲁联军的时候，就已有了联络。[民国]十七年12月24日中秋纪念周，白崇禧报告已裁去兵士一万七千人，唯被裁军士运送中途有被他方招去之势，不无遗憾。又对外传本人联奉加以解释。谓同是信仰三民主义，何分彼此？那么即指联络杨宇霆而言。不否认而解释联奉确有其事。这内外形势的逐渐变化，到十七年年底，因为编遣会议将于[民国]十八年元旦开幕，以及张学良终于宣布12月29日易帜。而同时加速了互相抬杠。而杨宇霆的自负其死。死的原因的远因、近因一起结成了恶果。远近乃比较而言，近则旬日，远亦不过张作霖被刺之后，怀疑杨曾和日人有阴谋不言，这是远因。其次，则杨自滦回东北后，由于内外情势，取代张学良之野心日甚一日，而且逐渐表面化了。杨宇霆致命的缺点，是始终将张学良看成一个懦弱的纨绔子弟，极度藐视，以致言语态度毫无顾忌，甚至存着就算我要谋反，你又其奈我何？有一次，谈到应该忠实于中央政策问题时，有这样一个对话，杨说，你走你的中央路线，我走我的日本路线，两宝总有一宝押中，不是很好吗？张说，如果你那宝押中了呢？杨宇霆目瞪口呆，不知所措却不能问得出一句话来，就见到张学良不是刘阿斗的底细。Anyway（总之），我明天再给您继续说。谢谢您，谢谢您。这个《中国时报》我给您留下？

张学良：啊？

访　者：方教授的事儿？您要不要看看？

张学良：方永蒸先生。我不晓得都有一百岁了。

访　者：我来收拾吧。明天接着吧，好不好？

第三十三次访谈
新旧两派　郭松龄之死
三角同盟

访谈者：张之丙（简称"访一"）
　　　　　张之宇（简称"访二"）
被访者：张学良
访问日期：1992年7月17日

访　一：现在是7月17号，在张府继续录音。

1. 那时候奉天分新旧两派

访　一：可是您说大帅不是……

张学良：批评不能把他俩比成那样。我要比呢，我就这么说，袁世凯这个人呢，拿历史说，非常像曹操①。假设倒退二百年、三百年，那我父亲就是朱洪武②。

访　二：对，开国元勋。

张学良：这起来的法子不同，情形不一样。

访　一：对，我们应该从……比如说，如果说倒退一百年的话，老帅可以做成朱元璋的地位来看老帅，来研究老帅，来跟少帅请教问题该怎么说。当然民初以后，与老帅同时的有袁世凯、孙中山、段祺瑞啦什

---

①　曹操，东汉末年著名政治家、军事家、文学家与书法家。三国中曹魏的奠基人和主要缔造者，先为东汉大将军、丞相，后为魏王。其子曹丕称帝后，追尊其为魏武帝。一生以汉朝丞相的名义征讨四方，为统一中原做出重大贡献。

②　朱洪武，明朝开国皇帝朱元璋。年号洪武，史称"朱洪武"。

么什么。但在我们心目里,这些人都不能够跟老帅比。

张学良:也不能那样说,可是看哪一方面。

访 二:您比方说用人,其他的你问过了。

张学良:我说一句话,你就明白这意思了。我跟我父亲谈用人的关系。我说呀,爸爸,你呀!用的那些人我也统治不了;我统治的那些个人,你也统治不了。

访 二:您说为什么呢?

张学良:我父亲就骂我一句,说你比我强,我服你。为什么呢?那个时代那帮人呢,实在是佩服。换句话说,你俩绝对想不到他们的那种思想。

访 二:对,当然是。

张学良:我简单说一下,黑龙江督军吴俊陞。吴俊陞这个人不是我父亲的原部[下],他是后起来的,也不是。我父亲当二十七师师长,他是二十九师师长,后来我父亲当统领,他也当统领。是这么样起来的,跟我父亲毫无关系。人家是自己起来的。我父亲说他一句话,他就会趴在地上给我父亲磕头。这在我看来,也不能接受这个事情,也不能有这种事情。所以,思想[不一样]。

访 二:不一样。

张学良:对,不但是思想不一[样],行动上也不一样。比方说,我那个部下,假如说我一说,他就给我磕一个头,我根本不要他了,你怎么这样啊。我说一句话对我父亲,你那部下我也统治不了。那些个人对他,真是怕他。

访 二:据批评说了,说大帅……

张学良:所以当年我父亲对郭松龄的事件多少有关系。我父亲也说了,郭松龄是我的大部下爱将了,我对我父亲说你要对他好。可是要紧的是,我说句很切实的话,这个郭松龄的眼光也很看不起我父亲,明白吗?所以这就说时代不同。

访 一:那时代背景不一样,对。

张学良:所以呀,现在谈历史,这个东西很难的。现在这个时代不是那个时代了,没有朱洪武了。人,一般的人,一般的将领,一般的带兵领袖也不是那样了。

访 一:你把你怎么样用这个时间跟少帅探讨的是哪一些?

访 二：我想我要是这样问您的话，您看……您比如说过去像吴俊陞、张景惠了、张海鹏、汤玉麟，这您和他们怎么能够在一起？

张学良：你问的这个事情，你对东北过去的事情你不知道。我父亲底下的张作相、张景惠是，张海鹏不是。张海鹏在开始的时候是敌对的。那这是派系的关系。那张海鹏始终跟我父亲，后来跟我一直是暗中不和的。后来，张海鹏还跟我打过。他是又一派的。他是冯麟阁那系的。当时东北呀，我还是小孩子，不知道他叫什么。我父亲是北霸天，冯麟阁也是一霸天。奉天那时候有几个霸。后来，我父亲当二十七师师长，冯麟阁就是二十八师师长。

访 一：那您说，跟老帅最亲近的，最初结识的，好像是张作相？

张学良：张作相。张景惠也算一个。张景惠这个人对我父亲一直是服从的，可是他不大同意他。

访 一：那么张作相呢？

张学良：那张作相可以说，等于我的一个哥哥，我父亲的儿子一样。张景惠虽然也对我父亲［忠诚］，但那不一样。

访 一：那您能跟我们大约说一下，他们彼此之间的关系，就是跟这些旧的将领。

张学良：他对他们都差不多，没有什么了。他对汤玉麟呐，那汤玉麟都倒过戈反叛过一回。那他对他还是一样。

访 二：可是这一点啊，比如说冯麟阁、汤玉麟都反过大帅。结果回来还可以［受到重用］。

张学良：不，不。那冯麟阁呀，始终和我父亲是同等的。他没当我父亲部下，一直都是同等的。我父亲当了奉天的将军，他是副的。

访 一：他后来不是去北京吗？

张学良：他是失败了，但他当时那个地位跟我父亲是同等的。他就是因为参加复辟，他失败了。他也不是去参加了，他到北京，碰上了，就参加了。

访 二：那他在张勋那儿？

张学良：冯庸你晓得吗？冯庸是他的儿子。这个人我以后慢慢说他。这是个值得赞扬的人。后来，他死了。做纪念周的时候，我去了。

访 二：我做一个笔记。您认为应当用一点时间谈冯庸的问题，我把它记下来。老帅的几位把兄弟，都是大家伙儿认为值得称赞的，因为这些把兄弟在各地也都是小有名气的。

张学良： 你知道张作相他为什么能起来呢？他出生那个地方，他在那个地方他们家族相当有地位，也不说很大的力量，相当的力量。可他这个人自己没有什么野心，一点都没有。他们那部分人非常凶。他们挨着热河，很厉害。可是我们家里海城的这个人呐，比较文雅一点。海城、辽阳、奉天都比较文一点。可是海城我家那一部分，非常地苦，没有出产啥。种地都是一小块，一小块的，有的地方都不能种庄稼，我们家很穷很穷。

访 一： 张作相在他们把兄弟中是老大、老二呀？他比大帅年轻吧？

张学良： 我们都管他叫二叔。

访 一： 那就是，咱们叫大爷，才最大。

张学良： 我也弄不清楚，也有叫张大爷的。

访 一： 那吴俊陞呢？

张学良： 他根本不是。

访 二： 汤玉麟是把兄弟？

张学良： 汤玉麟是不是跟他们在一块，我还是弄不清楚，他大概不是。我不跟你说嘛，原来他那个首领叫我父亲给打死了，他的首领叫海沙子。

访 二： 汤玉麟本身是一个很强悍的人，是不是？

张学良： 他叫汤大虎。

访 一： 很凶猛的意思。

张学良： 不是凶猛，很浑。不是那样理智，那么清楚的。

访 二： 听说他力量很大，打枪也打得很好。

张学良： 哎呀！那不能这样说。他们过去的人，都那样。我父亲打枪，百发百中。

访 一： 所以这一点，您要不说，我们根本不知道。

访 二： 因为在书上说，大帅个子不高，没有您高。好像也不是很凶样子。而汤玉麟长得［怎样］？

张学良： 不，不。他长得像文人一样。

访 二： 所以说嘛，您不说大帅［打枪］百发百中，我们根本不知道。

张学良： 我父亲走路时，人家都不明白。连我也说，你怎么那样？他说怎么的？他这个肩膀低，那个肩膀高。他说我这是背枪背的。

访 一： 哦，您给我们说说。

张学良： 他们那个打人啊，枪就背在身上。

访 二：大枪？
张学良：那时有手枪的人还很少。他把这枪就"啪"的一下，并不拿下来。对面有什么事儿，他"嘎"的一下就把枪打出去。我父亲给我表演啊。他这么端着枪，大枪呀。可以把椅子挂在枪头上，他就这么端着不动。稳啊，所以枪能打出去，才准。他不瞄准呐，他向来不瞄准。我们打靶，他表演给那帮兵们看，用铜或铁的牌子，离有一百米那么远，用枪打。你打上了，就"当"地响一下，表示你打上了。他就拿起那装好的枪，拿起一个，"当"的一下，拿起一个，"当"的一下。他们真是指着这个活着。
访 二：那是什么时候学的呢？
张学良：他不那样就没有了。他那指着这个活着呢，那时候。
访 二：那他这几个兄弟都是，骑马怎样？
张学良：那他们都这样，不行的，也死了好几个。我们管那个叫哄骗子。骑马骑最好了。吴俊陞骑得最好了。
访 一：您说那骑马的好坏怎么比？
张学良：常讲叫骑走马，我就骑不出来。不是让马跑，而是走小步。
访 一：那不容易啊。
张学良：完全是腿的力量，不是它哗哗地那么跑，让它走，那是有点功夫的。
访 二：那不是马的力量，是人的力量。
张学良：是人的力量。我骑不了。我没有那功夫。就我父亲也骑不了。
访 一：那就是说得控制它，需要两个腿和脚。
张学良：他那种骑马跟现在的骑马也有点相仿，我们现在叫马术了。简单地说，他骑马呀！这句话我说起来有点不好意思。骑马不是把屁股坐上，而是搁卵子（即睾丸）悬在马鞍子上。到了他们手里，那都是走马啊，那一匹走马都上百两银子，都是名马。
访 二：对了，人家说骑马你不能坐得死死的，在马背上，那打仗时，那马要跑啊。
张学良：那时候，事实上在马身上打仗，很少。
访 一：他们这些个老把兄弟，在一块除了打枪，还［比骑马］。
张学良：我跟你说，他们到后来都不行了。他们当年都是土匪的，就是打，也是这种行动，也没有现在那样列上阵的打法。所以到这个时候打，他就不行了。他没有这个习惯啊。他们那个时候一打，他们带的军队我就不能用了，跟土匪打就是［把土匪］打跑了。没有说两个对战的，死乞白赖打的。

访 一：哦，大概战术也不一样。

张学良：所以后来，我就不用他们了。汤玉麟也归我指挥过。当然，我对他也很客气。他们一打仗，他出去就回来了。他说敌人有炮。那正规军队都是有炮的啊。这就证明他打仗没有遇见过敌人用炮啊。

访 二：所以后来就造成郭松龄跟他们之间的不同了。

张学良：后来军权到我手上军队就大变更了。所以那时候，奉天就分新旧两派，老派就是我父亲，新派就由我领着。

访 二：那我就想起一件事情，有一个记者就说，等到郭松龄事件之后啊，老帅也知道从前的老伙伴的做法有些落伍了，所以才大量采用了新的……是不是从那时候开始的？

张学良：这不是从那起的。这奉天军权怎么到我手了呢？奉天，我父亲手底下大将是张作相。这里分两层说，一个是张作相，这个人不把权，他没有野心。要是旁人就不会一下子把这权让给我。第一次奉直战争完了啊，奉天失败了。可是我的那个支队没败。因此，我当时还不知道。到了山海关，当然后来直奉讲和了。可我们还打了很厉害的一仗。因此啊，我后来在我父亲办公桌的抽屉里看见了，他们大家上了一份书。好像连张作相都在内，他们上了一份书跟我父亲说，这个小家伙啊，以后回到奉天，训练军队的事情你交给他。回到奉天，设立整理处①。我父亲是统管，有姜登选。我不过当个参谋长，第三位的了。但是，整体的事情是参谋长要负责的。所以，慢慢地，军权就到了我手上了。那到我手上，我也很凶，当然我是他儿子啊，甚至他们打败回来了，两个旅长，还是我干哥哥呢，都叫我枪毙了。

访 二：所以，您的军威就从这儿开始了。

张学良：同时一个是大家看我样子太凶，二个是他们看我父亲也真把军权交给我，我能把他们枪毙了。

访 二：第一次奉直战争之后，因为其他人都失败了，但是您的这一支军队［却没有失败］。

---

① 指1922年7月，张作霖成立的"东三省陆军整理处"。它是第一次直奉战争失败后，张作霖重用新派训练奉军，施行整军经武的最高执行机构。由孙烈臣任统监，张作相、姜登选任副监，张学良任参谋长。表面上，整理处新、旧两派都有，但实际负责的是张学良、姜登选、郭松龄等新派。

张学良：不是，还有李景林的。

访　一：所以很自然，这整军经武的权要交给您。

张学良：不是自然的，你知道从前还是一种封建传统观念，我是我父亲的儿子，就像看皇帝，哦，你这个太子不错。

访　一：那您说，张作相，等老帅受了难以后，当时他的力量还很大。

张学良：他不是力量，是地位。他是吉林主席，不但军队，他地位高，次于我父亲。

访　一：所以他呢，一下子就把所有的力量都给了您。那他的思想是不是也[和您一样]？

张学良：不是。我啊，一直是他的部下。我当团长，也是他安排的。以后我就接他的旅长，他从二十七师师长升为吉林督军，我就接他二十七师师长。我一直跟着他，换句话，我一直是他直属的部下。所以，等我父亲死后，大家商量这个事情，说到这个事情我一直很难过。他应该是首领。他当时立刻就……那不只是军人，还有很多文人，东北好多文人，大家开个大会，到底推谁当首领，① 那时，中央政府没有这个权力。那么，当然我发言推他了，大家也应和。他说，我不干。如果大帅是好好地去了，那我接这个事情。那么现在这个结果，我推你。我对他怎么样服从，对你也怎么样地服从。我是他的部下。他说你心里不要有负担，但你要不好好做啊，我到后方拉出去打你。在公事上，我绝对服从您当这个长官；在私事上，我是你长辈，我还要管你。

访　一：还是从前大臣那种样子一样。

张学良：所以，后来我做那个事情就相当地为难了。怎么相当地为难呢？一个他，是我前辈，还有汤玉麟、张景惠，这都是我的前辈。那么，我对他们，总得有些顾忌。张作相可是他有他的意见，对中央的事情，有些地方他不赞成，那我就得自己想法子。那个时候，可以说张景惠这个人呢，他是没有什么意见的。开会时候，很难办，我就利用他，帮我说说话。

访　一：也是照顾您的意思。

---

① 指1928年7月2日召开的东三省议会联合会会议。会议决定：自6月21日推举张作相为东三省保安司令以来，坚辞不就，准予张作相辞去东三省保安总司令的职务，一致推选张学良为东三省保安总司令兼奉天保安司令。

张学良：不是，反正他就是有时帮我忙。因为我是最年轻的一个，各方面都要顾忌。

访　二：所以，我现在又想起来，当时大帅背难了，满洲国成立了，日本鼓动这些人，你比方说，张景惠、熙洽、臧式毅，还有我爸爸的老师罗振玉。

张学良：刚才说的三个人都是很深很深的……那熙洽就是我的先生。就是军校的教务长。你说那臧式毅？

访　一：后来就是那个……

张学良：当了奉天的主席。他们这些人啊，张景惠不说，根本就反对国民政府。尤其是熙洽，他是个旗人，他想……所以他后来扶满洲国这个政权。

访　一：不过，您说如果不是满洲国的话，他们对乡土保卫的心，重于其他。所以，第一，他们反对国民党……

张学良：而熙洽对我也很好，不过我不大喜欢他。因为他一脑子都是复辟。

访　二：是个保皇党。

访　一：当初他跟大帅在一起的时候……

张学良：不，不。他不跟我父亲在一块。他是日本士官学校的学生，他也是骑兵科的。他怎么起来的呢？从日本回来，那时叫教练官，就是现在的团副。张作相当骑兵团团长，他就是他那个团的团副。他跟张作相关系最深。所以后来，他在吉林嘛，他是吉林省长。后来满洲国，他是吉林那方面的。他是张作相最得意的人。我的起来，也与他有关系。我在学校当学生，无名小辈了。因为一次考试，因为他的关系他把话传到张作相那去了。那么，张作相他们才注意到这个小家伙好厉害，要起来。

访　一：那会儿他在奉天做军官学校的教务长，是吧？他也希望老帅能够成功，把奉天治理好。

张学良：那他就做他的事情啊，至于思想，你说的太大了。

访　一：熙洽是不是也很有才干？

张学良：很有才干，我只说一件事，他训练他自己啊。他早上起来要看他睡觉的被窝怎么样，不翻身，不乱呐。他很训练自己啊。

访　一：苦其筋骨啊。（笑）

张学良：这个人，那时候我很佩服他。

访 一：那个臧式毅呢？

张学良：臧式毅？臧式毅是另外一件事了。臧式毅是督军府的一个上校参谋。他实实在在是杨宇霆的人。他属于杨宇霆那一派的，这个人可是非常地厉害，所以他怎么当了主席了，是我很佩服他，把他①……事实上他跟我不是一派的，我这个用人是不管是谁，他是很有头脑，有办法的。我父亲死后，他叫不但不发丧，还叫我妹妹穿着好衣服去看戏去，那就证明我父亲［还活着］。

访 一：没事儿。您刚才说辅帅张作相在很多政策上边，不见得跟您同意，是不是张作相也是反对国民党的？

张学良：不是这样。他们可以这么说，都是守旧派的。不是不愿意［服从］国民党，这个问题是，他王永江不也是这样吗？咱们东北人喜欢自己管咱们自家的事。

访 二：闭关自守，保存实力。

张学良：后来大家［都］对我［有看法］，好像我对中央太弱。

访 一：那他们的出发点是什么？

张学良：很简单，我们自个家管自个家。

访 一：但是您说……

张学良：他们不是那么大的国家思想，是地域思想，所以张［作相］对我不大高兴。我是宁可牺牲东三省，我是为了国家。我父亲对日本人还有那什么［软的地方］，我对付日本人是很凶的。

访 二：老帅外交是比较圆滑。

张学良：我是不赞成。

访 一：分析，分析这大帅和袁世凯，您说袁世凯是枭雄，您说他像曹操。您根据什么来这样说呢？

张学良：他这个人是这样的，用智，完全是耍人。像曹操一样。我用你就用你。不用你，就把你干掉了。他那可真厉害啊！

访 一：不过，您说他算成功了吗？假如他没有后来做皇帝这点，您说他能成功吗？

张学良：他不能成功啊，也是时代把他淘汰了。

访 一：他思想没有赶上［时代］。

---

① 张学良主政东北后，曾任命臧式毅为东三省保安司令部少将参议、东三省兵工厂中将督办、东三省保安总司令部中将参谋长、辽宁省政府主席。

张学良：也不是，他的思想在那个年代，他不用有知识的人。我就好心劝他，你要重用有知识的人，他说，你看我，有知识的人，谁服从我啊。我说，天下有志之士，您一样也能用。他说，你能用？你看看你那郭松龄，他意思就说郭松龄叛变，哦，他是怕有知识的人，我后来悟出来了，［他］管不了用脑［的］文人，所以，他不能成功，他不敢用人。我父亲这个人，就不同了。他就敢用人。

访 一：而且还有很多事情，就是说这些人后来叛变……

张学良：就是不敢用人啊，他不行。你看看，他手底下的人没力量。他的学生……

访 二：所以您有很多地方像老帅。

张学良：我这个人主张这个样子，你要看历史啊，历史上最大叛变的人，就讲国家的叛变是谁？是他儿子。

访 二：对，宫廷里头很多事情都是这样。

张学良：这个人恨呐，最亲的是他儿子，就看你怎么操作这件事情，谁能不叛变你？儿子都叛变了，你敢说还有谁不会叛变呢？这个在政治上，你都不敢说。谁能忠心一辈子？我这个人做事，就是尽我的力，成败不足论英雄。

访 二：对。

2. 郭松龄之死与杨宇霆有关

张学良：我做事上不欺天，下不骗人。这是我做人的原则。我凭我良心待你，至于你怎么样，我也不敢说。我问心无愧就完了。我失败了就我失败，我不用诡诈，我不用奸猾的手段。所以，我做事情是有一定守则的。郭松龄叛变，我早就看出来了，我不能那么做。后来杨宇霆的问题我也是看出来了。我很难过，他跟郭松龄死一样。我为保持自己的名誉，我对郭松龄的事情我不处理。结果，我对不起两件事情。一个对不起老百姓，中原的老百姓受苦了，因为郭松龄叛变。

访 二：因为打仗。

张学良：更厉害的是我部下。我部下都是两方面的。

访 二：等于自己打自己人。

张学良：郭松龄叛变也没打多少人，但是好多人都牺牲了。所以我心里很难过。我为了保存自己的名誉，我没有那么样子。那杨宇霆他这个事，我看出来又来一个。我怎么办？我自己思虑再三，我认可人家看我这个家伙好凶啦。所以我就［下决心除掉杨］。

访 一：这一点，我觉得郭松龄啊，心胸比较窄。蒋先生也是有点［心胸比较窄］。

张学良：不说蒋先生。那郭松龄［心胸］也太小了，比女人还窄小。他看见我和旁的将领说话，一块堆儿，他就生气。他不高兴。那时奉天有两派……后来他把姜登选带走枪毙了。

访 一：没什么理由就把他枪毙了？

张学良：也有很大的原因。所以那个人啊，在中间挑拨是非啊，姜登选确实说过这么一句话。这里有个姓李的，叫李什么玩意儿，好像跟郭松龄是同学。有一次，姜登选和他一起谈话的时候，他开玩笑说，那张汉卿把郭松龄宠的，要是我，早把他枪毙了。随便这么一说。那么这句话不知怎的传到郭松龄耳里了。这个人是冯玉祥那派的，挑拨是非。郭松龄说，枪毙我？你看着，我有机会把他毙了。

访 一：所以还是说他心胸不够［大］。

张学良：郭松龄这个人啊，窄小，他自个儿跟我说良心话。我劝你做事情怎么这样，他说我脾气使然。我说，你脾气使然，可你做事情不能这样，我劝他。他说，我和我老婆两个，我家里有两个茶碗啊，一个茶碗都没盖儿，穷着呢，我要不碰见你，我不能这样，我说你这个人怎么这样呢？他说我这个人宁折不弯，我说我跟你完全不同，我宁弯不折，咱俩好就跟登山一样。那你嘛，说我是好汉，我一定得上山去从这条道。我说，我不是，你别管我怎么上去。到山顶上，我反正得上去。我说你怎么这样？他掉眼泪，他说你懂一套哲学思想。我说，不是。做人不能像你那样。

访 一：您说他是不是因为……

张学良：他自个自知之明，他最后死的时候，他给我写个条，说事已至此，只求速死。我想把我家的事情还托付给你。

访 二：您说郭松龄的事啊，实际上不是大帅的命令，是一个叫高金山的人。从沈阳出发的时候，他拿了杨宇霆的密令。

张学良：不是那样。

访 一：不可能是吧？

张学良：我的主张是［既然郭松龄］已经叛变了，他这个事情不可挽救了。我就主张开军法会审，为什么？让他把话都说出来，那我父亲也答应我这个主张。有两个事情，一个是不要把他太太扯进来，她一个女人，这完全是杨宇霆［搞］的［鬼］。

访 一：还有一个？

张学良：杨宇霆他怎么闹的鬼呢？我们奉天呢，必得过日本火车道，他说呀，其实一点没有，他说日本人预备上火车道抢这个郭松龄，所以在半路上把他杀了。

访 一：不是说当时逮住就［杀了吗］？

张学良：不是，不是。我父亲也答应我开一个军法会审。他杨宇霆不要这个军法会，因为他怕说出他很多事情来。

访 二：怕郭说什么话？

张学良：与杨宇霆有很大关系，他（指郭松龄）这个［叛乱］主要是反对杨宇霆。他也知道，问题是在这起来的。我跟我父亲说，但他不听我和姜登选的话。我打长途电话，那时候在天津开会呢。说李景林啊，一言兴邦，一言丧邦。开会议时，姜登选也在里头呢。杨宇霆是江苏督军，姜登选是安徽督军。那么开会时，杨宇霆回到奉天，江苏失败了。他是我父亲手下一个总参议，这个职位当年是张作相，后来就是他。那么，他走了，就是我代理，不是我实为总参议，明白吗？这个总参议，可以说，在我父亲手下是大权在握啊。那么江苏失败，他回到奉天，总参议他根本就没辞［去］，问题这就出来了。那在会议上，郭松龄也提出来了。他说，杨宇霆失败了回去还是当总参议，我们结果还是受他指挥。我就说那么一句，哎！老帅待人那么宽厚，你我都是他的部下，对他宽厚，对我们不也是一样吗？这时，李景林说了一句话，你真是他儿子，你真会说。他说，我问你，张景惠为什么失败不敢回去啊？

访 二：那就是说，老帅对杨宇霆有偏心。

张学良：不是，他是朝里有人好做官。就这么一句话，郭松龄眼泪都掉下来了。我说我父亲待我们一样。他问，那张景惠为什么不敢回去啊？这么样，我就给我父亲打个电话，我父亲不听我这一套。我说啊，这个情形很不好，杨宇霆这个人，兵工厂的事是公开的，杨宇霆这个人很贪。我说，你呀！就拿兵工厂的事为名把杨宇霆撤了，查办他，拿这个可以平平大家的气，这下子糟了，我父亲在电话里大骂我，说你赶快回来，不要跟他们在一块堆儿扯淡。

访　二：误会您跟他们［有勾结］。

张学良：我替他们说话了。我赶快回来，我回奉天。既然他要我回去，那我就得赶快回来。这个李景林就瞅瞅我，我看你回去，看你怎么受吧。我知道，我父亲要骂我，也许要办我。他说，你回去啊，自个儿要小心呐。我回到奉天，待了一宿，这前方的情形不对了。我就打个电话，问他手底下的人，我说郭旅长呢？① 他说睡大觉了。我让他接个电话，他不接我电话。我就知道这个事不对。我心里也明白了，事情要出来了。我父亲不听啊，他不让我管，我父亲多凶啊。郭松龄的叛变没打。郭松龄的叛变呐！很好玩啊。他还是老二，副的。正的还是我。下命令的还是我，他是代理的。所以等到了新民府了，那个是我出来了打了。那我的部下很奇怪呀，怎么打？一家［人］啊。那郭松龄这个事情已经公开了，他先下命令给旅长，有一部分旅长不接受，不是全体，有一部分。

访　二：不接受他的［指示］。

张学良：不打了，不接受他的命令了。那么他就直截了当地下命令给团长，团长大部分给他送回来了。

访　二：他本来不该直接给团长下命令。

张学良：他没有办法了。团长更厉害，大部分把命令给送回去了，他们不跟我打。并没有打。就这样，他看着大势已去他就走了，没打。

访　一：您不是想去给他找回来吗？

张学良：不是这回事。我当时就赶到新民府去了。他不打，我就过去了。他已经逃走了，带着他太太，也许没有他太太，他就逃走了。他带着他太太，他太太不会骑马啊，赶着一个大车。那么，他那些军长都没走，都在那儿呢。我跟那些军长说，你们都比我岁数大，你们有能耐，你们也敢造反，你们怎么不跑啊？其中有一个军长，后来我用他。他说，军团长，你不要，你给我个机会，你不肯杀我，你让我自杀吧。

访　一：好像有一位将军，很横，很有骨头。他说我们应该自杀。结果后来

---

① 当时郭松龄为陆军第三方面军副军团长。

您又用他了，又回去做他的旅长。

张学良： 后来这个人神经病（即精神病）了。他心里难过啊！

访 一： 因为不知道帮谁好。

张学良： 他是跟郭松龄俩最好，是同学。都是旅长。他很难做，这个事情把他夹在中间了。这个人很好，他叫刘伟①，后来滦河作战，我头一个派他的。我父亲的参谋处长姓余，给我打电话，他说你这个人真胆大，你怎么派他打呢？我说你不要管我，你是大本营啊，你可以给我下命令，你不能干涉我用人。他到滦河，打得很厉害。他跟旁人说，旁人呐！可以退却，我是只有死。

访 一： 那结果还真是殉职了。

张学良： 不是殉职，是神经了。脑袋坏了。

访 一： 您说以前带兵讲究恩威并施，是吗？

张学良： 不光是带兵，待人也是一样。换句话，你怎么对人家，［人家］就怎样对你。

访 一： 假如说现在带军队，还能不能以老帅那种方法？

张学良： 我想还是一样。

访 一： 你比如说郝柏村以前整顿这儿，现在又是另外一位军长，他们带这些现代的军人也是要如此，对不对？

张学良： 还得有这个，多少比以前不同一点。

访 一： 还有，你比如说吴俊陞对您弟弟说，虽不同年同月生，但愿同年同月死。

访 二： 现在已经没有人说了。

访 一： 就是说新的当兵的未必有这种想法吧？

张学良： 真的，我不知道现在军队的事情。

访 一： 您说，郭松龄这件事情，在老帅这个整个儿过程中是一个非常要紧的。有的报道说，在什么时候老帅给您一封电报，说你来吧。称您为张汉卿先生，这是怎样一回事啊？

张学良： 那是这么一回事。我差点投海。我到郭松龄那去，他的军队已经来了，铁路已经打断了。我到了葫芦岛，预备去跟郭松龄见面，后来我才知这个事情，他不见。

---

① 随同郭松龄反奉的部属中有一个第二旅旅长刘伟，反奉决心比较坚决，被郭松龄任命为第二军军长。张学良应该是指他。

访 二：他为什么不见您呢？

张学良：不见，他说要见面，咱俩上天津见面。不但不见我，他部下问他，他（指张学良）要如果来了，怎么办？就把他枪杀。

访 一：假如说，您真的就上去[，他会怎么样]？

张学良：他部下说，他要真要上来，我们对他怎么办？他说，你枪杀。所以我就不敢上去了。

访 一：说明已经决裂了。

张学良：他说，我要上来他这个事情就不好办了，为什么呢？因为他那块儿都是我的部下啊，联名打个电报给我父亲跟王永江，共举我当奉天这个，换句话说，他们叛变为什么回师啊？我在秦皇岛船上，我就接了一封电报。搁奉天来的。我一看，张汉卿先生，这整的什么事啊，就是军队联名，共举我主持奉天的事儿，请我回来交接。我没让，我看见这事难过得很，我怎么办？

访 二：您说这件事情，也是大帅[同意的]？

张学良：我难过死了，所以我搁这儿就走了，跑到大连去了。

访 二：然后呢？

张学良：杨宇霆也在大连呢，他也走了，他也躲开了。他就碰见我了。他说，你可不能走啊，这个事还得你收拾啊。不是你，谁也收拾不了啊。那么，他又把我拉回来啦。我就不想回奉天。

访 一：您是不是在那以前，一开始事变，您还托一个日本人和托一个大夫，其中一个人给郭松龄看病，所以您托那个大夫，给他两次机会。

张学良：不止[两次]。我们还来往通信呢，我一直劝他。

访 一：结果是您一而再，再而三地劝他，不要这样做，到最后，没办法了，已经决裂了。所以，您才到辽河，到新民还是什么地方？您带着老帅给您的能够调动的军队，跟他打仗。一开始，您没有想跟他打，还劝他。

张学良：那他不能[听我的]，我知道他。没用，没有回头。他要干成什么事，动不动说我要死，他这个人总拿死开玩笑。

访 二：您说这是不是军人的训练给他的关系？

张学良：他这个人脾气是这样，我认可死，也不能叫我心里难过，我死了可以。

访 一：这个郭松龄的事情，固然郭松龄自己心胸比较狭窄，不过[在]对东北军事的整顿上面也建了很大的功劳。而且在您手底下，东征西讨，也替老帅开拓了不少。如果，也许是那时候您对他叛变的心理有所了解，但您不愿意做，您就怕别人说张学良怎么这样凶，而在您对郭松龄叛变有所察觉却没有采取行动。所以您对他的事件没有一个预先的措施。后来杨宇霆的事，您就采取了措施。那么，我们倒回来，就分析他之所以叛变，因素很多。一个就是说，他对老帅安排上面［有意见］，他们拼着命打的地方，分给杨宇霆分给姜登选他们，而他没有；第二个就说他曾经跟老帅讨过薪饷，别的军队花钱都是现大洋，他的军队还是奉票。

张学良： 那不是。

访 一： 您看他这个［人怎么样］？

张学良： 他这个人呐，他要不直截了当啊，他不会。那我父亲他不听我的话，我父亲对他也很喜欢。但是他那种脾气啊，我父亲受不了。他们随随便便在一块堆儿玩呀，赌钱，他就很不高兴，我父亲也很不高兴他呀。结果越弄，他们俩越僵。所以，我就跟我父亲说，你不用理他。我父亲就说，我不允许你说这种话。我父亲说，你能用他，我不能用他。我父亲很喜欢他。但是他这个人不是那种人。

访 一： 他跟杨宇霆、张宗昌啊，还不是一回事。他不是这种人。

张学良： 我跟他说，你怎么不改，他自己跟我讲，我这又不是……（录音不清）

访 二： 那换句话说，如果那天您没有奉诏到奉天去，假如您还在天津，大概不会发生这种事。

张学良： 那就不敢说。那个事情我已察觉了。问题是这样，这里头很多的关系，我父亲所以不高兴了。我身上带着有东西。

访 二： 什么东西？

张学良： 我父亲的命令。我就没敢把它拿出来。我就看这事不对。带着什么命令？带着命令去打冯玉祥啊。

访 二： 结果，您这个命令不敢拿出来，是因为［怕他们反感］。

张学良： 这个情形不对啊。打冯玉祥，李景林他们两个是要紧的军队呀，这一整，等于这军队不服从命令啊。我就看这情形不对啊，你知道，军队这个事情，你得要看情形的。

访 一： 对，对。

张学良： 所以，我父亲这个人是这样子。说你赶快回来，我父亲这人很硬的，所以，我跟他说，你那些部下，我也得不了多少。像李景林这些人不是我父亲脑子里想的那种，他们不是那种人。

访　一：结果后来［出问题了］。

张学良：你像张宗昌啦，这些人他能指挥，这种人用另外一种办法。

访　一：有一说是冯玉祥和郭松龄之间有个默契，有这回事吗？假如说郭松龄兵变的话，冯玉祥他就沾光了。

张学良：那可能。

访　一：会有是吧。

张学良：这个是，是冯玉祥那派的李……还有冯玉祥的太太李德全与郭松龄的太太是同学。这里有很多关系。

访　一：可能有这么一回事。而且，您知道日本方面对这件事感到很棘手。因为他们不知道应该怎么处置好。所以，他们首先对郭松龄有个探讨，看他是否值得支持。结果，一听他跟冯玉祥订的这些条件，就不支持郭了。

张学良：这我不太知道。反正日本想利用郭松龄，那郭松龄后来就说话了，好像有一句话［是］这么说的，那是张某人签的条约，我不承认。

访　二：也就是说，日本已经得到的，都得丢掉。

张学良：好像［是这样］。

访　一：还有一个外国学者分析，郭松龄倒戈叛变的事情，一个呢，是他没有计划得很周密。第二个呢，他的举动非常仓促。就是在那个时候，他以为日本会保持中立，同时，他认为冯玉祥会支持他，会出兵。还认为他可以把李景林安抚在那儿，照顾一些人。结果全都没实现，第三件事情是，他不应该公开他跟冯玉祥之间的关系，做成一个正式……因为后来，他把他的军队都叫成和冯玉祥的军队是一式的了。

张学良：不对，这是谁批评的？

访　一：这是 McCormack，就是专门写老帅那个。

张学良：他啊，和日本人没弄好是一个原因，他就失败了。他留下一些人在山海关防冯玉祥。

访　二：哦，他跟冯玉祥［的关系］不是那样好。

张学良：所以，他军队分两边，他要整个军队来，还是厉害点的。根本的军队我们并没打呀。他还有一军人。那军人后来哪去了，我也不知道。他派出一军人迂回到奉天后面去了，可是他们那一军人哪儿去了，我不知道。那军长是我的部下，都没有了。都散了，乱七八糟的。我跟你说实在话，我常常想，他呀，固然是陆军大学的学生，他呀，什么事情不是想得那么周密。我常常说，李宗仁、白崇禧他们俩常常在一块堆儿，配合得非常好，那我跟郭松龄在一块堆儿也配合很好。他知道把这些人怎么安排，打仗的时候。但他想得不那么周密。你知道，他自己给自己下了八个字的考语，鲁莽、饕餮、跋扈、亲权，实在是这样。他自个也知道，那自己掉眼泪时，那时候我们在火车上聊，我劝他。他说我［要］不是你，我早就没有了。

访　一：他这个人很奇怪了，既然他知道，没有您的话，他可能早没有了。又明明知道，在东三省的势力，老帅又全交给您了。

张学良：那时还没交给我呢。

访　一：就是说培养了。他应该知道您将来［会接班的］。

张学良：那不是，这个理由有很多。说我父亲啊，他就总找我，也是我父亲的意思，他说你的部下，你迷糊，郭松龄自己也讲啊，当你部下我倒霉。你是儿子，他压你，他把我压到更底下了。那个时候，我们把仗打完了，打胜了。你看呐，姜登选，［是］安徽督军；杨宇霆，［是］江苏督军；李景林是河北督军，张宗昌是山东督军，他什么都没有。

访　一：那您说大帅没有想到？

张学良：我父亲这个人呐，假如他听我的话呀，我认为不会有这些事情。我就跟我父亲说，我父亲说用你想要啊，我说不是。郭松龄这个事情，您知道。他说，你管他。那时，我给他策划好几个办法，那时候，张作相是吉林督军。我说那个时候有冀鲁豫巡阅使①，原先是吴佩孚的。我说有几个方案，一个是，你把李景林［派去］，他愿意到山东去，因为山东有钱。不是有钱呐，有军队。张宗昌愿意到江苏，江苏有钱。让张宗昌上江苏去，我来当河北督军，主席。那主席我不能到任，我这还有好多事呢，让郭松龄代理去。我父亲大骂我，

---

① 冀鲁豫巡阅使，巡阅使是北洋政府对拥有两省以上的军阀给予的官衔，以便控制其所据地盘。当时的军阀头目大都充任过巡阅使职务。比如，张勋为长江巡阅使，曹锟为直鲁巡阅使，张作霖为东三省巡阅使，吴佩孚为直鲁豫巡阅副使，孙传芳为闽浙巡阅使。曹锟、吴佩孚二人都曾任冀鲁豫巡阅使。

说我不要干。还有另外一个办法,我说你呀,让张作相当冀鲁豫巡阅使,我就当吉林督军,吉林督军我也不能到任,也让他(即郭松龄)代理。我父亲不听,他要听了我这套就不会有这些变化。

访 二:您说大帅当时是不是也受了杨宇霆的影响?

张学良:不是,不是。我父亲这个人啊,说你小子你不要去帮他,你不要出风头。所以郭松龄说我倒霉在你的底下,他压你,他把我压到更底下。这问题是郭松龄的问题,不是我的问题。我父亲说,你不能怕他,他是你的部下,你应该管住他。

访 一:不过,您曾经〔说过你父亲的不足〕。

张学良:我常常批评我父亲这个人呐,有雄才无大略,他没有策略。他一弄就讲他们老〔辈那套办法〕。比说张景惠啊,张作相啊,他随便骂。看他〔骂人我都〕毛骨悚然。他叫旁人那不行啊。张景惠的姨太太在戏园子看戏把人打了,他一样派人把姨太太给抓起来了,他就那么凶。那张景惠多丢人呐。

访 二:那结果,姨太太给抓起来之后,张景惠怎么办呢?

张学良:他表示并不是他凶,给老百姓看呢。

访 一:是不是有这么一回事,您和老帅问郭松龄,你愿不愿意去江苏,还是要训练兵啊?

张学良:没有这回事。

访 一:没有。

张学良:他要派谁就派谁。他从来不征求大家意见。

访 一:所以这一点啊,我就觉得奇怪。

张学良:那是这样的。我父亲啊,很听杨宇霆的话。他对杨宇霆很宠爱。杨宇霆在里边做鬼那是有的。

访 一:可能是杨宇霆〔在里边做鬼〕。

张学良:杨宇霆很有一套,我父亲很喜欢他。

访 一:杨宇霆会不会说以您为借口来压制郭松龄?不要把自己的儿子弄得那么尖刻。

张学良:那也不是杨宇霆说的。

访 一:那可能是大帅自己觉得,我不要把我自己的小孩也〔也压下去〕。

张学良:是,是。

访 一:就没有想到郭松龄,在底下〔会出问题〕。

张学良：我也说到了。父亲说，那你管他嘛，他是你的部下。
访　一：又来将军法了。不过后来，这有一段很有意思的事，我给您说说。
访　二：我来找这个。

3. 我母亲信那些跳神的

访　一：OK，我现在要再问您点关于家里的事情。那时候啊，不能拿现在说法，一个人有很多姨太太了什么的。尤其到美国，是要拿着牌子去游行［抗议］。那时候大帅有六个夫人，是不是？
张学良：也许，我不太记得了。
访　一：我在好多地方看见，觉得您的母亲，心里是非常坚强的。
张学良：那倒不一定。我倒说我的性格与我父亲［有点相似］。
张学良：我想未必，胃溃疡穿孔，我想是这样的。
访　一：那时候药也不行，中医有啊。
张学良：那我母亲也不听，她信那些跳神的，吃符啊，念咒儿的。
访　一：那跟大帅的感情好不好？
张学良：好，很好。我母亲死了，我父亲坐专车回来看她。我父亲大哭。
访　一：说还有一次，是带着一个外国人到哪儿去，中途大帅就下火车了，说我要回去看看我［的太太］。
张学良：那没有。
访　一：那您说您的老太太啊，当时并没有跟大帅在一起，是吧？就是老太太过世的时候。
张学良：没有，没有。我们住在新民府，我父亲住在沈阳。

（录音中断）

4. 杨宇霆和我父亲闹过别扭

访　二：我找着了。我这是关于郭松龄的事啊，说郭松龄的事情完了，老帅为这个事情受的刺激非常大，同时也有很多老朋友都在旁边安慰他。您呐，一直不敢见他，一直到了郭松龄的事情完了之后。最后还是张作相、吴俊陞两个人，陪着您回去见老帅。
张学良：陪我见的？没有。

访　二：他们说老帅一见到这个少帅，马上就连哭带骂，并拿出手枪要打您。
张学良：没这回事，他胡说八道。
访　二：没有。
张学良：我才不怕我爸爸这些事呢。
访　二：所以那不是张作相跟吴俊陞［保护您嘛］？
张学良：没这回事啊。胡说八道，不知道搁哪儿弄来的。
访　二：OK，我就问这一点，那就完了。
张学良：有时候描屏画影，根本就一点影儿都没有。
访　一：这有一个叫高纪毅，他说的杨宇霆啊，因为他管着大帅的图章，所以他拿着大帅的图章啊，就命令全军，无论是官兵出缺，一律不能自行填补，一定要经过预备军来调人补充。他认为用这个办法就可以把他士官系的人，陆续插进东北全军。您想这可能吗？
张学良：这个高纪毅，枪毙杨宇霆就是他枪毙的。
访　一：不会是这么回事啊，当时是不是大帅很信任杨宇霆，就是说真的图章什么的也都给他。
张学良：那是真的，在他手里。
访　一：除去信任之外。
张学良：后来我父亲死后，下的命令都是我下的。
访　一：您就仿照老帅的字来写啊？
张学良：那我会写他的字，我写的跟他写的一样。不是旁的会仿，是签名啊。
访　一：大家在研究老帅在东三省的政绩的时候，说他手下一文一武。两个大将，武的是杨宇霆，文的是王永江。可是，照着您的说法，或者也是照着记录，郭松龄是从讲武学堂整军经武开始，那么第一次奉直战争就跟您两个人配合得很好，就打胜了，别人都失败了。到第一次完了之后，就整军经武，把军队整理得很好。第二次奉直战争又打了胜仗了。当然，别的人也有了。他是不是在您来说，应该在东北政局的建立上，在武的这个方面，应该是郭松龄的贡献比杨宇霆大？还是他们两个势均力敌？
张学良：这个话是两个事情，杨宇霆与东北整军毫无关系。不但这样，他在我父亲旁边，政治好多事情，他处理了。他并不是参谋长这个名义，他是总参议。所谓总参议，他好多事情都参与了。
访　一：那么军事他也管？

张学良：政治上也管。

访　一：如果把所有的事抛开，那么文化、经济、教育方面是王永江，政治、外交是杨宇霆。

张学良：不，不是。政治、外交也是王永江。不过外交上，杨宇霆多少可以干涉这个事情。

访　一：那么军事方面应该是谁？张作相？

张学良：张作相，完全听他的。

访　一：所以，应该是王永江，张作相。王永江下面才是杨宇霆。

张学良：杨宇霆不是，还有这样子。杨宇霆中间离开来着，和我父亲闹过别扭，走开了。

访　一：您还记得怎么个别扭，把他免职？

张学良：他是跟段祺瑞手底下大将徐树铮。我父亲是奉天总司令，徐树铮是副司令，这个我还弄不清楚，秦皇岛劫械①，徐树铮是军械司司长，他发的护照，我那会儿还小，他这个人有点才干。

访　一：您说后来他（指徐树铮）怎么失败了呢？

张学良：这个人可真是，他露锋芒露得太厉害了。我跟你说，我那时候年轻，看他夏天光着大膀子，在那屋，自己拟电报稿，翻〔译〕电报。这方面，他们打时钟，他还做时钟。

访　二：那真是个人才啊，他是个小诸葛，是吧？

张学良：对，我看见了，哎哟，这个人，那时候我年轻，你知道我年轻的时候，很〔崇拜他〕。

访　一：很崇拜。

张学良：这个人了不得。光个大膀子在那儿，一方面还办公，一方面还打时钟。

访　一：您跟我说他在外交场合上有很多笑话。

张学良：是，是。

访　一：他跟人家说，酒量很好。结果英文给翻成酒鬼了。他到那边去，是代表老帅吗？

张学良：那时是代表政府，他是代表北京政府，他是段祺瑞手底下最大的一

---

① 1918年2月，张作霖在徐树铮的建议下，派手下张景惠、丁超率部，将时任北京政府总统冯国璋从日本购置的一批军火在秦皇岛劫持，轰动一时。张作霖劫取这批军械后，先后增编七个混成旅，兵力急遽扩大。

个大将。

访　一：不过，他跟老帅合作这一个时期，就是［那个劫械事件］。

张学良：后来不合作了。

访　一：那您说杨宇霆他俩［是］怎么搞到一起的？

张学良：他俩是同学，都是士官学校的学生。

访　一：老帅不会就因为他俩是同学，就给他免职吧？

张学良：那我父亲从来不想那个。为什么，我父亲不愿意了呢？那时候段祺瑞跟冯国璋两个人是对头啊。冯国璋有个代表，就是冯玉祥的舅舅，大概。他叫什么名字，我忘记了。他们利用一个名义，请他（指冯玉祥的舅舅）到奉军司令部，把他枪毙了。我父亲为了这件事情，非常不愿意。这个主意是谁［出的］呢？是杨宇霆和徐树铮两人干的。可是奉军司令部，那时候徐树铮是副总司令，我父亲是总司令。我父亲很不高兴，结果徐树铮副司令被撤职了。也就是换句话说，因此奉天和这个段祺瑞的关系就不好了。也可以这样说，因此奉天的势力与段祺瑞敌对的势力就起来了。

5. 徐树铮是个奇才

访　一：大帅对段祺瑞的批评（评价）怎么样？

张学良：还是很看重的。

访　一：老帅跟徐树铮，这里有个报道，徐树铮不是后来跟老帅合作得很好吗？结果，就因为和老帅合作得太好了，他就冒着老帅的名义动了军款，所以老帅好像后来查出来了，［他］用了军饷。

张学良：不是，这个徐树铮啊，是这样的。借着这个奉军的名义啊，那个时候，奉军是我爹建立的。劫掉这批军火啊，［建］成了五个旅①，他好像有一个旅，后来徐树铮力量大，就大在那了。那时候，都要参加欧战……做了一个参战军。他后来势力很大。

访　一：哦，他去做［参战军了］。徐树铮这个人那时候有多大岁数？他那时候比杨宇霆差不多一样大？

张学良：那我还弄不太清楚。详细情况我不知道，大概差不多，这个人可真

---

① 应该是七个旅。

是个人才。

访 一：您说要参战，他预备怎么样？

张学良：参战军，他有几个，三个师，九个旅呀。

访 一：都是他自己的？

张学良：不能说［都是］他自己的，我现在也弄不清楚。这个人我很佩服，［是］我看中的人才，他在饭店一方面发电报，一方面还打时钟玩。这个人也是胆子很大，他死就这么死的。他搁北京回天津。当时我劝他说你不要走啊，因为廊坊有冯玉祥的军队啊，后来冯玉祥把他枪毙了。我告诉他……他说谁能把我怎么样？我才不怕呢。结果走到廊坊的时候，冯玉祥预备好了。他枪毙的那个人的儿子等着呐。在廊坊把火车劫下来。这个人呐，他那时写了一个东西，自己不得志的时候，写了一个东西，治国的纲领很长的。这个人呐，是个奇才呀。

访 一：您说孙传芳呢？

张学良：孙传芳跟他俩不同，孙传芳没他那么能耐，他有势力。孙传芳是王占元的小舅子。

访 一：哦，王占元，就是那个［什么巡阅使］。

张学良：两湖巡阅使。他起来，就是王占元的军队。

访 一：他本来就是奉军吗？

张学良：不，他是王占元的。

访 一：那他后来呢？

张学良：他那是没有办法，［后来］投到［奉军］。他本来和奉军［是］敌对的，［是］杨宇霆把他打［败］的。

访 一：这个人怎么样，您认为？不过大帅对他好像还不错嘛？

张学良：还不错。这个人［和］我不太对劲。

访 一：他后来被杀了。让一个女的给打死了。①

张学良：让一个姓施的，因为他把她父亲枪毙了。

访 一：他当时的军事力量蛮大的。后来全都没了。

张学良：我给你说一段事情。那个时候阎百川（即阎锡山）他们，扩大会议的时候，找他去。我给你说点小故事，当然，他在奉天找我去了。他就问我，意见如何？同时，当然也需要我帮他点忙，我跟他说，

---

① 1935年孙传芳被仇家、原山东军务帮办兼第二军军长施从滨之女施剑翘所杀。

他就心软。我说你混了半辈子，还给阎百川当别动队长。他知道我的意思了。

访 一：他没有参加。

张学良：他没有参加。他还想活动活动，不甘寂寞。他正在那儿念经呢，就叫人家一下子打死了。

6. 杨宇霆是老帅的参谋

访 一：还有一个就是说大帅在1921年5月接任了蒙疆经略史，这时候奉军增添了八个混成旅。所谓混成旅是什么呀？

张学良：就是上头没有师长的，自己旅长单独带着。所谓一个旅就是管两个团。混成旅有时候有炮兵，有骑兵的，有工兵的。

访 一：各种兵种都有，那就是说旅长是最大的，不属于任何的师。那八个混成旅大概有多少人哪？一个混成旅有多少人？

张学良：一个混成旅大概三千人左右。九个，还不是八个。

访 一：那当时热河、察哈尔力量已经都是归大帅吧？

张学良：那个时候变化多，您说哪个时候？

访 一：哦，1921年。所以，我就觉得，您说大帅有没有机会做总统？到北京去做总统，您说有没有这种可能性？您想，当时东北四省〔都在大帅手下〕。

张学良：他要想做中国首领，有这个意思。

访 一：您说有这个意思？也有这个可能。

张学良：所以我对杨宇霆还很不高兴就在这儿。他（指杨宇霆）说老头子，他（指张作霖）要想起来，你不把他举得摔一跤，他也不会老实。

访 一：那他（指杨宇霆）是什么意思？

张学良：所以说我就很不高兴。就是让他（指张作霖）干一下子，完了，他就老实了，他就不再整了。他（指杨宇霆）的意思。我的意思，你既然是他的大臣之一，你应该劝他，知道这件事，你不应该这样子。

访 一：不过，他好像很会利用大帅的很多事情。比如说，有一个人犯了罪，大帅很可能把他杀了。就在求情的时候，把大帅的一个什么东西撕了。他说好了，现在大帅饶了你了。他很会利用大帅的这个感情的。

张学良：没有这回事。那个是这么一件事。有一个人他扔炸弹炸我父亲，我父亲出门呐。

访 一：哦，那个您说过。这是另外一个人。

张学良：没那回事。不是，不是。

访 一：您说大帅去指挥人去作战的时候啊，谁是大帅的参谋啊？

张学良：那时候就是杨宇霆。

访 一：可是，您说杨宇霆当时做了什么总参议。那就说管所有的事情，这个名义很高了。可是，大帅为什么一直没有给他军权？

张学良：他是兵工厂的厂长还是总参议，不能再有兵权了。

访 一：您是说不让他带兵了？跟您一块儿带兵，不是对他［更好吗］？

张学良：不是的，我父亲做事很合理，没有那么多思想。

访 一：傅作义在守涿州的时候［怎么样］？

张学良：谁？

访 一：傅作义呀，跟奉军打仗，打得很好。那么，记载上说大帅派了一个人去督战，派的是谁，您记得吗？

张学良：没这回事。

访 一：没这回事，那时候是您打的？

张学良：是。

访 一：是您跟［他打吗］？

张学良：不是，那时候打傅作义［的］就是万福麟。

7. 在我手底下杀人很少

访 一：还有一个问题，就是说郭松龄，您这么亲近的一个部下，他的心胸比较窄。蒋先生是您长官，心胸也很窄。您怎么就跟心胸这么窄的人在一起呢？

张学良：那你不能那么讲，我老碰见心胸那么窄的。那没法儿。

访 一：有什么可以调和吗？

张学良：我遇到这样脾气的，我就会知道，那用人和伺候人一样，你知道他短处，你就不用他了？

访 一：对，对。还有您说过，杨宇霆说您的军队别人带不了。所以，我后来就想，在"双十二"事变以后，您的军队没人可以管得了。这也印证了前头您带人的情况，跟别人不一样。别人真是没有办法接替您来执行这个权力。这个阎锡山呐，曾经有个电报。他通电给全国，他说大帅在打傅作义的涿州，曾经用过毒气弹。是有这么回事吗？

张学良：用过。

访 一：就是第一次世界大战剩下的东西。

张学良：不是，不是，是自己做的，试验试验。

访 一：哦，奉天都可以做毒气弹了？

张学良：可以，那是兵工厂做的。

访 一：您知道到现在奉天兵工厂还是［有相当生产能力的］。

张学良：那我不知道，听说日本把它扩充很大。具体情形我不知道，那很大。

访 一：大极了，而且完全是大帅在那［打好］的基础，不只在中国有名，好像在亚洲都很有名。

张学良：那我不知道。我这个［人］向来很奇怪的，与我没多大关系的，不打听，连问也不问。我不动心。

访 一：所以您能够长寿，与您没关系的事，您根本不操心。

张学良：不是什么乱七八糟的事都要过问。

访 一：还有一件事，这与大帅有关系，也与您有关系。涿州不是傅作义失败了［吗］？失败以后，您把他捉来了，然后您把他放在一个姓包的参谋长家里。

张学良：他俩是同学。

访 一：在他家里头呢，出入都很自由。然后您还给他安家费，这个一直到冯玉祥和阎锡山再开始和奉军打仗的时候，傅作义说出外找妓女去了。有时候晚上就不回来，不回包先生家里去了。慢慢地对他的管理就［就松懈了］。

张学良：他逃走了。

访 一：就逃走了。你放他走的，是不是？

张学良：也不是说放他，就是不干涉，他要走，他就走。

访 一：那您说他作为一个敌方的将领，跟您这个方面硬战，打了那么久，您放他走，是爱才，还是军方互相照顾的。

张学良：那话不是那个意思，我很爱才，这种人我对他很好，我父亲要把他枪毙了，我没同意。

访 一：您给他放了，还有谁呀？很多人，您后来对他们都很好啊。

张学良：我不舍得。在我手底下杀人很少。

访 一：所以您不该做军人。

张学良：不是。您说日本人我倒很恨，中国人也不是。什么叫敌人，对我是这样。

8. 杨宇霆外号叫小诸葛

访 一：我们刚才说是张作相和王永江，这两位一武一文啊。但是有人说杨宇霆啊，是老帅的萧何。还有人管他叫小诸葛，是有这么个说法吗？

张学良：没说萧何，他外号叫小诸葛。他是这样子，怎么叫小诸葛？刚才说那个徐树铮啊，叫他诸葛。他是徐树铮最得意的人。

访 一：所以叫他小诸葛，也是一种尊称了。

张学良：那他鬼道多得很。

访 一：是不是他鬼道儿多，帮助了老帅来应付日本？

张学良：也不能这么说。他外交上的事儿是不大懂，他是军事上参与。

访 一：所以有一点非常奇怪，大帅也没上过军校，也没受过很深的教育，但是，怎么可以识人？就是什么人有才干，马上就用，而且用人的话，还真是让人服服帖帖的。

张学良：他有这个才能。

访 一：这个您能不能给我们举点什么例子啊？大帅根据什么来看人？您比如说，大帅见到盛世才，觉得这个人有问题。若您要也是见到盛世才，您的看法跟大帅有多大距离？

张学良：这怎么讲，我父亲这个人呐，他反应非常快，你欺骗他很难欺骗。

访 一：马上可以了解。

张学良：你说的话是假话。

访 一：这真是天才。

张学良：天才，天才。

9. 张宗昌这个人很奇怪

访 一：有的时候，大帅也很奇怪。比如说像张宗昌，他把头一天领的军饷，第二天都给赌输了。结果，他跑来见大帅，以为这下脑袋没了。结果大帅说没什么关系，再拿一份，是这么回事吗？

张学良：不，不。这个事儿是胡说八道。

访　一：不是这么回事？

张学良：事情是有，他把军饷输掉了。那时他不是大帅底下的，不是奉军，是个朋友。

访　二：哦，朋友。

张学良：他就是因为那个样子，没办法了。他奉天有家。东北他有地产。张宗昌这个人，他是干什么的？怎么起来的？他这个人很奇怪。他本来是讨饭的，他爸爸是吹鼓手，与他妈妈散了。听我慢慢讲啊。他笑话多了。他姐姐领他讨饭吃。他后来跑到海参崴①，所以他咋能说点俄国话呢，他在海参崴干什么呢？这个人起来得真是很奇怪，他做赌场看门的，做这个看门的也很不容易，打架呀，打架他也得参加。他个子高身体又很棒。海参崴那地方山东人最多，他就这么起来的。他有时有点钱，有时赌钱输的人啊，他就帮点忙拿钱给人家。他有个机会，有一天呐，有一个俄国人跟他说，我给你钱，［你］去放把火，把我那个场子烧了。他说，别开玩笑了。你这不是犯罪吗？为什么给我钱放把火把你的场子烧了？那俄国人就告诉他，我这是［要］保险。

访　一：拿保险费。

张学良：拿保险费。自己放火，抓着那可不行。这把火得是旁人烧的。这个事好啊，放火还拿钱，张宗昌就干了好几桩。他有几个钱，就起来了。出入赌场的人，跟他拿钱，就成了朋友。大概他在海参崴那买了一块地。那时候啊，黄兴啊②，在南京起事，刚完，不是，是冯国璋的姑爷到海参崴募兵。不知怎的，就听说他了，于是找到他，那么他就帮着募了好多兵到南京帮助革命党，就给了他一个骑兵团长［头衔］。当了骑兵团长，南京又失败了。他说我身上挂了好多印，师长的印，旅长的印。他就收集了乱七八糟的逃兵、散兵啊。他就自己给他自己编了一个第一师师长，冯国璋等收容南京事变以

---

① 海参崴，又名符拉迪沃斯托克，俄罗斯滨海边疆州首府。海参崴，原中国地名，意为"海边的小渔村"，1860年之前为中国清朝吉林辖地。它濒临日本海，控制鄂霍茨克海（中国称北海），是军事要地，第二次鸦片战争后被俄国占领。

② 黄兴，字克强。中华民国的创建者之一，孙中山先生的第一知交。湖南省长沙府善化县高塘乡（今长沙县黄兴镇凉塘）人。辛亥革命时期，以字黄克强闻名当时，与孙中山常被时人以"孙黄"并称。

后啊，该给他一个师长，他能干呀。他自己常常说，屁溜团团长，在冯国璋手底下。正赶上这时候啊，北方跟南方在湖南打起来了。北方要出军队，让江苏出军队。那江苏不愿意出军队，他编了一个军队去了。好像是江苏的第一旅吧。去到湖南。还没等到湖南，那时的湖南那个叫付什么。我忘了，就给打败了，南方军队来了。军队乱七八糟地撤出来了。他这个能耐大呀，又收容了好多散兵。自个又升任师长了。他带着这些军队，住在江西边上，那时候江西呀，是冯国璋的手底下大将叫陈光远。那时候，段祺瑞想拿江西，就利用他打江西。江西大概也知道了，那么陈光远有个弟弟叫陈光逵。这个人很厉害，就在旁边监督着他看着他呢，就这个时候，就认识我父亲了。政府给他三十万块钱，他把这三十万块一天晚上都给赌输了。就在赌场上认识了我父亲。都输了，回不去军队了，拿着三十万饷都输了，他想捞啊。这个消息就传到他军队去了。师长把钱拿到赌输了，没回来。没有哗变，有点喧哗了，陈光逵听见就出兵了，就把他的军队都缴械了。

访 一：都给缴械了。

张学良：把军队都缴械了。那他就完了。回也回不去了，钱也没了，兵也没了。跟着我父亲回到奉天。回到奉天，这个时候哪，也该他出头，他［在］奉天不［是］有财产么？再慢慢说他的故事。正赶上奉天大概跟直隶打起来了。他呀，有一个孟恩远的师长，孟恩远的姑爷，就回到海参崴，去在那儿活动。因为他有部下在那儿，就动弹起来了。张宗昌自告奋勇，就到海参崴去了。因为海参崴不［是］接近俄国吗？那个白俄跟他有关系。他到那儿，就把那个孟恩远的姑爷逮住杀了，就是那个师长。他就有功劳了，我父亲对他很好啊，他又有几个钱儿，就在白俄兵那儿收买枪炮，他就起来，组织了一个旅。我父亲就给他一个旅长。那么大家就在一起玩啊，他一个，还有李景林、郭松龄。这个问题就起来了，奉天和直隶打仗，那么大家就开会议讨论这件事。对张宗昌怎么办，是把他摆在海参崴吗？还是把他调回来？研究后，大家觉得这个人靠不住不能摆在后头，还是把他调到前线作战去。那他的军队行不行啊？能不能作战啊？就派我和李景林两个人负责。负责这里面就有问题了。他也先知道了，郭松龄，我呢，住在长春，在那儿有军队，作战演习，看看他的兵啊。他大概也知道，要是好的话，整理一下直接就调过去了。跟直隶打仗，就把他带过去了。要是不行的话，就把他散掉。他也明白，我们是看他军队怎么样，我跟你讲，这人呐，心里也明白。正赶上外面下大雨，道泥泞。这个演习计划呢，是郭松龄做的，让他的军队呢，不要守，折腾他的军队看行不。简单说，演习完了，那兵就骂了，因为把那兵折腾苦了。郭松龄也听着了。因为正憋着气，就骂谁做的计划。演习完了，在一个店里，郭松龄本来正堵着气，听见外面骂了，他呀，最讨厌人家开玩笑。张（即张宗昌）说郭松龄是我（即张学良）大儿子，郭松龄最气这句话。张宗昌啊，不知道郭松龄一肚子气还跟他开玩笑，说，茂宸啊，人家说你是张汉卿的大儿子，你看，你把他的军队弄得好好的，把我整苦了。

张学良： 我说你呀，好好休息在这待着，不久的将来啊，中国和日本总要打起来，一定要打。你到海参崴去，他说，我不去。

访 一： 为什么呢？

张学良： 他说的也是有理，你知道陈其美吗？陈果夫、陈立夫是他的两个侄子，陈其美没儿子。蒋先生是陈其美的参谋。那么陈其美是他打死的。

访 一： 张宗昌？他为什么把他打死啊？

张学良： 那时候，陈其美是国民党啊。那时候江苏督军是冯国璋。他奉冯国璋的指使，把陈其美打死了。

访 一： 别人知道了？

张学良： 他说南京我去不了，那陈氏兄弟在南京呢，还有蒋先生，我说到那个时候，与这个没有关系了。我说你在北方活动，与南方没关系，他不听。他自己愿意死，去找死。张的死，他就跑到山东去活动，他名义上说在山东银号存有钱。实际上他到山东跟石友三俩勾结了。那么石友三跟韩复榘人家过去是在一块堆儿来着，他这个人也傻瓜。

访 一： 跑到人家地盘去了。

张学良： 那么你跟石友三勾结。人家石友三不能不把这事跟韩复榘讲，那韩复榘就把他除掉。我劝他老老实实在这待着，他不听。

访 一： 那张宗昌有家，有孩子吗？

张学良：他有三四十［个］。……

张学良：那时候我父亲啊，暗中也授意给我了。跟他俩①好好处，万一有什么事情啊……就派我去给老太太（即张宗昌的母亲）过生日。我就带着一个老妈子和太太两个人坐专车包厢去了。他带了个这么大的行李还逃票。

访　二：逃票啊。

张学良：抓去这顿打。我说我有钱带来的，他说我不是跟你的。我说什么，你发疯了？如果不是老妈子跟我太太，后来我们不坐了。他妈的！我们拿了五万块钱，他说我给老太太赠福的。

访　二：所以这你还没法拒绝。

张学良：他这类事情多了。他呀，我们那时在一块玩啊，他一叫叫好多个姑娘。

访　一：不过那会儿，您说都得自己筹军饷。

张学良：那时也没中央管着。

访　一：还有您说军队那时候老有吃空额？

张学良：那是，那是。

访　一：对那些人，吃空额是天经地义的。

访　二：对，那是应该的，那时候［都那样］。

张学良：不是应该的，犯法。我就不让他们吃空额。

访　二：那时给养都包括什么？包括吃的东西、弹药、衣服。

张学良：不是弹药，是粮食还有菜钱。那时候有空额，他们就剩下了，那有时候就睁一只眼闭一只眼。

访　一：哦，也给他们一些个好处。

张学良：那时候饷不够。

访　一：除去每个人有军饷之外［还有什么］？

张学良：那时奉天的军队是不亏饷的，按月发饷，还是发的奉票，奉票不值钱呐。

访　一：不过有一个时期很值钱啊。

张学良：不是，那个时候不值钱，差不太多，那没办法。反正兵是给他们点钱就行。可是那军官得活着［好一点］。

访　一：据说张宗昌的军队空额最多。

---

① 这两人，指杨宇霆、张宗昌。

张学良：不能那么讲。山东、河北他们省发钱呐。他的钱虽然不值钱，但是他发饷啊。我跟你说，张宗昌这个人啊，虽然是个粗人，但是他很先进，很特殊的。这个李景林呐，郭松龄倒戈的时候，和李景林多少有关系。等郭松龄事情完了时，我父亲……李景林这个人啊，我是没怎么看上他。本来都在一块堆儿来着，他不是那么很爽快的一个人。我父亲，他那时候已经没事了，河北省主席丢了。我父亲进关了，到山海关。我父亲来，我们每一次都去接。那么我们就没通知李景林，我跟张宗昌俩去的。我们怕我父亲见到他。［按］我父亲脾气枪毙了他都不一定。等我们给他疏通疏通啊，看情形呢，李景林也不是个家伙，他后来骂我们两个，他就主动开车到山海关去接去。没想到，他自己弄个火车就来了。他来了骂我们两个，说我倒霉了，接大帅，你们连告诉我都不告诉我，说得我们有话说不出，也不好说什么。

访　一：他错怪了你们。后来，大帅对他怎么样？

张学良：就到了天津啊，火车正好，我们就陪着他。他来了，我们想给他把话说明白。他一进来，一上火车，火车在那儿停着呐。我爸正在上面走呢，这下糟了，僵了。问题来了，不想看到他，怎么处治他呀？这张宗昌很聪明，那李景林坐在那儿，僵了。他走了，他（指张宗昌）就拽了我一把，进屋去了。我父亲躺在床那儿不吱声。我还不明白他什么意思。他就按着我脑袋，我们就跪下了。他说，您老人家别生气，我跟你南征北战，这个是你大儿子，也跟你南征北战，你看我们两个面子。你要杀他（指张宗昌）的话，他可怎么办啊，我说这人厉害吧。然后我父亲就出来了，跟李景林说了两句话。他很会做人呐。

访　一：又很孝顺他母亲，又很会做人。当然他是比较好玩了。

张学良：很会做人。

访　一：他还带着一旅白俄的兵，带一旅外国的军队。

张学良：他有白俄兵。

访　一：褚玉璞不是杀人吗？褚玉璞在天津弄得也不是太好。

张学良：他不是杀人。他有一件事情。

访　一：他的太太有一个男朋友。

张学良：他的姨太太的情人是个唱戏的。他把那个唱戏的，连姨太太，一起给枪毙了。

访　一：在天津闹得挺厉害的。这是真事儿吗？

张学良：是真事儿。

访　一：褚玉璞后来死得很惨是吧？

张学良：褚玉璞根本就是跟张宗昌俩都想活动，反对韩复榘。韩复榘原来不在山东嘛？刘珍年是原来他的部下，就住在青岛。他去活动的时候，刘珍年就把他扣下了。管他要五十万块钱。

访　一：就是要钱。

张学良：要钱，结果家里找我，我给拿五十万块钱去赎。结果也没赎出来，把他活埋了。

访　一：这就叫绑票，是不是？

张学良：不好说。后来刘珍年要跟韩复榘差不多打起来了。后来，蒋先生就把中央军队啊调到杭州，把刘珍年枪毙了。唉！都是有冤报冤。

访　一：互相残杀。韩复榘后来让蒋先生给杀了。

张学良：韩复榘后来跟日本人勾结。

访　一：您说，刚才您说做寿的事情。您说您到山东去，[给] 张宗昌的老太太做寿。

张学良：那时我父亲派我[做]代表为老太太祝寿。我跟我太太于凤至，还有一个老妈子。最后，我这个老妈子没了。

访　二：回家享福去了。（笑）

访　一：段祺瑞过生日在保定还是在天津做寿，也是您代表老帅去的？

张学良：那我忘了。你说怎么回事，故事是什么样？

访　一：故事是说您去了，然后还有一个 [别的什么人]。

访　二：卢……卢公子。

张学良：卢……卢小嘉。

访　二：卢小嘉，您两位去了，结果，后来，您管段祺瑞叫三爷啊？结果好像是说过生日，他们想借这个机会，联系老帅和您，还有南方卢将军，就跟您和卢小嘉讲，然后您就回去了。好像说，你认为怎么样啊？如果我们要发起一点什么事儿，做点什么事儿。您说，哎呀，这还有问题吗？好像您是这个，大家都很遵从的，说："我回去禀报我父亲。"

张学良：你从哪看到的这个？这里面一点事也没有。

访 二：这是那个司马桑敦的那［本书里写的］。

张学良：没有这回事。

访 一：他说什么，吴佩孚没来。没有这么回事？

张学良：根本没这回事，卢小嘉这个人我就看不上他。他这个人呐，一副上海的派头，那流氓专门吃女人钱，这个人简直没出息透了。看他有几个有钱的太太，把人家钱用没了，把人家甩了，所以我看不上他。我们在一块堆儿时他说我想当皇上。我说当皇上有什么好的，他说当皇上我看谁的老婆好，我就要谁，我说你当皇上我头一个叛变，把你杀了，［他］完全上海的流氓派头。

访 一："四公子"都是谁呀？

访 二：这是孙科，还有谁呀？袁、袁克定①。

张学良：我，孙科，卢小嘉，蒋经国。

访 一：蒋经国？那会儿？

张学良：原来有袁克定，他是个文人。

访 一：蒋经国是什么时候到苏联？他们父子之间是有一点不愉快吗？所以蒋经国他不回来？

张学良：蒋经国他到苏联去，那时候中央，咱们国民党联共。

访 一：到苏联去念书去了。您说那是不是也是培养他，将来就是说将来能够做未来的主人翁呢？

张学良：那也不能那么说。

10. 我父亲真是钦佩袁世凯

访 一：袁项城②，就是说民国四年的时候，袁项城定了"二十一条"，心里头也有点沉重。因为大伙反对嘛，他就召集了各省的将军到他那里去述职。当时呢，大帅是二十七师师长，也是奉天方面实权人物。奉诏到北京去了，据姓田的写了一本书，这人所写为《北洋外史》，这外史大概靠不住了。他说大帅到了北京，见到袁在中南海居人堂，

---

① 民国初年，京津沪的上层人士把当时四位具有传奇色彩的豪门子弟，统称为四大王孙公子。至于四公子是哪几位，一直有多种说法。其中"袁"是指袁世凯次子袁克文，号寒云，昆曲名票，在诗词楹联、琴棋书画、文物鉴赏等诸多方面无所不精。袁克定为袁世凯长子，字云台，别号慧能居士，外号袁大瘸子。

② 即袁世凯。袁世凯为河南项城人，世称袁项城。

在那儿，张作霖表示自己好像乡下人似的，东张西望的，看中了清宫中的一件古瓷瓶和一幅名画，说好，然后行礼的时候，又特别看着袁项城手里的怀表，袁项城看到以后，手表就送给大帅了，瓶和画都送到寓所去了，就表示拉拢人嘛。同时呢，这是《曹汝霖九十自述》里说的。他说呀，这个大帅因为鉴于张勋对袁的潜力，所以，他就按着张勋的这种粗鲁，趁着这次进京之便，见到袁的时候，好像行了大礼，故意假装成自己是很粗鲁的，然后应对的时候好像也说了一些很简单的话，表示我很单纯，然后又嘱咐手下把前门外头八大胡同的妓馆统统包下来，故意露出来我们就注意声色什么的。这样让袁项城不再怀疑自己，好像自己在东北有什么作为。没想到，这种办法把袁项城给蒙过去了。

张学良：这谁写的，没这回事。

访一：不过这个袁项城极力地拉拢老帅，是不是？

张学良：这是。他这是曹汝霖所说。关于这件事情，我跟你说，我父亲见过袁项城之后，要走的时候，袁项城就把大衣给他了。我父亲简直有点受宠若惊，不敢拿。他说，你北方很冷的，这是我平常穿的。后来我总拿这个当故事讲。后来我父亲就把这貂皮大衣给我了。所以，我常常说笑话，老故事了。我还有一件貂皮大衣呢。

访一：所以根据这个，袁项城很会拉拢老帅。

张学良：我父亲对这个事情，受宠若惊啊。

访一：不过，我的想法，我这[是]瞎猜了，您看对不对。因为老帅知道袁世凯是相当有心计的人，所以，在这种情况下，为了不要让他对东北和老帅[有怀疑]。

张学良：那倒不是。我父亲我爸爸真是对袁世凯钦佩。他自己常常说，我，一个是赵尔巽，一个是袁世凯。

访一：那我知道赵尔巽是怎么回事了。他佩服袁世凯哪一点呢？

张学良：他就看出袁世凯是个英雄啊，厉害呀。

访一：不过他自个儿也不在他之下。

张学良：那就不能那么说了。你把两件事情说到一块堆儿去。那是你批评，不是他自己批评。

访一：那他后来也看到孙中山了，他对孙中山的看法？

张学良：他不佩服。他认为孙中山吹大气吹得太厉害。

访 二：端纳也说过很多，孙中山尽吹牛啊。
访 一：他说他好不实际。为什么呢？他在火车上，马上要记者招待会了，他要告诉人家中国这个铁路啊，修这个火车道啊，应该修得密一点，我们要建设，必须要有火车。全国要有火车网，他就拿了一张地图，然后他从一点到一点画一条直线，从一点到一点画一条直线。他都画满了，他说我要向记者解释。端纳说糟糕，怎么可能从这儿到那儿就建一条直线的铁路？
张学良：我想这个事不会有。

11. 老帅打死两个日本兵

访 一：这是端纳说的，还有一件事情，就是说，大帅有一次到一个日本领事家里，就是请他去，大概他总是要求大帅做什么事情。大帅临去的时候就跟他部下说，假如到一［定］时候［我］还没回来的话，你就赶快让他们向日本那站那儿开炮，你就去进攻，你不用管我个人的安危？
张学良：没有这回事。
访 一：没这回事，是吧。他说大帅用刀把那人胳膊砍下来了。
张学良：更没这回事。
访 一：还有另外一件小故事，我想您是否记得清楚。他说，有一次中国人和日本人不知道有什么冲突，一个中国人受了损伤，就要日本人赔偿，日本人研究之后说，好，赔你五十块钱。在当初，那是很少的一个数目。那些中国人不干，好像我们受了这么多的损失，就赔五十块钱。老帅说，好了，好了，赔五十块钱，我做主，就接受了。后来呢，隔了一些时候，又出了一件事情。同样的差不多的事情，但受伤的人是日本人，老帅马上就派人说，去送五十块钱过去。是这么回事吗？
张学良：这个事是有的，跟这个不一样。他的兵那时候跟日本的军队在一块训练。他因为这样，把他的调走了，被日本兵打死了一个人。结果办交涉，赔了五百块钱。他老人家开始就把日本兵给打死两个，他说好了，五百块钱一个，我赔一千块钱。①

---

① 应指郑家屯事件。1916年8月，日本人吉本与当地一儿童因瓜果之争，引发中日军事冲突。双方均有伤亡。后经交涉，奉天当局向日本方面赔偿五百元抚恤金。

访 二：真厉害。

访 一：所以，我觉得这个外交手段［也很有意思］。

张学良：赔了一千块钱，因此，他把这个军队调开了，不能在那儿再待下去了。把他调到辽源州，我太太她家那儿。

访 一：那日本人不敢说什么吗？

张学良：反正我拿一千块钱。

12. 三角同盟完全是对曹锟的

访 一：那您给我们讲一讲那个"三角同盟"吧。

张学良：三角同盟是这样子，那时候，我就多少参与这个事。三角同盟完全是对曹锟的。曹锟贿选嘛，那个后来战争就那么起来的。我父亲这人很厉害。三角同盟是谁呢？代表国民党的就孙先生，代表段祺瑞的就是段祺瑞。皖系的势力，只有卢永祥，还有奉天。那么反对的就是在上海的齐燮元①呐。一开战，就是齐燮元跟卢永祥打起来了。那么等于直系皖系冲突了。那我父亲就讲了，这跟咱们没关系了。他们已经开始打起来了，那么，孙先生，陈炯明在广东也动了。我父亲就说，既然这样子，他们要打胜了来打我，我非常丢脸啊，那么我也开始打。这么就打败了，那时候奉天军队势力没有直隶大呀，那我们都不大赞成。我父亲说，我宁可这样打败，也不愿将来打败丢脸。那我们就开始打。所以我父亲这个人也是，我宁可这样打败，也不那样打败。

访 一：那么，这就等于说是［三角同盟］。

张学良：三角同盟，我们在山海关那儿打胜了。第二次奉直战争。

访 一：哦，这是第二次奉直战争之前呐？

张学良：奉直战争。

访 二：大帅对吴佩孚的看法怎么样？

张学良：他最讨厌他。因为这么样子，第一次直皖战争完了，奉天也帮忙了。那么到保定开会议的时候，曹锟这个人呢，起来完全是吴佩孚支持的，曹锟可以说是很老实的这么一个人。开会议的时候，就是我父

---

① 齐燮元，字抚万，河北宁河人。历任江苏督军参谋长、江宁镇守使、江苏督军、苏皖赣巡阅使等职。1924年9月，为争夺上海地盘，与浙江督军卢永祥之间爆发江浙战争，并取胜。

亲和曹锟啊，但吴佩孚也在座。可是说话的总是吴佩孚一个人，替曹锟说话。我父亲像我似的，有很多话。他说，三哥，这谁呀？其实本来他（张作霖）认识他（吴佩孚），他（曹锟）说这是我的一个部下吴子玉①吗？我父亲说，今天参加会议的还有师长啊，那我应该把我的师长也叫来啊。

访 一：很看不起他，挖苦他。

张学良：曹锟就让他退下。

访 二：那他不更恨大帅了吗？

张学良：所以吴佩孚跟我父亲两个人呐，实际上等于我父亲给他一个嘴巴子。

访 二：对呀，我忽然想起一件事，您知道我们小时候念书啊，也不一定是历史，是国文。反正都有时候从历史上选下一个小故事来。诸葛子瑜之驴的故事是什么意思呢，就是说诸葛子瑜这个人的脸很长……把驴给拉进来了，结果诸葛子瑜的儿子瞧见了，马上就跑去了，就在那驴的脸上写了"诸葛子瑜之驴"。您懂吗？就是说这个儿子很聪明。② 另外还有晏婴，战国时候晏子跑到齐国去了。从那儿拉了一个贼过去，故意地在堂下拉了一个贼过去，有人大声地喊："这是什么啊？"有人答："这是一个贼。"又问："哪儿的人呐？"有人答道："晏婴他们家乡的人。"结果晏婴说："真是怪了，我们家乡的人都很好，怎么到了你们齐国，跟你们学的都变成贼了？"③ 就是这种小故事，我说这事什么呢，就是像您刚才说的，大帅开会骂吴佩孚。把这一段弄下来，给它编好了，这就是一个很机智的应对。我觉

---

① 吴子玉，即吴佩孚，字子玉。

② 诸葛子瑜之驴，三国时，诸葛瑾的长子诸葛恪身长七尺，非常聪明机智，善于应付。六岁时，他和父亲参加一次宴会。由于诸葛瑾脸长，孙权便叫人牵一头驴来，用粉笔在驴脸上写了诸葛瑾的字号"诸葛子瑜"，众人大笑。这时，只见诸葛恪走到驴前，用粉笔在"诸葛子瑜"下添了"之驴"二字。众人无不惊讶。孙权大喜，将驴赠送诸葛恪。这则故事比喻孩子极强的应变能力。

③ 晏婴，字仲平，史称"晏平仲"，又称晏子。夷维（今山东高密）人。春秋后期齐国的大夫、国相。故事出自《晏子春秋·内篇·杂下》：晏子将要出使楚国。楚王听到这个消息，对手下说："晏婴是齐国善于言辞的人，现在他要来了，我想要侮辱他，有什么办法呢？"手下回答说："当他到来时，请允许我们绑着一个人从大王面前走过。大王就问：'他是干什么的人？'我们回答说：'他是齐国人。'大王再问：'犯了什么罪？'回答说：'他犯了偷窃罪。'"晏子到了楚国，楚王请晏子喝酒，酒喝得正高兴的时候，两个士兵绑着一个人到楚王面前去。楚王问道："绑着的人是做什么的？"士兵说："他是齐国人，犯了偷窃罪。"楚王看着晏子问道："齐国人本来就善于偷东西的吗？"晏子离开座席回答道："我听说：橘生长在淮河以南就是橘子，生长在淮河以北就变成枳子，只是叶子的形状相似，它们的果实味道却不同。这样的原因是什么呢？是水土条件不相同。老百姓生活在齐国不偷东西，进入楚国就偷东西，莫非是楚国的水土使百姓善于偷窃吗？"楚王苦笑着说："圣人不是能同他开玩笑的，我反而自取其辱了。"

得现在咱们的孩子念书，不学这些机智和应对了。你说，对不对？

张学良：对，对！还有二桃杀三士①的故事，也很机智。

访 一：所以您说以前的社会上，都会从一些旧的小说上、戏曲上、旧的文学上，告诉人这种处事的机智啊，这都有。现在都没有。

张学良：都是诸葛亮，这历史是，现在的小孩子都不讲这个。

访 一：大帅时常会骂人，是吧？说什么"他妈拉巴子的"，就是说一种口头语。

张学良：那我们东北人他都［那样］。

访 一：所以我觉得这个小的地方，［也是显示］老帅机智的地方。我们将来啊，除了口述历史之外，是不是我们可以把它编成一个小段一个小段，这些都是可贵的，又有人情味，又有机警。

13. 搜查苏联大使馆是英国使馆给的消息

张学良：那租界是这样子的，人跑到租界里我们不能到租界去抓。

访 一：那么任何人一闹政治风潮，就可以到租界里躲着去了。

张学良：是，是，都是这样。比如说，张勋复辟，没成后，他就跑到荷兰使馆去了。

访 二：哦，荷兰使馆。

访 一：可是大帅把那个苏联使馆的东西都抄了。而且还有那书，都是线装的，五本线装，一本洋装，是英文的，五本是中文的。然后前面是您写的序。所以，我把它印下来，美国有这书。您不知道这件事情？您没参加？

张学良：我没参加。

访 一：这东西到哪去了，您知道吗？

张学良：听说到了美国，到了哪去了。后来那时候，我父亲手底下有个俄文翻译，这个东西在他手里头。后来这些东西怎么出去的，我不晓得。那是很有价值的。

访 一：是啊，而且就说里面牵涉了很多事情。牵涉到冯玉祥［等人］。

---

① 春秋齐景公身边有公孙接、田开疆、古冶子三个勇士。三人都持功而骄，齐相晏子劝景公除去三人，设计让景公送去两个桃子，要他们论功大小取桃子，三人互不相让，结果都弃桃自杀。比喻用阴谋杀人。

张学良：不叫牵涉。

访　一：牵涉到黄埔军校，还有，好像老帅是特意搜的这个东西，得到是4月7号。

张学良：嗯？

访　一：好像是4月7号去抄收这些东西。差多少天啊？然后蒋先生就在南京和上海清共，清党。就说这两件事相差［只有几天时间］。

访　二：三天。

访　一：好像只有几天，您说没有关系吗？

张学良：我想没关系。

访　一：还有一说，说是本来有人向老帅求情。说想办法能够把李大钊什么的，给他们保住，不要杀他们。可是，有一封电报来，给大帅的，说是要杀他们。我不知道老帅会不会听这个，也不知道是否真有这个电报？后来还是把他们杀了。

张学良：这个电报都是谁的电报啊？

访　一：蒋先生的。

张学良：那根本没关系。那时候，他们和蒋先生是敌对呢。怎么会打电报？也就是说，绝不会有这个电报。是这样子，有这个事情。李大钊他们里头有个女的。

访　一：有两个女的。

张学良：一个，有一个女的。她这个人是这样子，我有个朋友，他跟她是朋友。我替这个女的求情也没求下来。不是两个女的，当时只有一个女的，就是这个。她不是共产党，她是国民党。

访　一：国民党也是一样啊。

张学良：她是国民党在北京妇女部的部长什么玩意儿，她是湖南人。

访　一：后来也处决了？

张学良：都处死了。处死他们不是军法处，都交给法院了。

访　一：因为当时他们这是等于叛国嘛，所以犯罪。

张学良：那个事情实在是，说起来［也是很复杂的］。

访　一：对，要不然的话，一定是泄露消息。

张学良：那个，他们都在里面住，有多少人，都是英国使馆提供的。

访　一：所以才能知道，不然到那去也抄不着。

张学良：他们也支持你进俄使馆。

访 一：而且还有我们奉军的宪兵也去了？
张学良：是宪兵抓的，宪兵进去以前，俄国使馆不知道。
访 一：他们没想到我们有宪兵。
张学良：他根本没想到［会］有［宪］兵［进去］抓［人］。同时已进去了，他还不知道呢，他没想到。这都是英国使馆给的消息。
访 一：那这件事情，我回去再找一找，这些东西是在哪，我想看原来这些资料，因为他只翻译了一部分，都在这儿；那没有翻译的都在哪儿？
张学良：好多呢，一部分烧了。他们知道已经进去之后，就开始烧了。有一部分抢出来了，一部分正在烧。
访 一：那就能牵涉更多的事情。
张学良：能牵涉好多事情。
访 一：所以共产党啊，说这是英美的一个阴谋事件。为什么呢？如果不是他们，这消息不可能被大帅知道。大帅也不会那么巧，就在那个时候进去就捉到［人］。没有内线，你进去抓不到怎么办？抓不到就会引起国际上的纠纷。同时呢，说连那个绞刑架都是从外国运来的。
张学良：那是假的，法院里有绞刑。
访 一：所以他说，共产党那边儿就一直咬定这件事情是英美的阴谋。阴谋大概是真的阴谋了。
张学良：那连日本人都知道。

14. 我毕业考第一，父亲送我一把刀

访 一：我给您说个故事？我给您说个关于大帅的故事，您看对不对呀？说在过去农业社会呀，坐火车只有头等、二等、三等的分别，没有所谓的对号入座。有一年啊，有一个戏班，因为被邀公演，就搭乘南满铁路的火车。其中，有个专门演刀马武生的，以为车厢里面人少，又挺累的，所以他就一个人占了两个人的位子，躺在那儿。这本来没有什么大的事情，并不会损害火车上的秩序。可是那个随车日警，气焰万丈，不可一世。看见是中国人，于是就把他的佩刀拿出来了。让那个武生看着很害怕，日本人就骂他，哦，八嘎呀噜。这个武生很生气，就从戏箱里拿出这假刀来，就假刀对真刀，就跟日本人打起来了。这可闯下大祸了，因为他用假刀把日本警察给砍死了。这

火车在南满铁路海城附近的一个站就停下来了。所有这全班的演戏的人都押到日本兵营里，然后这个县的县府的人赶快给老帅打电报，因为不知道怎么办好。日本人把整个车站都给包围了。同时，告诉日本人说中国人犯法了。应该按着中国的法律依法办理，不许日本铁路有置外法权。这日本人就害怕了，于是把人犯都交出来了。只是对这个死掉的日本人进行了赔偿。日本人觉得很少，后来老帅说，中国人，日本人，人命的价钱是一样的。这是按着过去日本人杀死中国人赔偿的价钱赔给你们。日本驻沈阳领事馆也没辙，所以过去日本人一直把中国人命视为草芥，但经过这一次后，雨公（张作霖）之德威，乃如日中天……因为这个戏子的事，老帅就奠定下了无论你是谁，是普通人民，他都要为你来争，这件事情是不是与那五十块钱、五百块钱有关系？

张学良： 不，不，是不是弄错了，我没听过。

访　一： 这都是小故事。那还有一次，是说东北讲武堂设备完善，教官一流，是东北驰名的军事学校。也是老帅培植干部的一个专校。正好有一届学生毕业，左右们都说老帅应亲来致讲演词。那老帅说我素来不愿公开演讲的，就不愿意去。后来他们就跟老帅说，毕业生都是您将来创业的骨干，情谊就像父子子侄一样还是应当亲往训话。老帅心动了，说我不太会演讲，你让我说什么呢？你们谁给我拟个讲稿，我背一背也许可以。后来就有人写了一个稿子，老帅就背，背得很熟。可是上台后，忽然间把这个演讲稿给忘了。你知道这回事吗？

张学良： 没有。

访　一： 也没这回事，结果背了头两句，第三句想不起来了。台下的人也不敢言语呀，就都愣在那里。老帅忽然说，他妈拉巴子的，我来以前，已经把一大篇稿子背得滚瓜烂熟。结果一瞧见你们，一高兴全都忘了。然后就走到台下巡视了一周，凡是遇到年纪比较轻的，就问一问，并拍拍肩膀说，好小子，好小子。之后又回到台上，说我今天看到你们可真高兴，我有很多要说的话，可是都想不起来了。总而言之，简单地说，你们要知道，现在天下的潮流。中国是谁的，就是咱们的。你们都是好小子。是好小子，就要好好地干。你们毕业就可以当排长，不久，就给你们升连长。再好好干，就升营长、团长。只要知道努力，不贪生，不怕死。有功我必赏，要什么有什么。

要什么，我都会给。但是有一样不能给你们，也冲着大家笑了笑，我的太太可不能给你们。于是众人欢腾，跳跃不已，场面轰轰烈烈，好像家人、父子久别之重逢。

张学良：没这回事。

访　一：人谓雨公此次幽默妙语，风趣十足，远胜其所背诵而未能背出的讲稿。没这回事，是吧？您可听过大帅讲演？大帅有没有过给人训话？

张学良：讲演有。我们讲武堂毕业，他也去过。

访　一：也是说话很幽默啊？

张学良：我记得我毕业考第一，他给我一把刀呢。他不讲演，只是参加典礼。

访　一：指挥刀，讲武堂毕业后，是什么阶级呀？

张学良：那时候讲武堂不招学生，都是在职军官呐。后来我那时候才招。我进讲武堂就是我父亲卫队营管带。①

访　一：哦，卫队营管带，是一个在职的军官。

访　二：对。

访　一：后来呢，又从高中毕业生中又招了些人，毕业后做 Sergeant（即军士）

访　二：就是叫作伍长②，管士兵的最低的一个头。可是呢，因为这些人都是念过书的，所以训练得非常规矩。

访　一：五卅惨案以后上海那个学生运动，不是少帅带他们去的嘛，因为当地［人］对张宗昌［的部队的印象很坏］，认为［东北的军队都这样］。于是少帅就［作为东北军队的］代表去了。一方面是慰问，一方面给他们看一看东北正规军队是多好。

（录音中断）

张学良：我有很多书，养兰花的，我现在也不养了。那太讲究了。

访　一：学问太大了。

张学良：教我养兰花的人姓谢，台湾人。他说你真正把养兰花学会了，你就得［有很多这方面的知识］。

访　一：很难，是不是？

张学良：要浇水、浇肥、晒太阳啊，那很多的玩意儿。那人家专心一意地养

---

① 此处张学良说法有误，张学良进入东北讲武堂时并未在军队任职，而且管带是清朝军队的职务，相当于营长。

② 古代军制以五人为伍，户籍以五家为伍，每伍有一人为长，称为"伍长"。

那个玩意儿。

访 一：哪天我们还是想看看你那个鱼竿，瞧瞧你钓鱼的东西。

张学良：有很多根，有几十根啊，我那最有名的那个鱼竿是比利时那个兵工厂做的。

15. 王永江对东北贡献很大

访 一：对，我有一个很小的问题，关于这个王永江啊。因为我曾经多次提起他。一方面您东北大学，我又看了很多资料，很多外国的书都说他是大帅手下经济的权威。那么后来您曾经说过一次，他担任经济部门［领导］的时候，在一两年之间，把经济改得非常好。同时东北又存了几千万。您能跟我们说一说您知道的王永江吗？比如说他什么时候起给大帅做事？大帅怎么把他提拔的？

张学良：详细情形我还不知道。他原来是地方上的一个小税吏。所以地方上的税务他非常精通。他［原来］是给我父亲当警务处长。

访 一：哦，他还当过警务处长。

张学良：因为他当警务处长，所以我父亲和汤玉麟闹翻了。他的警察很厉害。跟他（指汤玉麟）的军队［里的］兵打架了。就为这个事情，汤玉麟找［张作霖］去了。汤玉麟后来就把军队拉走了。我父亲袒护他，骂汤玉麟。后来，他警务处长不干了，当财政厅长。

访 二：那么警察跟汤玉麟的部队［打起来了］？

张学良：打架来着。我父亲向着他，没有向着汤玉麟。

访 二：是因为王永江没有接任这个警务之前，汤玉麟的兵在奉天不受任何人的管辖，尤其是对警察，好像看不起。

张学良：警察也不敢碰他，那不敢碰兵，原来也是那样。

访 二：可是，王永江当了警务之后［就不一样了］。

张学良：那警察的军队在街上是不行的。

访 二：这也可以说这是一种很激烈的改革。

张学良：那是。

访 二：那么老帅向着王永江，也希望把军纪和治安［搞好］。那么他后来，建这个东北大学，是他自己出主意的还是老帅出主意的［？］

张学良：不，不，是他，这个人很有点前进精神。他这东北大学是这么样，东北有一个好像叫师范什么的，他把它合并了，变成一个东北大学。

访 二：这是他的主意？

张学良：他的。

访 二：那老帅就把他的主意就都接受了？

张学良：那［是］省政府，省长的责任，我父亲用不着［管那么具体］。

访 二：后来是怎么一个机会，您做了东北大学校长？

张学良：那是另外［的事］，那时候就不同了。后来东北大学的校长啊，都是奉天的省主席［兼任］，王永江不做了，就是刘尚清。那么我，和我父亲的一部分财产加起来有六千万，我要把这六千万拿出来办教育。那么我就拿走三千万办这个大学，后来东北大学知道了这件事，那时东北大学正闹穷呢，他说，请你不要［再］办大学了，你把这三千万给我们吧，我们请你当校长。这就是这么一个原因。

访 二：本来东北大学应该是国立大学，是不是？

张学良：不是国立，不是国立。我们那个时候就是省立，与国民政府没关系。所以东北大学闹风潮，我去了。我就说，我这个校长不是要来的，是你们把我请来的。

访 二：那么往前推一推了，王永江还在做事情的时候，他是管理财政的。

张学良：不但管财政，政治呀，东北大学是他创的啊。他请我当董事，我是董事之一，那董事还有好几个呢，还有杨宇霆，别的旁人，我是之一。

访 二：那么在财务上，您也说过，他办得很好。怎么个好法啊？

张学良：原来奉天省，亏空大了，我弄不清楚。所以我们后来就说不对，哦，是说他毛病。亏空大概一千多万。他后来当了财政厅长，结果奉天政府存了三千多万。

访 二：从亏空变成盈余了？

张学良：这个怎么变成的？就是税收改善了。因为他当过小税吏，所以他对地方税收，知道法子怎么改善。他的改善大概是这样的，我还弄不太清楚。这个税监局长的预算，你照着这个预算，你能交上，那么你就可以连任。若连任，你就得增加多少成。比如说，今年你拿一百万，明年就得一千一百［万给］他，奖励地方收税的，所以他税收……后来由亏空一千万，增加到了三千万。这他总有个办法，他把税收改良得很好。

访　二：后来他辞职之后，再继续下来，不干之后，到1928年您执掌这税捐的政策还是他遗留下来的？

张学良：还是他遗留下来的。

访　二：那么，后来他在调动经费，财政上好像跟老帅闹了点意见，那是为什么呢？

张学良：为什么？这件事情啊，他也是跟杨宇霆闹意见。原来啊，奉天的规矩啊是您管财政厅要钱啊。这杨宇霆给父亲出个主意，就说你何必到财政厅要钱，规规矩矩按着预算给你呀，那么，你可以到官号直接提钱，就是省银行。王永江为这件事情，非常生气。那么后来我父亲也知道这个办法，我不走你财政厅（渠道）。所以王永江因此就辞职。但没准，他自个儿走了。就回家，在那儿不回来。后来，北京请他当财政部长，他都没干。

访　二：不过，有一个报道说，因为您知道他这个才能，就三顾茅庐似的，去请他再出山。

张学良：是这样，他不干。

访　二：不干，什么理由呢？

张学良：他知道我父亲这样子。他反对内战的，［认为］只要把咱奉天弄好［就行］了。他反对杨宇霆啊。

访　二：所以对杨宇霆不愉快的人［有］很多。

张学良：是啊，他对人很硬的。

访　二：后来，据说他辞职是1926年，第二年他就病死了。

张学良：不是第二年了。我父亲到北京去，还劝他当财政部长呢，他在家。

访　一：他不主张大帅进关？

张学良：他与杨宇霆［有矛盾］。

访　二：听说他一开始的时候也很反对日本？

张学良：谁啊？

访　二：王永江。

张学良：他也不是反对日本，他的金子全是日本管着呢，他有日本顾问。他不能说亲日，他对日本相当好。

访　二：他曾经让他的日本顾问，在他离职以后带着一封信给日本。同时，让顾问给他安排，他要到日本去。这封信是什么呢？就是日中如何合作，在东北建立起一个保境安民的地区。

张学良：是的，他很亲日。

访　二：一开始，他倒不见得对日本那么亲善。后来听说他是1927年死的，那就不对了。那在您的想法中，他对东北的贡献［也是很大的］。

张学良：很大，很大。

访　二：很大，是吧。他除去［在建］东北大学和管财政［方面有贡献］，还有没有其他［方面］的贡献？

张学良：也没其他的。我不［是］告诉你了嘛，由亏空变成盈余。

16. 宋子文是当外交部长的料

访　二：那他是不是有点像宋子文？

张学良：那不能那么比。宋子文是外国派的，宋子文那人的能力并不高，他管财政并不好。王永江厉害在哪儿呢？他是从管税收的小吏起来的，底下的事，他是了解的。宋子文是洋派的，他在财政上并不成功。是大失败。

访　二：哦，是这样啊。

张学良：宋子文，我俩是最好的朋友了，他原来是汇丰银行的小职员。那么他对中国的财政怎么回事，他不知道。

访　二：对呀，他是洋派的。

张学良：所以我认［为］宋子文是当外交部长［的料］，不是当财政部长的［料］。

访　二：他在蒋先生那里如何，人事关系上好像负很多责任。

张学良：不。

访　二：不是啊？

张学良：你知道吗，我们给他起个外号叫（录音不清）……他这个用人法子全是外国式的，并不是咱中国的，他没人缘。

访　二：那您说孔祥熙理财，怎么样？

张学良：他不是理财理得［好］。他有人缘儿。现在多少干财政的人，还是他的……宋子文嘛，好朋友是好朋友，但是这个人，能干相当能干，他不是干这玩意的。他是完全是外国的……他中国字也认识不多，他批公事他用英文批。

访　二：那他的手下，也得懂英文。

访　一：所以都是洋式的嘛。

1252　张学良口述历史

17. 一定要请两个日本顾问

访 二： 在大帅的手下，这些人里还有谁，您认为是比较突出的？而且对大帅是忠心耿耿的，除去张作相，还有谁？

访 一： 韩麟春也是？

张学良： 韩麟春不是。过去他跟奉天没关系，人家是自己创下来的。他是北京军政部的次长，[是] 原来驻法国的武官。

访 一： 哦。

张学良： 奉天和直奉战争时候，我和他认识就是[在]直奉战争时，他来看我来。他以次长的身份来前沿看一看。我处在为难的时候，被包围了。我也拿不出主意来了。我说我三大爷把我俘虏了。我没办法，他也不会把我枪毙了。曹锟是我三大爷。他说，那好了，老将头一个就把他大儿子牺牲了，那好了，我跟你俩在一块堆儿吧。我说好了，能够同死的朋友那很难啊。

访 一： 他以前带过兵吗？

张学良： 他没带过，大概是。

访 二： 老帅手下跟日本人打交道的有一个人叫作王家桢的。

张学良： 什么？哦，是翻译。

访 二： 是翻译，并不是外交人员。那么办外交是谁呢？

张学良： 专门有外交部署长，也姓王，我忘了。

访 二： 这个人怎么样？

张学良： 这个人是文人，他干得不错。他是王永江的人。

访 二： 王永江是从哪里来的？他的出身是怎么样的？

访 一： 就是从小税吏开始的，没有啥。

访 二： 还有几位很知名的，[在] 军事界。空军是您负责。然后海军是沈鸿烈，陆军也是您，这是军事界的。兵工界就是杨宇霆，兵工厂，那在这些军事领袖旁，手底下都有外国顾问吗？

张学良： 没有。兵工厂有外国技师，美国的。

访 二： 但是，您手下有外国顾问吗？

张学良： 没有。

访 二： 那老帅呢？

张学良：旁人也没有。

访　二：那这个町野武马算是怎么回事呢？

张学良：町野武马那是这样子，［按照］"二十一条"［的规定］，所以我们不能排除他呀，一定要请两个日本顾问。

访　一：哦，一定能请。那他们一定是间谍了？

张学良：那是"二十一条"定的，那都说明了。我这顾问是参谋本部派来的，你没有权力，那是条约定的。所以我不是和土肥原弄翻了吗？既然我没权调动顾问，我有权不理他。

访　二：所以这也是消极的办法来对付他们。就是说，你们如果想知道什么事，您这就得提供资料。

张学良：他不是想做什么事，他只是顾问在这。不过町野武马当顾问的时候，那他跟我父亲处得很好。

访　一：私交很好。

张学良：那日本人问他，你怎么跟张某人处得那么好，好像家［人］一样。他说，我说一句中国话，谁也听不懂，只有张某人能听懂，这是他说笑话。

访　二：不过，他是跟老帅处得不错。有什么故事或事迹证明他是和老帅掏真心地交朋友吗？

张学良：后来町野武马回到日本去，他是很大一个势力，他自己就是黑社会一个首领。

访　一：浪人？

张学良：不是浪人，浪人是对中国说的。日本国内他有很大一个团体。

访　二：那么，他这个顾问，据说您接任后，给了他十万块钱，给他辞退了。

张学良：没有。他是这样的，他已经不是了，我父亲死了，他来吊孝来。他表示他回去需要几个钱。

访　二：那么他自个要［几个钱］？

张学良：不是，他想要几个钱，那我送他的。

访　二：那么那个时候，所谓"二十一条"的要求就没有了，您说"二十一条"的要求，必须有两个顾问，这个就取消了。

张学良：没有取消。

访　二：那您换了谁呀？

张学良：另外还有两个顾问呢。

访 二： 是币原？

张学良： 不是，不是，还有，我一下子说不出来，一直有两个顾问。①

访 二： 那也是他们日本派来的。

张学良： 他们派来的，不是我们请的。

访 二： 你也没权选择。

张学良： 所以我不是闹得很厉害吗。我跟土肥原吵，后来他答应我你去选择人。后来我选了一个人，听说后来日本人把他弄死了。

访 二： 就是因为［是您请来的］。

张学良： 他跟我是朋友，真假不知道，听说是［日本］少壮派就把他弄死了。

18. 我的飞机是美国的

访 二： 那么您在筹备空军的时候，当然还是在老帅在的时候。老帅有没有说，当然空军在当时是很新的东西了，您从哪儿得来的这些支持，您有没有请外国的技术人员？

张学良： 有法国的。

访 二： 法国。那会儿，您怎么选择法国呢？

张学良： 那时候空军是法国最好。

访 二： 那您的飞机都是法国的？有意大利的？

张学良： 那时候，法国飞机不能卖给我们。但我们有意大利的，意大利这钱跟上了。

访 二： 那您空军里还有俄国人？

张学良： 我们有三队，有一队是俄国人。

访 二： 那这俄国人是做飞行呢？还是做教练？

张学良： 连飞行教练都做。那时候那飞行员都做教练。

访 二： 那您这些个空军人员上哪儿去招的呢？就在当地招的？那么这整个的训练计划是怎样拟的呢？

张学良： 那也没什么训练计划，就是教学生飞就是了。后来才请日本教练教军事动作。那个什么高志航啊，都是当年教的，都是奉天空军教出来的。

---

① 另一个日本顾问指仪峨诚也。此人曾在皇姑屯事件中与张作霖同车，并受了轻伤。

访 一：这好像还有一位将军也是。

访 二：是不是宋希濂啊？

访 一：是不是还有一个是从前［在］您那儿？叫什么呢？

张学良：姓王。

访 一：姓王啊。

访 二：少帅您忘了，您跟我说一个故事，有一位学生，后来在飞机上和日本打仗，跟他的老师碰上。

张学良：那时候还没有什么空中作战，也不知道，也买不到外国飞机，也不知道枪搁外头打，就扔炸弹，就那么回事。

访 二：你问过关于张先生自个儿的飞机吗？

访 一：我请教过张先生，就是说您那自个儿的飞机，也让人枪战，在共产党也让人枪打。

张学良：那是后来了。

访 二：但那会儿飞机就已经进步很多了。到西安事变［时］您所有的飞机，就比较进步得多了，［是吧？］

张学良：他不是我所用的［飞机］。我到西安事变［时］我就根本没有飞机呀，我也不［租］飞机呀。

访 二：哦，就您自己的？

张学良：那是我自己的飞机。

访 二：您说飞机就是那么回事了，不管怎么样，那会儿东北空军是全国知名的。

张学良：不是全国，那东北也没空军啊，没有啊。

访 二：一开始您筹备的时候［没有飞机］。

张学良：是，是。

访 二：几本书上还有您坐在飞机上的照片呢。

访 一：那美国［飞机］也有啊，［一个展览美国飞机的地方］［还有］您的相片呢。

张学良：那是我的飞机，是美国的。

19. 老帅最得力的助手是王永江

访 二：老帅手下还用了像莫德惠，像刘尚清，这些算［是］老帅自己用的人。
张学良： 你这句话问的，不是他自己用的，谁给他用的？
访　二： 就是说不是您推荐的。
张学良： 我哪有那么大的权力啊，我那时候还是小角色。
访　二： 换句话说，您父亲那时政治上的事情也不是您管的。哦，不愿您参加政治？
张学良： 不是，他也不问我怎样怎样。
访　二： 那么在这个政治上莫德惠、刘尚清这两位和王永江是衔接性的省长。
张学良： 那王永江比他们高出一头，刘尚清、莫德惠都是下一辈的。
访　二： 他们的政绩怎么样啊？
张学良： 都正常，也没什么。莫德惠是吉林的一个道尹，从道尹升过来的。
访　二： 那么在您的印象中，还有哪些位是老帅认为得心应手的[人]？除去军事之外，还有谁呀？
张学良： 那像莫德惠、刘尚清都算[得心应手的]官僚。
访　二： 可是，王永江跟他们不一样，那个纺纱厂，这是老帅开始[建的]。
张学良： 这纺纱厂也是王永江的[建议建的]。
访　二： 也是王永江[的主意]？
张学良： 也是他的主意。
访　二： 他实在是了不起，因为昨天那个美国人孟禄访问，也提到了说大帅建纺纱厂，那兵工厂可不是他[建]的？
张学良： 那兵工厂是我父亲[建]的，那时候买军火，外国人不卖[给我们]，所以就建自己的兵工厂。
访　二： 那兵工厂的原料都是从哪来的？
张学良： 原料，那个钢铁是随便买，火药是跟瑞典买。
访　二： 听说那兵工厂大得不得了。
张学良： 现在是大了，那刚开始的时候很小。
访　二： 是吗？那是谁扩张起来的呢？
张学良： 那就是杨宇霆。
访　二： 铁路是归常荫槐啊？
张学良： 那也不能说是常荫槐，那时候他还很小。
访　二： 我就想知道老帅执政期间，哪些人是老帅最得力的助手？
张学良： 那最大的助手还是王永江。

访　一：还是王永江。

访　二：那个袁金铠呢？

张学良：那是他的秘书长，那袁金铠影响很大。那王永江什么的都与他有关系，由他引荐来的。他们都是奉天辽阳人。

访　一：不过老帅能够识人，这是很难得的。

张学良：是。所以他用文人用得很厉害。

访　二：有一个人说啊，我刚才想问的是哪个，就是那个［管］外交，姓王的［人］？

张学良：王家桢啊，他就是一个翻译，这个人好吹，大概是他自己吹出来的。

访　二：这个人是玉茗，就是写老帅外传［那］个［人］。

张学良：王家桢这个很不好，我不喜欢他。

访　二：他说这个，提到老帅做外交的手法，他说老帅这个人虽然不是学外交的，但是比国民政府里的人还有政治头脑。而办外交这个东西，若讲什么条约、道理或法理，恐怕就成了北方一句俗语"红胡子打官司，死输无赢"。说尤其是对大鼻子，说俄国人，这种人性有限的，外交国家办外交，你有一百个外交博士呀，也抵不过一个张作霖。他说，秀才遇到兵，有理讲不清。就是一个硬字，把所有条约都包括在内，而且站住了无可反驳的理。就是说老帅又占住硬，又占住理，所以能支撑东北。您说说自己的体会，老帅办日俄外交方面，您认为他成功的地方和因素是什么？

张学良：他很有应付能力，我认为他比我强，我不会应付。他也很会说话。软的、硬的他都来。

访　二：嗯，当然大帅说的［有理］。

张学良：我父亲他成功也就在这里。

访　一：大帅说中文吧？不说日文，也不说俄文吧？可是这点就很奇怪了，可以针对这个人说的什么话，然后怎么回答，不吃亏。

张学良：他能这样的，那个翻译有时翻译错了，他能听出来。

访　一：实在是了不得。

访　二：这个又归到原先有个老先生说老帅的悟性最强。而且还有一点，比如说绿林吧，那会儿大家伙儿都是经常要把人际关系搞得非常好，老帅在年轻的时候啊，在做保安队啊，从保安队［开始，就善于搞好人际关系］。

张学良：他还不是。他这个人呐，那时他最年轻了。可是他有统御能力，为什么那些人都服从他？

访　一：而且那会儿，他们每个人都有自己的实力。

张学良：也不能说什么实力不实力，那时候的人也没什么纪律、军法什么的。不但那时候，张作相就跟我讲，我们那时候啊，比现在的军队都有纪律，那不敢犯法律。

访　一：那并没有一个成文的军法。

张学良：是，那时候人都怕他。

访　一：您怕不怕？

张学良：我？他们那时候啊［都怕他］。

访　一：我说大帅这种威严啊，您小时候怕不怕？

张学良：我？我不怕，我不跟你讲吗？我爸爸不喜欢我，吃饭的时候，我把他衣服都撕了。

访　一：（笑）

访　二：哦，她不知道这事。

张学良：我们在饭桌上吃饭，我父亲开玩笑，说不喜欢我，我上去就把他衣服撕了。

访　一：您不挨打？

张学良：我小时候凶得很。那时候请客吃饭，摆了一个桌子。我要上桌，他就说，去去去，我当时六七岁。他们把桌子都摆好了，菜都摆好了，我坐在桌子底下［，把桌子给掀翻了］。

访　一：那您闯一个大祸，那您不挨打吗？

张学良：我这年轻的时候，我妈妈骂我一句，我给我妈妈一刀，差点伤着［她］，那时候年轻［不懂事］。

访　一：您小时候是最大了，那时候家里是不是有一种风气，都要听哥哥的？

张学良：那时小孩没几个，还有一个姐姐。

访　一：有没有就是说，小的一定要服从大的？

张学良：我有一个堂弟，他不听我的，我拧着耳朵就揍他，把他耳朵都揍出血来。我年轻时候厉害得很。

20. 本庄繁把我的家产送到北京

访　二：我刚才给您说那故事说错了，不是段祺瑞，是曹锟。曹三爷一直想做元首，结果正好这年他过生日，那是民国十一年12月9号，阴历十月十九号，是他六十一岁生日。曹老帅就在保定，不是天津，我都给说错了，大事铺张来祝贺自己［生日］。生日的前一天，从北京开到保定的车有四趟之多。北京的高官、富绅、名流、元老无不前往祝寿。国会八百议员，差不多去了六百多。在这些客人里面，引人注目的有两个人，一个是张作霖的儿子张学良，一个是浙江督军卢永祥的儿子卢小嘉。当时这两个人再加上段祺瑞的儿子，孙文的儿子，这所谓的四大公子①。最奇怪的是，是曹锟手下最得力的将领是吴佩孚，但是吴佩孚那会儿呢，比较嚣张，就没有去祝寿，曹锟就觉得很不是味，他的秘书就指点他说，曹锟就说，吴佩孚有事，我不叫他来，保定、洛阳是铁打的关系，何在乎拜寿过节呢。就是把这掩饰过去了。后来，在庆贺摆席之后，大家都喝得醉醺醺的，他就在席间特意征求张学良的意见。他说，汉卿啊，你是代表雨亭来祝贺咱们三哥的生日的，你对于咱们三哥当大总统的意见怎么样？

张学良：这是谁说的？

访　二：曹锟。

张学良：曹锟他自己就是三哥，不是曹锟说的。

访　二：他意思就是说啊，那意思就是说，你看我啊，我要当大总统，你的意见？就好像说老师的意见是怎么样的？然后，年轻、聪明而又富于机智的张学良听了曹锟说的话，不对不对，曹锐（张学良：曹锟的哥哥。）说的话，赶快就站起来了，说：以今天三大爷的身份和地位而言，捧他老人家当大总统，可以说是国家之福，全国百姓之幸。我不但一百个赞成，同时也代表家父、东三省人民表示拥护。那张学良这几句应酬，您那时候时常出去替大帅应酬？

张学良：那根本没这么回事。

访　二：又没这么回事。（笑）我给您说说，您听着就解闷。结果张学良这几句应酬话，听在曹锐耳朵里十分受用，于是口中所谓更无遮拦。于是他又说了，"咱三哥和徐世昌、冯国璋、段祺瑞都是北洋派的老前辈，徐、冯两人都当过大总统了，段祺瑞也当过国务总理，而

---

① 民国四公子的另一种版本：孙中山之子孙科、张作霖之子张学良、段祺瑞之子段宏业、卢永祥之子卢小嘉。

三哥呢，已经六十多岁了［还没当过总统、总理呢］。"

张学良：我不能管他叫三哥。

访 二：是啊，曹锐说呀，"费了那么多心血，为了国家，做个大总统，若再有人反对，便没有天理良心了。"然后呢，这事完了之后，您就回奉天了。卢小嘉回浙江，最滑稽的是在您和卢小嘉离开保定的时候，曹锟不但分别托他二人向他们的父亲致意，又分赠古瓶一个，花鸟名画一幅，作为给张作霖、卢永祥的礼物。

张学良：根本就没有这回事。

访 二：曹锟做生日没这回事。不过，他那时候是尽量来收买人心。

张学良：同时在那个时候啊，卢小嘉就没有地位了，卢永祥不过做上海的护军使，那他没多大地位。卢永祥后来的地位是代表段祺瑞的，所谓段派，他个人没有什么。

访 一：我这里还有一个问题，您和宋子文家里也是儿女亲家吗？

张学良：跟宋子文？没有，没有。

访 二：不知道是谁说，您跟宋子文家也是儿女亲家。

访 一：您说这个孙美瑶和孙美珠①是怎么回事呀？

张学良：他那是劫火车，造成国际事件，劫是在京浦、京汉，是京浦，那是很大的，惊动世界的一个事件。②

访 一：他们把外国人捉住了。

张学良：那劫了好多人。

访 一：那会儿与老帅有什么关系吗？

张学良：没有关系。

访 一：是在山东吧？

张学良：山东，他那里头与我有点小问题，不是关系，他劫了一个人，姓杨，叫杨玉勋，他是到上海去，他给我买了好多东西，也都被劫了。那么这个孙美瑶啊，给杨玉勋当过部下，杨玉勋当时是团长，他是他

---

① 孙美瑶、孙美珠为亲兄弟，山东沂蒙人。民国初年，军阀混战，1920年，孙氏兄弟聚众占据沂蒙山区抱犊崮山，宣布成立"山东建国自治军五路联军"，孙美珠任司令。1922年孙美珠被官军所杀，孙美瑶继任司令。1923年，制造"临城劫车案"，后与官方达成协议，释放人质，并将其部改编为官军。数月后，孙美瑶被诱杀。

② 1923年5月6日，由上海浦口开往北平的世界联运客车第二次特别列车，行到临城时，孙美瑶设计令其脱轨，并劫持美、英、法、意等国人质39人，其中有美国红十字会护士总代表、法国公使馆参赞、美国总顾问以及一大批中外记者等等。此事件在当时非常轰动，驻华16国公使提出强烈抗议，史称"临城劫车案"。

　　　　　的兵啊，也不是什么，所以他后来把东西都还我了。就这么点关系。
访　一：这不知道为什么跑到老帅的传记里面去了。不知道，我没有详细看。
张学良：这个人简单说，他有点神经，我认为他不是一个［正常人］①。
访　二：能带兵的人。
张学良：他有时候大概发神经病，他也不是装的。
访　二：真有，真有。
张学良：他作战也不行，那时候人们最怕他的第三师，最倒霉，一打就打个稀里哗啦。
访　二：不过，他也在洛阳办寿，是不是？当时说他是八方风雨会神州啊，说他很了不得。那时候他势力很大？
张学良：那时大家都很恭维他的。那时谁的一副对联，上一联是很有意思。百岁功名，他办五十岁寿，百岁功名刚一半，八方风雨会中州，所以后来大家说他这副对联，康有为送他的，等于谶语。②
访　二：就好像将来有什么，刚一半就完了。
张学良：好像吊联一样，百岁功名刚一半就完了，是不是呀？所以现在给人写东西，文字上一定要小心。
访　二：那个梁启超好像对大帅还很欣赏。
张学良：梁启超这人不错。那时候是因为这样，梁启超算是这个研究系呀。
访　二：他还曾经想促成大帅做什么？他好像因为很欣赏大帅的作风。
张学良：我可以分析，有些东西，那时候他们给我父亲写的信啊，那时候我父亲的秘书长啊，他都给我留下来了。我最注意梁启超这封信。我父亲的信中，一个是段祺瑞亲笔写的信。另外一个是袁世凯的，信是信，但是是袁世凯签的字。
访　二：不是袁世凯亲笔写的。
张学良：可惜，这些玩意我都丢掉了。
访　二：你那会儿在东北，对这些古玩的收藏也满注意的，收藏东西也很多啊？
张学良：我不是收藏。我父亲的秘书长，袁金铠啊，他都给我留下了，他说这些是你父亲的。
访　二：不过你也有一些个古玩收藏。您记得"九一八"以后，您说一个日

---

① 此处当指吴佩孚。
② 这副寿联为："牧野鹰扬，百世功名才一半；洛阳虎视，八方风雨会中州。"

本的朋友把您这些古玩字画收藏都装好并用火车运到北京。

张学良：那是家产，不是收藏。

访　二：哦，家产。

张学良：那时候日本的总司令是本庄繁，我跟本庄繁相当地好。我到日本去，是本庄繁带着去的。那时候本庄繁给我父亲当顾问。我跟本庄繁俩很好。等到"九一八"事变后，本庄繁把我家产不是我收藏，所有家产［装］两列火车给我送去了。换句话，他说你是不能回东北了，所以我把东西给你送到北京。他自己花的钱，花的六千块钱，他都说明了。他花了六千块钱，都包好了。他打发一个人，还有一封信。那么，我当时就回应他，他这等于污辱我。我是封疆大吏，东北的地方是中国的，你把东西放在我家，我自己会拿，你［应该］送回来是国家的地产，不是我的家产。

访　一：那这一点事情，我觉得我们应该特别强调。

张学良：你对我可能是好意，你要不拿回去，不是我羞辱你，我在北京放把火，都烧了。这对于你脸上很不好看。他回去把这些东西都拍卖了。他也有理由，还他钱。

访　一：这个人叫本庄繁，是吧？就是来吊孝那个？

张学良：不是，不是。这个人在日本失败的时候，自己个儿剖腹自杀。

访　一：后来做大官了。

张学良：他是后来日本宫内省的，好像皇上的侍从武官那样大。

访　一：您说得对，你要还给我的是我的疆土。我就想，这些事情啊，都是非常值得记忆的。因为这就真正代表了一个国家的一个尊严。所以这一点一定是要留下来的。

21. 大家怀疑郭松龄的叛变与我有关系

访　二：我这儿有一个关于老帅的故事啊。他说郭松龄事变之后啊，大帅把文武百官都召集在一起。正在吃饭的时候，就有一个参谋人员，他抬了一个箱子来，就说这箱子都是［给］郭鬼子［的信］，［郭鬼子］就是郭松龄的外号啊，败死之后啊，所搜得城内人私通郭鬼子的密件。您认为应该怎么办？大家坐在那都很惊慌，感到有些大祸临头。因为不知道这都牵涉到谁。大帅就说，他妈的，只是郭鬼子这一个坏蛋给我造反,与别人有什么关系呀。他既然已经死了,事情已经了了,其余的一概不究。今天我们是要庆贺宴,我要大家跟我一块儿热热闹闹的,快把这些信都拿出来烧了。咱们尽管多吃多喝,以后不要再讨论这些败兴的事了。有这回事吗?

张学良:不是,是这么的。郭松龄失败了,我到了新民府,他们就拿出来了大家给他的电报、信件,有四五本。这是我的事情。我当时就把它烧了。我说我也不看,谁也不许看,这一看,事情就麻烦了。所以,我不看,我一点也不看,马上就给烧了。

访 二:不然的话,问题可就多了。哦,这是您的事儿。据说王永江也跟郭松龄写过信?

张学良:那不知道。

访 二:外国人的资料啊,有很多人都跟郭松龄联系过。

访 一:所以您这都烧了是对的。

张学良:换句话,郭松龄啊,还得这么讲,这是公道话,大家都想到是我参加。直到最后啊,他才把我这个总司令取消了。那时我是正的,他是副的。所以大家怀疑这件事情是我在里头[搞的],等到后来才明白。

访 二:所以我觉得您这都是积德的事情。

张学良:他的问题是这样的,因为大家知道我跟郭松龄好像一个人一样,他的叛变一定有我的关系。因为他不会叛变我,明白吗?问题在这儿。

访 二:我看也不是您[搞的]。

张学良:所以,他叛变。可惜我们来往的信件就……那时候齐世英[好像]是他的秘书长一样。我们俩还开玩笑呢,我们俩不能跳舞了,看谁能打过谁。后来,没打。等接触后,我的部下都很奇怪,怎么我在前头呢?打的是我呀,所以后来他这没打。我不跟你说了吗,他下的命令一部分都给退回去了。

访 二:还有一个叫邹作华,是不是?有一个炮兵的邹作华?他说把那炮弹的信管都拿下去了。

张学良:没这回事,邹作华倒是他的参谋长。他是我的大将。这个人不太高,东北的炮兵有名,是他训练的。

访 二:还有郭松龄叛变的时候,为防止郭松龄[进攻太快],所有火车站的水箱呀[都给破坏了]。

张学良：那是伊雅格的主意，那是郭松龄来得太快了，奉天的军队挡不住了，冯有军队。那么有两个办法，一个是把火车扳道叉都给他破坏了。另一个是把水泵啊，都给他破坏了。没法加水，还有是把桥梁破坏了。所以让他来得慢呐。他来得太快了，奉天没有军队了。

访　二：那当时精锐的部队都是您的？

张学良：那都在他手里呢。

访　二：还有，老天爷似乎对这件事也不怎么赞成，忽然间下了两场大雪，天气骤降。

张学良：是，是他没发军服呢。没等发军服，忽然天气就很冷，下没下大雪，我忘记了。反正冷那是真的，这个原因也很大。

访　二：结果他没想到，第一，冯玉祥没有支持他。

张学良：那也不是，那说错了。

访　一：您说是为了预防冯玉祥的。

张学良：不但预防冯玉祥，还怕李景林来。

访　二：后来等到他们刚分手，李景林就又回来效忠老帅。

张学良：始终他也没叛变，没说话，暗中帮他就是了。

访　二：他说他们好像发了一个通电。

张学良：换句话，简单说，他可以在后边打。他没动。

访　二：本来是说，郭松龄是让他观望，不要动。还有的说，老帅的部队是在奉天，那是您的老家。郭松龄是移动的，他那时候只有四十万块钱留下来，他的粮食只够吃四天。

张学良：那都不是。郭松龄要真带着军队打，奉天没法跟他打。他来的时候，他的军队像渠水流一样。那张作相带着军队都没法打。不敢打呀，那时我的军队最厉害。

访　二：哦。

张学良：不敢打，不能打。

访　一：是不是您坐着船到海上去看他运军队的车往北［开］，非常快，非常精锐的。因为都是您自己的啊。

访　二：也可以说是战争史上少有，您这做第一号统领的，瞧着自己的兵在那自个儿打自个儿。

张学良：那时候，我要下去［与他会面］，他说，咱俩不能见面。他要我到天津跟他见面。

访　二：那为什么［到］天津见面呢？

张学良：他那仅仅是个托辞而已。这个后来我才知道，部下说他（指张学良）真下来［与您见面，您］怎么办？他说枪杀。

访　二：您有没有觉得您所经历的事情，都是历史上第一遭？而且好像都是很冒险的啊。

张学良：不能那么讲。可以说奉天这事件太多了。

访　一：我们明天就不来了。明天您要避暑去呀。那后天下午呢？

张学良：后天是礼拜天。我要到我弟弟家去。

访　一：那么您明天去玩，后天也去玩。您要连着玩两天呀！

张学良：嗯。礼拜一吧。

访　一：您要连着玩两天呀！

张学良：那你们礼拜一来不来？

访　一：您能把下个礼拜，整个礼拜都给我们腾出来吗？

张学良：到那个时候再说吧。现在我不敢说。你问的也太多了。这个人是一个美国人，美国人。

访　一：不是！不是呀。我们在这儿待的时间不会太久了。我们得先在您这儿挂个号。

张学良：明天没有电呀？为什么？听说因为有工程施工要停电。那要热死人了。

访　一：您还有没有大帅的照片儿？

张学良：有哇。随便给你们看。

访　一：哪天您给我们看一看。

张学良：没有电呀！那我上台北找我五弟去。

访　一：再见了张先生，您歇着。

第三十四次访谈
共产党太厉害　贵阳治病
统一问题

访谈者：张之丙（简称"访一"）
　　　　张之宇（简称"访二"）
被访者：张学良
访问日期：1992 年 7 月 20 日

1. 最喜欢四弟张学思

　　　　（访者与张学良一起看照片）
访　一：哦，也［是］很英俊的一个人，这个是谁啊？
张学良：这是我卫队的一个副官。
访　一：您这是怎么一个场合啊，在哪儿照的，在北京？
访　二：这是在杂志上还发［表］过，这个王爷还像小时候，您看。
访　一：这有本书，写的是张学思将军。
张学良：谁出的？
访　一：大陆的，您看见过吗？
访　二：这个三弟长得跟您一样。
张学良：有的人认错一回，认为他就是我。
访　一：您二弟不太像。
访　二：这小的现在在哪儿？
张学良：这是老八，现在在天津。
访　一：您这是怎么样一个场合，大家都是长袍马褂啊。
张学良：很难，很难在一块儿。
访　二：这张相片太宝贵了。

访 一：等夫人回来，我们跟夫人研究研究。您还有大部头的书吗？让哥伦比亚大学他们想想办法。还有旧书什么的。

张学良：我的旧书差不多都没有了。我的大部头的书送人的送人，卖的卖了。因为我的书经常地叫虫子咬，我保存不好。我自个儿没有能力保存这些书了。

访 一：假如要是有虫子的话，那么多的文件、相片什么的，［怎么办］？

张学良：那倒是我自己保存得很好。因为数量少，另外还因为屋子干燥。我还有很多的文件、信件，都是人家给我写的。我认为重要的，第一个是蒋先生写的信，亲笔写信，这是很要紧的。二一个是那个陈仪，陈仪写的信，都很重要，因为人都不在了。还有孔祥熙等人的。

访 一：所以这都是历史上的无价之宝。

张学良：你刚才说有一本什么书？

访 一：关于你弟弟的，大陆出版的《怀念张学思将军》。

张学良：他们政府给他一个什么褒奖，大陆给他恢复名誉了。

访 一：给他平反了，因为他受委屈了。

访 二：您记得上次我给您念的一段就是有九十个人，就是一块儿都是为了西安事变的事情。他们打击周恩来，于是也打击所有跟周恩来一块儿为了促进西安事变［和平解决］的人……

张学良：共产党那方面，为什么打击他？

访 一："四人帮"嘛，林彪跟江青嘛，欲加之罪何患无辞，于是连周恩来一个系列的一共九十个人，像宋黎什么的，都在里面。

张学良：还有宋黎啊？

访 一：所以我想把这些人的名字给您拿来，让您瞧一瞧。

访 二：您知道那个潘汉年，曾经和杨帆［是一个案子］①。杨帆您知道吗？他们都坐过牢，为西安的事情。

张学良：为西安的事情？

访 二：对。

张学良：嗯？潘汉年还坐牢啦？

访 一：就是说那时候真是乱了。潘汉年后来成了英雄了嘛，因为他们对国

---

① 即1955年"潘汉年、杨帆反革命集团"冤案。

家的贡献。结果后来也坐牢了。

访　二：另外，有一个顾问叫华克之①，您知道吗？因为他是戴笠一直想捉的人。

张学良：叫什么？

访　一：华克之。他呢，他是戴雨农一直想捉的人，一直没有捉到。

张学良：我不知道。

访　一：他就和潘汉年及杨帆两个人，一个案子，坐了二十年牢。

张学良：坐大陆的牢？现在放出来没？

访　一：对。他们后来……现在给放出来了，潘汉年那会儿给他们做事不是很有功劳吗？

张学良：我知道，他是这样。潘汉年跟高岗②，他们俩同时犯的是一个罪过。那我认为是应该坐牢的。在大陆上的事情，我是不怎么知道，他们俩的勾结，等于以地方的势力反对政府。

访　一：哦，这么回事。

访　二：张学思在大陆的贡献很大。可是，后来他们因为也是打击所谓的右派呀，林彪他们，就把他关起来了。后来大概是死在狱中。现在就给所谓的平反，同时，有很多人纪念张学思将军，把他的事迹写出来了，同时编了一本书叫《张学思将军》。所以，我们给您找一找。

张学良：他呀，他与吕正操〔是同案犯〕。吕正操是我的学生。他们俩同时坐牢。两个人对面住，他在这边儿，他在那边儿。吕正操后来告诉我啊，他那个死啊，一部分是他自己找的。③

访　一：怎么说呢？

张学良：不是，他（吕正操）说人家来怎么样，我就一声也不吱呀，老老实实的。他说他（张学思）一天就骂人，他们来，他就骂他们，我给你们做了这么些事，你们还这么对待我，骂他们"四人帮"。

访　一：不过，他们也值得骂。哦，吕正操跟他同一个牢。

---

① 华克之，别名张建良，江苏扬州人。曾参与1935年刺杀汪精卫事件。抗战爆发后，加入中国共产党，长期在中共秘密战线工作。1955年因潘汉年案牵连被捕。

② 高岗，原名高崇德，字硕卿。陕西横山县人。1926年加入中国共产党，陕甘边革命根据地领导人之一。曾担任中华人民共和国中央人民政府副主席；1954年2月在中共七届四中全会上被揭发同饶漱石进行分裂党、篡夺党和国家最高权力的阴谋活动而受到批判，当年8月17日自杀身亡。

③ 1991年6月，张学良与吕正操在美国纽约会晤时，谈到张学思被林彪"四人帮"迫害致死一案时，吕说，他与张学思同属"东北军反党集团"成员，被"囚禁"时，住房相对。张学思是吃不好、睡不着，老是抽烟。而吕却一切照常，能吃能睡。吕说，他缺少"忍"，他顺境时可以，遇到逆境，就过不了关。吕说，我是明天你枪毙我，今晚我照样睡觉。并说什么叫大丈夫？能屈能伸大丈夫。他（指张学思）是能伸而不能屈。所以，"他的死啊，一部分是他自己找的"。

张学良：两个人住对面。他说我一声不吱，总听着他在那儿骂人。

访　一：不过那也是张学思将军一种做人的方式。

张学良：他不是，他这个人脾气也不好。我那母亲打我三弟，因为我那三弟喜欢一个女孩子，一个杂种。他很喜欢她，［她的］岁数比他大。我那母亲打他，［打得］很凶，拿鞭子打他，［打］完了以后我那四弟回去。［我三弟］说他没有手足之情，她打我你一声也不吱。我四弟说，［我］不吱声更好。他说怎的？你应该打，打得还轻。我那四弟这个人也是很固执的。我到南京去呀，有事开会。我上海的女朋友来找我了，他不怎么知道了，他就跟我大吵，说大哥你来开会为什么带着女人？我说，我不是，是碰上的。

访　一：那他很正式的，是吧？

张学良：他在军官学校的时候都穿草鞋。

访　一：哦？那么苦啊？

张学良：那不是，人家穿草鞋，他也穿草鞋。

访　一：这叫与民同苦。

张学良：他很可惜啊。我那弟弟当中，我最喜欢他。他能游泳，那个英国的舰队在北戴河海外屯着，那时他还不是军官学校的学生呢，那兵舰就屯着很远啊，因为北戴河也没有码头。他游泳游到舰边上，外国人就看见了，很惊奇。

访　二：让他上船了？

张学良：让他上船了。

访　一：游泳也很棒的，身体也很好。

张学良：他身体很强壮，什么事他都干。我最喜欢我这个弟弟。

访　二：他是学什么的呀？是炮兵、步兵，哪一科的呀？

张学良：他是军人，步兵。蒋先生的学生，黄埔第十期的。

访　一：不过说实话，国家也得益不少。

张学良：所以我说共产党厉害，大概他在黄埔军校就是共产党了。我问他，他说在学校当的共产党。

访　一：哦，在黄埔就已经［加入共产党了］。

访　二：那黄埔是蒋先生自己的［办的啊］！

张学良：在南京。里头好多共产党呢，后来他们的同学一部分都到共产党那边去了。

2. 共产党太厉害了

访 一：所以说以您的接触，当然我们在外面看不到了，共产党这个渗透工作［真厉害］。

张学良：那是厉害。

访 二：那您这么一说，军校也渗透了？

张学良：军队也渗透了好多。

访 二：那政府就更甭提了。

张学良：他政府，我跟你说，都渗透到陈诚那儿。这个人名字我一下子［记不起来了］，［大概］姓贺。

访 一：贺耀祖？

张学良：贺耀祖是蒋先生侍从室的主任，他太太也是共产党。

访 二：哦，对。她和宋庆龄在做小孩的工作。

访 一：那合着就是说，除去他自己和蒋夫人之外都是共产党了。

张学良：那共产党的渗透，周恩来不说句笑话嘛。李宗仁时代了，已经不是蒋先生了，要议和嘛。他笑了，也用不着议和了，我们已经早就过江了。他的话后来有所指啊，江阴炮台就是共产党的。

访 一：所以说，真是用不着。您说那会儿，蒋先生他自个儿知道吗？不知道，他要知道［就不会失败得那么惨］。

张学良：这个话也很难说，蒋先生当然也知道共产党的厉害。但是，所知道的，不是知道哪一件事情确实。还有啊，就戴雨农这个人，我和戴雨农两个人关系很好，但是他还是没有他们厉害，戴雨农不过就是杀杀人，干什么的。他做特务工作，离共产党［的工作］差得太远了。我就说戴雨农［和］这个刘鼎，你们知道这个人吗？

访 一：对，对。

张学良：刘鼎就是共产党的一个，在我家住着给我当秘书，他还有电台什么的，那到哪儿查去？戴雨农跟我讲，我没想到你家会有共产党。所以说，那共产党太厉害了。

访 一：那是您告诉他的呀，他才知道啊？

张学良：是啊，后来我们见面，刘鼎完全是共产党，好多消息，他用德文……

那国民党，我跟蒋先生说，我说你剿共没剿对地方。他蒋先生问我这句话什么意思。我说他［们］后头［有］老百姓支持他［们］，你剿［不］完，那时候我就主张跟他［们］和，他不大赞同。他主张把共产党剿完了，就抗日。我说，你剿不完，顶多表面上，算胜利了，［但他们］进入地下，我们没办法。我对共产党相当地认识，我那大徒弟，吕正操游击。他原来不是共产党，他是抗日的，外号叫"地老鼠"①嘛。那日本人想抓他，他把日本人袭击好多回啊，他后来就变成［共产党］。他跟我说，那时候我不是共产党，也［没］和共产党联络，那国民党也没有人啊，他们就在表面上唬人，实在是底下什么也没有做。他那个不跟共产党联络，你就不能活动。

访 一：哦，对呀，他这个"地老鼠"需要地方［的支持］。

张学良：他说老百姓掩护我呀，对我很好。但是老百姓还没共产党和我联络得厉害，我也愿意和他们联络。

访 一：他为了开展工作，他总得有一个后台。

张学良：是啊，是啊。他总要有联系，他说主要的问题就是，他说我们国民党啊，主要是表面工作，唬上头的，往底下扎根的事情他也不做呀，国民党他也有游击队，另外，老百姓不但不欢迎他们，还讨厌透了。勒索人家呀！

访 二：这是国民党的游击队。那他们归谁管呢？何应钦？

张学良：那不是。

3. 蒋先生愿意听小话

访 一：那说实话，我们大陆从1945年收回来以后，到1949年丢掉，这个过程中，我们不光在几个大的战役失败，是不是？

张学良：这个谁说了一句话，王新衡啊。我跟你说过，他说，蒋先生这个人呐，失败在哪儿？他不使唤人才，他使唤奴才，那奴才侍奉他，他愿意听什么，就说什么。你比方说，蒋先生也知道我这个人，那我要是何应钦，我立刻［就走］。他骂何应钦，你把军衣脱下来，你

---

① 指八路军冀中军区创造的"地道战"。因吕正操是冀中军区司令员，所以有"地老鼠"之外号。

不是军人。

访 一：好大的污辱啊，这是污辱吗？

张学良：要是我，我立刻就走。

访 一：不过，您说得也对，这个王先生说，用奴才，不用人才。1945年从日本手中把中国大陆接过来，您没有人才，那么大的，你怎能调动？

张学良：也不能说是底下没有人呐，话得分开讲。那时候，张宗昌我们俩［是］好朋友时，我就劝他，直鲁两省在你手里头，你得好好做。他说，老弟，你看我这个脑袋，我这英雄天下无处所投奔呀。我说一样，你今天好好做，一样。就是那时候，人才不是没有，有，无处走，无处投奔啊。

访 二：所以，您看，我这有一个，蒋先生的一个侍从。他说陈诚啊，当时是十一师十八军起家的，是这么回事吗？

张学良：是啊。

访 二：他说这十一呀，一个十字再加一个一字，不是一个土字吗，他说十八合成一个木字，所以说是土木系①。然后他说抗战胜利以后啊，他遵照蒋介石的旨意，将非嫡系的杂牌军队呀，他用了两个大法宝，一个是整编，一个是混编，放手吞并杂牌部队。李宗仁曾经劝告他，他说辞修②，你这样干呐，是替共产党凑本钱。

张学良：这真是这样子。那当时共产党起来，就是因为混编［杂牌军］③。

访 一：您听，陈诚大言不惭地说，德邻④先生，不必多虑，他们敢去投共产党，我求之不得。他什么意思？他就说，正好一锅端。

张学良：他陈诚这个人，他好处，短处啊。他的好处是很刻苦，短处是他排外，排得太厉害。我们开会议，那个陈诚是不咋发言的。那我们想他一定同意了，那蒋先生也就不吱声了。那么这个事情就决定了。顾祝同就说，张先生你不信，今天这个会议决定的事，明天就会推

---

① 土木系，又称陈诚系，为国民党大陆时期的军队派系，核心人物是陈诚。1929—1930年，陈诚参加蒋桂、蒋冯、蒋唐战争及中原大战，因功升任第十八军军长兼第十一师师长。土木系是中央军的支柱之一，在淮海战役时其主力被解放军消灭。

② 辞修，即陈诚，字辞修。

③ 杂牌军，又称地方军。泛指除蒋介石嫡系部队以外的国民党部队。蒋介石系统把嫡系部队叫作"中央军"，而把其他派别的国民党军队叫作"杂牌军"。主要有西北军、晋绥军、东北军、桂军、滇军、粤军、川军等。1928年，分别编入国民革命军第二、三、四集团军。西北军、晋绥军、桂军于1930年在中原大战中相继败北。蒋介石掌管中枢后，"杂牌军"备受歧视，其待遇和"中央军"有重大差别。

④ 德邻，即李宗仁，字德邻。

翻。我当时还不信。他说会后啊,陈辞修一定到蒋先生那儿嘀咕去,你看,明天这个事情一定不是这个样。开完以后,我就去关内去了。他们说陈诚也去了,我就明白了。他们说得对。

访　一:那是不是第二天就翻案?

张学良:我评论蒋先生,我们北方人说,蒋先生愿意听小话,你正当旗鼓地跟他说的话,当然他也听了,不是不听,但抵不过底下嘀嘀咕咕。他大概很喜欢,我向来不干这种事情。不但我,我的部下跟我来这套,我就骂他。你有话,你公开问。所以他用戴笠,喜欢这种[人]。我个人是这样,我当年跟我的部下说,谁最亲近,父子是最亲近的,你在历史上翻开,那儿子杀他父亲有多少个?权力争执。

访　一:对,权力。

张学良:我承认我没失败。你比方说于学忠,并不是我的部下,可以说我的两个大将,一个是于学忠,一个是王树常,那他是给我出力最多的人。我们以人心怎么待人,人家也怎么还你。但你不要这么信,你给人家一百块,你想人家还你一百〇一块,你不要那么想。有时他还你一半,也就不容易了。别求那么厉害!那么一般人做事呀,都是求人家回来的多。有人评论说蒋先生是买卖人。所以买卖人讲要收回来。

访　一:有利可取啊。

张学良:我现在九十多岁了,不再做事了。那过去做事情,无利可取的事情太多了,你只是往外放啊,拿不回来啊。我这个人是,从来是这么做,也可以说失败,也可以说成功。那时候,往关内去了,我们失败了。要走的时候,对收复的军队说,要走我带着你。你不愿意跟我去,你随便走,我决不拦你。我这个人是这样的,你自己亲手[带]的部下他也会叛变的;你收来的军队,他也会帮你很大的忙。那么,蒋先生最大的失败就是,他叫宋什么来着,宋希濂吗,是他最得意的学生,十三太保之一,所以天下事情你不能预料的,也不能后悔。我向来是不担待部下,也对人。反正我是问心无愧啊。所以我们北方人有一句口号,没有亏心事,不怕鬼叫门。那天下事,你问心无愧就是了,不能求太全。中国历史上说一句话,很有意思,成败不足以论英雄。我常说一句笑话,你不是英雄是狗熊。我都九十多岁了,不敢说是英雄,问心无愧就是了。

访　一：所以您说蒋先生他在大陆上这么信任陈诚，陈诚做事又如此地狭窄，排外又排得厉害，也许他们俩人的思想和作风都一样，互相欣赏？

张学良：不是，不是。陈诚这个人呐，好处是很刻苦，他这人野心很大。他到后期啊，无形中就要把蒋先生退掉啊。他想当总统，他曾经说过这话，蒋先生应该下野。他讲过这个话。

访　一：哦。

张学良：这个谁呀，替他很效命，叶公超。

访　一：对，对，外交部长。

张学良：好像叶公超对美国人说的，反正他（指陈诚）就要当总统。他一生，到死之前，他就想当总统，始终没当上。

访　一：那么叶公超为这个事……有没有受褒贬啊？

张学良：叶公超我也很熟。他叶公超自己就讲，那个时候，后来就是蒋经国了。叶公超说，我上茅房拉屎去，我都把身份证顶在头上。你知道这是什么意思吗？他说我预备来抓我的时候，好知道我是谁呀，我帮着陈诚。

访　一：那蒋先生知道不知道？大概知道吧？

张学良：蒋先生？不敢说，我说这个事，蒋先生已经不在了。

访　一：那么你说后来在军事作战上，他这种排挤心理和排外的手段，是不是在1945年到1949年失败一个最大因素？当然共产党渗透是一个原因。

张学良：我评论，我那时已不做事了。这有很大原因在里头。他把那些乱七八糟的军队都挤给共产党那边了。

访　一：您说那李宗仁说这话对呀。

张学良：那对，确实那样。

访　一：那么在东北，也等于把当地的人推给共产党了。

访　二：首先到东北去，也是容不下人吗？

张学良：他这种人从来都是容不下人的，你不能说到东北。我后来听到张治中跟我讲，他说，那时候到东北呀，本来内定是让他去。可后来陈诚不知在里面怎么弄的，他就去了。张治中说，如果我去，不会落到这样地步。因为张治中他稳，而且跟东北军也有关系，有一点小关系，也不大。那么陈辞修这个人呐，他也有好处，还能维持台湾这个治安啊，那可真不容易呀。维持现在这个局面。就是他，把那些杂牌军队都给解除武装了。

访 一：哦，到台湾的都是嫡系。

张学良：是，差不多都是中央嫡系的军队。那时候，我住在高雄。军队进来，他（指陈诚）不许他下船。非得解除武装，才允许你下船，那没办法。军队在船上开枪啊。你饿，我也不给你送饭，什么时候你解除武装了，才让你下船。这一点呢，我也说他很厉害。那是冯玉祥的军队。

访 一：他也做得真彻底啊。

张学良：这一点上，我也佩服他。他这个人有他的好处，刻苦，干什么事情都非常认真地去做。他所差一点就是一个小气。他认为不行的，像我们，都是认为应该排除的，他无形中说话说出的。何世礼是他最喜欢的。

访 一：跟您最熟的吗？

张学良：那何世礼告诉我一句话呀。他说我告诉他这句话，陈诚蹦起来了，他说呀，我有两个知己，一个是你，一个是张汉卿。他蹦起来了。他不晓得何世礼跟我那么好。因为他很喜欢何世礼，所以何世礼说我也毫不忌讳，我告诉他了。

访 一：出乎他意料之外。

访 二：对他来说，太意外了。

张学良：他也没想到何世礼敢说这句话。当然何世礼不在乎，我也不一定靠这个吃饭。

访 二：所以李宗仁说他这句话是对的。

访 二：您知道这是谁说的，叫居亦侨说的，是蒋先生的一个侍从①。

张学良：我不知道这个人。说什么？

访 二：说陈辞修的事。

访 一：您刚才说张治中跟东北军也有点关系，以前给您做过［事吗］？

张学良：不是，也没有。

访 一：跟大帅？

张学良：都没有。他多少有关系，因为他是黄埔的，他的学生，因为他是教

---

① 居亦侨，福建惠安人，黄埔军校第六期步兵科毕业生。北伐战争中，任国民革命军第三师、第九师营长、团长、处长；1935年任国民党军事委员会委员长侍从室侍从副官。曾口述由江元舟著有《跟随蒋介石12年》。

育长。假如他到东北军,他就会把我那个弟弟拉去。

访 一：学思啊,对,对。您刚才说过咱们中国大陆不是没有人才,这些人才都无处投奔。我记得您在您自述上说,社会上的贤哲,可是都不在政府里面做事,所以政府没有运用。这当然与蒋先生的心胸有很大关系了。这些人才,如果没有被国民党运用的话,在那个时候,谁有点才能的话,都愿意为国家做点事。是不是也都挤到那边去了？

张学良：也不能,就是各党各派。

访 一：都分散了。

张学良：是呀,不过,我负责任那时候,我是很少跟文人来往的。很少,原因是我没那个野心。那当然,朋友不光也是朋友,像什么……

访 一：杜重远？

张学良：那他不能算。

访 一：胡适算不算？

张学良：他也不算,我说的是常二河这些个人,还有做外交部长的……

访 一：王宠惠？

张学良：不是王宠惠。

访 一：王正廷？

访 二：顾维钧？

张学良：顾维钧那不是,那是好朋友。你看,我嘴边上说不上来。财政部长、外交部长,我跟他们［都是］很好的朋友。

访 二：宋子文？

张学良：你看,我就说不上来。

访 一：蒋廷黻？

张学良：他,他比蒋廷黻的名声大。

4. 我善于在不同人之间调和

访 二：可是,您说起这点,我就想起老帅来了,一个国家开创的时候,这些个出身草莽的英雄,像汉高祖、朱洪武了,对文人呐,有时都很轻视。可是老帅对文人很尊敬。

张学良：也不能那么讲。那汉高祖这个人呐,甚至比朱洪武还厉害。他（即汉高祖）很机警啊,这不历史上有名的嘛。这不是韩信请他［封自己为]王,他火了,他刚一骂他,张良拿脚踢他一下,他说什么封假王,为什么,你要假王,我封他真王。他本来骂他,意思是不愿意了,张良用脚一踢他,他立刻改口了。

访 二:不过您说这个呢,我就觉得老帅有这种机警。

访 一:有很多地方,很多很多故事啊,就是说别人的记载,这就是一到紧要关头,一下就把本来反面的事情,给正过来了。这些故事您还记得[吗]?

张学良:不过我父亲这个人脾气很坏。跟我一样,他火的时候,他很坏。

访 二:老帅旁边也有几个他认为能给他做参谋的人。除了您以外[还有谁]?

张学良:那就是杨宇霆了。

访 二:杨宇霆以前呢?

张学良:没有。

访 二:所以他那么信任杨宇霆。

张学良:杨宇霆可以跟他[说上话],在他面前说话,很少人能这样。后来,我多少能跟他说话。

访 二:那王永江也不行?

张学良:王永江那是在财政上。王永江后来跟我父亲,不是闹翻了[吗]?就是跟他说话,我父亲不听他的,让他上那边去。王永江他不主张内战,不主张打仗。

访 二:就是说政治上头。不过,是不是因为这个他不喜欢郭松龄?

张学良:谁呀,王永江?

访 二:不是,老帅呀。

张学良:他不是不喜欢郭松龄,他很喜欢他。我跟我父亲说,我父亲还骂我,他跟郭松龄俩,可以说,很接近。我说这种人呐,你那个部下,我也带不了。我劝我父亲,我父亲好像说你的部下,不让我带似的。我说,爸,他不那样的。结果就是因为跟他接近,才跟他弄翻了。你明白了,感情反而不好了。他[就是]这种性情。

访 二:您觉得不一样。

张学良:不一样,思想也不一样。后来郭松龄主要是看不起他(即张作霖)。

访 二:哦,到这个程度。

张学良:郭松龄这个人啊,他是学校出身,他不知道对草莽这种事情,他一点也不知道，他不了解。

访　二：也就是我们所说的"代沟"。

张学良：我自己带过的土匪军队呀，我跟土匪一块堆儿差不多待了一年多。郭松龄他后来自己也承认，他［是］鲁莽之人，并不细腻。

访　二：他跟那些老一派的［关系如何］？

张学良：不和，不是不和，［是］看不起他们。

访　二：思想和看法不一样。

张学良：他看不起他们。

访　一：可是他又不圆滑。

张学良：他思想上看这帮子草莽的人没用。

访　二：没用。

访　一：不过所以，我姐姐是读历史的，常给我讲历史故事。我觉得每个朝代那开国的元勋都是相当地辛苦，要去奋斗，能够打下天下。然后，第二代都是兴起的，就是说东北在老帅那个时候前清末年是相当混乱的。老帅是一个一个一州一州一个保安队一个保安队一将一将的才把势力弄起来。他有点像开国元勋那些个。然后您就是他的第二代，继承他这个。要是没有"九一八"的话，我想东北是会很有发展的。这也是您跟齐世英说的，如果没有"九一八"的话，东北的历史不一样了。

张学良：他这个问题是这样的，历史啊，要看这个时代背景啊。我常说，如果倒退二百年，我父亲也许是朱洪武。时代，一般人的思想已经大变化了。就是他老一辈的人，我不跟我父亲说过［吗］？你那个军队我也带不了。像那吴俊陞，趴地上给他磕个头，要是我部下趴地下给我磕个头，我早火了。他对那帮人，我［看到就会］毛骨悚然。我简单地说他们那些人，也佩服他，也怕他。我父亲这个人，那张作相跟我讲，我们起来那时候，我们的纪律好得很呐，他说比现在的纪律好。

访　一：但是您说，那时候也没有明文规定，说怎么样怎么样，可是大家都很服从嘛。

访　二：是啊，您说这是［真的］？

张学良：完全是人的因素，他说一句话，大家就得服从啊。

访　一：所以能那样治理军队的话，能够让他们服服帖帖纪律又那么好，而且大家对他不但敬佩，而且威从。也就是说他有那个能力。

张学良： 这是当然了。这个话，我就分两方面。治理军队呀，少数人很容易。扩大的军队，还是用这个法子，就不太容易了。可是，老式军队他也是用这个法子就能管住，就是到我那时候还有这些余风剩下。换句话说，我是冲你来的。简单地说，就是张氏军队。

访　一： 那您说倒退二百年的话，老帅可以比作朱洪武。

张学良： 我加上一句话，我后来还统治军队，可以说他剩下的余风在我身上呢，固然，我有新式军队，可是，那些还能统治的，可以说不是我的能力，是他的余风在我身上。

访　一： 而且他们对于老帅这种余威呀〔是佩服的〕。

张学良： 你比方说，张作相吧，他们像捧太子一样〔来捧我〕。

访　一： 不过，也许可以这样说，郭松龄和您的军队是比较新派的。思想啊，训练啊。但是所在的地方是在东北。那时候的中国您和郭松龄的思想是比较前进的。他没有领略到所统领的这些人，还有一些旧式思想。

张学良： 是，是。郭松龄失败就失败在这一点上。不但这样，他从内心发出来是厌恶这帮人。

访　二： 不能接受。

张学良： 不像我。

访　一： 您还能一方面领导新的，一方面继承旧的，还调和。

张学良： 我呀，我这个人善于和人调和，就是我家庭纠纷啊，也是我给调和的。我善于在不同人之间调和，我也喜欢干这个事，两个人不合的，我能把两个人弄得和好啊。

访　一： 您也有这个能力，您也有这个心情。

张学良： 我愿意干这个，从小就这样。也是我年轻的时候，十七八岁时，我就帮我父亲到关内跟这些个阔大佬哇送个信呐，传个话呀。一小儿就是跟这些个人来往，我也愿意干这个事。我年轻的时候就好看人，观察人。

访　二： 我刚才要说的，正好就是您要说的。我看了好多外国的书籍嘛，说您有一个非常特殊的技能，在任何一个两个或三方面冲突时，若您在，一定要把它这个调和了。有人就说您小时候受了西洋的思想；也有人说，即或你受过那样的教育，您本身的资质不行，也不能成事。这是我综合他们的看法，都差不多。那么您记不记得，现在的话叫作人际关系，同时也叫公共关系，所以我认为把人际关系、公共关系做到最高层就是一个政治领导。

张学良：是啊。

访 一：比如说周恩来在大陆，他能在那么多派系那样的斗争中，能把中国共产党政府维系住，把那么偌大的派系缓和下来而自己又能洁身自持，美国基辛格博士称他为现代的、绝顶的、有成就的政治家。您记不记得有关公私方面协调的事情？有一些小故事给我们讲一讲。

张学良：你提一件事情，忽然问我，我一下子还想不起来。

访 二：我记得您好像说过一次，蒋先生跟阎锡山，您劝他们［联共抗日］。

张学良：那是蒋先生过生日，那时候阎锡山跟中央不大好，所以我说我会当说客呢。我到洛阳给蒋先生拜寿的时候，提到这些事情。我就对蒋先生说我到太原去，见见阎锡山。那么我就乘飞机到太原，到他家。① 我说是蒋先生让我来看看你，那么当然他心里也［高兴］，因为他跟中央那时不大好，既然他想来看你，不如你去见他。我说，他在洛阳过生日，你去给他过生日。我跟他谈得很多啊，他看我是后辈呀，他说我没有想到你会有这么多思想。他那时候［他］跟日本人正是有点勾结，日本人也想拉他，也是土肥原那些人。我问他，"九一八"事变，人家说我不抵抗，人家都骂我，你这样可不行。我也没客气。你研究没研究过我为什么不抵抗？我呀，是不是大事化小小事化了。我绝没想到日本敢这么样来，我只认为日本是挑衅。我就劝他，阎先生，你要好好地看一看，你是不是要蹈我的覆辙？今天我们跟日本的问题，又是这个样子，不能了。当年，我要知道跟日本不能了，你也知道我过去的脾气，把天捅一个窟窿，我会把天捅两个窟窿。我会立刻把那些日本人都给他杀了。我才不怕这个事情扩大呢。我看错了，我没想到啊。我当一个封疆大吏，没把日本人这个事情看清楚，我没把日本人的这个事情研究清楚。这是我最大的错误。那时全国都在骂我，只有《大公报》上有一个人说，无论谁，都会这样做法。我就劝他好好想一想。今天的事情又是这

---

① 1936年10月，正在西北部署"围剿"红军的蒋介石适逢五十寿辰，10月29日，张学良特用自己的飞机将阎锡山从太原接到西安，并于31日同往洛阳为蒋做寿。张学良欲借此机会联合阎锡山共同劝蒋联共抗日。

样。那么我们现在只有两个道，一个投降当顺民，一个是起来拼命抵抗。你要走哪条，那是你自己拿主意。那他是犹豫两可呀。我说蒋先生要上你这来，那何必呢？我说，你得去。我回去对蒋先生说阎先生要来看你，我说既然如此，那不如你去看他。听说你要去，他感到受宠若惊。

访　一：所以这么大一个摩擦，您给顺理过来啦。

张学良：我这个人善于干这个事，和事佬。

访　一：这是您亲自跑来跑去，因为他们俩的地位跟您的关系。那进一步说，中原大战也是一个调解？

张学良：中原大战不能说是调和，我还是帮中央的，帮中央统一。我的思想一直是中国统一啊，不要分裂。这个思想始终未变。

访　一：统一才能对外有力量。

张学良：所以必须有一个强力的中央政府，你地方不能单独活动，除了当顺民以外。比方说，东北跟日本合作，那可以，但你不能听他的。历史上种种事实在那摆着呢，我还是一直维护统一呀。所以我自己个儿说我是爱国的。

访　一：那时候，您也是以身作则。因为东北的势力在各个地方势力当中，是最大的有系统的。我来易帜，帮你统一，希望以此引起旁人一块儿这样做。

张学良：是，是。

访　一：那么，后来有没有其他的地方也像您一样，恢复、支持中央政府？

张学良：那我不敢那样说，是不是阎先生受我影响，我不敢说。我是尽力促成这件事。所以那时候扩大会议时，汪精卫等人起来，我就是"巧电"，阎先生那时想我是观望。阎先生老谋深算，他就没想到，我要是观望，我怎么把那么大的力量摆在山海关呢。我现在九十多岁了。当年呐，就连我们内部，就连杨宇霆啥的，都是看我年轻。

5. 我是靠我父亲起来的

访　二：他们没特别注意，没把您看在眼里。

张学良：也不是没注意，就是认为不会那么样的，小孩子嘛。吴佩孚说我黄口孺子。真的良心话，我现在有点吹了，他们没想到我这个人有那么凶。可是，我父亲的大部下，孙烈臣，吉林督军呐，他就说了一句话，我们要是［被］处死刑的时候，那就都是你［的主意］。

访 二：他看出来了。

张学良：那时我当参谋长呢，正在吃饭呢说笑话。他就说，老帅啊，要把我们处死，那都是你［的主意］。那他看出来了，这个小家伙不好斗。

访 一：不过，说实话，大帅老早就培养你，等于他私人对外交涉的一个人，所以你已经见识了很多。后来又从军队给您培养，所以军事上也有很多。所以大家注意一下的话，不会觉得因为您年轻做不出什么事儿来。

张学良：说良心话，我是靠我父亲起来的，这是一个原因。但是你也必须有这个才干。那么，我父亲后来很认识我呀，就是打一次仗，打胜了。他说，我当年培育你，就想你当个师长。当个师长干什么呢？好来保存家里这么大的财产，没曾想，我把你整得这么高。

访 一：你八个兄弟了，还有哪个兄弟有这个［这个能力］？

张学良：那我四弟。我二弟是我亲弟弟，叫张学铭，我最看不上他。人家很多文武啊，这也是吴铁城帮忙，他胆小，有好事他会削头钻。等这个事情危险了，他会赶快躲开，掉头就跑。

访 一：那三弟呢？

张学良：我三弟是个书呆子，念书的人。他当过联合国的秘书，可以说，他书念得很好。最厉害的，还是我这个四弟。我非常佩服他，他甚至比我还凶。

访 一：他做过天津……

张学良：他是蒋先生的学生，比我还凶。不过，他在黄埔的时候，就是共产党，共产党把他吸收了。他一个同学，从小跟他是好朋友，那人是共产党。

访 一：所以共产党啊，吸收他的政治人才，不是一天两天的。

张学良：共产党啊，我不能说百分之百。用我们奉天的话说，不行的人，他也不要。

访 一：您看还有一段说的我们的老师。就是总统的侍卫官里头啊，他说的是陈布雷的女儿，她是我们的老师，中学老师，在北京贝满中学。我们都不知道她是共产党。

张学良：陈布雷女儿是共产党，这个我可不知道。

访　一：他有六个儿子，两个女儿。有一个女儿叫陈琏①。他这个女儿老早就失踪了，他不知道哪儿去了。后来出现了，在北京，就在我们学校贝满中学教历史，就是教我。我们真是钦佩，她真是会讲话。当北京快要易手的时候，化学老师、生物老师、国文老师、历史老师，好几个老师都被捕了，失踪了，因为他们都是共产党。那是国民党军统局抓的。抓去以后呢，她在狱里结婚的。她先生也是我们的老师，也是共产党。②

张学良：他的话里头，他含的意思大概是不满意蒋先生，就是我呀，为你啊，尽了所有的力了，帮不上忙了。他对蒋先生很忠心。

访　一：这里头说陈布雷呀，曾经和人家说过。他说，替一个不懂事情的人写文章很困难。而且，还写他怎么写给您跟杨虎城的训词，把它放在河边的书房，非常好的风景，他那几天非常难过。那个侍卫说，那些天他脸色非常坏。他说，叫我去做一个故事，他非常地苦恼。这是最近才出的书。

张学良：这里头我加一点，你知道他为什么叫陈布雷？

访　一：不知道。

张学良：他那时候年轻，在学校了。他出来以后，他这个脸方方的，人家叫他 Bread（即面包），后来干脆就叫陈布雷了。

访　一：您说这个人怎么样，才华啊？

张学良：这个人可以说是对蒋先生很忠心，仁至义尽。我对他很不错。

访　一：那刚才看他说的那句话是什么意思？是蒋先生走到末路呢，还是他自己走到末路呢？

张学良：这不敢说，我的看法不是这样。他的话是我对你捧你，我是心血用尽，再没有能力这样了，他很悲观呐。

访　一：您喜欢协调大家伙儿的冲突什么的，在家里头是兄弟之间的冲突啊？

张学良：兄弟之间不用调和，家里的冲突我是管呐。在我家里，我那二弟我

---

① 陈琏，曾用名陈怜，陈布雷最小的女儿。1939年秘密加入共产党，从事地下工作。曾是西南联大的学生，1947年与同是地下党员的袁永熙结婚。"文革"开始不久自杀身亡。

② 陈琏的丈夫是袁永熙。袁永熙，贵州省修文人，生于天津。早年参加学生运动并加入中国共产党，1947年与陈琏结婚，同年被国民党逮捕入狱，后经营救出狱。曾任平津南方局地下党负责人，北平学委书记。1949年后担任清华大学党委书记，后被列为右派分子。十一届三中全会后平反，先后任全国政协第六届、七届委员以及北京经济学院院长、顾问等职。

就揍他。我父亲他给我权，在家里管束弟弟。

访　一：那他们很怕您了？

张学良：到现在你看我那五弟还是怕我。因为我有权呐，当然他们都怕我。我家里财产权差不多百分之八十都在我手里呢，我们家里公用的财产叫三畲堂。差不多的重要的钱、财、股票，名字都是张学良，买的地呀什么的。不是三畲堂，开的铺子什么的叫三畲堂。

访　一：那一方面是长子的关系，一方面是对您的信任，看到您也有这个能力。

张学良：我父亲也不是光看，因为他给我母亲的很少，但是我母亲死的时候不得意。

访　一：所谓不得意是什么？

张学良：不得意是这个样子。可以说我母亲这个人呐，很倔强。可以说我的这个脾气呀，很像我母亲。我母亲的死啊，就是因为我第五个母亲①，因为她有一点原因，也不能说完全因为她。我母亲到奉天看我父亲的时候，我五姨没有过来给我母亲请安，她心里很不高兴。因此呀，还有我这个二弟弟哭。我父亲就火了，父亲把他打了一顿，我母亲为这个事情很难过，吵了一通。吵以前因为这个原因我母亲也不大高兴。我母亲第二天早就走了，就回新民府去了。一直跟我父亲不说话，也不写信。我母亲憋了一肚子气，把鸦片烟戒了，那个时候戒鸦片烟也是很苦的一件事情。她又信跳大神。后来就得了胃病。病得很厉害的时候，父亲坐专车来看她。那时候都已经要死了，我父亲掉了几滴眼泪。我那个时候很小。我父亲跟我好有两个原因，一个是父子的关系，一个是我母亲的关系。

访　一：觉得对不起赵夫人。

张学良：我母亲这个人脾气很刚硬的。

访　一：这是有气质的人，不像个女的。

张学良：不像不像，那她可是很厉害的。我父亲做事情的时候，那个时候我父亲做的事情不大，那时候我父亲要是干什么，她很替人家讲话，所以我父亲这些老部下对我母亲很好。

访　一：所以说他们就说有什么事情好像赵夫人从中一说就可以［和解］。

---

① 此处张学良回忆有误。张学良的母亲在1912年去世，而张作霖的第五位夫人寿氏是在1918年迎娶进门。

张学良：是，那时候我父亲的事［有些做得不合适］，她［就］说话，就说你不应该对人家这样，［批评我父亲］。

访　一：好像许多周转的余地都是老太太说的。

张学良：所以我父亲不喜欢我这个二弟弟，我也不喜欢我的二弟弟。还有我的姐姐，我也不是很喜欢。我母亲生我、一个姐姐、一个弟弟。①

访　一：姐姐就是首芳，是吧？

张学良：是，首芳。

6. 保险箱里的收据

访　一：还有一个故事说，说大帅在一个地方被人家围起来打的时候，有一位背着赵夫人逃难。好像是金寿山突袭老帅，有一位叫孙德山，背着赵氏冒死突围，投奔张景惠，这件事情是怎么回事？

张学良：没这么回事，这不对。金寿山②，这个人呐。那时东北呀，最大的势力是三个人，他是在第三个上，第一个是我父亲，第二个是冯庸的爸爸③，第三是他。他是单独的势力，不是跟他们有关系。他的势力不太大，不是顶大是一个小的。

访　一：还有一个叫董大虎④。

张学良：姓董的？我不知道，我不知道。奉天叫大虎的人很多。

访　二：我这有一个小故事，他写的，也许对，也许不对。就是关于大帅的事。他说，郭松龄事件之后啊，老帅就觉得朋友嘛，有事情的时候人家出来帮忙，完了我们不能不报答人家。于是呢，大帅就说郭松龄的事情已经过去了，然后就到了旅顺和大连。去应酬一下，就是不管怎么样，日本的军队是帮了忙了。除去礼貌上的周旋之外啊，老帅就把他存在日本两个银行的日金的存款，一个是朝鲜银行，一个是正金银行，他存了五百万块钱。然后他说，整个儿的，全部的都提出来，给了一个叫白川的日本人，白川在当时是关东军司令。

---

① 张作霖的原配赵氏共生育有一女二男，即张首芳、张学良、张学铭。

② 金寿山，生卒年不详，字万福，辽宁海城人。原为晚清武备学堂学生，后回到家乡拉起一帮人，自任头目，充当俄国的间谍。曾试图吞并张作霖的保险队，被张拒绝。1901年2月，金寿山偷袭张作霖，张携妻女率众突围逃往八角台（今台安县城）。张学良出生在逃亡途中。

③ 指冯德麟。

④ 民国初年在辽西一带有名的土匪头目。

同时，这个钱给了白川将军，说你爱怎么分配，就怎么分配。还［认为］日本人是仗义扶危。武士道的精神，固然施不望报，但我张作霖受人一饭之恩，终身不忘。这点钱只是意思意思表示表示，聊以报答日本人协助的好意。既然我已经拿出来了，我绝不收回，于是就把存款给了日本人。日本人就觉得这个将军如此地干脆爽快，深感意外，而且也让日本人诚心敬服。

张学良：我不知道。我父亲也没有存那个钱在日本银行。

访　一：您不知道，那这个报道也不是［真］实的。他后头还有这么一个小故事。就是说跟日本人交涉的情况。他说，当然了，老帅出身草莽，可是呢，他有天才和特点，他在爱国家、爱民族方面，是从不后人的。当然，那时候不讲宣传了，不像现在。一切都要以事实证明。他（老帅）从大众中来，所以呢，懂得一般人的心理。他能够应付各种环境，我觉得他这点说得很对啊。他不喜欢耍手段。可是，他很明白，很机警别人的变化，或者可以得到一时的便宜。但跟日本人，因为日本人是很［奸］诈的，有时容易玩火自焚。他同日本人打交道，是经过很长时间的苦斗，日本人对他没有太好的办法，他对东京的政府确是另外有一番布置。日本的要人过访东北，他没有一个不热情招待的，尽量地表白他是睦民亲善的政策。他对日本政党也很巧妙地周旋其间。无论是政友会①，民政党②，只要是有所要求，他就不辞举手投足之劳，了尽友谊的帮助。"九一八"以后，关东军在帅府，你的保险箱里找出大把的收据，都是日本当年政党要人接受张作霖援助的证据。

张学良：这是没有的事，没有，没有，这是误会。那在我的保险箱里头，那是我给床次③的钱，那时他要竞选总理呀，［他跟我说］没有经费。

---

①　政友会，日本政党"立宪政友会"的简称。1900年由伊藤博文创立，宪政党、宪政本党、帝国党等合并而成。第一次世界大战后，与日本的老牌政党——民政党同成为日本统治阶级的两大政党。1924—1932年，政友会与民政党轮流组阁，被称为"政党政治时代"。

②　民政党，"立宪民政党"的简称。第二次世界大战前日本主要的资产阶级政党之一。与三菱财阀关系密切，主要代表城市资产阶级利益。与政友会相比，稍带自由主义色彩。1936年"二二六事件"后，内部分裂成以町田忠治为首的和以永井柳太郎为首的两大派系。后者同法西斯军部勾结，主张与政友会合并，拥戴军阀宇垣一成为领袖。1940年解散，参加近卫文麿的"新体制运动"。第二次世界大战后，大部分成员参加了进步党（后改名民主党，与自由党合并后称自由民主党）。

③　即床次竹二郎。此人为日本政友会的第二号人物。为了使政友会的总裁原敬在1930年2月的大选中获胜，1929年秋，床次派政友党议员赤冢和鹤见到东北，向张学良借款50万，用于竞选经费，并留下了一张收据。"九一八"事变后，日本关东军在张学良帅府的保险柜中发现了这张收据。

我给他捎信，[问]需要多少钱？他说需要二千万。我说，我给你拿钱。你现在要多少？他说五十万块钱，我就给他拿钱。他给我个回信，就是收到五十万的[一张]回条。后来，这个人也算很有信用，他说我竞选不能成功，就退回来了。

7. 国民党投过炸弹

访 一：这是您的收据。我记得您跟我们说过一次，就是说老帅如何机警。据说，在老帅刚刚做奉天督军的时候，日本军和日本的领事馆在沈阳日本站一个料理[馆]里面宴客。张作霖随带着副官和马弁前往赴宴。他事前吩咐他的卫队长叫鲍德山在料理馆门口特别警戒。他在席上照样地应酬，但是，他忽然间看出日本人鬼鬼祟祟好像另有企图，正在酒酣耳热之间，他起座如厕。便悄悄地出了料理[馆]的门，和鲍德山换了军帽，换了坐骑，快马加鞭回到城里头去。

张学良：根本没有这回事。

访 一：那么从此日本人对张氏之机智有了认识，不再打他的歪主意。

张学良：没有的事儿。

访 一：日本人是经常打主意要陷害[大帅]。

张学良：那也不能那么讲，写东西这个人也是气量太窄小，这根本不是那么回事。

访 一：不过日本有记录的暗杀，就是您和老帅到北京去[那一次]。

张学良：这个是。这个人写东西的时候对日本的情形也不知道，不过这个看怎么个情形。也是日本少壮派的意图。

访 一：那个到北京去的，暗杀是在皇姑屯事件以前，是有这么回事吗？

张学良：到北京暗杀？那根本没有这回事，我没听说过。要暗杀他，大概是国民党投过炸弹。

访 一：哦，国民党投过炸弹？这是什么时候啊？

张学良：那我父亲当督军的时候。不过这个人被抓住了。我不跟你讲过吗？把这个人抓住了。我父亲问他，为什么？他说，我跟你无仇无恨，我投炸弹是外头听说你要复辟。他这个人说我是国民党的，但不是国民党让我来的，我个人的行动。我父亲说，你险些把你小命带走了，[我]根本就没有复辟这件事，这是外面的谣传，[于是就]把他放了,［并说］你出去调查去,假如我有复辟的事,你再来炸我。
访 一: 这就是体现出大帅爱民呀,并不见得任何人犯错都格杀勿论,您看见过金毓黻写的大帅的传吗?
访 二: 我也觉得他写的东西很好。
张学良: 金毓黻做过我的秘书。
访 一: 他写了一本书叫《张作霖别传》,我想找一本来看看,因为他是老一代的历史学家,我想一定写得很严谨的。
张学良: 这个人观点的事就不能说了。

8. 我父亲生活很简朴

访 一: 孙科写过一篇东西,很短的,他的题目是《我与张作霖的一次交往》,那孙科只见到老帅一次啊?
张学良: 不能说一次,那我不敢说。
访 一: 您听说过这件事儿吗?他是说民国十二年10月,曹锟贿选总统,国父遂下令讨伐。第二年孙科辞去广州市长的职务,带着国父的信,还有陈剑如,谢无量由上海经过日本,到韩国,到沈阳去拜望张作霖将军,商讨如何讨伐曹锟和吴佩孚。这底下是他（孙科）自己写的,从先前听说张是土匪出身,以为他粗鲁彪悍,即见面之后,方知他长得非常清秀,个子不高,不像土匪一类的人物。那时候,他正在忙于进攻山海关,由他的儿子张学良在前方指挥。当时我是住在旅馆。张每天早上派专车接我到他的办公室,共进早餐。吃的是小米稀饭,生活非常简朴。饭后,照例的,由他的秘书长带着一个秘书和各方函电公文向他报告,并且请示意见。他听完之后,诸一用口头指示,由秘书记录办理。一百多件公文,不到一小时就处理完了,非常地迅速。当我和张作霖达成协议后,他的军队不久即打通了山海关,进抵天津。曹锟亦即下野。先是国父在10月间打了一个电报到奉天,说他即日北上,要我请玉甫即叶恭绰,少爵即郑洪年同到天津等候。12月国父自日本坐船抵达天津,我去接他。他是孙科写的一本书叫《八十述略》。他里面说的,我觉得这很有意思。两件事,一个是吃小米稀饭,生活简朴,在大帅府是这样吗?
张学良: 差不多,是这个样子。我记不得这些小事儿。我父亲生活很简朴。

访 一：那有另外一个故事，说他的爱孙跟他一块吃饭，是［哪个爱孙］？

张学良：是张闾珣①。

访 一：说一块吃饭，总有高粱米，而前院那些部下吃饭都有白米。

张学良：那不是，他喜欢吃高粱米。

访 一：说有一天这个孙孙有点不高兴，说人家吃的比我们好。结果是您还是老帅对他说，你要好好念书，你做到他们那个地步，你也吃白米。

张学良：这不是，我也不知道这个事。我父亲在时，很喜欢我这个儿子，他很淘气的。

访 一：也很聪明，那会儿老帅抽中国的旱烟吗？抽不抽？

张学良：他，他不抽，也不抽水烟袋，他不抽水烟。

访 一：那您那个大儿子跟老帅在一块儿都做什么？

张学良：我大儿子很小很小，小孩子。他爷爷喜欢他，有时候叫他一块儿玩去，我们后来不让了，他爷爷抽鸦片烟，他要跟他爷爷抽鸦片。喜欢他了不得。

访 一：您就喜欢小孩，老帅也很喜欢小孩。

张学良：那些弟弟呀什么的，他也很喜欢。

访 二：那您那些弟弟，姐妹呀，是不是很怕大帅？

张学良：我那些妹妹怕。当着他的面儿不敢穿好衣服出去，把好衣服用包儿装着，穿着蓝布大褂出去。

9. 卢永祥根本没到过东北

访 一：我这儿有一个故事，是1911年10月2日，赵尔巽在奉天召开新旧军将领的会议，讨论如何应付局势和东三省要采的态度，因为这时革命军要来了嘛。那么，新军的将领脸色就很不好。这时候，大帅就首先举手赞同赵尔巽的主张，保持东北作为清朝发源地这么个地位。这个时候大帅就举手表示赞成。新军就没人举手。大帅就用手巾包着三炮台的香烟罐，往桌子上一放，说你们不接受督军好意的劝告，就只有同归于尽了。这时候，新军首先举手的就是卢永祥。

张学良：这胡说八道了。卢永祥根本没到过东北。人家是另外一个势力，卢

---

① 张学良长子，母亲于凤至，1917年出生。

永祥在上海当过护军使，当过浙江的督军。

访 一：那他不会到这儿来？他说新军第三镇的协统卢永祥首先举手。其他新军见卢举手随后举手赞成。所以赵尔巽所谓的保境安民主张［是得到大帅支持的］。

张学良：根本没有这回事。我不知道这件事儿，胡说。这不知道谁记载这些事儿，一记载就胡来了。

10. 陈布雷与《西安半月记》

访 一：您说胡来，我就想起另外一件事。李宗仁的口述历史自传里头说，您曾经派了三个代表，到北京去，住在六国饭店。当时好像是国民政府没有人接待他们。说李宗仁好像特别地照顾了这三个人。才谈到怎样请你易帜的事情。是这么回事吗？

张学良：这话我就感觉很奇怪，他没说那三个人名字啊？

访 一：说了。

张学良：我要去人的话，他们也不能住六国饭店，而且六国饭店非常贵。那时出去何必住六国饭店，那都是要跑的人。

访 二：这是不是唐德刚那个？

访 一：对。

张学良：唐德刚他胡乱写。他不晓得又听谁说的。本来我跟唐德刚［关系不错］。他有些东西胡乱解读，他是卖文章的。所以我跟唐德刚也说，他登了报，愿意怎样写，就怎么写，他就是卖文章挣钱，但你不能说是我跟你说的。

访 一：他登报，您瞧见了是吧？

张学良：我没让他写过我的传，因为他要登报，说我要让他写。我说我没让你写呀，后来他登报，说外面误会我了，因为那个事情后来我不跟他接近了。

访 二：我给您念这一段啊，是说陈布雷的。他说西安事变之后，蒋介石回到南京对陈布雷说，布雷先生，我去西安吃了个不大不小的苦头，你替我整理个日记出来。陈布雷婉言推却，说我此行未随先生，恐怕写不了。蒋介石打断他的话，不要紧，我讲，你记就是了。陈布雷就说，好，好。然后蒋说，你不要在办公室写，也不要在家里写，到杭州去写，可以避免外界的干扰。陈布雷化名住进西湖河边的新新旅馆。

张学良：这个我不知道，我判断不会这样的。

访　一：他说，这里环境十分优雅，但陈布雷却久久不能落笔。他感到蒋的指示太离奇，不太符合事实。

张学良：这谁记的？

访　一：蒋先生侍从室的一个人，就是侍从吧。

张学良：这个人叫什么名字？

访　一：就刚才那个居亦侨，他跟蒋先生一直做了12年的工作。然后他说，陈布雷的妹妹看到他心情烦躁，劝说他不要大动肝火，要当心身体。陈布雷很气愤地说，你不懂我的心事，叫我完全编造谎言，闭门造车。

张学良：这个我不知道。

访　一：后来《西安事变半月记》① 出笼之后，陈布雷回到南京，凄苦地对我说，我在这里不过是一名记录生，最大也不过是个书记生。因为这个不是您所亲自经历的，给您提供一下。

张学良：真的，假的，我不知道。

11. 陶克陶胡是老帅讨平的

访　二：我有一个啊。本来这本书是说老帅的事，忽然说到常杨之死②，说常杨之死有利大局。更可以从下面的几条新闻上，作为强有力的证明。很多人对常杨之死做过报道了，但是没有说到这件事做了之后，对大局有什么影响。

张学良：这是谁写的？

访　一：何秀阁，您知道这个人吗？

张学良：他记得，我大概想起这个人。

访　一：他说从报纸上剪下几条消息啊，2月15日交通部次长王玮接受平奉路管理权，这是一件事情。然后四条消息之后，他说由此可见，张

---

① 正中书局1937年6月初版《西安半月记　西安事变回忆录》，前者署名蒋中正，后者署名蒋宋美龄。

② 指1929年1月10日，张学良下令以"阻挠新政、破坏统一的"罪名将时任东三省兵工厂总办杨宇霆、黑龙江省省长常荫槐在帅府内枪杀的事件，史称"杨常事件"。

学良不但没有办错，而且应该赞扬他一句，办得真不错。说评估他这一次杀常杨果断的行动，对于国家的利益，除了上述一二三之外，还表扬了易帜的意义，完全实质上的统一之外，无形中的贡献更大了。这无形的贡献是什么呢？第一，当杨宇霆暗结党徒，准备发动叛乱的时候，日本军部在济南勒兵观变，常杨不死，济南如何演变，那就很难说了。第二点，间接地促成了田中内阁的垮台，由于民政党兵口雄信组阁，币原喜重郎再任外相，出现第二次币原外交时代，为中日百年关系史上最珍贵的一页。第三，张学良对日本满蒙新五路的要求，以外交问题为中央之权限为由而坚决拒绝，在实质上显示了中国的外交一元化，强有力地证明了中国的统一，对于提高国家的国际地位有极重要的关系。就是说，除了当时发生的事情，还有第四点，呵，中原大战。因为常杨不死，中原大战将会提前爆发，就是民国十九年，兵连祸结六个月，中原大战。张学良的一道通电，便能迫使阎锡山下野，冯玉祥归田，汪精卫易计。当时拥有舰艇飞机的东北军处于举足轻重的地位，我们实在不能想象这支军队若在杨宇霆控制下，会发生什么作用。这是谁写的？是何秀阁写的。

访　二：您记不记得大帅在讨伐蒙古的陶克陶胡？这是一个很厉害的人，是吧？

张学良：是蒙古叛变的一个首领。

访　二：这是在1909年了。

张学良：我父亲起来，就是从那起来的。他把他（陶克陶胡）那个副手逮住杀了。

访　二：这个人后来跑了？

张学良：跑了，把他讨平了。[先去讨伐的]三省军队都失败了，就他（指张作霖）去把他讨平了。

访　二：好像清朝给了赏银五千两，升为奉天巡防营前路统领。

张学良：是呀。那时候省防军有五路，他不但是前路统领，好像还是右路统领，一个人兼俩。我记得清朝给的功名他没要。后来清朝就给我祖母一个诰封，给我一个户部郎中。我要在清朝就做文官了。就是财政部的科员。哦！郎中就科长了。

访　二：那大帅有没有穿过那清朝的官服？

张学良：有啊。

访　二：这张相片不是，这张是祭服。

访 一： 拜天了什么的。

张学良： 他清朝相片，有穿着军服啊。

12. 我们睡觉根本不关门

访 二： 我这儿有许多关于大帅的小故事，也许有的与事实不符，不过每件事都写得生生活活的，好像真的似的。这也证明大帅如何欣赏人才什么的。他说有一天呐，在巡阅使署的办公处。那有两排楼，一排办公，一排是官宅，这是大帅的重地了，所以门禁森严。大帅亲自对看门人说过，午夜一过，不许任何人出出进进的。那么有一天，大帅自己回来迟了，超过午夜了，于是就敲门，无人应答。

张学良： 这胡说，根本不是那种情形。

访 一： 那您说家里是怎么一个情况啊？

张学良： 我们那好大的院子，我们睡觉，那门根本就不关。可以说，进了三四层才到我们睡觉的房子。

访 一： 您原来[和]大帅是[同住]一个[院]，一个旧式的房子，是不是？

张学良： 不是，我是有两个院子，我家大概有一部分大楼没动，其他的我已经改，要盖房子啦。我盖了一半，"九一八"事变来了。现在这房子怎么样了，我就不知道了。其中一个是花园子，一个大楼，一个小楼，我们大家住在那个大楼，小楼是我父亲住的。后来那个住宅就变成办公的地方了。是个四合院中国式的房子。①

访 一： 对，对，还在。咱们刚才看到的那个相片是不是就在原来的房子照的？

张学良： 不是，不是。那是在大楼台阶上的照片。

访 一： 不过您那相片里有老式的房子，有廊子有阁衬。

张学良： 那是哪张相片我不知道。

访 一： 那窗户框上都做的花儿。

---

① 此处指沈阳的大帅府。它是张作霖、张学良主政东北时期的官邸和私宅，集办公、居住为一体。共有东院、中院、西院三组建筑，其中中院为四合套院、东院有大、小两个楼和花园，西院原也为四合套院，1930年后张学良将四合院拆掉，建西式洋楼，但工程进行一半，"九一八"事变爆发。工程后来由日本人完成。

张学良：那老式房子还在那儿摆着呢，没扒。

访　一：这次我们给你照的电视上，那老式的房子还在，而且他们还整理了一番。您看，这是老帅，几个妹妹，您看这不是还有廊子吗？这好像是北房的廊子，后边儿这是阁衬，窗户还有窗棂子呢，您看这是不是那个老房子？

张学良：这我不敢说。

访　一：这个当然是在北京了，这个是您那个大楼，这一看就是洋式的，这后头就是新的了。

张学良：这个也是在那个大楼门前照的。

访　一：这个不就是那个旧式房子吗？您看那个柱子上还有抱柱呢。

张学良：哦，是，我们管那个叫大堂。

访　一：连着廊子底下的那个窗台底下的台阶都有很多花儿，刻了很多花儿。都是做得很讲究的。您原来不住在里边儿？

张学良：不住在里边儿。

访　一：还有您给大帅做的坟，做的墓。

张学良：不是，不是那么回事儿。我父亲的那元帅陵①，并没葬到里边。那个时候我父亲死以后，东三省三个政府出钱，把我父亲葬在那儿，花很多钱，没做成呢，石人石马什么的就摆在那儿，就没做成。我父亲葬，是日本人给葬的。我父亲的陵在家里，是把我母亲和我父亲的葬一块儿了。②

访　一：她给您的录像带上都很清楚，录像上都有。给您弄弄看看？

张学良：没关系，我，我对这事情都不大关心。

访　一：还说那故事，当然这个房子已经不对了，那看门的人不让大帅进去。

张学良：没那回事，我们头一道大门晚上都不关的，都［有］站岗的。二道的门，就根本不用叩门，一直就进去，什么人都能进去。这个人写得就没道理，简直胡说八道，根本用不着敲门。我想有人卖文章那随便写，我那家没有门可敲，那么大的门怎么敲？

访　一：对呀，除非有站岗的，不让进去。

---

① 元帅陵位于今辽宁省抚顺市高丽营子大伙房水库旁，是张学良当年亲自选定的张作霖墓地。1929年5月动工，预定三年完工，后因1931年"九一八"事变被迫停工。

② 1937年即张作霖被炸的九年后，经张景惠、张海鹏等人请示日本方面，准许他们将张作霖的遗体运往辽宁省凌海市石山镇驿马坊，与原配赵氏合葬一处。

访　二：这块儿有一个老帅的，说民国初年的时候，东三省巡阅使的办公处也是在那块儿。大帅是经常不到前楼的。有一天，因为前楼没有什么人，非常清静，大帅也是无意之间从那儿走了一趟，看见有一个人在那办公呢，伏案写字。大帅觉得很奇怪，大家都出去过年，怎么？于是就进去看一看，这个忽然间感觉有人来了，马上站起来，一看是大帅，就向大帅致敬。大帅说大家都回去过年，怎么你一个人在这儿？他说我家［在］安东（今丹东）一个偏僻的地方，来回要走十几天，要回家过年，我的整个假期都要在路上了。而且家里穷，我就把省下的钱寄回家，让他们过年。老帅说，你既不回家过年，你这儿至少有亲戚朋友可以消遣消遣呐，怎么还在这儿写字呢？他说，亲戚朋友都在过年呢，我不想去打搅。外面消遣呐，又浪费很多钱。我呢，最喜欢写字，拿写字来做消遣。老帅觉得很高兴，说好小子，你很有出息。后来有一天老帅就跟袁金铠（老帅的秘书长）说，你把署里头一个会写字的叫来，袁金铠也没有好意思详细地问，就带来一个会写字的，老帅看了看说不是这个人。袁金铠又去找别的人，老帅都说不是，不是。后来袁金铠没辙了，就把他所有的书记都找来，说你们谁写字，让老帅看见了，结果这个人没办法了，就说是我。老帅说对了，对了，就是他。雨帅的身材不高，声音却很洪亮，这个人怕得要死，就倒在地上起不来了。袁金铠就说，你不要害怕嘛。然后老帅就温语有加，给他安排了一个很好的差使。那时候，所有的差使都不是老帅亲自［管的］，尤其是那些小官儿。而且王永江也不希望老帅管。但这一次却是特殊，提拔他。

张学良：这完全没这回事。

访　二：这又是无中生有。

张学良：怎么说呢？我们那个办公室呀，他连去都不去，他也不能去。

访　二：哦，不能去。

张学良：与他无关系，他也不能去。他一去，那就不得了。

访　一：对，大帅来了。

张学良：他有事情，都到他的办公室去。那办公的房子，他咋能去呢？你明白？那办公室他咋能去，那一去不就热闹了？还有，我们家办公的地方，跟他远得很呐。

访　一：所以他这写的好像遛着弯儿就过去了。

张学良：干什么？吃饭了？你收拾你的桌子，我们说我们的。所以说些［写］东西的人都是胡说八道的，根本也不可能，他这写字不写字也看不见，一辈子也看不见人写字。

访　二：这后面还有一个说张宗昌的故事。他说张宗昌字效坤。他生平的事迹奇彩多姿。世人只知道他粗犷，叫他"三不知将军"。但是不知道他是个纯孝义勇军。等到他参加大帅［部队］的时候，二次奉直战争，他都是死伤惨重。诸君莫能前，而效坤独请缨出奇策，率三千人［作战］。

张学良：这谁写的？根本是捕风捉影。

访　二：又不对了，那就甭念了。还一个鸿门宴，挥刀绝尘。

访　一：这又说日本一个驻奉天的领事，不知道是谁，说要设宴请大帅。预备是说"二十一条"的事要跟他摊牌。大帅认为这是个鸿门宴，所以不想去。

张学良：这不知道谁说的，根本没那回事。

访　一：这些人都会揸兜。

张学良：不会揸兜怎么卖呀？

访　一：你也得有点谱呀。

（安师傅拿桃子给大家吃）

访　一：我们都不好意思了。我们就带两个桃子过来。您却搬出来十个桃子。您自己个儿留着自己吃吧。我们那儿的桃子便宜着呐。您喜欢吃面食吗？

张学良：我挺喜欢吃的。

访　一：真的很好吃。他真的会做面食呀，每次都做得很好吃。

安师傅：好吃吗？好吃就多吃点。

访　二：饼做得又软乎又不干，好吃。

张学良：这是烫面的。

访　二：软。

张学良：我原来有一个老妈子，姓胡，死掉了，是个北京人。她会做面食。

访　一：安师傅也是北方人吗？

张学良：他是山东人。

访　一：山东人也是北方人。这里头搁葱花适中。现在美国人也爱吃葱花饼。他们做的葱花饼跟油炸的一样。在中餐馆，所谓的葱花饼外面焦得不得了。

访 二：我说您待人好哇。你说，他们都一直跟着您的。

访 一：这些人都跟着您好多年了。

张学良：他们都是公家人。自打溪口就一直跟着我。

访 一：哦？

访 二：他们都是蒋家的吗？

张学良：他在溪口时候距离蒋家还很远。他是旅行社的小孩子。他跟着旅行社，为旅行社服务。

访 一：所谓的旅行社就是在里边〔服务〕。

张学良：伺候人的。他不是一直跟着我，而是跟着负责人的。

访 一：刘乙光？

张学良：后来他又到局里受训。

访 一：那后来上湖南等地他都跟着你吗？

张学良：没有。他再回来到我这儿是蒋经国的意思。

访 一：那这么说有五十年了。

张学良：那是很平常的。不过中间断了。他自己个儿做自己的事情。

访 一：你那个杨司机？

张学良：那都是小孩儿。他爸爸他家当时很苦呀。我们刚刚到台湾那会儿台湾很苦。他爸爸就给我们送柴火，不要钱。就是他把柴火送来，我们供点饭给他。他有个弟弟，我不是跟你说过吗，他爸爸没有钱，很可怜，要把他弟弟给卖了。他弟弟说，不要把我卖了，晚上我陪您说话。当时五六百元就要把他卖掉。

访 一：你看多可怜呀。

张学良：那个时候的台湾真可怜。拿着麻袋做衣服披着。

访 一：哎呀！都没有衣服穿。您说那会儿都是日本人把那个钱都贪污走了吧。

张学良：没有饭吃，没有米。

访 一：台湾是出米的。日本人把米都拿走了。

访 二：那个时候物资什么的都没有了。

张学良：不过话又说回来，我这个人爱说公道话，台湾的破坏不是日本人的责任，是中国人。中国人把账都赖到日本人的头上。我不承认。

访 一：您怎么说是中国人呢？

张学良：我说中国人不是人。中国人又要钱，什么都要。我刚到台湾那会儿，我的心情非常难过。我说中国人是什么人哪！陈仪从福建带来的一帮子人都是一帮子什么人啊。我对福建人的感觉不是很好的。这些人都是胡闹，在东北也一样。就是中央军到东北，他们比日本人征服中国还厉害。他们不晓得这是中国人。在他们的脑子里，还说什么"五子登科"。

访 一：对，对。

访 二：什么？

访 一：什么金子、房子、妻子、女子，还有车子。

张学良：这都是我亲眼看见的。那个时候，省政府派几个下女来，还有一个副官来招呼我们。那个副官就和那些下女都发生关系了，不是人。没有办法。

访 一：您说那会儿，是不是大陆来的这些人有一种心理，反正国家已经快完蛋了。您知道在日本那个时候我们最恨的是什么人？我们在北方最怕的不是日本人。你猜我们最怕的是什么人？一是台湾人，二是高丽人。

张学良：我虽然恨日本人，但是我认为日本人比中国人好多了。中国人这帮子人都不是人。

访 一：所以才把国家丢了，全没了。

张学良：简单地说，日本人是干了好多的事儿，但是日本人有一种叫纪律。中国人没纪律。

访 一：对，对。

张学良：中国人没有什么纪律。

访 一：日本人，比如说他吞并中国占领中国，这是他整个国家的一种政策。可是他们个人的生活规律还是有的。

张学良：咱们这个中国人说是完蛋的。

访 一：中国人，这个人是差一点。不是差一点是差多了。

张学良：是人的问题。一个日本人，一个德国人，我最佩服。我虽然把日本人恨透了。可是我非常佩服。

13. 没有蒋夫人，戴笠就把我弄死了

访 一：您说，我们要向您请教，中国人这种毛病啊，是不是因为教育不

普及？

张学良：也不是这么讲，这个话很难说。因为啊，可以这么讲，这些接收的事情啊，也不能说是谁，这些人多数不是军统局①，就是中统局②，这两部分人。抗战胜利后啊，戴笠的那部分人，还有中统局，这两部分人我认为都很糟糕透的。换句话，正经人不干那些事。换句话说，他干这个事儿的时候存心就是趁火打劫的主儿。

访　一：这都是戴笠一手训练［的］？

张学良：也不是戴笠呀，党部也是一样，中统局就是党部的，陈立夫的。

访　二：陈立夫不算是CC派啊？他们不算是CC派啊？

张学良：陈果夫、陈立夫两个人是CC派的，党部在他手里可以说是CC派，不在他手里的可以说不是。这个谁呀，活动分子老爷唐德刚仗的就是CC派的几个大将。

访　二：哦，是吗？

访　一：谁呀？

张学良：上海社会局党。唐德刚当年活动的时候靠的就是他们。

访　二：现在不是CC派早就没有了吗？

张学良：所谓CC，就是他们两个弟兄的，现在是陈立夫，陈果夫早死了。蒋先生起来呀，是陈英士啊，陈英士是陈其美呀。他们俩是陈其美的侄子。所以，蒋先生对他们俩很好。

访　二：您说，军统戴笠啊，有时候很多坏事呀，不是他，也许他替蒋先生做事，有些也许不是蒋先生的意思，是他们［的意思］。

张学良：是，是，有好多不是蒋先生的意思。那戴笠在蒋先生那儿，换句话说，蒋先生没答应的事，他可以做。

访　二：哦。

张学良：他就有这么高的地位。

访　一：他是可以先斩后奏的那一种［人］。

张学良：是，是。

访　二：那这毛病就很多了。

---

① 军统局是"国民政府军事委员会调查统计局"的简称，前身为国民党党团组织"复兴社"下属的"特务处"。早期的负责人为戴笠，1946年后由毛人凤继任。

② 中统局是"中国国民党中央执行委员会调查统计局"的简称，国民党的主要情报机构之一。中统的前身是1928年时成立的国民党中央组织部调查科。1935年升格为国民党中央组织委员会党务调查处。

张学良：这都是过去的事了，现在可以讲了，他那里有一个人跟我很好了，他对我说，要不是蒋夫人的关系，戴笠把我弄死了。

访　二：不是，他应该很感激您吗？在西安的时候他去了带着手枪，让人家给劫了。

张学良：那是这样的，把我取消了，少了一个麻烦。

访　一：哦，是这样的。

张学良：我有病的时候，他派来一个医生，本来想把我弄死，这是后来他手底下一个姓张的人告诉我的，叫张严佛。那么后来因为蒋夫人也住在那家医院，由于蒋先生在那儿，他没敢动。①

访　一：你说这有多危险。

张学良：那真得感谢上帝呀。

访　一：有一次夫人说您在贵阳中央医院，治您盲肠炎。完了之后，以为您完全好了。可是后来没有完全好。您出院之后，到另外一个地方去住，后来又开了一次刀。

张学良：开了好几次。那时候，也没有这种消炎的东西。

访　二：哦，没那么好的消炎药。

张学良：那种消炎药叫大烈黄，都是消炎药的头儿。可是，它反应很高。

访　二：副作用。

张学良：要没有这种药，就变成腹膜炎，我的命也许会死了。那时开刀，不能开完。那个杨大夫很费大事。那蒋先生、蒋夫人对我很好。后来派中央医院院长来，那蒋夫人、蒋先生对我很关照。

访　二：医院的设备好吗？

张学良：不好，所以又给我弄来好些东西。

访　二：后来夫人说有一次您在住的地方的客厅要开刀？

张学良：不是客厅，就在我们住的房子里。那个时候我差点死了，我这个人就是满不在乎。我跟杨大夫②很好。我问他，差不多了吧？杨大夫说为啥？我说我浑身就像冰似的那么冷，这人死大概就是那样。杨大夫说你不要害怕，好吗。我说，我要害怕了我就不和你说了。他

---

① 指1941年5月，张学良在贵州修文幽禁时，突患阑尾炎，病情严重，来不及向戴笠请示，负责看押的刘乙光将张学良送到贵阳医治。由于救治及时，挽救了张学良的生命。但没有任何记载当时宋美龄在这家医院，应是张学良记忆有误。

② 当时为张学良主刀的是贵阳中央医院杨静波大夫。

就烧了几块砖，拿砖火通我的手和脚，到一定时候我说我暖和了。他说，你不要紧张。人要死的时候手脚冰冷。

访 一：那您浑身就冷，就是血液不循环了。

张学良：他说你不要害怕。

访 二：那就是用毛巾把烧热的砖包上。

访 一：那怎么消毒呢？

张学良：那不用，不直接跟血液有关系，外面有皮肤呢。后来我就不冷了。后来啊！结果还是沈克非①，中央医院院长啊，也是蒋先生派他来了。他和杨大夫商量，我又天天发烧，烧不退。所以杨大夫非常忧虑。后来，说不是他不行啊，是你给他的药，是药物反应，他说你把药停了。后来，我就不发烧了。沈克非这个人很好玩，他给我阿司匹林，我说阿司匹林管什么，他说我是大夫，我给你吃你就吃。我要看我的病历，他说我不许你看。我要不许你看，你就不能看。这个人可真是了不起呀！我很想念他。那时我刚开完刀，刚回到病房里头，空袭来了。中央医院曾经被炸过，炸死一个护士长，还炸伤一个护士。被日本炸弹投死了。

访 一：那空袭的规矩不是不能炸医院吗？

张学良：那不管他，日本人不管，大家都跑警报了。陪着我的人是刘乙光，他说咱们怎么办？他（指院长）说你们都跑吧，我陪着病人。旁人都跑了，他说我陪着你。

访 一：那可真危险，太可怕了。

张学良：这个扔炸弹也不一定扔那么准，我就说这种精神。

访 一：我说你是非常人经过的都是非常事。刚开完刀，就大轰炸，这也真是［巧啊］！

张学良：这沈克非这个人，后来做北京协和医院的院长。② 这个人我很佩服。他很好玩，那时候一个小大夫穷得要死，穿着皮鞋。晚上来个贼来偷他的皮鞋，叫他给逮住了，把他（指小偷）打得要死。打完了就给扔在医院门口了。早晨，他（沈克非）来上班，见门外躺着个

---

① 沈克非，浙江嵊县人。留美医学博士，1926 年回国在协和医院工作，1930 年起历任南京中央医院外科主任、副院长、院长。1941 年任国民政府卫生署副署长，兼陆海空军总司令部医监。太平洋战争爆发后，随远征军赴缅甸、印度，从事战地医务工作。是中国外科学先驱之一。

② 沈克非在 20 年代做过协和医院外科住院医师及住院总医师，此处张学良的说法有误。

人，就问怎么回事，他们就说了是一个贼，偷谁谁的鞋，后来学生们把他给打了就扔在这儿了。他说谁给打的？就把这个学生找来了，学生也承认。他说，好了，你打的，你给他治，治的钱由你付，你把他抓了给警察，但是你没权利打他。那个学生后来跟那个贼说，你变成我爸爸了。我不但给你治，还得看着你。沈克非这个人很好玩。晚上他出去巡逻他的医院，看见一个人，竟然在他的医院水沟尿尿，一问他是交通大学的。他说，好。那么你们校长就要跑到我这里拉屄屄拉屎呀。你给我滚出去。

访 一：也就是说，管理任何一个机构，你必须有一个规矩。

张学良：那时候穷啊，医院病房外头放着两个大桶，有一桶小苏打[水]，有人胃不好，[就喝它]。另一个桶里头那时候都是拿草纸包着的，都是治外伤的，消毒的。也不知道是哪个老爷干的事儿，把那个桶的药给装到另外一个桶了，那个时候也没法分辨。有一个病人，胃不大舒服，护士小姐就把那包药拿去给病人吃了，吃了就死了。谁摆的也不知道，是护士小姐拿错了也不知道。反正那个病人就死了，死了问题就大了。那个人就告发，法庭上审问的时候，[沈克非]说我绝不告诉你这个护士是谁，我是院长，这个医院我负责，就是我，我负责任，我绝不告诉你[她]是谁。绝不能说出来这个小姐是谁。至于药弄错了，也是我医院的管理不好，才出来这种矛盾，我负责任，你法官判罪该怎么判就怎么判。

访 一：真了不起，这有点儿像您。

张学良：要不说那学生很理直气壮地，在医院的水沟里随便尿尿。结果他（沈克非）说，好，你交大的学生就能在我医院这样，那你的校长就能到我这儿随便拉屄屄了。[学生]说，我是病人。他（沈克非）说，病人？病人也不行，今天晚上就给我滚，搬行李！这个人很有意思，后来当了协和医院的院长。

访 一：协和医院在北京那会儿他们叫首都医院，那时最有名的。

张学良：那韩战（指朝鲜战争）他也去了当医生，野战医院。我佩服这个人，佩服极了。他说，我现在什么也不想。等将来我自由了，自己开个医院，不受这些限制。他说上医院还得挂号，挂号费两块钱，政府还要两块钱的挂号费，可是那些手续比两块钱值得太多了，他说我就不要钱了。这个人很有意思，他门口有一个破汽车，报废了还是怎么的手续问题。他说算了，破汽车我也不报了。他就是说这些手续什么的，一点意思都没有。到现在政府还这个样。这些手续一点意义都没有，一层一层的手续，等到公事回来人已经死了。

访　二：您喝茶是喜欢喝乌龙啊，还是香片？

张学良：有的时候喝茶，有的时候喝咖啡，我这个人不一定。

访　一：这种香瓜没见过，可能是从日本进口的。顶多有那种大的哈密瓜，还有外面皮儿很粗糙的那个是什么。

张学良：太太留的香瓜在那儿摆着呢。

安师傅：没有呀。

访　一：少帅就喜欢这个，你看这桃子看着真好。

张学良：我不吃这些瓜。

访　一：对，您不吃瓜，西瓜呢？西瓜也不吃？

张学良：西瓜我吃，但也不乐意吃。西瓜吃了后，小便多，不大便，我就怕不大便，我现在总吃泻药。

访　一：人小便多了，大便就少了。

访　二：大便就干燥了，水分都走了嘛。

张学良：我这两天吃泻药。

访　二：您走路不走路呀？

张学良：我这个人干燥得厉害，火大。我的内人不在。我内人在的话，常常给我灌肠。

访　一：您吃的泻药是西药吗？是西药还是中药？

张学良：我吃西药不吃中药。我的口号是我死了也不吃中药。

访　一：您吃那个什么吗？咱们叫白薯。咱们北方叫白薯，他们叫红薯。

张学良：那个吃得好。

访　一：那个是利便。

访　二：您还是要走一走，走一走对消化有好处。

张学良：我这个人懒得很，走着走着就不愿意走了。

访　一：这几天也难怪，太热了。

张学良：我也承认，我头一样是懒，二一样是我岁数也大了，也懒了，走着走着就累了。本来饭后三百步，不必上药铺。我现在走不了三百步，就累了就懒了就回来了。我现在不大爱动了。

访　二：别说您不大爱动了，我们也懒了。

访　一：每一天都比头一天年纪大一天。从六月到这儿来，我就觉得我懒得要死。

张学良：天气热让人犯懒。

访　一：台湾的天气有个毛病，在纽约热也是一样的热，可是不出汗。这块儿的热是，一下子就出一身汗。

张学良：这儿热是湿热。在北方它也热，可是没有这么难受，湿热。

访　一：一会儿就一身汗。

张学良：还有这儿的热，我睡觉我睡得不合适。它热呀，晚上黑间热，我又不能开着冷气睡觉。冷气关了一会儿又热了。睡一会儿就浑身是汗。

访　二：您楼上是不是更好？楼上更凉快点。

张学良：更热！为什么更热？你不明白这个意思吧。

访　一：不明白。它应该是高一点凉快。

张学良：它房顶晒得热，到了晚上的时候，它热气下来了。我现在这个屋子是一直开着冷气，开着让它冷下来。

访　一：那您睡觉的时候还开冷气吗？

张学良：我睡的时候相当地好。等睡了一会儿屋子就热了起来。你知道这里有学问呐。你们就解释不了，但是曾老先生能解释。

访　一：您跟我们说说吧，她没听说过这个。

张学良：晚上三点钟啊，这个半夜两点呐，跟白天中午的一样，它也会热起来。

访　二：是吗？为什么？

张学良：为什么呐？他讲得有道理怎么怎么的。他讲夜里的三点和白天中午一样，有理由，怎么怎么的。他会讲我就不会讲。

访　一：这位曾约农曾老先生有学问。

张学良：我们都说，他为百科全书。我常常跟他开玩笑。问他什么事儿他不知道了，我就说他，你少了一页，那页掉了。

访　二：呵呵，百科全书成了九十九科了。

张学良：我叫他百科全书，问他什么他都知道。问他不知道的时候，我就说你那页儿掉了。

14. 曾约农和曾宝荪都是了不起的人

访　一：说起来像曾约农。

张学良：曾约农那个人真是［有学问］。曾约农，还有他姐姐曾宝荪，跟他们谈一天话胜读十年书。哎呀！那他那学问高，那曾宝荪，他姐姐的耳朵不好，对于耳朵的毛病的什么原因，她自己看书，比那个耳科大夫还知道的不少。他们这两位，那可真是［有学问］。

访 一：他们两位都没结婚呢。

张学良：没结婚，都没结婚，有人说他们不是亲姊妹，好像是堂姊妹。有人那么说，他们俩都没结婚。不过曾宝荪她自己说，我不结婚是为了办学校。那个时候她说，我要一结婚就不能一直办学校。

访 一：而且说实话他们俩人的学问那么大，什么人也不能配他们。您想想谁敢跟曾宝荪结婚呢？

张学良：我想是因为这样，曾约农不是东海大学校长吗，因为这样他们俩儿住一块儿。他们是堂姊妹，一个爷爷。

访 一：叔伯。

张学良：我们叫堂。他姐姐比他大，大好几岁。

访 一：他们两人好像都得了中风。

张学良：他是，他姐姐先死的，不过他知道他姐姐死了。他们俩在这个病房，往那个病房还打电话。他也知道她也不吱声，后来曾约农死的时候也就糊里八涂的。后来他躺床上完全不认识［人］了，躺了好多日子才死的。他那个护士小姐很好，领他出来唱歌扶他外边走走，他后来也不能走了。

访 一：这都是了不起的人。

张学良：他九十几岁才死的。

访 一：也是九十几岁，九十多岁了啊。您看像曾约农那么有学问的真是可惜，那会儿没有口述历史，真是应该把他的声音呐留下来该多好。

15. 一时不能统一，各人干各人的

访 二：现在我问您一个题外的问题，您一直谈中国应该统一，那您说台湾和大陆会不会有一天统一？

访 一：她说呀，您一直希望中国统一。那么现在的情况，像台湾和大陆之间，这个统一怎么个统法啊？

张学良：一时不能统一。不能统的原因是，一个是旗帜的问题，要挂谁的旗？我们要挂青天白日旗，他要挂他们的旗，这是一个。那是中华人民共和国，这是中华民国。我认为就这样待着，各人干各人的，谁也不敌意［谁］。各人干各人的。那大陆也就是这样，也就这个主意。台湾对大陆［的统一］是绝对没有可能的，就是大陆要不要打台湾的问题，他们大概就是要台湾的，没关系，与他也没有害处。

访　一：您说要维持现状，在您的心目中算是［暂时保持现状］。我的问题是说您一直希望中国统一之后才能强大。现在这个中国没有统一，那咱们中国就永远这样？

张学良：那台湾统一不了大陆，那大陆现在也［是统一不了台湾］。他不用武力呀，也不能说随便就统一。也许过些时候［能统一］，那我就不知道了。

访　一：我姐姐给我讲故事，她说清朝有四大疑案。我们现在有一个大疑问，将来中国怎么统一？

访　二：不过您不觉得中国的文化好像都分歧了嘛，文化都不一样了，慢慢地［就疏远了］。

张学良：他现在这么样，我想是维持着，反正也没多大关系，两边也随便来往，我看呐，也许维持现状，维持个十年、八年的，以后那就不知道了。

访　二：不过说实话，当初咱们国家是四分五裂，不能统一。军阀混战，国民党打共产党，现在没有了。那时候，您希望统一就是说咱们不要有内战，大家团结起来，治理好国家。现在，哪方面都没内战了，而且大陆也不打台湾，台湾也不打大陆。内战这个因素没有了。所以虽然不是在一个政府，也是大家能够维持，维持现状。

张学良：维持现状，就是你干你的，我干我的。交通也交通，人员也来往。

访　二：而且俩人都站得起来了。

张学良：大陆，大陆还是要钱呐。台湾是有钱啊，台湾现在货币［外汇］存款世界第一呀。

访　二：还是人多，您说是不是？

张学良：预备金世界第一呀。换句话，他的储备比他们钞票还要多。

访　二：您说大陆想要钱，还是穷的关系吗？

张学良：穷的关系。

访　二：穷还是因为人多。

张学良：还是他理财能力不高。我想，大陆可能，可能请台湾的理财家，台湾的几个理财家是厉害。

访 二：您说台湾理财家是哪几个人？李国领是一个？

张学良：头一个开始的是尹成龙啊，那么现在财政部长王啊……谢震中啊，这都好厉害的。谢震中这人了不起，我非常佩服，现任中央银行行长。也是李登辉大将啊，我跟他常常在一块堆儿，可没长谈过。

访 二：他是客家人吗？

张学良：他是客家人。

访 二：哦，我听他那口音好像是大陆人。

张学良：是客家大陆人。

访 二：年纪不太大？

张学良：也五十多岁了。

访 二：以前做那个经建会的是那个钱复①。比较年轻，您不认识他。

张学良：钱复兄弟俩吧？

访 二：他的哥哥是个医生，叫钱煦②。也是哥伦比亚大学［毕业］的。大概跟赵世辉的儿子都在哥大做医生。跟您外甥在一起，一个是钱煦，一个是赵树伦，都是哥伦比亚大学有名的医生。

张学良：哦，那是妇产科的主任，也是哥伦比亚大学的教授。我那个外甥好厉害，我那妹夫也好凶。

访 二：您说他凶在哪？

张学良：很能干。他（妹夫）原来也在联合国当秘书。和我弟弟他俩在一起，他也是燕京大学的学生，后来到美国念书去了。

访 二：他很会唱戏呀？

张学良：那唱得好啊，唱小生可以说是一流的。

访 一：我们都没有赶上听听他在那儿票戏，可是大家伙儿提起来我们都可以想象得到。有人说他介乎这个俞振飞③和叶盛兰之间。

张学良：那就不知道了，我还没听过呢。

---

① 钱复，字君复，浙江杭州人。1949年随父钱思亮迁台，毕业于台湾大学政治系。1958年入耶鲁大学主修国际关系与外交，后获博士学位。返台后担任蒋介石英文秘书兼政治大学副教授。先后担任"外交部"北美司司长、"行政院"新闻局长、"行政院经济建设委员会"主任委员等职务，1990年担任"外交部长"，是李登辉所谓"务实外交"的执行者。

② 钱煦，浙江杭州人，生于北京。1947年考取北京大学医科，1949年随父钱思亮去台湾，入台湾大学医学院，1953年毕业，次年赴美深造。1957年获哥伦比亚大学生理学博士。1976年当选"中央研究院"院士。曾任美国加州大学圣地亚哥分校惠特克生物医学工程研究院（Whitaker Institute of Biomedical Engineering, UCSD）院长。是唯一同时任美国科学院、美国工程院、美国医学院、美国文理科学院院士的华裔科学家。

③ 俞振飞，原名远威，字涤盦，号箴非，生于苏州义巷。京剧、昆曲表演艺术家，工小生。

访 一：而且他是打单皮的打小鼓的嘛。了不起，那戏都在他手里。
张学良：那个人聪明极了，聪明绝顶。

16. 我从来不题名张汉卿

访 一：我们昨天找到两首诗，有一首不是您写的，是您写给罗祖光①，是您抄一首词，他是《自立晚报》的副社长。他说您送给他一首词，是您的书法，写的是李商隐的一首词。

张学良：我不知道。你看见没有那个落款写的张汉卿？我从来给人写东西都没写过张汉卿，那个张汉卿是谁，我都不知道。因为叫张汉卿的人太多了。我从来没写过张汉卿，题名没提过张汉卿。还有那个字也不是我写的，这个玩意儿我在报纸上看见了，这个人我也不认得，我认为是有一个人叫张汉卿给他写的，他就借用这个玩意儿往脸上贴金。

访 一：而且这个人真是，把这个词整个儿拆开来，一个是影射什么，一个是影射什么，头头是道。

张学良：那我不知道，头一样事情我从来不题名张汉卿，我不题名张汉卿。这是一个；二一样是我也不认识这个人；三一样是这个字也不是我写的。我在报纸上看见了。

访 一：开始您说那字您忘了，我以为您的字写得很像王羲之的，后来您说不是王羲之。

张学良：不是，我写的是明朝的那个文徵明［的体］，我学他。

访 一：您现在还有没有以前写的字？

张学良：现在能看见的就是当年蒋经国的那个，在我客厅的。

访 一：您带我们瞧瞧去？

张学良：我现在写不出来，那是我当年写的。

17. 厉害的仗都是我去

访 一：我昨天就看您关于您的这个记录，我昨天跟她学舌，不要说少帅打仗了，连看的人都觉得累。

---

① 罗祖光，台湾《自立晚报》原总编辑。

访 二：她说您那几个战役呀，就那两三年里头，有南口战役、开封战役①、上蔡战役②、涿州战役③、彰德战役④，不得了。那时候，您几乎天天在那调兵遣将，不是这胜了，那败了，每天都是这种生活。

张学良：我也不在乎啊。我对我老婆于凤至说，我要走了，不许你唠叨这些事情。我从二十一岁就开始打［仗］，所以那时候人家说我不是我爸爸的亲儿子。

访 一：老让您去打仗。

张学良：不但打仗，哪块儿打不了，厉害的仗都是我去［打］。

访 一：有一段故事，也不知在什么地方，就说他们抢了金佛，然后您去安抚，还是调停啊，您的火车差点没让［他们炸坏］。那是怎么回事啊？

张学良：唉呀，我爸爸这个人呀，他呀，他尽给我［些难办的事］。是这么个事情。我那时还在北京玩呢，他们不知道我要干什么。我说我有要紧的事情要走开。那他们也要去，我说我有事情，你们不要去。他呀，穆春骑兵第一师，打冯玉祥的时候，是从黑龙江调来的。哦，不是调，是从那边迁回过来的。这个骑兵第一师走的是库伦，不是那个大库伦，是小库伦，不是蒙古那个⑤。走到那地方，有一个庙，一个喇嘛庙。这个庙大概很有钱，好像很有财产。这个骑兵第一师，到那去就把人财产给拿了。当时是哪一个团的人不知道，反正是给

---

① 开封战役，开封位于河南省中部偏东，黄河的南岸。1927年2月，张作霖命令张学良、韩麟春率领奉系第三、四方面军团四个军的兵力进攻河南，4月17日，奉军占领开封。

② 上蔡战役，上蔡位于河南省东南部，属驻马店市。1927年5月，张学良所部富双英部与北伐军张发奎部在上蔡地区展开三昼夜的厮杀，最终以北伐军获胜而告终。

③ 涿州战役，晋军傅作义部与奉军在直隶涿县（今河北涿州）县城进行的攻守战。1927年9月，山西阎锡山部誓师讨伐奉军。晋军第四师师长傅作义率领挺进队，于10月5日从蔚县出发，11日袭占军事要地涿县，严重威胁奉军。张作霖急令京绥线总指挥张作相和京汉线总指挥张学良率部反攻。14日张学良率近三个师三万余人围攻涿县县城，激战旬日不克；继又增调第八军等部，总兵力达五万人以上，对涿城进行昼夜轮番攻击。傅于1928年1月5日赴保定与张学良议和，双方达成停战协议。12日，晋军第四师残部七千人开出涿县接受奉军改编，奉军进驻该城。

④ 彰德战役，1928年春夏之交奉鲁联军与国民革命军第二集团军在豫北（今安阳一带）进行的战争。此役参战的双方为，张学良指挥的奉军三、四军团和直鲁军褚玉璞部共约10余万人和国民革命军第二集团军总司令兼河南省政府主席冯玉祥指挥的国民革命军约20万人。1928年4月5日拂晓，奉直联军在飞机、重炮、坦克掩护下，分东西两路对冯玉祥部发起猛烈进攻。战役异常激烈，双方甚至短兵相接，展开肉搏战。奉军一度攻下彰德。冯玉祥部则浴血奋战，顽强坚持，死伤万余人。4月29日，冯玉祥部开始反攻，同时北伐军在津浦路击败张宗昌的直鲁联军，迫使奉军于5月1日全线退却。

⑤ 指多伦，位于今内蒙古自治区锡林郭勒盟东南端的一个县城。

人洗劫了。人家这个庙就告到我父亲那去了。我父亲给我下了命令，叫我把这一师人全都枪毙了。①

访 一：啊，一师人？

张学良：我说我父亲就给我为难呢。那我想，我能做主了，怎么办呢？我想把他们骑兵第一师调来，给他解散了。那么把这里头的军官，是哪一团，什么人干的，把他挑出来，那么得办几个人呐，其余的人给遣散了就算了，这个计划很好哇。那么这个骑兵第一师里头，大部分是土匪出身，这个问题就来了。那么我可怎么处置呢？这一师人，还都是骑兵，都有马。我自己就做了一个计划，也怪我底下的人执行我的计划太彻底了。我就把这骑兵第一师放到一个地方。另外我有一个步兵旅就把这骑兵第一师都围在这儿，就说我要去检阅。那么给步兵旅长下命令，给他们缴械了。把军官调到车站上，我就预备给他们讲话，利用这个讲话，就把这个军官到底是谁，就给查出来了，[该] 扣留的扣留，[该] 办的办。那么，旁人都不知道我这个计划啊，连他这个师长也不知道，我心里最难过，我这个卫兵队长姓姜（姜化南），他知道。他就警戒得很严，尤其那有天桥，他把天桥上都架上机关枪。等他们一进来，他们就感觉这个气氛不大对，而且他们身上都带着枪，这是一件事。第二件事情啊，也不光如此，这个姜化南底下啊，有一个不知谁的护兵，这小子想发洋财，那么他们带来的这些卫兵啊，都到票房休息去了。好的！这小子想发洋财，我在那讲话还没开始呢，他就开始在那说，得了吧！我缴你们械，把枪都给我。他们那帮人还听你那套，拿起枪，砰的一下，就把这个小子给打死了。外面一开枪，里面就不得了了。外头开枪，不知怎么回事，他们就觉这事不对了，好，他们就动手了，开枪了。这下，我车站上的机关枪也开了，把我就打到火车里头去了，差点把我打死啊。我在车上正要讲话呢，头一个就把我卫队长打死了。他一打死了，我也火了，机关枪就开了，他们跑的跑，死的死，打得满车站 [都是死人]。哎呀！那是我最难过的一件事，打到后来，也没人了。完了我说不要打，都不动弹了，也没人儿了。我就叫人埋的埋，葬的葬。

---

① 1926年8月，奉军在进攻冯玉祥的南口战役中，穆春所部骑兵师王永清旅发生了抢劫多伦喇嘛庙金佛的事件。张学良前往处理，双方发生火拼，王永清部多被枪毙。

访 一：穆春，后来给捉住了吗？下狱了，您还［是放了他］？①

张学良：不，不，他就在我车上呢，他很难过，是他的军队嘛。他没走，他没受什么处罚。

访 一：所以这些事随时可能都有意外。

张学良：所以我爸爸给我出了一个难题，让我把这一个师都枪毙了。我怎么能把一师人都枪毙了呢？我当时还在北京玩呢，其中有英国皇上的一个弟弟，什么亲王，在北京玩。我说，对不起得很，我有事情，我回来陪你玩。他非常想找中国小姐们玩。

访 一：所以您这一生，经历了多少危险，真是出生入死。

张学良：那个当年呢，我也是受我爸爸的训练。你得当军人，那死字根本没有了，你随时可以死啊。那两种啊，这种叛变，说把你打死就打死了，谁也不知道。不但这个，我还带过土匪军队呢。

访 二：哦，是吗？是您收降的吗？

张学良：收降的，那土匪军队更好带呀，不难带。他讲义气啊，后来都解散了，因为他把绑的票儿，他朋友绑的票都放到军队里头。叫我查着了，叫我把那排长枪毙了。临死的时候，他还向我行个礼。说，那时候他们都喊我少帅，少帅呀，我这辈子不能报效你，下辈子报效吧。您慢慢的慢慢的，让我把裹脚绑一绑，等我死了以后走路利索点。有一个小子可有意思啦。一次，在城墙上有一个土城楼子，上面有一个人开枪，一枪就把他打倒了，把他的脚给打折了。他说，妈的，你混蛋，你往老子这块儿打呀。城上的那个人一听很奇怪，就一伸头。他"叭"的一枪把那个人给打死了。后来我给他起个外号，叫"乐不够"，他整天笑嘻嘻的。那时候打仗紧啊，让他送个信，他那外面是枪林弹雨呀。他，他说我送信，我有个要求，我要骑你老爷的马去。我说好，好。后来把他打死了。他们就像开玩笑一样，我那个兵，我在那个团当团长，后来当旅长。底下有个人家，外面有障子（东北方言，意为篱笆墙），我们在障子后面，那小兵拿枪就打呀，可那土匪就在那儿来回蹿，就是打不着。我说你把枪给我，我连打了五枪，也一个没打中。那个兵把我一推说，你也是个无用的家伙。所以，他们一直喜欢我，我也不拿架子。

---

① 多伦事件发生后，穆春被押往奉天监狱。在查抄穆春家时因并未发现金佛，且看到穆春非常清廉，张作霖改变对他的看法，立即获释。

访 一：您那会儿用什么枪？

张学良：我认为我枪打得很好，结果一个也没打着。

访 二：那为什么打不着他们呢？他们土匪懂得怎样跑？

张学良：那，那他们来回跑。

18. 我救的不是汪精卫

访 一：就说这些土匪呀，他们有没有家呀？

张学良：那当土匪的，还什么家呀。他们抓到一个人，不是土匪，是刺汪精卫的，叫孙凤鸣①。我们那儿有个医生，对他说，我不治你，你完了。那你家人呢，谁给你收尸啊？他说，我没事，你把我喂狗就得了。我没家，不是不告诉你。这个人叫孙凤鸣，刺杀汪精卫，结果未遂。他说我应该把他杀死了，结果不是这样，所以我觉得应该把这个人留下来，[真像]荆轲刺秦[王]啊。

访 一：哦，有这么个人，他[是]徐州人，这儿有[记录]，他也说了。

张学良：说是这样子，旁的上记载不是这样。说是王亚樵②，他是王亚樵的徒弟，那王亚樵厉害，他是他底下的大徒弟。王亚樵派他去的头一天晚上，还让姨太太陪他睡一觉。后来，旁的记载又说没这回事。

访 一：连射杀汪精卫的事[您都清楚]，那得抢救啊。

张学良：抢救也不是救汪精卫，我是抢救张继。那时汪精卫已经受伤了。那时是聋子放炮仗，闪了都跑了。什么警察、警卫呀，都没有了。

访 二：哦，这样啊。

张学良：最好玩的是张什么江，张静江③。有两个抬椅子的把张静江搁到那儿也跑了。没事之后，他们回来要抬椅子。张静江说，死都死了，还抬什么。我再给你们说说当时的笑话。党部的外头都种着刺榆，

---

① 孙凤鸣，又名孙凤海，江苏徐州铜山人。早年投军，曾在十九路军任排长。后积极参加抗日救亡活动。1935 年 11 月，其因在国民党在中央党部召开四届六中全会上刺杀汪精卫未果，反被卫士击中，第二天身亡。

② 王亚樵，字玉清，安徽合肥人。民国时期著名刺客，曾策划谋刺宋子文、蒋介石等，未能成功。1935 年 11 月他派孙凤鸣行刺汪精卫后，蒋介石震怒，要求军统戴笠缉拿王亚樵，王逃到梧州。1936 年，被国民党军统暗杀。

③ 张静江，浙江湖州人。出身江南丝商巨贾之家。在结识孙中山后便开始对孙给予经济上的支持，孙中山称他为"革命圣人"。南京国民政府建立后，任其为浙江政治分会主席、浙江省主席，主持建设委员会工作，蒋介石称他为"革命导师"。

都是那种刺榆墙。那好多人都跑到刺榆墙，把身上都扎破了。我再说一个人。警察完了就抓凶手啊，看见一个人在厕所坐着呢，就问你在这干什么？解手，解手你怎么坐地上？

访 二：吓得坐在地上了。（笑）

张学良：又问，你干什么的？我是中央委员，什么名字。你怎么不带证件呢？他说我扔马桶里了。

访 二：哦，怕杀手知道。

张学良：那当时真是丑态百出。后来把那凶手就抓住了，那时警察都归老戴（指戴笠）管。那警察来了，连驳壳枪掰也掰不开，我说算了吧，现在也不打了。我就跟老戴讲，你那警察来了，火都把房子烧了他才来。

访 一：不过，那他是怎么训练的呀？

张学良：唉呀，所以中国人为什么打不过日本人，要紧的时候都没了。

访 一：不光有警察，还得有所谓的 Security（保安）？

张学良：那孙凤鸣啊，是以照相记者［的身份］进去的。

访 二：哦，对，对。

张学良：他背着一个照相的包。他这个人很奇怪，本来他当刺客他应该知道。他那个枪啊，是一个左轮枪。但他在枪里放的不是左轮子弹，大概他买不到子弹，也许他想这个子弹好，他放的是勃朗宁的子弹。你们可能不知道，它这个左轮子弹，走的时候，枪膛要转一下，而勃朗宁的子弹比左轮的子弹要细一点，他等于在那枪膛随便走出去。

访 二：哦，不用转。

张学良：这个人打枪打得太厉害了。他手一点也没颤。那汪精卫一转身，他就对他脑袋给了一枪。没打到，打到他身上了。我这么想啊，汪精卫挨了一枪，又回头一看，结果第二枪打到这儿了。第三枪汪精卫跑了，他又给了他一枪。这一枪打到背后了，他都给打着了。叭！叭！叭！就跟打靶一样。

访 二：是啊，而且一点也没害怕。

张学良：那他枪打完了，我不知道他没子弹了。那天是张溥泉①，他穿一件

---

① 张溥泉，名继，字溥泉，河北沧县人。1899 年留学日本。1905 年参加同盟会。1913 年当选第一届国会参议院议长。后任护法军政府驻日外交代表、军政府顾问。1920 年任广东军政府顾问。历任国民党中央执行委员、司法院副院长、蒙藏委员会委员及故宫博物院文献馆馆长、国史馆馆长。他和章太炎、章行严、邹蔚丹结为异姓兄弟，以伯仲叔季论，溥泉居叔位，因此人呼他为三将军。

花罩呢的中山装，他站在前头。我们都说他是吴铁城的干爸爸，这是笑话。我们站在后头。奇怪的是，蒋先生那天没出来，等着蒋先生呢，他也没出来照相。蒋先生是因为跟中央党部秘书长生气了，也是因为汪精卫的事。那我们就照相了。照完像一转身就开枪了。我现在这么讲了，陈璧君这个人可是厉害呀。这汪精卫挨了三枪，回来坐到中央党部的柱子底下，这个陈璧君跑出来的时候跟我撞了个头，他们急着关党部的铁门。陈璧君①就找啊，她说汪先生呢？我说他不在那儿嘛。汪精卫就对她说，我不行了。这个陈璧君你看多厉害，她差不多就哭了，说你干革命，早晚还不是有一天，你争点气好不好。要不说，写文章也应该写写她。她当初和汪精卫不认识。

访　一：那他们怎么结的婚啊？
张学良：那当时都是革命党了，汪精卫决心要刺摄政王②。这陈璧君听见了，好，你明天刺摄政王要死了，我和你睡一宿。他俩儿并不认识。

访　一：就是因为他是革命党，要牺牲［自己］。
张学良：对。汪精卫他有这么一段事情，他到奉天开会的时候，他［路］过大连，那时候他刺的是摄政王。但庆亲王③当政啊，就相当于国务总理一样。庆亲王把他抓住了审问他，对他说，我们现在是政治失势，也许一天政治到你们手里，但你们也未必比我们干得好。庆亲王没杀他，只把他关起来了。后来，他［路］过大连，去看庆亲王的墓。我就问他，他说我想念庆亲王两件事，一是没杀他，二是他对我说的话。

访　一：他那时候去，大帅还在？他去看大帅去了？
张学良：那不是。他代表孙先生④。汪精卫这个人，也是很可惜。
访　一：那时候的革命党跟后来的国民党［也是有关系的］。
张学良：那国民党后来能成功，那些人真是厉害。
访　一：那咱们说共产党，作风很像。

---

① 陈璧君，汪精卫之妻，南洋巨富陈耕基之女。抗战胜利后，陈璧君也作为大汉奸被捕审判，1959年病死于上海提篮桥监狱。
② 1910年3月，汪精卫与同盟会的黄复生等人，在北京什刹海附近埋设炸弹，谋炸摄政王载沣，事泄后，汪与黄被捕。
③ 庆亲王，即和硕庆亲王，乃清朝世袭亲王。此处特指清末皇族大臣奕劻，宣统三年任首任内阁总理大臣。
④ 1922年9月，汪精卫代表孙中山由上海乘轮船经大连到奉天，拜会张作霖，商讨反直事宜。张作霖为此举行了盛大的招待会。

张学良：那共产党这些人当然也是相当地厉害。你知道，一个政党，一个团体，他成功总得有理由啊，郑毓秀①这个人在国民党、革命党里有很大的功劳啊。那时候，运军火什么的，她长得很丑啊。她也以革命为需要呀，那一个女的，做这样的事，可真不容易。这个人也不在了，我跟她相当地熟啊，那时候有地位的都送女孩子出国啊什么的。她也跟国民党的元老，那时叫革命党了……

访　一：哦，您是说她跟清朝[有仇]？

张学良：那些小姐们呐很熟，所以她才能运军火呀。

访　二：那她是怎么样一个家事，还能负责把人送到外面去？

张学良：郑毓秀啊，她[的家境]不错，她已经会外国话。这个人也是个宝贝。

访　二：那魏道明不是她第一个丈夫吧？

张学良：[她是]魏道明的大姨太太。她有好多男人，我就不太明白了。她后来嫁王宠惠了。也不能说嫁，反正就是那么回事儿了。

访　二：这个王宠惠在咱们中国司法界最有名了。

张学良：那郑毓秀也是法学博士。法学博士，是法学博士呀，是王宠惠给她作的论文。

访　一：哦，这样啊。

张学良：郑毓秀这个人是干什么的？我跟你们说过有两个女人，一个是郑毓秀，一个是我五姨的妈妈，王老太太。这个人专门给人家拉皮条，她喜欢干这件事儿。她看见男人就爱给人家捏合。

访　一：愿天下有情人终成眷属。

张学良：她喜欢干这类事情。她也拿这个作政治交易。郑毓秀给孔祥熙的大儿子拉皮条，就是把他们俩儿捏合到一块堆儿去。

访　一：也没有拉成功呀。

张学良：拉成了。她就想走孔祥熙的门道。因为蒋夫人最喜欢孔祥熙的姑娘。蒋夫人没有孩子，就拿她姐姐的孩子当自己的孩子。

访　二：就是孔二小姐②。

---

① 郑毓秀，广东新安（今深圳宝安）人。早年留学法国。1906 年在日本加入同盟会，次年回国参加京津同盟会"敢死队"。1924 年，在巴黎大学获得法学博士学位。1926 年在上海与魏道明合作开办律师事务所，为中国第一位女律师。后任上海地方审判厅厅长、国民政府立法委员、教育部次长等职，曾参与修订中国第一部民法。

② 孔二小姐，即孔令伟。

张学良：孔祥熙这个大儿子①也是我的朋友。这个人很奇怪。他的学问好极了，英文也好极了。他也没有娶媳妇，他有一个女朋友。他的女朋友也是我的女朋友。这个人很奇怪，到现在也没有结婚娶媳妇。所有的公共场合他都不出来。他这个人的文章写得很好。他大概就是在家写写文章，写写书。

访　二：那他这个年龄也不小了。

张学良：我的女朋友也是他的女朋友。他们就不结婚。

访　一：哈！我知道是谁！

张学良：是谁？

访　一：纽约的。

张学良：我本来认为他们会结婚的。可是他们就没有结婚。

访　一：他们还有来往吗？

张学良：他们早就不来往了。他们俩的结合也不是自由结合，也是郑毓秀的撮合。郑毓秀捏合这些事情都是有政治目的的。

访　一：这有一点像宋霭龄。

张学良：宋霭龄她是规规矩矩的撮合。

访　一：咱们在国外看到过一种情况，就是有一个男孩子和一个女孩子两个好。如果我知道他们这个情况我就 blackmail，就是勒索的意思。她这就是政治勒索。

张学良：中国人怕这个吗？中国人才不怕。中国人是对方一定要感谢你。

访　一：哦！正面地来。

张学良：我告诉你们呐，我什么话都对你们讲了。我有个姨妈的母亲呐，那个王老太太就给我姨妈找，那才是政治勒索。她拉的那些人在政治上都是有地位的，她就是两面敲竹杠。那个王老太太真是坏透了。等我父亲不在的时候，我就声言，我可不是我爸爸。她这个行为已经不是男女的个人问题。她是利用这个买地皮干什么的呀，后来她很有钱。王老太太把那个人弄得很害怕，我这个姨妈也很害怕。要是让我爸爸知道了那还有好吗！她是两面都敲。

访　一：那个姨妈不是她的亲女儿吗？她还这么干？

张学良：是亲女儿啊。我那个姨妈常常自己偷着哭。我那个姨妈的父亲是山

---

① 此人即孔令侃。

东的将军，所以她出身很好。这个将军在山东死了。这个王老太太呢，原来是奉天的暗娼。将军死以后，她就跟一个姓王的当差的逃了。为什么说她姓王呢？这个姨妈当时还是一个小孩子呢。就带着她逃走了。这个王老太太也是一个怪人。我的这个姨妈有个干姑娘，我很喜欢她。这个姑娘长得并不漂亮，她就给我们俩拉皮条捏合起来。她知道我喜欢她。那个女孩子刚出嫁回娘家，她就给我拉上了，就在她家。她就给我们看着［门］。她说，你们赶紧点，要不她爹就回来了。她爹在我父亲手底下当团长。一会儿就到她家来。很奇怪，她不是敲竹杠，她就是喜欢干这个。

访　一：那大帅就一点也不知道吗？

张学良：我父亲这个人大概也很大度。像那个姨妈也不大规矩［的事儿］，我父亲肯定知道。我这个四姨妈呀，是很正直的，叫许夫人。我不在家，我的内人我的太太于凤至告诉我的。因为养活小狗的事情，我四姨妈跟我那个姨妈打起来了，吵起来了。我这个四姨妈叫骂起来了，我是某某某的姑娘，但是我到张家以后，我是规规矩矩的。你却怎么样怎么样的，……那个时候我很小，才十一二岁。我母亲去世时我才十一岁。我回到奉天就是由她来照顾我。我那个姨妈也知道她的行为我都知道。所以我父亲死以后，我对她说，我可不是我爸爸。所以我的意思她会明白的。王老太太后来很有钱。跟她姘居的那个姓王的就仗着王老太太的势力欺负人家掠夺人家的田地。后来人家就告到我父亲那儿了。我父亲就叫人用皮鞭子打。打得他呀把屎都拉到裤子里了。打得要死。本来我父亲是叫高金山①把王老太太打死。这个高金山怎么办呢？他就先叫人给王老太太事先通风报信，告诉王老太太要把她给打死。结果王老太太就这样跑了。她有一个姐姐大概是表姊妹堂姐妹，姓伍。她的姑娘也在奉天交结了很有名的跟我父亲地位同等的人物。她们就借势胡作非为，不过王老太太对我很好呀。我那个姨妈的干姑娘跟我同岁。

访　一：您说过您回家不喜欢这个王老太太。

张学良：我母亲死的原因也是因为这个王老太太。我母亲第一次到奉天。这

---

① 高金山，曾做过张作霖卫队团少将团长。郭松龄反叛失败，被王永清生擒。张作霖派高金山前往押解。赴命前，高曾电张学良，张学良命他押解时经过兴隆店。高金山被杨宇霆收买，奉令处决了二人。

个王老太太就［不］过来给我母亲请安。我母亲就火了，她算什么姑奶奶呀，我母亲的脾气是很硬很硬的。

访　一：在您那个家庭里原配夫人的权力还是很大的，地位很高的。

张学良：我那个姨妈和我母亲的关系不大好。那时候我的二姨妈、三姨妈、四姨妈到晚上都过来给我母亲请安。她们都站在那儿。我母亲说，睡觉去吧，睡觉去吧。她们这才敢回去。

访　一：这种规矩是应该有的，不然的话就乱了。

张学良：那也不能说是规矩，是遗传下来了的，就那样。我那个四姨妈呀，进家的时候都到我母亲的屋里磕头。我母亲为什么心里别扭？就是因为我那个姨妈没有过去给她磕头。

访　一：在您那个时代可以一夫多妻制，大概如此吧。

张学良：我跟你们说这个，赵一荻是不会发火的。

访　一：那就是礼节了。

张学良：对！

访　一：那时赵一荻进家来，还有一大片宣传说赵一荻小姐失踪了。

张学良：那不是那么回事儿。她失踪了是她父亲弄巧成拙了。她的母亲是盛宣怀的一个丫鬟，也是盛宣怀的一个姨太太。她的大母亲不是盛宣怀家里的丫鬟，也是个下女。她大母亲的儿子，也就她五哥，最坏。

访　一：就是在清华念书的那个？

张学良：不，不，在清华念书的是她的六哥。她的五哥非常地坏。她这个五哥整个儿是个破坏分子。她那个时候不是我的太太，是我的一个朋友。那个时候我有病，她从天津到奉天去看看我去。她就跟他们父子表示一下，要到奉天去。是她哥哥把她逼到这儿了。这我才把她留下了。

访　一：这真是上帝的安排。

张学良：她后来给我生了个儿子。

访　一：您和赵一荻，这一辈子真是天配良缘呀！

张学良：我这个丈母娘于凤至的母亲她不喜欢我。我这个人对她也是毫不客气。但是于凤至给我生了一个姑娘三个儿子。

访　一：小儿子夭折了。

张学良：是大儿子、二儿子，一个姑娘。她生第三个儿子的时候闹了月子病。什么月子病呢？就是打麻将的时候用风扇受了病。她就病得很厉害，大小便都不能出。我父亲很喜欢她，因为我父亲跟她母亲父亲很熟悉。我不敢得罪她，她有后台。我给她请了一个大夫。这个大夫下药下错了。他给她写的这个药方呀，把三个豆蔻写成了三钱。吃了这个药后就大小便［有问题了］。我太太对我很好，就让我跟她侄女结婚。她说，我要在她死以前结婚，好照看这个孩子。我说，我答应你，但是要在你死了以后我再娶你的侄女。但是如果在你死以前结婚［就］好像是催你死。假如你真的死了，我一定娶你侄女。这个侄女叫我姑父，后来好像嫁给别人了。我太太对我真好，我那些乱七八糟的事情她都知道。

访 一： 她真有大家小姐的风度。
张学良： 我跟她说，你嫁错人了。你是贤妻良母，可是我不要贤妻良母。
访 一： 你还得有一个贤妻良母作后盾，跟你一辈子也是担惊受怕。
张学良： 我说你愿意喜欢哪个男人，你就跟他去。